Wissenschaftliche Arbeiten schreiben mit Word 2010

Natascha Nicol, Ralf Albrecht

Wissenschaftliche Arbeiten schreiben mit Word 2010

ADDISON-WESLEY

An imprint of Pearson Education

München · Boston · San Francisco · Harlow, England
Don Mills, Ontario · Sydney · Mexico City
Madrid · Amsterdam

Bibliografische Information der Deutschen Nationalbibliothek

Die Deutsche Nationalbibliothek verzeichnet diese Publikation in der Deutschen Nationalbibliografie;
detaillierte bibliografische Daten sind im Internet über http://dnb.d-nb.de abrufbar.

10 9 8 7 6 5 4 3 2 1
13 12 11
ISBN 978-3-8273-2962-2
© 2011 by Addison-Wesley Verlag, ein Imprint der
Pearson Education Deutschland GmbH,
Martin-Kollar-Str. 10–12, D-81829 München/Germany
Alle Rechte vorbehalten

Lektorat:	Sylvia Hasselbach, shasselbach@pearson.de
Korrektorat:	Karin Rinne, Bonn
Satz und Layout:	Programmiererei Nicol GmbH, Frankfurt
Umschlaggestaltung:	Marco Lindenbeck, webwo GmbH, mlindenbeck@webwo.de
Herstellung:	Martha Kürzl-Harrison, mkuerzl@pearson.de
Druck und Verarbeitung:	Kösel, Krugzell (www.KoeselBuch.de)

Printed in Germany

Inhaltsverzeichnis

Kapitel 1

Mit der Arbeit beginnen

1.1 Dokumentvorlage ... fertig ... los!

Dieses Buch richtet sich an alle, die kurz davor stehen, eine wissenschaftliche Abschlussarbeit zu verfassen; die also nach Wochen oder Monaten der Vorarbeit und Forschung jetzt vor dem Problem stehen: Die Abschlussarbeit, ob Haus-, Magister- oder Diplomarbeit, Bachelor- oder Masterthesis, Dissertation oder Habilitation, muss zu Papier gebracht werden.

Wir haben uns Gedanken gemacht, wie man jemandem, der seine Abschlussarbeit schreiben muss, den Start vereinfachen kann. Damit niemand erst ein Buch über Word lesen muss, bevor er oder sie sich auf das Eigentliche konzentrieren kann: die Arbeit mit Inhalten zu füllen. Entstanden ist eine Dokumentvorlage, die sowohl Formatierungen in Form von Formatvorlagen enthält als auch Bausteine, mit deren Hilfe Sie sich die Struktur Ihres Dokuments zusammenstellen können.

Dokumentvorlage ...

Konkret bedeutet das, Sie erhalten eine bestimmte Datei, eine so genannte Dokumentvorlage, die Sie nach der Anleitung aus den Abschnitten 1.3.1 bis 1.3.3 auf Ihren Rechner kopieren. Dann erstellen Sie mit Hilfe dieser Dokumentvorlage eine neue Datei – Ihre eigentliche Arbeit –, die nun automatisch die Einstellungen der Dokumentvorlage übernimmt. Das ist Sinn und Zweck einer Dokumentvorlage. Sie stellt Formatierungen, bestimmte Bausteine oder andere Elemente zur Verfügung. Jede Datei auf der Basis dieser Dokumentvorlage enthält damit automatisch alle Einstellungen und Zugriff auf die Bausteine. Wie das konkret geht, beschreiben wir Schritt für Schritt in Abschnitt 1.3.4.

Um Formatierungen zur Verfügung zu stellen, enthält die Dokumentvorlage so genannte Formatvorlagen. Verwenden Sie eine Dokumentvorlage mit Formatvorlagen, so sind Ihnen immer gleich aussehende Texte, Überschriften etc. garantiert, sofern Sie die Formatvorlagen auf Ihre Texte übertragen.

Neben den gleichartigen Formatierungen, die durch Formatvorlagen gewährleistet werden, ist auch die Zeit- und Arbeitsersparnis ein starkes Argument für Formatvorlagen. Formatieren Sie Ihre Überschriften per Hand, so müssen Sie für die Hauptüberschrift beispielsweise eine immer gleiche Folge von Formatierungsbefehlen verwenden:

Schriftart: Arial
Schriftgröße: 18 Punkt
Schriftschnitt: fett
Absatzabstand nach oben: 24 Pt.
Absatzabstand nach unten: 12 Pt.

Häufig hat man auch zwischendurch die Einstellungen vergessen und muss sie erst einmal wieder nachsehen. Verwenden Sie hingegen Formatvorlagen, so wird eine solche einmal mit allen Einstellungen angelegt und mit einem Namen versehen, wie beispielsweise *Überschrift 1* (für die Hauptüberschrift). Übertragen Sie später die Formatvorlage auf eine bestimmte Textstelle, also beispielsweise auf die Hauptüberschrift, so werden alle Formatierungsbefehle auf einmal übertragen. Das ist ungemein effizient, erfordert nur ein klein wenig Disziplin von Ihnen, die Formatvorlage auch zu verwenden. Wie das geht, zeigen wir Ihnen in Abschnitt 1.5.1.2.

fertig ...

Kommen wir zu den Bausteinen, die die Dokumentvorlage enthält. Es gab immer wieder die Anregung, nicht nur Dokumentvorlagen auf der CD-ROM zur Verfügung zu stellen, die für Anfänger vielleicht erst einmal schwer zu handhaben sind, sondern vorgefertigte Dokumente. Wir haben uns ein wenig umgesehen, wie andere das Problem lösen und fanden die meisten Angebote viel zu starr und unflexibel. In der Regel wurde eine Datei mit fertiger Struktur für die Reihenfolge von Kapiteln, Verzeichnissen, Einzelseiten, wie Kurzfassung, Danksagung, Lebenslauf etc. fest vorgegeben.

Wir waren der Meinung, dass das keine gute Ausgangsbasis ist, da gerade die Reihenfolge von Verzeichnissen von Fach zu Fach anders verlangt wird. Die einen brauchen das Abkürzungsverzeichnis vorne in der Arbeit, die anderen fügen es nach dem Literaturverzeichnis ein. Die einen Fachbereiche fordern eine Kurzfassung gleich zu Beginn der Arbeit, in anderen wird gar keine Kurzfassung verwendet. Manche Fachbereiche beginnen mit dem Literatur-verzeichnis, die meisten anderen Fachbereiche fügen das Literaturverzeichnis erst am Ende ein.

Das war für uns der Grund, nach einer flexibleren Lösung zu suchen. Einer, bei der Sie bestimmen, wie die Reihenfolge Ihrer Komponenten ist; einer, bei der Sie selbst die Struktur Ihres Dokumentes zusammenstellen können.

Deswegen haben wir für die Dokumentvorlage zum Buch Bausteine für Komponenten erstellt. Das sind vorangelegte Kapitel, Verzeichnisse oder Einzelseiten, aus denen Sie per Mausklick Ihre Arbeit zusammenstellen können. Eine Übersicht gibt Tabelle 1.1 ab Seite 26. Diese Dokument-Bausteine wurden von uns bereits auf der Basis der Dokumentvorlage erstellt. Sie enthalten die Formatvorlagen der Dokumentvorlage und somit sehen alle Kapitel garantiert gleich aus.

Damit können nun Sie die Reihenfolge der einzelnen Komponenten be-stimmen und erstellen so ein Dokument auf der Basis der Dokumentvorlage anhand der vorgefertigen Bausteine.

los …

Die Bausteine enthalten bis auf eine Überschrift in der Regel keine Texte. Die müssen Sie natürlich trotzdem noch selbst schreiben. Dafür sind aber beispielsweise Kopfzeilen eingerichtet und zwar so, dass die erste Seite eines Kapitels keine enthält, dass aber ab der zweiten Seite in der Kopfzeile eine Seitenzahl sowie die Hauptüberschrift des jeweiligen Kapitels angezeigt wird.

Dieses erste Kapitel möchte Sie auf den Weg bringen. Hier soll alles soweit beschrieben werden, dass Sie ein Dokument anlegen und mit diesem anfangen können zu schreiben.

Warum dann noch ein Buch?

Natürlich können wir in unserer Vorlage nicht alles abdecken, was Sie zum Schreiben Ihrer Arbeit benötigen. Vielleicht möchten Sie Tabellen erstellen und brauchen Unterstützung. Vielleicht benötigen Sie Fußnoten oder Formeln. Oder Sie möchten die Formatvorlagen der Dokumentvorlage bearbeiten …

In den meisten Büchern auf dem Markt ist die Funktionalität von Word nur anhand kurzer Texte, Briefe und anderer kleiner Beispiele erklärt. 100 oder 200 Seiten Text mit Bildern, Fußnoten, Inhaltsverzeichnissen und Querverweisen stellen jedoch ganz andere Anforderungen an den Benutzer.

In diesem Buch werden in erster Linie Funktionen von Word erklärt, die beim Schreiben langer Texte, speziell bei wissenschaftlichen Arbeiten, benötigt werden. Dazu gehören natürlich Dokument- und Formatvorlagen, aber auch Kapitelnummerierungen, Kopf- und Fußzeilen, Querverweise, das Erstellen und Formatieren verschiedener Verzeichnisse etc.

Wir wünschen uns und ganz besonders Ihnen natürlich, dass Sie in unserem Buch Lösungen zu akuten Problemen finden, dass somit unser Buch Ihnen hilft, Zeit und Nerven zu sparen, und letztendlich zum erfolgreichen Abschließen Ihrer Arbeit beiträgt.

Im Folgenden setzen wir voraus, dass Sie mit den Grundlagen der Arbeit mit Windows 7 und Word 2010 vertraut sind; es ist kein Word-Einsteiger-Buch.

Übrigens, dieses Buch ist komplett mit Word geschrieben worden, d. h., wir haben alle beschriebenen Techniken und Verfahren getestet und ausprobiert.

Verwendete Symbole

Im Buch wird eine einheitliche Formatierung und Gestaltung verwendet. Um Ihre Aufmerksamkeit auf bestimmte Passagen des Textes zu lenken, haben wir die folgenden Symbole eingesetzt.

Das links dargestellte Symbol steht für eine Zusammenfassung oder eine kurze Information. Sie finden dieses Symbol meist an den Anfängen von Kapiteln oder Abschnitten, da wir dort einen kurzen Überblick über den Inhalt geben.

Einen Tipp oder Hinweis erhalten Sie an allen Stellen, an denen Sie das links dargestellte Symbol sehen. Wir möchten dort nützliche Hinweise, eigene Erfahrungen und allgemein oder auch weniger bekannte Tricks weitergeben.

Eine Warnung signalisiert das nebenstehende Symbol. Es soll Sie auf Probleme im Umgang mit der Software oder auf Fallen, in die man leicht stolpert, aufmerksam machen.

Das Symbol links soll Sie darauf hinweisen, dass Sie für den entsprechenden Text zusätzliches Material und Software auf der beigelegten CD-ROM finden.

Jetzt bleibt uns nur noch, Ihnen viel Erfolg beim Verfassen Ihrer Arbeit zu wünschen!

1.2 Planung

 Bei der Vorbereitung einer Examensarbeit stellt sich als zentrale Frage: Wie schreibe ich meine Arbeit? Dazu gehört es sowohl sich über Regeln des Lehrstuhls zu informieren als auch sich um das Einrichten des Computers und das zu verwendende Textverarbeitungsprogramm zu kümmern.

1.2.1 Informationen besorgen

Bevor Sie anfangen zu schreiben oder beginnen, Ihren Computer einzurichten, sollten Sie zunächst einige Erkundigungen einholen. Informieren Sie sich bei dem Prüfungsamt Ihres Fachbereichs und bei der Fachschaft, welche Richtlinien es zum Schreiben einer Examensarbeit gibt. Es gibt Fachbereiche, die über ausführliche Anleitungen verfügen, wie zu strukturieren und zu zitieren ist oder wie ein Literaturverzeichnis auszusehen hat usw.

Suchen Sie zudem nach fertigen Examensarbeiten, die bei Ihrer Professorin oder Ihrem Professor verfasst wurden, und vergleichen Sie, ob sie/er bestimmte Vorlieben hat. Sprechen Sie mit Ihrer Betreuerin oder Ihrem Betreuer, oft kann sie oder er Ihnen zusätzliche Informationen zum Schreiben Ihrer Arbeit geben.

Wir werden uns in diesem Buch über weite Strecken an Vorschläge des Deutschen Instituts für Normung (DIN) halten, das Richtlinien für das Schreiben wissenschaftlicher Arbeiten veröffentlicht hat. An vielen Stellen wird natürlich auch unsere eigene Meinung einfließen, da wir selbst einige Erfahrung im Schreiben wissenschaftlicher Arbeiten gesammelt haben, wenn auch nur im naturwissenschaftlichen Sektor. Um Ihnen nicht zu einseitige Informationen weiterzugeben, haben wir bei Freunden und Bekannten – neben anderen naturwissenschaftlichen Werken – Arbeiten aus den Bereichen Wirtschaftswissenschaften, Jura, Medizin, Soziologie, Sport- und Sprachwissenschaften gesammelt.

1.2.2 Aufbau einer wissenschaftlichen Abschlussarbeit

Unabhängig davon, an welchem Fachbereich Sie Ihre Arbeit schreiben, ist der grobe äußere Aufbau aller Arbeiten ähnlich. Eine Arbeit besteht mit Sicherheit aus den folgenden Komponenten: Deckblatt, Inhaltsverzeichnis, Einleitung, Hauptteil und Zusammenfassung sowie das Literaturverzeichnis.

Dazu kommen eventuell eine zweite Seite mit dem Tag der Prüfung sowie den Prüfern, eine Kurzfassung in deutsch und/oder englisch, Verzeichnisse für Tabellen, Bilder und/oder Abkürzungen, Anhänge, Liste der Veröffentlichungen, eventuell weitere Verzeichnisse, Danksagung, Lebenslauf sowie eine Erklärung, die Arbeit ohne Hilfe abgefasst zu haben.

1.3 Struktur anlegen

Auf der CD zum Buch finden Sie die Dokumentvorlage *WissArbeit*, die Sie beim Erstellen Ihrer Arbeit unterstützen soll. Sie beinhaltet zum einen so genannte Formatvorlagen, die bereits passende Einstellungen zur Formatierung von Texten, Überschriften und einigem mehr aufweisen. Zum anderen sind in der Dokumentvorlage Bausteine abgelegt, mit deren Hilfe Sie schnell, einfach und flexibel die Struktur für Ihre Arbeit zusammenstellen. Die Bausteine erlauben es Ihnen, ein Deckblatt, ein Inhaltsverzeichnis, verschiedene Kapitel und Anhänge, Verzeichnisse für Tabellen, Bilder, Abkürzungen und Literatur, eine Kurzfassung, eine Danksagung und mehr hintereinander in ein Dokument aufzunehmen, so dass Sie sich im Verlauf der Arbeit nur noch um die Inhalte kümmern müssen.

Dabei gibt es mehrere Möglichkeiten, die Arbeit anzulegen. Sie können damit beginnen, alle Komponenten, die Sie voraussichtlich benötigen werden, in Form von Bausteinen in ein Dokument einzufügen. Also beispielsweise das Deckblatt, das Inhaltsverzeichnis, mehrere Kapitel, das Literaturverzeichnis, eine Liste der Veröffentlichungen, eine Danksagung, den Lebenslauf und die Erklärung, die Arbeit ohne fremde Hilfe selbst geschrieben zu haben.

Sie können auch damit anfangen, das Inhaltsverzeichnis und so viele Kapitel, wie Sie voraussichtlich brauchen, anzulegen, losschreiben und bei Bedarf das Literaturverzeichnis einfügen und wenn Sie dann fast fertig sind, das Deckblatt, den Lebenslauf und die Danksagung.

Oder Sie beginnen mit nur einem einzigen Kapitel und lassen sich bei Bedarf das nächste erstellen. Brauchen Sie irgendwann ein Inhaltsverzeichnis, fügen Sie es dann in Ihr Dokument ein. Sind Sie fast fertig mit Ihrer Arbeit, ergänzen Sie sie durch das Deckblatt, das Literaturverzeichnis, den Lebenslauf oder welche Komponenten Sie sonst benötigen.

In diesem Abschnitt möchten wir Ihnen zeigen, welche Vorbereitungen notwendig sind, um die Dokumentvorlage zu verwenden, und wie Sie die benötigte Struktur für Ihr Dokument festlegen.

Egal, wie Sie starten, die Bausteine der Dokumentvorlage *WissArbeit* können Sie jederzeit zu Ihrer Unterstützung verwenden.

1.3.1 Erster Schritt: das Einrichten des Computers

Bevor Sie anfangen zu schreiben, bereiten Sie Ihre Arbeitsumgebung vor: Legen Sie sich beispielsweise einen neuen Ordner für Ihre Arbeit an. Denkbar wäre ein Ordner namens *Examen, Master, Hausarbeit* oder *Diss* oder was immer Sie schreiben unterhalb Ihres Standard-Dokumenten-Ordners. Wir werden den neuen Ordner im Folgenden *Meine Arbeit* nennen.

■ Starten Sie dazu den Windows-Explorer über die *Start*-Schaltfläche links unten, *Alle Programme* und *Zubehör*. Alternativ und schneller können Sie mit der rechten Maustaste auf die *Start*-Schaltfläche der Taskleiste klicken und im Kontextmenü *Windows-Explorer öffnen* anklicken.

■ Selektieren Sie links im Windows-Explorer unter *Bibliotheken* den Eintrag *Dokumente*.

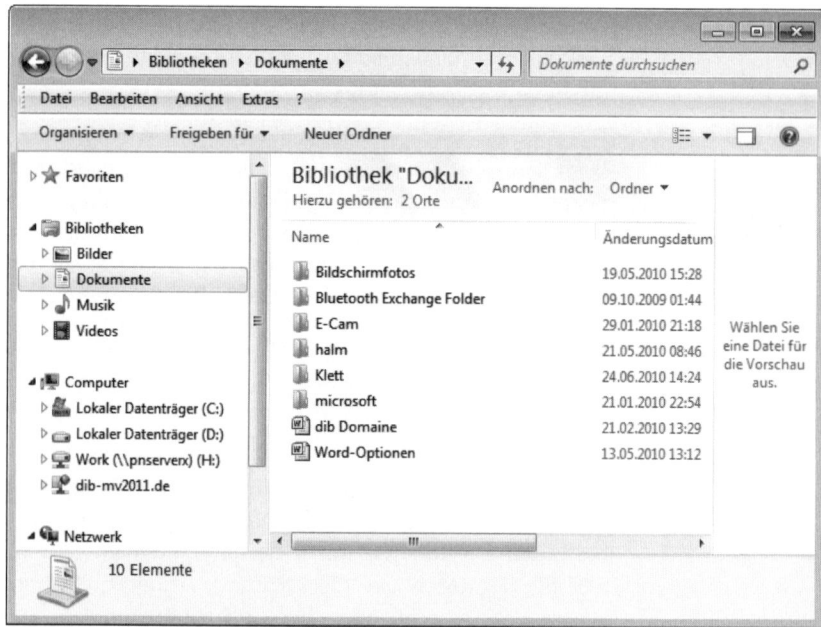

Bild 1.1: Der Windows-Explorer mit der Bibliothek *Dokumente*

■ Klicken Sie nun auf die Schaltfläche *Neuer Ordner*.

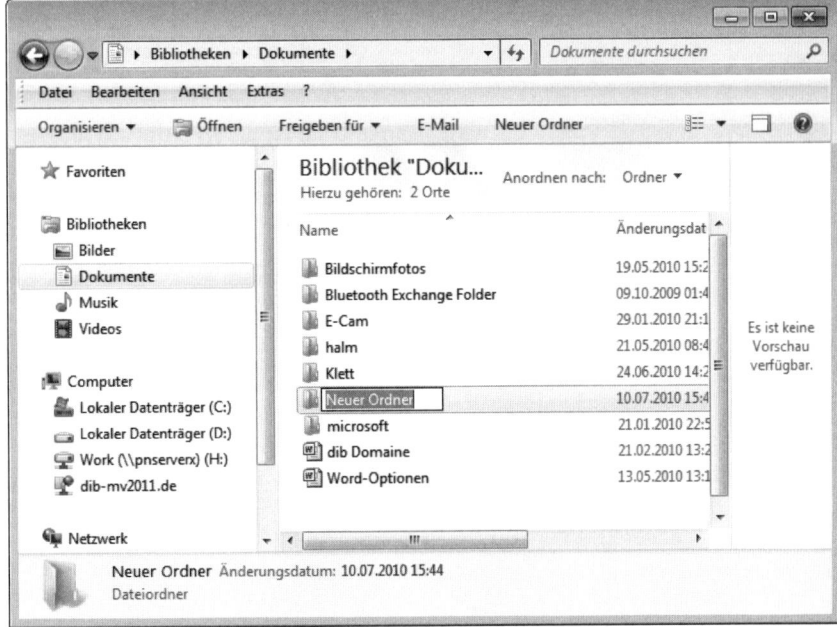

Bild 1.2: Der neue Ordner soll einen anderen Namen bekommen

▣ Geben Sie Ihrem neuen Ordner einen Namen.

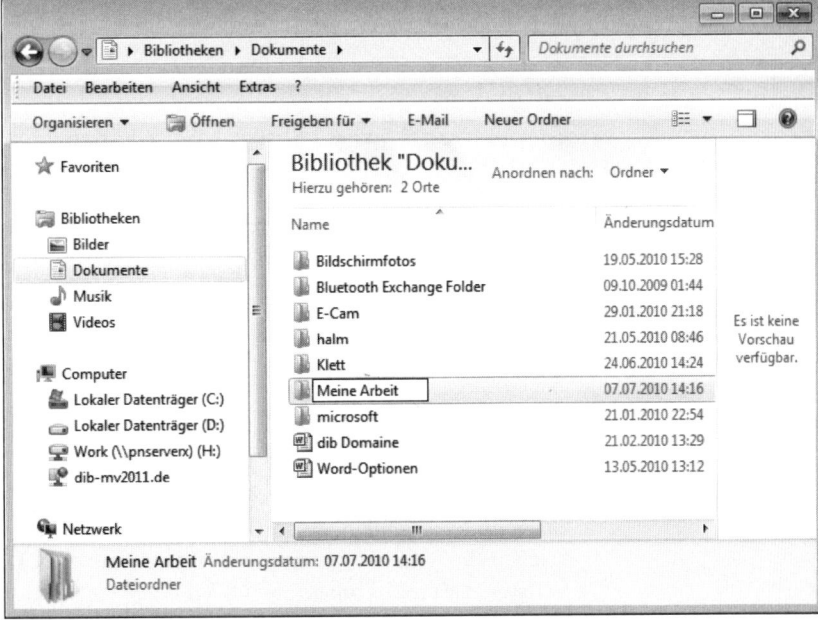

Bild 1.3: Der neu angelegte Ordner

Speichern Sie ab jetzt alles, was Ihre Arbeit betrifft, in diesen neuen Ordner.

■ Doppelklicken Sie auf den neuen Ordner *Meine Arbeit* und legen Sie hier mindestens einen weiteren neuen Unterordner mit dem Namen *Vorlagen* an. Es wäre sinnvoll, einen Unterordner *Texte* und einen Unterordner *Bilder* oder *Daten* und gegebenenfalls weitere zu erstellen, um den Überblick über alle Dateien behalten zu können.

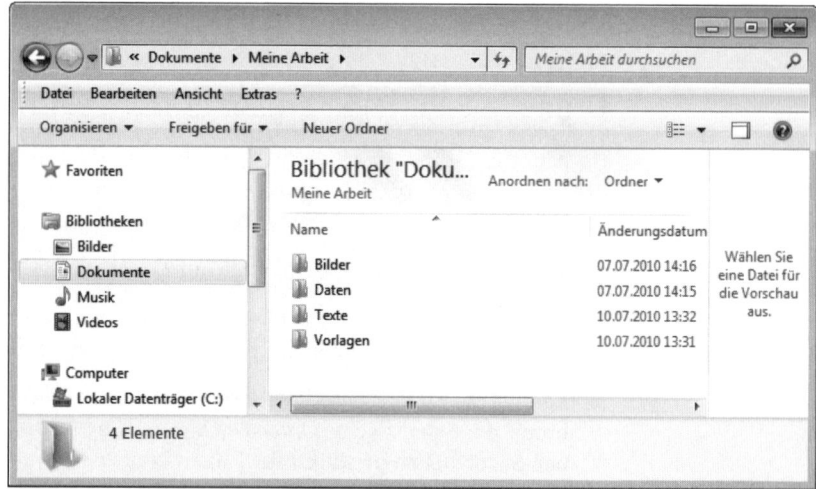

Bild 1.4: Vier neue Ordner im Ordner *Meine Arbeit*

1.3.2 Zweiter Schritt: Dokumentvorlagen in den Vorlagenordner kopieren

Nachdem Sie im ersten Schritt den Ordner *Vorlagen* erstellt haben, sollen im zweiten Schritt die Dokumentvorlagen von der CD in den neuen Ordner kopiert werden.

■ Legen Sie die CD-ROM ein und wählen Sie in Ihrem Windows-Explorer das CD-Laufwerk an. (Sollte beim Einlegen der CD automatisch die Oberfläche der CD starten, schließen Sie den Bildschirm einfach.)

■ Doppelklicken Sie im Windows-Explorer auf den Ordner *Buchdaten* und dann auf *Vorlagen*.

■ Markieren Sie die Dokumentvorlagen *WissArbeit* sowie *WissArbeit zweiseitig* und verwenden Sie den Menübefehl *Bearbeiten/Kopieren*. Alternativ klicken Sie mit der rechten Maustaste auf die Dokumentvorlage und wählen Sie im Kontextmenü *Kopieren* aus. Oder betätigen Sie die Tastenkombination 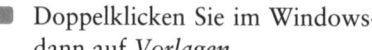.

- Wechseln Sie im Windows-Explorer auf den neu angelegten Vorlagenordner im ebenfalls neuen Ordner *Meine Arbeit*, verwenden Sie den Menübefehl *Bearbeiten/Einfügen* oder klicken Sie mit der rechten Maustaste in den leeren Ordner und wählen Sie im Kontextmenü *Einfügen* aus. Oder verwenden Sie ⌨Strg⌨+⌨V⌨.

Jetzt ist die Vorlagendatei dort, wo sie hin soll. Nun müssen Sie als Nächstes Word mitteilen, wo nach Ihrer Vorlage gesucht werden soll.

1.3.3 Dritter Schritt: Ordner als Vorlagenordner in Word eintragen

Im nächsten Schritt muss der neu angelegte Ordner als so genannter Arbeitsgruppenvorlagenordner eingetragen werden, damit Word Dateien aus diesem Ordner als Vorlagen für neue Dokumente anbietet. Verfahren Sie dazu so:

- Starten Sie Word und klicken Sie auf *Datei*.

- Wählen Sie im Menü *Optionen* aus. Sie starten so das Dialogfeld *Word-Optionen*. Selektieren Sie im Dialogfeld links die Kategorie *Erweitert*.

- Laufen Sie mit der Bildlaufleiste nach unten und wählen Sie fast ganz unten die Schaltfläche *Dateispeicherorte* aus (siehe Bild 1.5). Damit öffnen Sie das Dialogfeld in Bild 1.6.

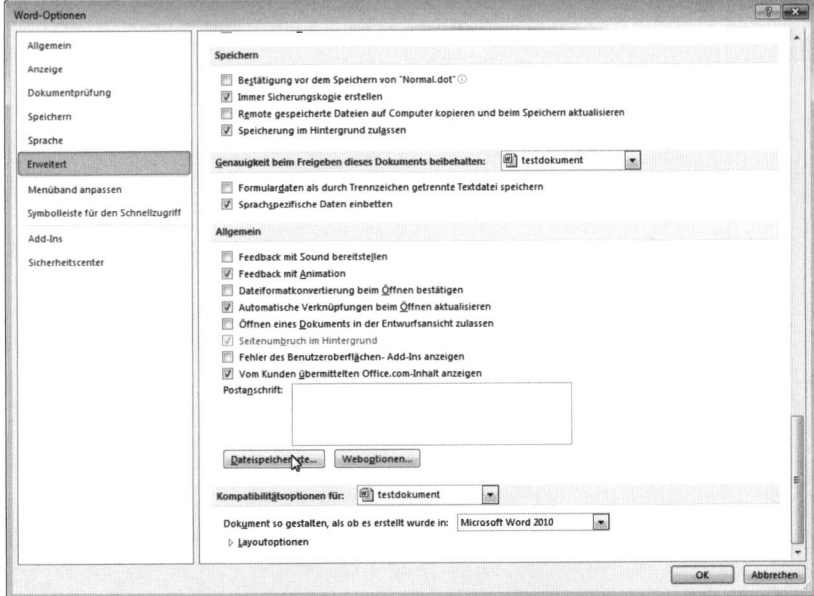

Bild 1.5: Das Dialogfeld *Word-Optionen* mit der Schaltfläche *Dateispeicherorte*

Wie Sie in Bild 1.6 sehen, ist im Dialogfeld *Speicherort für Dateien* bereits ein Ordner für Vorlagen hinter *Benutzervorlagen* eingetragen. Diesen Eintrag sollten Sie so belassen, denn das ist der Standard-Word-Vorlagenordner. Hier liegt beispielsweise die Vorlage, die für ein neues leeres Standard-Dokument sorgt.

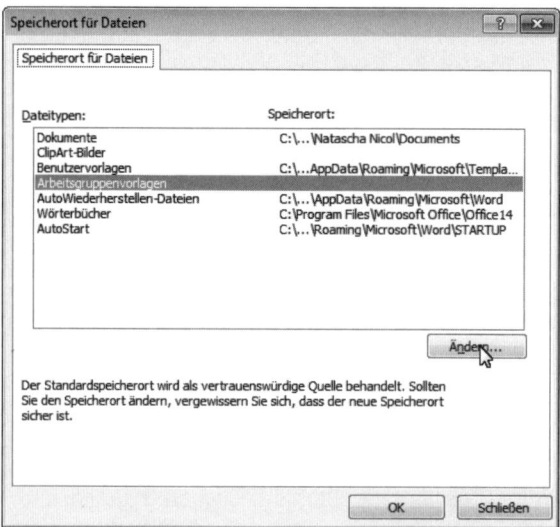

Bild 1.6: Hier können Sie einen zweiten Vorlagenordner definieren

● Selektieren Sie im Dialogfeld die Zeile *Arbeitsgruppenvorlagen* und klicken Sie auf die Schaltfläche *Ändern*.

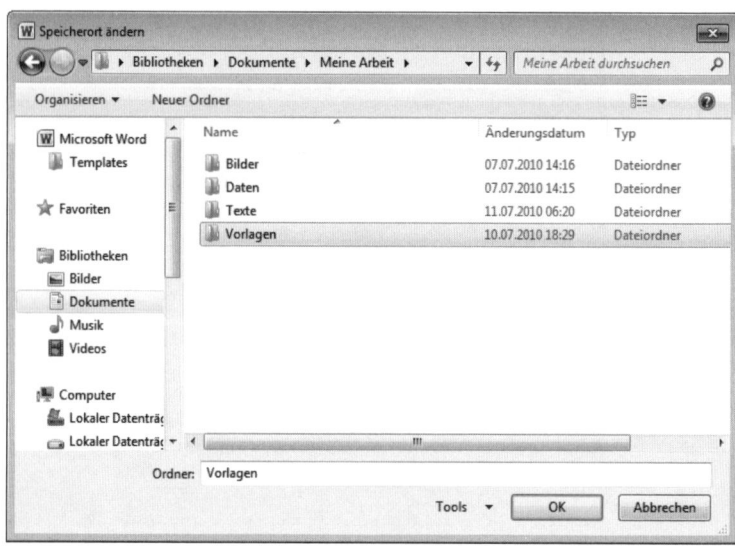

Bild 1.7: Ordner für die Arbeitsgruppenvorlagen

■ Wählen Sie nun den von Ihnen neu erstellen Ordner *Vorlagen* aus. Bestätigen Sie dann die Auswahl mit der Schaltfläche *OK*.

Nach der Bestätigung der Auswahl wird der Ordner wie in Bild 1.8 im Dialogfeld hinter *Arbeitsgruppenvorlagen* eingetragen.

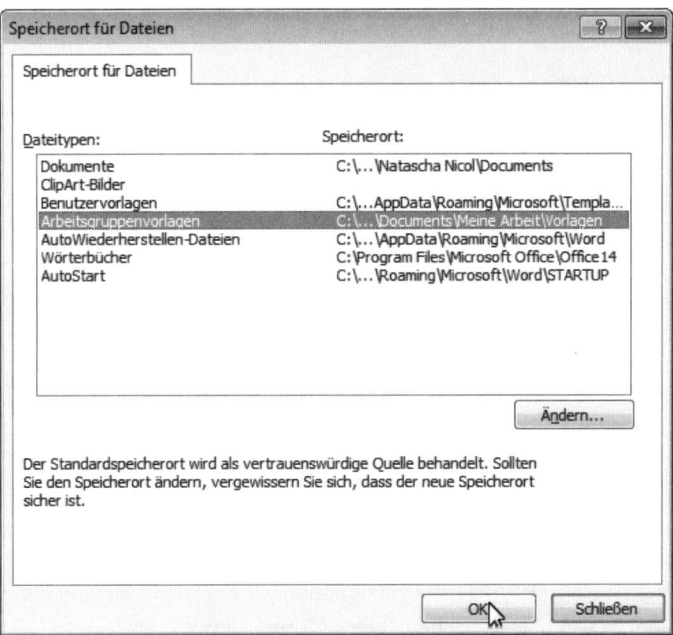

Bild 1.8:   Ein neuer Ordner für Arbeitsgruppenvorlagen

Die Vorbereitungen kommen Ihnen vielleicht kompliziert vor, aber Sie haben sie hiermit erledigt. Für jedes neue Dokument, das Sie ab jetzt erstellen, fangen Sie nur noch bei Schritt vier an: Sie erstellen ein neues Dokument auf der Basis einer der neuen Vorlagen.

1.3.4   Vierter Schritt: neues Dokument auf der Basis einer Vorlage öffnen

Nun können Sie Ihr eigentliches Dokument anlegen. Dieses neue Dokument soll auf der kopierten Dokumentvorlage *WissArbeit* basieren. Verfahren Sie wie folgt, um das neue Dokument anzulegen:

■ Klicken Sie auf *Datei* und dann auf *Neu*.

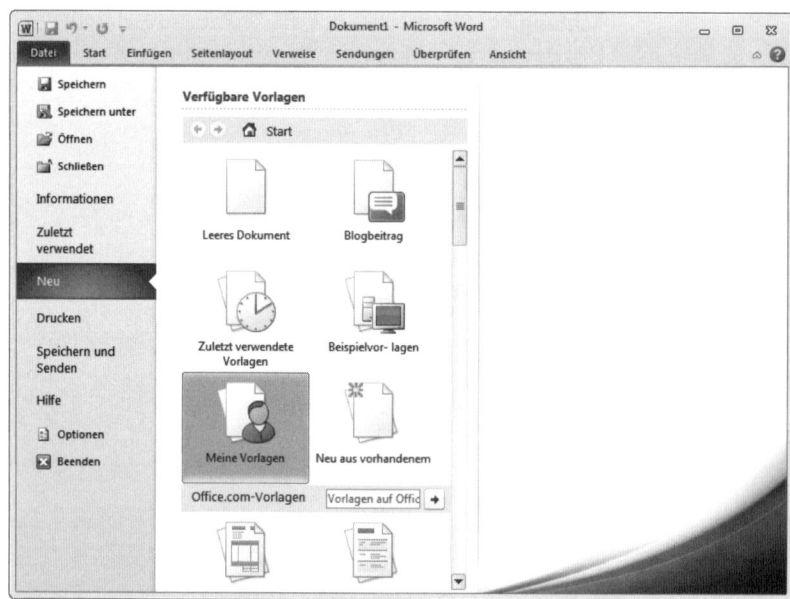

Bild 1.9: Neues Dokument erstellen auf der Basis einer eigenen Vorlage

● Klicken Sie anschließend auf *Meine Vorlagen*.

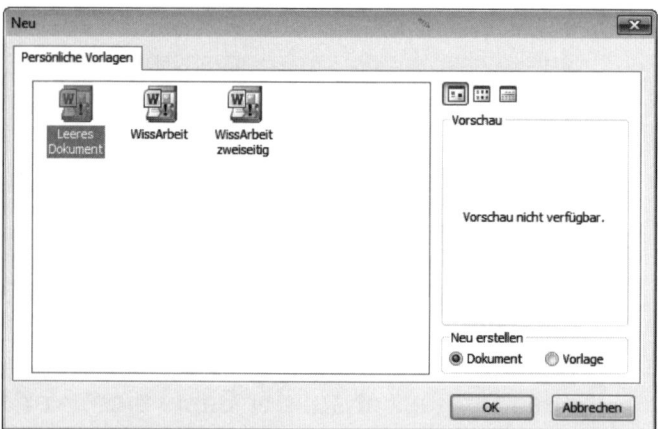

Bild 1.10: Die in den Ordner *Vorlagen* kopierten Dokumentvorlagen *WissArbeit* und
           WissArbeit zweiseitig

In dem so aktivierten Dialogfeld werden alle Vorlagen angezeigt, die sich entweder im Ordner befinden, der hinter *Benutzervorlagen* eingetragen ist, oder
im Ordner, der durch den Eintrag hinter *Arbeitsgruppenvorlagen* definiert
wird.

● Doppelklicken Sie jetzt auf die Dokumentvorlage *WissArbeit*.

Achtung bei Doppelklick auf die Dokumentvorlagen auf der CD Sie können ein Dokument auf der Basis einer Dokumentvorlage natürlich auch erstellen, indem Sie doppelt auf die Dokumentvorlage der CD klicken. Bedenken Sie dabei aber, dass die Bausteine nur dann zur Verfügung stehen, wenn Sie Zugriff auf die Dokumentvorlage haben, d. h., wenn die CD eingelegt ist.

1.3.5 Fünfter Schritt: das Dokument selbst zusammenstellen

Haben Sie das neue Dokument auf der Basis der Dokumentvorlagen *WissArbeit* erzeugt, sollte eine neue Registerkarte im Menüband erscheinen, die Sie beim Erstellen Ihres Dokuments unterstützen wird.

Bild 1.11: Die neue Registerkarte *WissArbeit* im Menüband

Wir möchten Ihnen jetzt an einem konkreten Beispiel zeigen, wie Sie vorgehen können. Angenommen, für Ihre Arbeit möchten Sie ein einseitiges Layout verwenden. Das ist üblich für Haus-, Examens-, Diplom- und Magisterarbeiten sowie für eine Bachelorthesis. Dabei werden nur die Vorderseiten bedruckt. Eine Masterthesis, Dissertation oder Habilitation wird in der Regel mit einem zweiseitigen Layout wie ein Buch geschrieben. Man unterscheidet dabei eine rechte und eine linke Seite mit unterschiedlichem Layout. Hierfür verwenden Sie bitte die Dokumentvorlage *WissArbeit zweiseitig*.

Das zu erzeugende Beispieldokument soll aus den folgenden Komponenten bestehen:

1. Deckblatt
2. zweite Seite
3. Inhaltsverzeichnis
4. drei Kapitel
5. Anhang
6. Literaturverzeichnis
7. Lebenslauf
8. Erklärung

Es hat somit zehn Komponenten, die hintereinander eingefügt werden. Fangen Sie vorne an:

● Wählen Sie auf der Registerkarte *WissArbeit* in der Gruppe *Einseitige Dokumente zusammenstellen* die Schaltfläche *Einzelne Seiten* aus.

Sie aktivieren so einen alphabetisch sortierten Katalog unterschiedlicher Beispielseiten.

● Beginnen Sie damit, das *Deckblatt* auszuwählen.

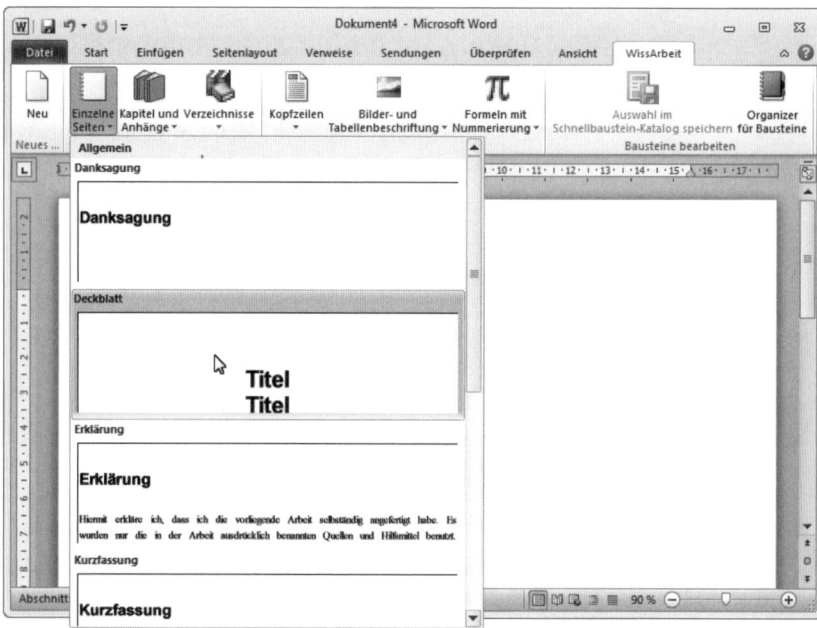

Bild 1.12: Den ersten Baustein für die Arbeit auswählen

Sie fügen das Deckblatt und einen so genannten Abschnittswechsel ein, ohne dass Sie das wirklich sehen können. Wenn Ihnen der Begriff Abschnittswechsel nichts sagt, so lesen Sie bitte trotzdem weiter. Wir erläutern ihn später auf Seite 29. Das Einzige, woran Sie erkennen, dass etwas passiert ist, ist die Anzeige der Seitenzahl in der Statuszeile des Word-Bildschirms. Hier sollte jetzt *Seite: 2 von 2* stehen.

Bild 1.13: Der erste Baustein wurde eingefügt

Sollte bei Ihnen der Abschnitt in Bild 1.13 ganz links nicht mit angezeigt werden, schalten Sie ihn ein, indem Sie mit der rechten Maustaste auf die

Statusleiste des Word-Bildschirms klicken und im Kontextmenü *Abschnitt* auswählen.

Zu beachten beim Einfügen neuer Bausteine Achten Sie immer vor dem Einfügen eines neuen Bausteins in Ihr Dokument darauf, dass sich der Maus-Zeiger am Ende des Dokuments im neuen Abschnitt befindet. Am besten, Sie bewegen Ihre Eingabemarke gar nicht, sondern fügen erst einmal alle Bausteine nacheinander ein.

- Klicken Sie erneut auf die Schaltfläche *Einzelne Seite* und fügen Sie die *Zweite Seite* ein.

- Klicken Sie nun auf die Schaltfläche *Verzeichnisse* und fügen Sie das *Inhaltsverzeichnis* ein. Sie erhalten eventuell einen Informationsdialog von Word angezeigt, den Sie nach dem Lesen mithilfe der Schaltfläche *OK* ausschalten können.

- Fahren Sie fort, indem Sie hintereinander drei Mal auf die Schaltfläche *Kapitel und Anhänge* klicken und dadurch jeweils ein weiteres *Kapitel* einfügen.

- Danach klicken Sie erneut auf die Schaltfläche *Kapitel und Anhänge* und fügen einen *Anhang* ein.

- Dann folgt über die Schaltfläche *Verzeichnisse* das *Literaturverzeichnis*.

- Am Schluss fehlt noch der *Lebenslauf* und die *Erklärung*, die Sie über die Schaltfläche *Einzelne Seite* einfügen.

Nun müssten Sie in der Statuszeile ablesen können, dass Ihr Dokument 11 Abschnitte und 11 Seiten aufweist. Die Struktur des neuen Dokuments steht also, nun könnten Sie anfangen zu schreiben. In Abschnitt 1.4 werden wir uns das erzeugte Dokument ansehen, im Folgenden finden Sie erst einmal eine Aufstellung der zur Verfügung stehenden Bausteine.

Wie geht man am günstigsten vor? Diese Frage kann man nicht allgemeingültig beantworten. Sie können aber mithilfe der Bausteine der Registerkarte *WissArbeit* auch erst einmal nur ein Dokument mit den eigentlichen Kapiteln erstellen und erst im Nachhinein die Verzeichnisse, das Deckblatt, die zweite Seite und den benötigten Rest zufügen. Wie Sie nachträglich weitere Bausteine löschen oder hinzufügen, beschreiben wir in Abschnitt 1.6.

1.3.6 Überblick über die bereitgestellten Bausteine

Wir haben für Sie eine Dokumentvorlage mit einigen Bausteinen vorbereitet, mit deren Hilfe Sie sich sehr flexibel das Gerüst für Ihr Dokument zusammensetzen können. Die folgende Tabelle zeigt Ihnen alle vorhandenen Bausteine. Sie sind entsprechend der drei Schaltflächen gruppiert und befinden sich jeweils im Katalog zu dieser Schaltfläche.

 **Bausteine an den eigenen Bedarf anpassen** Es besteht zudem jederzeit die Möglichkeit, Bausteine so umzugestalten, dass sie dem eigenen Bedarf angepasst sind. Lesen Sie dazu im Anhang A.2 weiter.

Tabelle 1.1: Übersicht über die Bausteine

Schaltfläche	Baustein	Verwendung
Einzelne Seiten	Deckblatt	Erste Seite mit Titel der Arbeit, Art der Arbeit, Fachbereich und Hochschule, Ihrem Namen, Ort und Jahr
	Zweite Seite	Tag der Prüfung, Dekan, Referent und Korreferent am Ende dieser Seite
	Kurzfassung	Kurzfassung, höchstens etwas mehr als eine Seite, wird ins Inhaltsverzeichnis übernommen
	Erklärung	Erklärung, die Arbeit ohne fremde Hilfe erstellt zu haben, kommt in der Regel an das Ende der Arbeit und muss unterschrieben werden, erscheint im Inhaltsverzeichnis
	Danksagung	Kommt ebenfalls in der Regel ans Ende der Arbeit, wird ins Inhaltsverzeichnis aufgenommen
	Lebenslauf	Vorbereiteter tabellarischer Lebenslauf, wird im Inhaltsverzeichnis angezeigt
	Weitere Seite	Kann für eine weitere benötigte Seite mit Überschrift ohne Nummerierung eingefügt werden, die Überschrift wird ebenfalls ins Inhaltsverzeichnis aufgenommen
Kapitel und Anhänge	Anhang	Es können mehrere Anhänge nacheinander eingefügt werden, sie werden mit Großbuchstaben A, B etc. nummeriert. Benötigen Sie Unterkapitel der Anhänge, werden diese mit A.1, A.2 etc. nummeriert und erscheinen ebenfalls im Inhalt.

Tabelle 1.1: Übersicht über die Bausteine (Fortsetzung)

Schaltfläche	Baustein	Verwendung
	Kapitel	Sie können so viele Kapitel hintereinander einfügen, wie Sie benötigen. Sie werden mit arabischen Zahlen nummeriert. Es besteht natürlich die Möglichkeit, Unterkapitel anzulegen, die mit 1.1, 1.2 etc. nummeriert werden. Sie können dabei fünf Ebenen verwenden. Im Inhaltsverzeichnis werden nur die ersten drei Ebenen angezeigt.
Verzeichnisse	Abkürzungsverzeichnis	Hier wurde eine zweispaltige Tabelle vorbereitet, mit deren Hilfe Sie das Abkürzungsverzeichnis gestalten können. Lassen Sie sich die Rasterlinien zur besseren Orientierung anzeigen (siehe dazu beispielsweise Abschnitt 1.4.1.3). Verzeichnis wird im Inhaltsverzeichnis angezeigt.
	Bilderverzeichnis	Vorbereitetes Verzeichnis der Bilder; Verzeichnis erscheint im Inhaltsverzeichnis
	Inhaltsverzeichnis	Inhaltsverzeichnis für drei Ebenen, alle Einzelseiten und anderen Verzeichnisse sind so vorbereitet, dass sie automatisch im Inhaltsverzeichnis aufgenommen werden.
	Literaturverzeichnis	Verzeichnis für verwendete Literatur, wird ins Inhaltsverzeichnis übernommen
	Tabellenverzeichnis	Vorbereitetes Verzeichnis der Tabellen, kommt ins Inhaltsverzeichnis
	Weiteres Verzeichnis	Falls Sie noch ein anderes Verzeichnis benötigen, verwenden Sie diesen Eintrag. Das Verzeichnis enthält keine Nummerierung, aber eine Kopfzeile wie alle Verzeichnisse und wird ebenfalls ins Inhaltsverzeichnis aufgenommen.

1.4 Struktur überprüfen

Im vorangegangenen Abschnitt wurde beispielhaft die Struktur einer möglichen wissenschaftlichen Arbeit angelegt. In diesem Abschnitt wollen wir uns
einmal genauer ansehen, wie das angelegte Dokument aussieht. Am einfachsten verschaffen wir uns in einer anderen Ansicht einen Überblick. Rechts auf
der Statuszeile des Word-Fensters finden Sie fünf kleine Schaltflächen zum
Umschalten der Ansicht. Klicken Sie hier auf *Entwurf*.

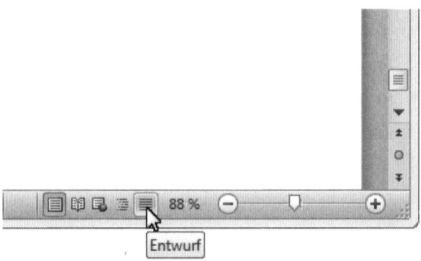

Bild 1.14: Hier schalten Sie um in die Entwurfsansicht

Schieben Sie den Knopf auf dem Bildlaufbalken nach oben und sehen Sie sich
an, was Sie erzeugt haben.

Bild 1.15: Die erste Seite in der Entwurfsansicht

Auf der ersten und zweiten Seite sind Texte als Platzhalter eingefügt worden, die nach Ihren Bedürfnissen überschrieben werden können.

Bild 1.16 zeigt einen weiteren Ausschnitt des neuen Dokuments. Hier sieht man die letzten Zeilen der eingefügten zweiten Seite, danach eine dünne doppelte Linie mit der Aufschrift *Abschnittswechsel (Nächste Seite)*. Die Abschnittswechsel beenden jeweils eine eingefügte Komponente. Diese Abschnittswechsel sind wichtig, da wir die einzelnen Kapitel beispielsweise so formatiert haben, dass die erste Seite keine Kopfzeile enthält, alle weiteren Seiten aber mit einer Kopfzeile versehen wurden. Das ist nur dann möglich, wenn man mit verschiedenen Abschnitten arbeitet. Lesen Sie weitere Informationen zu diesem Thema in Abschnitt 2.7.

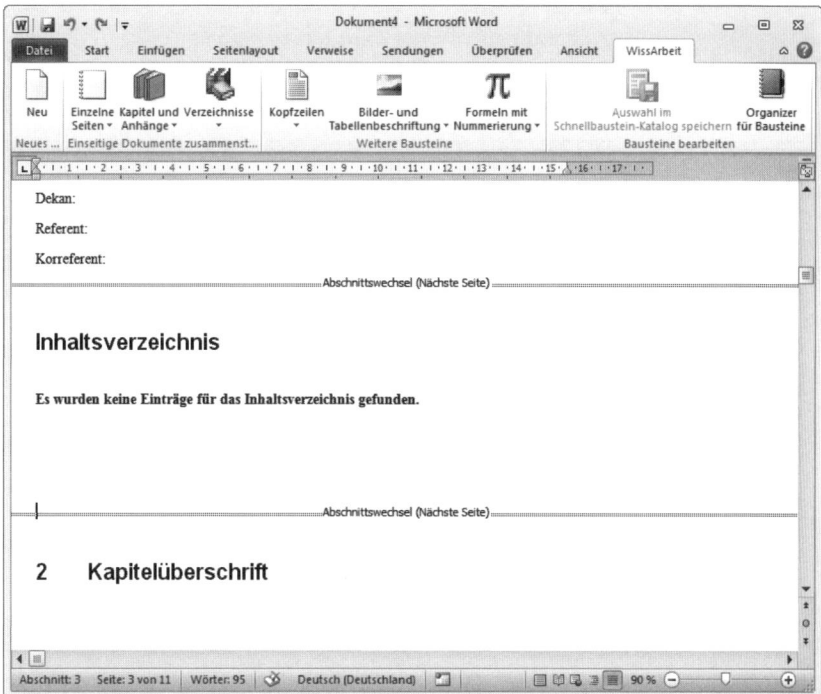

Bild 1.16: Teil der eingefügten Struktur

Im Prinzip wird mit jedem Baustein aus einem der Kataloge eine Überschrift (mit oder ohne Nummerierung) sowie ein Abschnittswechsel eingefügt. Was Sie zurzeit nicht sehen können, ist die vorbereitete Kopfzeile jeweils ab der zweiten Seite jedes Abschnitts, die erst angezeigt wird, wenn ein Abschnitt mehr als zwei Seiten aufweist. Kopfzeilen werden zudem in der Entwurfsansicht nicht angezeigt, diese können Sie nur in der Layoutansicht oder in Ihrem Ausdruck sehen.

Nachträgliche Änderungen der Struktur des Dokuments Sie können jederzeit Änderungen an der Struktur Ihres Dokuments vornehmen. Lesen Sie dazu weiter in Abschnitt 1.6.

Manche der Verzeichnisse enthalten zudem vorbereitete Verzeichnisse wie das Inhaltsverzeichnis in Bild 1.17. Hier wurde eine Funktion eingefügt, deren Inhalt erst angezeigt wird, wenn sie aktualisiert wird.

1.4.1.1 Inhaltsverzeichnis aktualisieren

In dem neu erzeugten Dokument gibt es bereits einige Überschriften, sodass wir jetzt das Inhaltsverzeichnis aktualisieren können, um einen Überblick über die einzelnen Komponenten zu erhalten. Klicken Sie mit der rechten Maustaste auf den grauen Balken mit der Fehlermeldung und wählen Sie im Kontextmenü *Felder aktualisieren* aus.

Bild 1.17: Das Inhaltsverzeichnis soll aktualisiert werden

Sie erhalten sogleich eine Übersicht aller Kapitel und weiterer Bausteine. Fügen Sie im Laufe der Zeit weitere Unterkapitel ein, werden auch diese bis zur dritten Ebene aufgeführt, sobald Sie das Verzeichnis erneut aktualisieren.

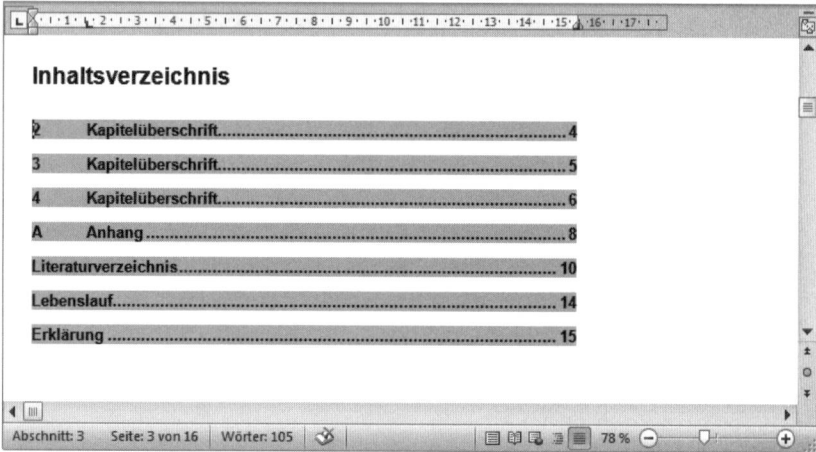

Bild 1.18: Das aktualisierte Inhaltsverzeichnis

1.4.1.2 Erste Kapitelnummer korrigieren

Im Inhaltsverzeichnis wird deutlich, dass die Nummerierung der Kapitel nicht stimmt. Das liegt daran, dass bereits vor dem ersten Kapitel weitere Kapitelüberschriften eingefügt wurden und Word so denkt, dass hier mit zwei weiternummeriert werden muss. Aber das lässt sich leicht ändern:

- Klicken Sie mit der rechten Maustaste auf die *2* in der Überschrift und

- wählen Sie im Kontextmenü *Neu beginnen mit 1* aus, wie es das folgende Bild zeigt.

Hierbei ist es wichtig, auf die Ziffer selbst und nicht irgendwo sonst in die Überschrift zu klicken, da nur so die Nummerierung geändert werden kann.

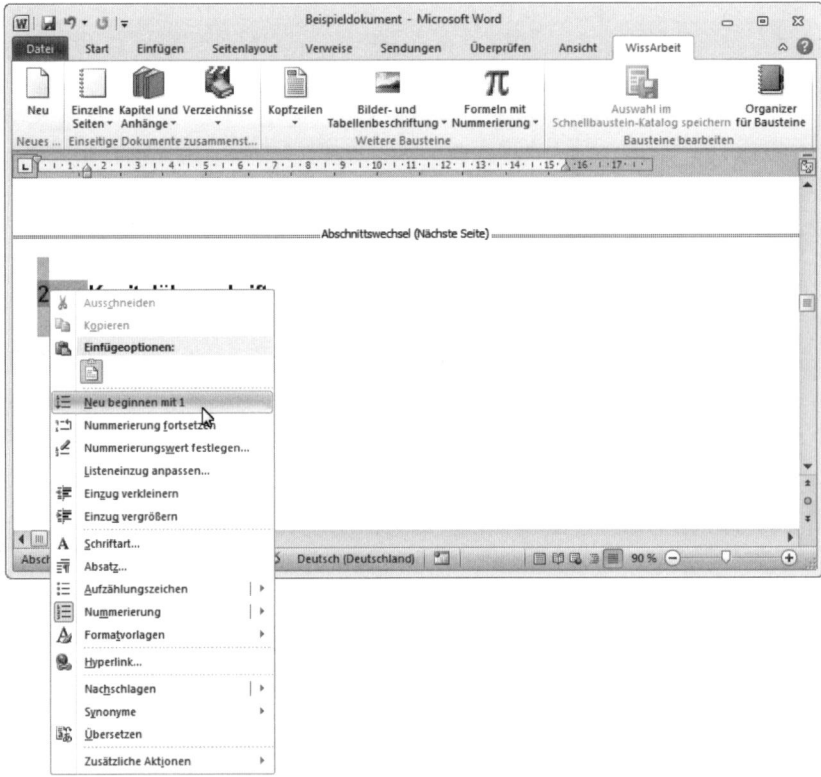

Bild 1.19: Die Nummerierung der Überschriften neu festlegen

Wie Sie (auch in folgendem Bild) sehen, wird die Nummer der ersten Überschrift korrigiert und die der folgenden automatisch angepasst.

Bild 1.20: Die geänderte Kapitelnummerierung

1.4.1.3 Tabellenraster einschalten

Wenn Sie weiter durch Ihren Text laufen, finden Sie weiter unten den Lebenslauf. Hier wurde eine Tabelle ohne Rahmen vorbereitet. Sollten keine Tabellenraster angezeigt werden, schalten Sie sie an, um eine Orientierung in der Tabelle zu ermöglichen.

🔲 Klicken Sie auf *Name*, das ist das erste Wort, das in der Tabelle steht.

Jetzt sollte das Menüband rechts um zwei Registerkarten erweitert werden, die der Rubrik *Tabellentools* angehören.

Bild 1.21: Die zusätzlich eingeblendeten *Tabellentools*

🔲 Wählen Sie die Registerkarte *Layout* aus und

🔲 klicken Sie auf die Schaltfläche *Rasterlinien anzeigen*.

Bild 1.22: Tabelle mit sichtbarem Tabellenraster

Wie Sie eine Tabelle bearbeiten, wird in Kapitel 4 ausführlich behandelt.

1.5   Schreiben

Die Struktur ist angelegt und korrigiert, jetzt kann das eigentliche Schreiben beginnen. Entweder Sie geben Ihren Text ein oder Sie beginnen damit, eine Gliederung zu erstellen und diese dann mit Text zu füllen. Möchten Sie eine Gliederung erstellen, sehen Sie sich Abschnitt 3.3 an. Für alle, die jetzt anfangen möchten zu schreiben, soll in diesem Abschnitt kurz zusammengefasst werden, was Sie beim Schreiben beachten müssen. Ausführlich werden sich spätere Kapitel mit den Themen befassen, auf die wir jeweils verweisen werden.

1.5.1   Fangen Sie einfach an

Schreiben können Sie entweder in der Entwurfs- oder in der Layoutansicht, das ist Gewohnheitssache.

Keine Abschnittswechsel löschen! Das Einzige, auf das Sie achten müssen, ist, dass Sie keine Abschnittswechsel löschen. Das spricht für das Schreiben in der Entwurfsansicht oder zumindest für das Löschen in der Entwurfsansicht. Wobei das Löschen natürlich nur am Ende eines Kapitels in der Nähe der neuen Überschrift kritisch ist.

Um zu beginnen, lassen Sie sich den Abschnitt mit der ersten Kapitelüberschrift anzeigen, markieren Sie den Text und ersetzen Sie ihn mit der von Ihnen gewünschten Kapitelüberschrift.

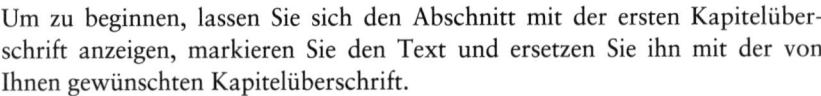

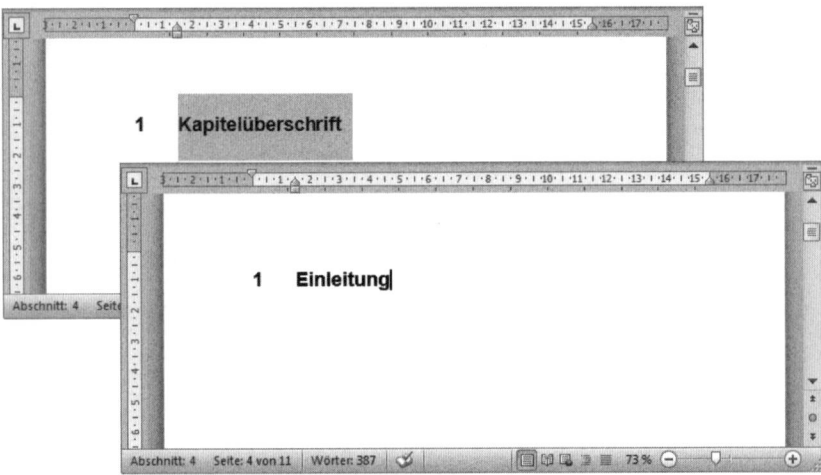

Bild 1.23: Die Kapitelüberschrift wurde geändert

Vielleicht ist Ihnen aufgefallen, dass diese Überschrift eine Nummer besitzt und anders formatiert wurde, als Text der folgenden Zeilen. Beides wurde in der Formatvorlage *Überschrift 1* festgelegt, die der ersten Zeile dieses Abschnitts übertragen wurde. Fügen Sie am Ende dieser Zeile ein ⏎ ein, so folgt eine weitere Zeile mit kleinerer anderer Schrift; auch dies wurde in der Formatvorlage so definiert.

1.5.1.1 Kurzer Einschub: Was sind eigentlich Formatvorlagen?

Eine Formatvorlage ist eine Sammlung verschiedener Formatierungsanweisungen, die über ihren Namen zugewiesen und geändert werden kann. So gibt es Formatvorlagen für die unterschiedlichen Überschriftenebenen, deren jeweilige Größe beispielsweise entsprechend ihrer Wichtigkeit angepasst wurde; *Überschrift 1* für die Kapitelüberschriften ist größer als *Überschrift 2* für die Unterüberschriften. Zudem gibt es eine *Standard*-Formatvorlage für den ganz normalen Text. Das sind erst einmal die wichtigsten, es gibt aber viel mehr. Man unterscheidet verschiedene Typen von Formatvorlagen. So gibt es beispielsweise Formatvorlagen für Zeichen, die die Formatierung einzelner Zeichen festlegen, oder aber Formatvorlagen für Absätze, die die Einstellungen des Absatzes definieren. Das können Zeilen- und Absatzabstände sein, aber auch Schriftformatierungen für den entsprechenden Absatz.

Formatvorlagen lassen sich bearbeiten und ändern. Bitte beachten Sie aber, dass Sie die Formatvorlage *Standard* nicht ändern sollten. Zum Thema Formatvorlagen finden Sie ausführliche Informationen in Abschnitt 3.1.

1.5.1.2 Wie weise ich eine Formatvorlage zu?

Möchten Sie einem Absatz oder einzelnen Zeichen eine Formatvorlage zuweisen, finden Sie im Menüband auf der Registerkarte *Start* in der Gruppe *Formatvorlagen* einen Katalog so genannter Schnellformatvorlagen.

◙ Markieren Sie den zu formatierenden Text und klicken Sie dann auf eine Formatvorlage im Katalog der Schnellformatvorlagen.

Wird die richtige nicht angezeigt, öffnen Sie den Katalog der Schnellformatvorlagen, wie Sie es in folgendem Bild sehen können.

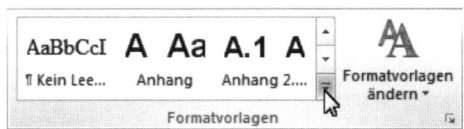

Bild 1.24: Öffnen des Katalogs der aktuellen *Schnellformatvorlagen*

Im Katalog haben Sie eine größere Auswahl an Formatvorlagen.

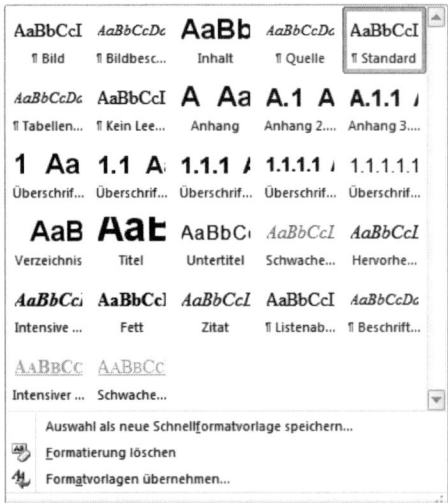

Bild 1.25: Katalog der aktuellen *Schnellformatvorlagen*

1.5.2 Auf einmal sind die Kopfzeilen da

Haben Sie mehr als eine Seite geschrieben und verwenden Sie die Layoutansicht, so werden Sie feststellen, dass auf der zweiten Seite eines Kapitels,
Anhangs oder Verzeichnisses auf einmal eine Kopfzeile erscheint. Dies wurde
in der Dokumentvorlage so angelegt. Darin wurde auch festgelegt, dass erst
ab der zweiten Seite eine Kopfzeile angezeigt werden soll. Abschnitt 3.5 setzt
sich mit dem Thema Kopf- und Fußzeilen ausführlich auseinander.

Die Kopfzeilen in der Dokumentvorlage *WissArbeit* wurden so eingerichtet,
dass links die Überschrift mit der entsprechenden Nummerierung eingefügt
wird (bei Verzeichnissen erscheint die Überschrift ohne eine Nummerierung)
und rechts die Seitenzahl zu sehen ist.

Wie Sie in Bild 1.26 sehen, werden drei Kopfzeilen unterschieden: für
»normale« Kapitel mit arabischen Zahlen als Nummerierung, für Anhänge,
die mit Großbuchstaben nummeriert werden, und für Verzeichnisse und
Einzelseiten, die keine Nummerierung verwenden.

Löschen Sie einen Abschnittswechsel zwischen zwei Abschnitten, die mit
einer unterschiedlichen Art von Kopfzeile versehen wurden, so wird auf den
vorderen Abschnitt die Kopfzeile des folgenden übertragen. Das führt zu
falschen Ergebnissen in der Kopfzeile.

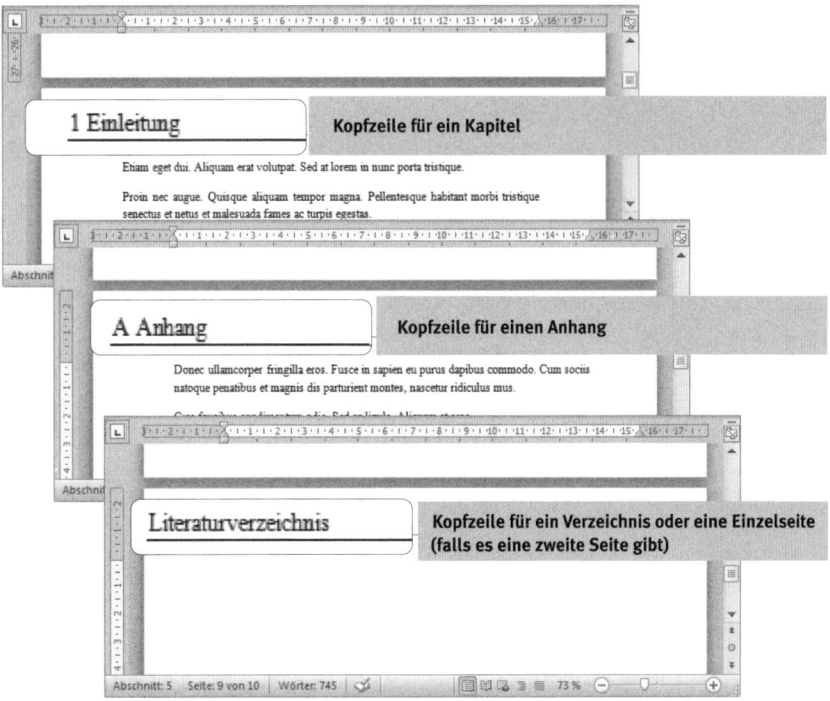

Bild 1.26: Verschiedene Kopfzeilen für Kapitel, Anhänge und Verzeichnisse

Der Text der Kopfzeile wird mithilfe so genannter Feldfunktionen definiert. Hier werden Feldfunktionen verwendet, die genau den Text einfügen, der mit einer festgelegten Formatvorlage formatiert wurde. Bei einem normalen Kapitel ist das die Formatvorlage *Überschrift 1*. Da in der Dokumentvorlage unterschiedliche Nummerierungen für die Hauptüberschriften eines Abschnitts verwendet werden, benötigen wir unterschiedliche Formatvorlagen für die Überschriften, wie *Überschrift 6* für Verzeichnisse und *Überschrift 7* für Anhänge (siehe dazu Abschnitt 3.4.1), auch wenn sie auf den ersten Blick gleich aussehen. Entsprechend sind auch die Kopfzeilen mit Verweisen auf andere Formatvorlagen versehen worden. Deswegen kommt es zu falschen Kopfzeilen, wenn ein Abschnittswechsel zwischen Kapiteln mit unterschiedlichen Verweisen in der Kopfzeile gelöscht wurde.

Sollten Sie versehentlich einen Abschnittswechsel gelöscht haben und nun eine falsche Kopfzeile erhalten, so lesen Sie weiter in Abschnitt 1.6.2. Dort werden wir Ihnen zeigen, was Sie tun müssen, um wieder die korrekte Kopfzeile angezeigt zu bekommen.

1.5.3   Bilder, Tabellen und Formeln einfügen

Verwenden Sie Bilder oder Tabellen, die mit Beschriftungen versehen und durchnummeriert werden sollen, so können Sie über die Schaltfläche *Bilder- und Tabellenbeschriftung* (auf der Registerkarte *WissArbeit*) einen Katalog aufrufen, der verschiedene Beschriftungen einfügt und mit der entsprechenden Formatvorlage versieht.

Lesen Sie ausführliche Informationen über das Nummerieren von Bildern und Tabellen in Abschnitt 3.4.2 und 3.4.3. In Abschnitt 3.4.4 wird zudem das Thema Querverweise behandelt, also wie Sie auf eine bestimmte Bild- oder Tabellennummer verweisen können.

1.5.3.1   Bilder mit Beschriftung und Nummerierung einfügen

Wie Sie Bilder einfügen und bearbeiten können, damit beschäftigt sich ausführlich Kapitel 5. In diesem Abschnitt möchten wir nur kurz auf die unterschiedlichen Formatvorlagen eingehen, die für den Absatz mit dem Bild selbst sowie den Absatz für die Bildbeschriftung vorgesehen sind.

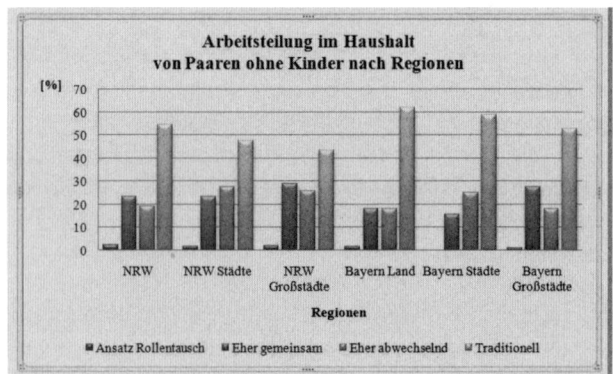

Für den Absatz mit dem Bild wird die Formatvorlage Bild verwendet

Bild 2.1: Vergleich der Arbeitteilung im Haushalt zwischen NRW und Bayern in unterschiedlichen Regionen (Stand: 1990)

Für den Absatz mit der Beschriftung die Formatvorlage Bildbeschriftung

Bild 1.27:   Für ein Bild mit Beschriftung werden die Formatvorlagen *Bild* und *Bildbeschriftung* verwendet

Gehen Sie wie folgt vor, um das Einfügen eines Bildes vorzubereiten:

- Platzieren Sie die Eingabemarke in dem Absatz, der das Bild aufnehmen soll.

- Wählen Sie auf der Registerkarte *WissArbeit* die Schaltfläche *Bilder- und Tabellenbeschriftung* aus.

Sie öffnen damit den Katalog, der in Bild 1.28 dargestellt ist.

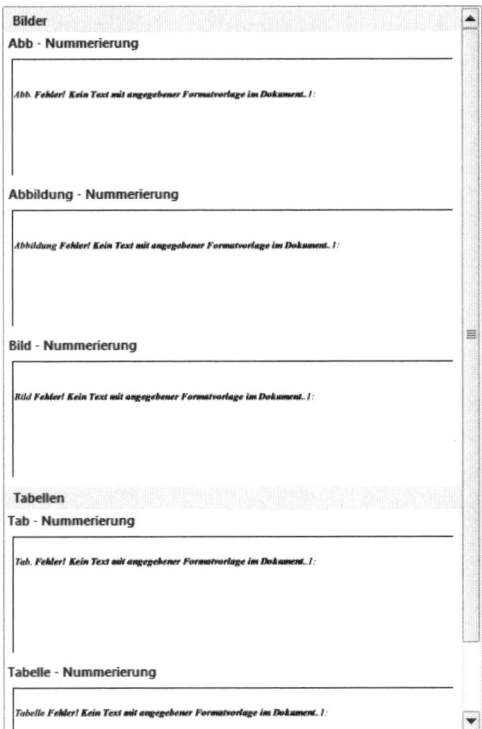

Bild 1.28: Katalog zum Einfügen der Beschriftungen für Bilder oder Tabellen

Lassen Sie sich nicht durch die Fehlermeldung im Katalog stören. Verwenden Sie den Baustein in Ihrem Text, so erscheint die Nummerierung anstelle der Fehlermeldung.

- Wählen Sie in der Kategorie *Bilder* die Beschriftung *Bild*, *Abbildung* oder *Abb.* aus, indem Sie das gewünschte Element anklicken.

Dadurch versehen Sie den aktuellen Absatz mit der Formatvorlage *Bild*. Dieser Absatz soll das Bild selbst aufnehmen. Danach wird eine weitere Zeile eingefügt, die mit der Formatvorlage *Bildbeschriftung* formatiert wird und neben dem ausgewählten Text (»Bild«, »Abbildung« oder »Abb.«) zwei Feldfunktionen enthält, über die die Nummerierung des Bildes erfolgt.

1.5.3.2 Tabellen mit Beschriftung und Nummerierung einfügen

Mit dem Thema Tabellen, wie sie eingefügt, bearbeitet und formatiert werden können, befasst sich ausführlich Kapitel 4.

Hier nur der Hinweis zum Ausprobieren für eine Tabelle:

- Platzieren Sie Ihre Eingabemarke in der Zeile über der Tabelle.

- Rufen Sie über die Schaltfläche *Bilder- und Tabellenbeschriftung* den in Bild 1.28 dargestellten Katalog auf.

- Wählen Sie aus, ob Ihre Tabelle mit *Tabelle* oder mit *Tab.* bezeichnet werden soll.

Sie erhalten eine automatische Tabellennummerierung sowie die Zuweisung der richtigen Formatvorlage *Tabellenbeschriftung* für Ihre Tabellenüberschrift.

1.5.3.3 Formeln mit Nummerierung einfügen

Kapitel 7 setzt sich mit dem Formeleditor in Word auseinander. In diesem Abschnitt soll nur auf die einfache Möglichkeit verwiesen werden, mithilfe der Schaltfläche *Formeln mit Nummerierung* eine Formel zusammen mit ihrer Formelnummer nebeneinander in einen Absatz einzufügen.

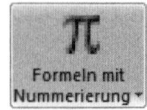

- Klicken Sie auf die Schaltfläche *Formeln mit Nummerierung*.

- Wählen Sie im Katalog aus, ob die Formel *linksbündig*, linksbündig, aber *eingerückt* oder *zentriert* eingefügt werden soll.

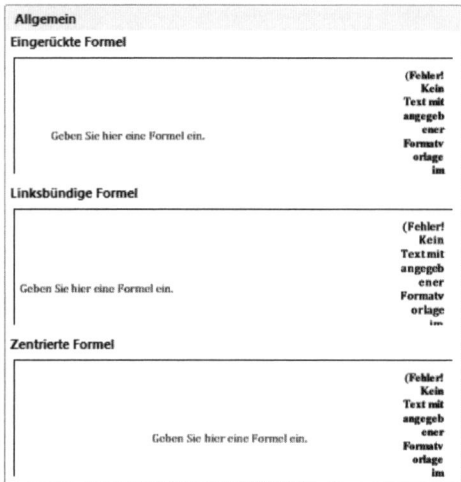

Bild 1.29: Katalog zum Einfügen von Formeln und ihrer Nummerierung

Entsprechend Ihrer Auswahl fügt Word eine Tabelle an dem Ort Ihrer Eingabemarke ein. Darin erscheint rechtsbündig die Nummer Ihrer Formel und links ein Feld, in das Sie Ihre Formel eingeben können. Sollte das Raster der Tabelle ausgeschaltet sein und Sie die Tabelle nicht erkennen können, wählen Sie die neu eingeblendete Registerkarte *Layout* der *Tabellentools* (s. auch Bild 1.21) aus und klicken Sie in der Gruppe *Tabelle* auf die Schaltfläche *Rasterlinien anzeigen*.

1.6 Anpassungen vornehmen

 Es besteht auch nachträglich noch die Möglichkeit, die Struktur Ihres Dokuments zu ändern, also entweder Bausteine nachträglich hinzuzufügen oder welche zu löschen. Sie müssen sich nur klar machen, dass jeder Baustein zwingend aus einer Überschrift (mit ein paar Leerzeilen) und einem Abschnittswechsel besteht. Und beim Löschen bzw. Hinzufügen ist darauf zu achten, dass diese Struktur erhalten bleibt.

1.6.1 Bestandteile eines Bausteins

Jeder Baustein, den Sie über die Registerkarte *WissArbeit* einfügen, besteht mindestens aus einer Überschrift und einem eingefügten Abschnittswechsel, wie Sie in folgendem Bild sehen können.

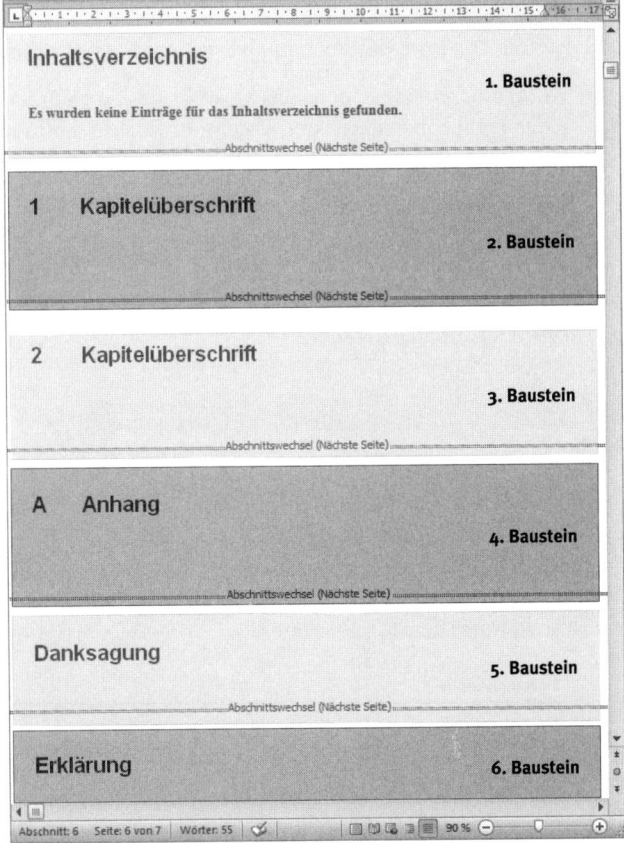

Bild 1.30: Dokument mit sechs eingefügten Bausteinen

Möchten Sie Änderungen an der Struktur vornehmen, müssen Sie – wie bereits häufig erwähnt – auf die Abschnittswechsel aufpassen. Das Problem ist, dass beim Löschen eines Abschnittswechsels Einstellungen der Seite des hinteren Abschnitts auf den vorangegangenen übertragen werden.

Löschen Sie also einen Abschnittswechsel zwischen zwei Überschriften mit unterschiedlicher Art der Nummerierung, so werden die eingerichteten Kopfzeilen des zweiten Abschnitts auf den ersten übertragen. Verwenden die beiden Abschnitte aber unterschiedliche Nummerierungen, so bedeutet das, dass auch die Kopfzeilen auf unterschiedliche Formatvorlagen verweisen müssen. So kann es passieren, dass die Kopfzeile in Ihrem letzten Kapitel auf einmal *A Anhang* heißt oder dass Fehlermeldungen in der Kopfzeile angezeigt werden.

1.6.2   Was tun bei falschen Kopfzeilen?

Naheliegend ist die Schaltfläche *Rückgängig* auf der *Symbolleiste für den Schnellzugriff*.

Haben Sie das Problem aber zu spät erkannt, dann gehen Sie so vor:

- Kontrollieren Sie – beispielsweise in der Entwurfsansicht –, ob sich vor jeder Hauptüberschrift ein Abschnittswechsel befindet.

- Falls einer fehlt, platzieren Sie die Einfügemarke direkt in der Zeile über der Überschrift, vor der der Abschnittswechsel fehlt.

- Wählen Sie dann im Menüband die Registerkarte *Seitenlayout* aus.

- Im Katalog zur Schaltfläche *Umbrüche* klicken Sie unter *Abschnittsumbrüche* auf *Nächste Seite*.

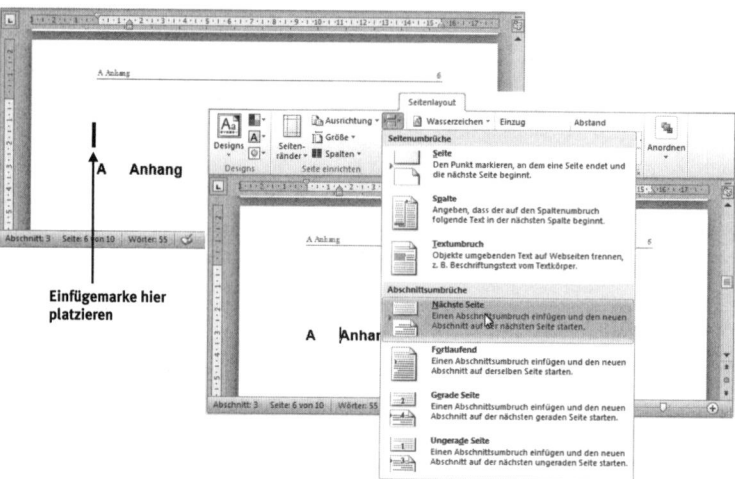

Bild 1.31: Neuen Abschnittswechsel erstellen

■ Löschen Sie gegebenenfalls die Leerzeile vor der Überschrift.

■ Aktivieren Sie die Kopfzeile, die nicht korrekt ist, indem Sie sie doppelt anklicken oder indem Sie mit der rechten Maustaste an den oberen Rand der Seite klicken und *Kopfzeile bearbeiten* auswählen.

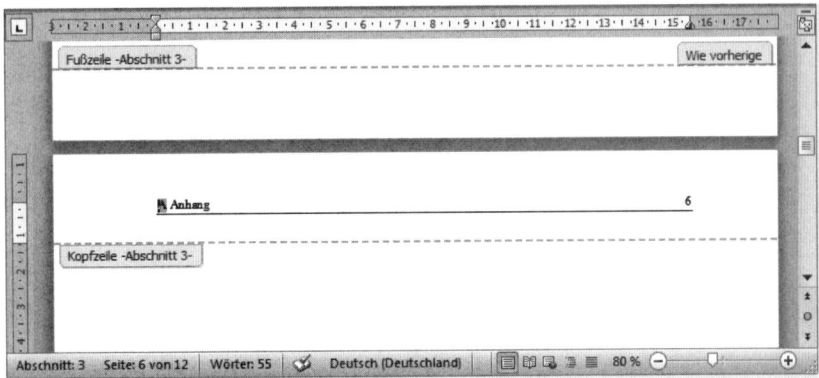

Bild 1.32: Die Kopfzeile aktivieren

■ Wählen Sie dann die Registerkarte *WissArbeit* aus und klicken Sie auf die Schaltfläche *Kopfzeilen*.

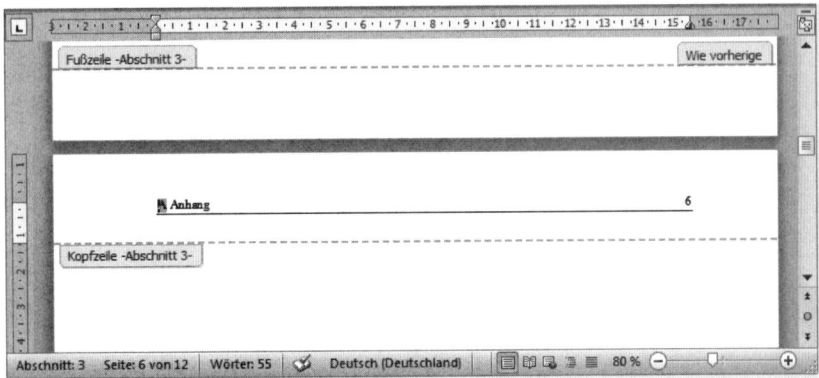

Bild 1.33: Der Katalog zur Schaltfläche *Kopfzeilen* der Registerkarte *WissArbeit*

■ Wählen Sie im Katalog die passende Kopfzeile aus, z. B. *Kapitel – Kopfzeile* oder *Anhang – Kopfzeile*. Für Verzeichnisse oder Einzelseiten verwenden Sie *Verzeichnis – Kopfzeile*. Einzig für das Inhaltsverzeichnis gibt es eine eigene Kopfzeile (weil die Überschrift eines Inhaltsverzeichnisses nicht im Inhaltsverzeichnis selbst auftauchen soll).

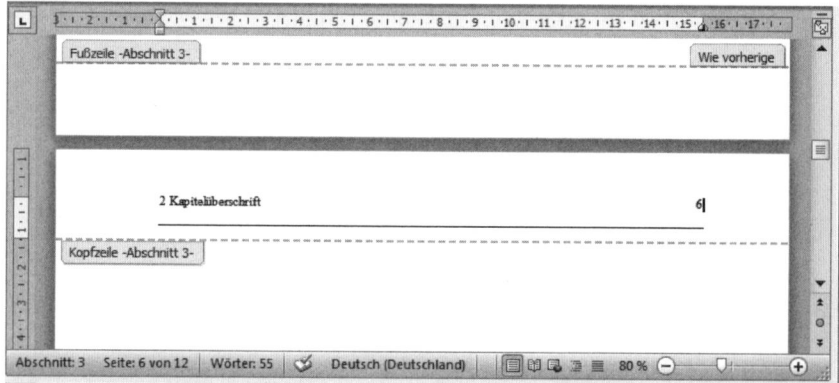

Bild 1.34: Hier ist ein Zeilenumbruch zu viel in der Kopfzeile

- Sollte wie in Bild 1.34 eine Zeile zu viel in der Kopfzeile sein (sollte also der Abstand zwischen dem Text und der Linie zu groß sein), platzieren Sie die Eingabemarke hinter der Seitenzahl und verwenden Sie die [Entf]-Taste. Danach sollte sich die Linie direkt unter dem Text befinden.

- Doppelklicken Sie anschließend in den normalen Textbereich, um die Kopfzeilenansicht zu schließen.

1.6.3 Hinzufügen eines weiteren Bausteins

Möchten Sie beispielsweise ein neues Kapitel anlegen, weil Sie festgestellt haben, dass Sie doch mehr Kapitel benötigen als zunächst geplant, dann verfahren Sie so:

- Platzieren Sie die Eingabemarke vor dem ersten Buchstaben der Überschrift, vor der der neue Baustein eingefügt werden soll.

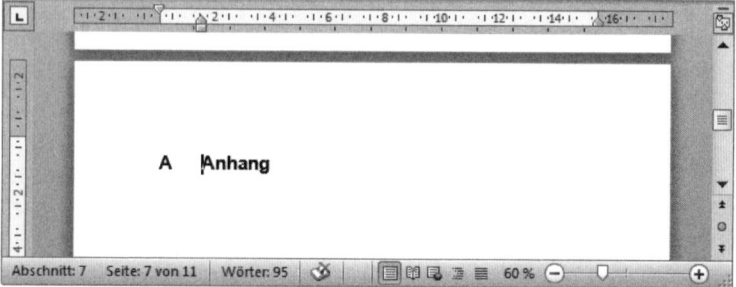

Bild 1.35: Davor soll ein weiterer Baustein eingefügt werden

● Wählen Sie auf der Registerkarte *WissArbeit* über die entsprechende Schaltfläche den gewünschten Baustein aus.

Fertig!

Möchten Sie einen neuen Baustein am Ende Ihres Dokuments anfügen, platzieren Sie Ihre Eingabemarke einfach nach dem letzten Abschnittswechsel.

1.6.4 Löschen eines Bausteins

Zum Löschen eines Bausteins, den Sie nicht benötigen, sollten Sie in die Entwurfsansicht wechseln.

● Markieren Sie die Kapitelüberschrift und den darauf folgenden Abschnittswechsel.

● Verwenden Sie dann die [Entf]-Taste Ihrer Tastatur.

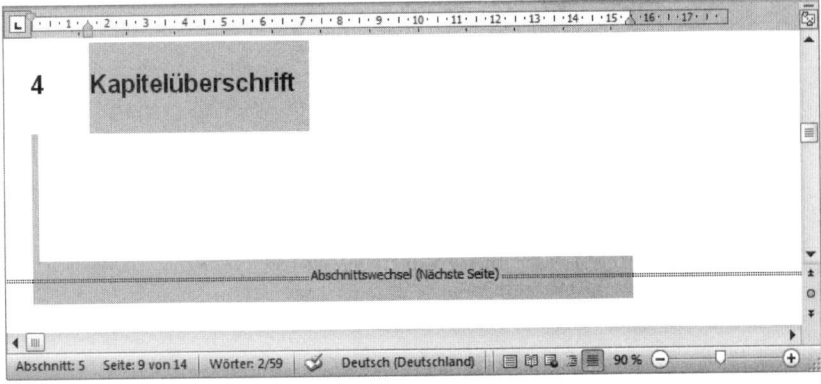

Bild 1.36: Alle Teile des Bausteins wurden zum Löschen markiert

1.7 Und wie geht's weiter?

Es gibt verschiedene Möglichkeiten, wie Sie mit Ihrem Dokument umgehen können. Entweder Sie schreiben in einem immer größer werdenden Dokument immer weiter – kein Problem. Manche Anwender finden es aber zu stressig, so große Dokumente zu handhaben und immer erst die Stelle auf Seite 95 zu suchen, an der sie gerade arbeiten. Wenn das Ihnen genauso geht, verfahren Sie so:

● Erstellen Sie ein neues Dokument auf Basis der Dokumentvorlage *WissArbeit*.

- Es ist zudem sinnvoll, ein Kapitel als Baustein in das neue Dokument einzufügen. Damit erhalten Sie nämlich im neuen Teil-Kapitel eine Überschriftennummer. Das erspart Ihnen eine Menge Fehlermeldungen.

- Kopieren Sie das Kapitel, an dem Sie gerade arbeiten, aus dem Gesamtdokument heraus. Achten Sie dabei darauf, dass Sie alles zwischen der Hauptüberschrift und dem Abschnittswechsel markieren.

- Fügen Sie den Text nach der Überschrift ein und bearbeiten Sie das Kapitel einzeln.

Sie sollten nun falsche Nummerierungen ignorieren. Vermutlich wird auch die Kopfzeile nicht mehr korrekt sein. Kopieren Sie das Dokument anschließend zurück, sollte alles wieder korrekt angezeigt werden. Ein ähnliches Problem werden Sie mit Querverweisen haben, die aber auch wieder korrekt aktualisiert werden, wenn Sie das Kapitel zurückkopieren.

- Haben Sie die Arbeit an dem Kapitel beendet, kopieren Sie den Text und fügen ihn zwischen die Überschrift und den Abschnittswechsel wieder ein.

Achten Sie darauf, dass der Abschnittswechsel nach Ihrem Kapitelende erhalten bleibt.

1.8 Wegweiser durch das Buch

In dem vorangegangenen Teil kam schon eine Vielzahl von Begriffen vor, die in den folgenden Teilen des Buches genauer erläutert werden sollen. Wie Sie sicher festgestellt haben, gab es auch schon von Verweisen auf spätere Abschnitte.

So werden Abschnitte und der Umgang mit ihnen in Kapitel 2 erklärt. Dieses Kapitel gibt außerdem einen kurzen Überblick über nützliche und wichtige Word-Funktionen, die Ihnen vielleicht nicht alle geläufig sind. Es beschäftigt sich auch mit der sehr wichtigen Frage nach Möglichkeiten für die Datensicherung Ihrer Arbeit.

Das dritte Kapitel ist das zentrale Kapitel dieses Buches, das wir mit »Die Gestaltung Ihrer Arbeit« überschrieben haben. Es enthält Arbeitsschritte zum Erstellen der Arbeit, die jeder braucht, um eine Examensarbeit zu schreiben. Andere Kapitel, wie das Kapitel über Bilder und Diagramme oder die Ausführungen über das Erstellen von mathematischen Formeln, werden sicher nur einige von Ihnen benötigen.

Das Kapitel »Die Gestaltung Ihrer Arbeit« beginnt damit, Ihnen Sinn, Zweck und Verwendung von Format- und Dokumentvorlagen zu zeigen. Beide Begriffe haben Sie im ersten Kapitel bereits kennen gelernt. Sie haben die Dokumentvorlage *WissArbeit* verwendet, um ein neues Dokument zu erstellen, und haben Bekanntschaft mit Formatvorlagen für Überschriften und Ihren Text sowie für Bild- und Tabellenbeschriftungen gemacht.

Die Gliederung Ihrer Arbeit sowie das Umstellen von Gliederungen ist Gegenstand des darauf folgenden Abschnitts im dritten Kapitel. Gliederungen erlauben Ihnen, anhand der Überschriften mit ausgeblendetem Text die Struktur Ihrer Arbeit festzulegen, Umstellungen vorzunehmen oder Unregelmäßigkeiten in der Zuweisung der Überschriftenebenen zu entdecken.

Der anschließende Teil befasst sich mit der Nummerierung von Kapiteln, Tabellen und Bildern. Verwenden Sie die zuvor beschriebenen Bausteine und die Dokumentvorlage, so sind für die Kapitelnummerierung bereits arabische Zahlen vorgesehen. Benötigen Sie eine andere Art der Nummerierung, lesen Sie hier nach, wie Sie vorgehen müssen.

Trotz allem kann man nicht oft genug betonen, dass Sie das Nummerieren auf jeden Fall Word überlassen sollten. Fügen Sie niemals Kapitel-, Tabellen- oder Bildnummerierungen mit der Hand ein, es sei denn, Sie schreiben nur zwei oder drei Seiten und können Ihren Text genau überblicken. Aber auch dabei ist es ärgerlich und lästig, wenn bei einer kleinen Umstellung die Nummerierung und die Verweise auf eine der Nummern zu ändern sind. Wird die Nummerierung von Word erledigt, kann man das Programm nach einer Umstellung per Knopfdruck veranlassen, die Nummerierung und alle Verweise zu aktualisieren. Dabei entstehen weniger Fehler und es ist zudem sehr viel weniger mühsam.

Kopf- und Fußzeilen sollten im Zeitalter der Textverarbeitung in einem langen Text verwendet werden, um die Orientierung zu erleichtern. Werden die Kapitelüberschriften in die Kopfzeile übernommen, ist beim Durchblättern einer Arbeit immer klar, in welchem Kapitel sich der aktuelle Abschnitt befindet. In der hier vorgestellten Dokumentvorlage wurden bereits Kopfzeilen eingefügt. Möchten Sie Änderungen daran vornehmen, so lesen Sie in Abschnitt 3.5 mehr dazu.

Der letzte Teil von Kapitel 3 behandelt das Thema Fuß- und Endnoten. Es gibt Fachbereiche, für die sind Fußnoten extrem wichtig, um beispielsweise Literaturstellen zu belegen, andere verwenden gar keine Fußzeilen.

In den meisten wissenschaftlichen Arbeiten werden Tabellen zur Darstellung von Zahlenmaterial eingesetzt. Word verfügt über ausgefeilte Funktionen, die Ihnen die Erstellung und Formatierung von Tabellen erleichtern, wie in Kapitel 4, »Tabellen«, an Beispielen aus der Praxis erläutert wird.

Das Einfügen von Bildern, Diagrammen, Grafiken und Fotos ist das Thema des darauf folgenden Kapitels »Bilder und Diagramme«. Wir möchten Ihnen in diesem Kapitel zeigen, welche Möglichkeiten Word zur Einbindung und Bearbeitung von Grafiken sowie Formen und SmartArt-Objekten bietet. Beschrieben wird zudem das Erstellen von Diagrammen mit Excel. Neu in Word 2010 sind außerdem Funktionen, die das Bearbeiten und Verbessern von eingefügten Fotos erlauben.

In fast jeder wissenschaftlichen Arbeit wird auf fremdes Gedankengut zurückgegriffen, d. h., Sie zitieren Texte anderer Autoren oder geben weiterführende Literatur an. In Kapitel 6, »Quellen zitieren und nachweisen«, beschreiben wir die Funktionen in Word, die Sie bei der Arbeit mit Literaturverzeichnissen, Querverweisen und Zitaten unterstützen.

Benötigen Sie mathematische Formeln in Ihrer Abschlussarbeit, so ermöglicht Word Ihnen das schnelle und einfache Erstellen von Formeln mit einem eingebunden Formeleditor, der in Kapitel 7 behandelt wird.

Das achte Kapitel, »Die Arbeit beenden und veröffentlichen«, zeigt Ihnen die letzten Schritte mit Ihrer Arbeit. In diesem Kapitel geht es darum, verschiedene Verzeichnisse anzulegen. Dabei beschreiben wir Ihnen zwei Wege: Zum einen, wie Sie Verzeichnisse anlegen und formatieren, wenn der gesamte Text in einer Datei ist, zum anderen ist es aber auch möglich, Verzeichnisse zu erzeugen, obwohl Sie Ihre Arbeit auf verschiedene Dateien aufgeteilt haben. Dann müssen Sie für Ihre Verzeichnisse Verweise auf die benötigten Kapiteldateien einfügen. Schließlich beschreiben wir in diesem Kapitel auch, wie Sie drucken, eine PDF-Datei erstellen und welche Möglichkeiten es gibt, Ihre Arbeit anschließend zu veröffentlichen. Zudem wird das Programm pdfsam vorgestellt, das Sie auf der CD-ROM zum Buch finden, mit dessen Hilfe Sie aus mehreren PDF-Dateien der einzelnen Kapitel am Ende eine einzige PDF-Datei machen können.

Im »Anhang« werden unterschiedliche Themen behandelt. Zunächst beschreiben wir einige der Ordner, die Word bei der Installation auf Ihrem Computer anlegt, von deren Existenz Sie in der Regel erst einmal gar nichts wissen. Manchmal müssen Sie aber doch auf sie zugreifen. Hier erfahren Sie, was Sie einstellen müssen, um sie angezeigt zu bekommen. Der zweite Abschnitt befasst sich mit den Bausteinen der Dokumentvorlage. Er beschreibt, wie Sie sie an Ihre Bedürfnisse anpassen können. Im Anhang gibt es zudem einen Abschnitt darüber, wie Sie Einträge der Formatvorlage *Standard* löschen können und eine Aufstellung der wichtigsten Feldfunktionen.

Schaltflächen auf dem Menüband Das Menüband in Word ist sehr anpassungsfähig und sieht auf Ihrem PC sicher häufig anders aus als bei uns. Wir versuchen daher, den Namen des Befehls sowie die Registerkarte, auf der er sich befindet, und die Gruppe sowie eine Abbildung der Schaltfläche anzugeben, um Ihnen die Orientierung zu ermöglichen.

Danke

Wir möchten allen unseren Freunden und Bekannten danken, die uns ihre Examens-, Diplom- und Doktorarbeiten zur Verfügung gestellt haben. Viele Informationen und Ratschläge von Euch wurden in dieses Buch eingearbeitet. Vielen Dank auch an alle unsere Freunde hier im Haus, ohne deren Unterstützung beim Betreuen unserer Kinder oder in Form vorbereiteter Essen im Hof wir uns sehr viel schwerer mit der Fertigstellung getan hätten.

Leider schaffen auch wir es nie, ein 100%ig fehlerfreies Buch zu schreiben. Sie werden sicherlich ebenfalls feststellen, dass Sie auch nach beliebig vielen Korrekturgängen immer noch Fehler in Ihrer Arbeit finden. Darum zum Trost ein Zitat von Tai T'ung, der bereits im 13. Jahrhundert erkannt hat:

» Wollte ich Vollkommenheit anstreben, würde mein Buch nie fertig. «

Kapitel 2

Grundlegendes zu Beginn

2.1 Hilfreiche Word-Einstellungen

In diesem Abschnitt werden allgemeine nützliche Word-Einstellungen besprochen, die das Speichern und Öffnen von Dateien betreffen. Alle beschriebenen Festlegungen können Sie über das Dialogfeld *Word-Optionen* definieren. Sie aktivieren das Dialogfeld über die so genannte Backstage-Ansicht, die Sie im Menüband unter *Datei* finden.

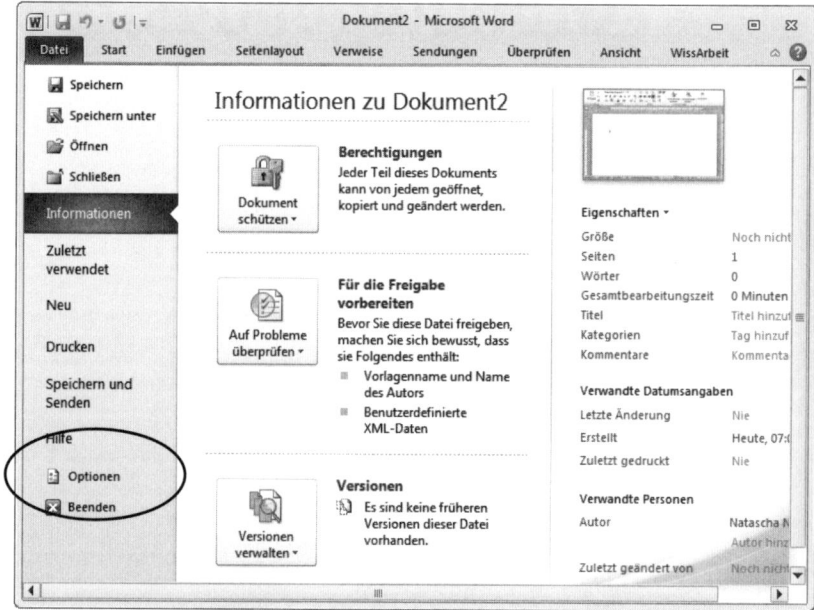

Bild 2.1: Öffnen des Dialogfeldes *Word-Optionen*

Das Dialogfeld bietet zehn Kategorien zu allgemeinen Einstellungen von Word (siehe Bild 2.2). Wir werden nicht alle Optionen besprechen, sondern die herausgreifen, die für das Schreiben von langen Texten Bedeutung haben.

2.1.1 Sicherheitskopien erstellen lassen

Beim Schreiben von wichtigen Texten ist es sinnvoll, darüber nachzudenken, was im Falle eines Absturzes mit der Text-Datei geschieht bzw. was man tun kann, wenn die aktuelle Text-Datei beschädigt wurde.

- Wählen Sie im Dialogfeld *Word-Optionen* die Kategorie *Erweitert* aus und

■ verschieben Sie die Ansicht mithilfe der Bildlaufleiste, bis Sie die Einstellungen zu *Speichern* finden.

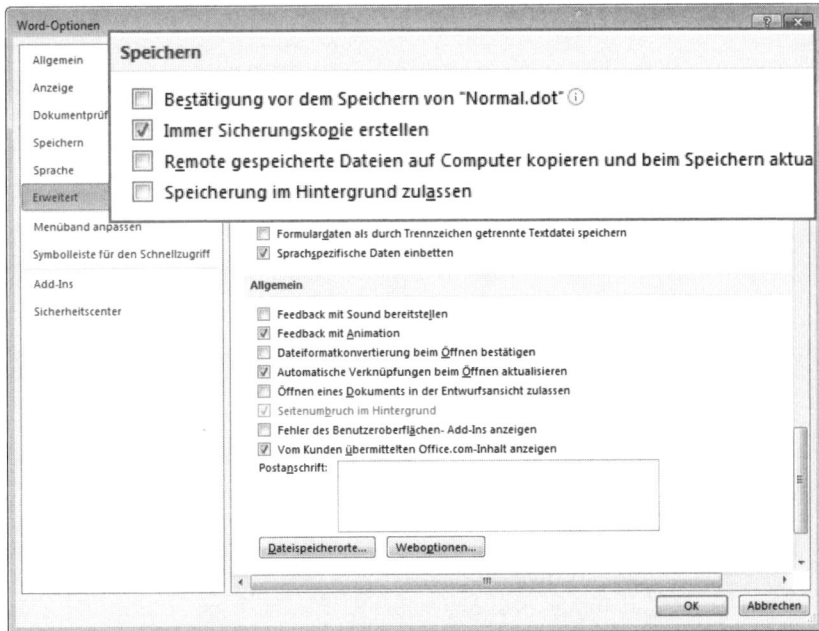

Bild 2.2: Automatisch Sicherheitskopien der Word-Dokumente erstellen

Wählen Sie die Option *Immer Sicherungskopie erstellen* an. Word wird damit angewiesen, beim Speichern einer Datei die alte Version aufzuheben. Die Vorgängerversion wird mit »Sicherungskopie von ...« bezeichnet. Wir können aus eigener Erfahrung sagen, dass wir oft froh waren, auf die alte Version zurückgreifen zu können, denn bei unbeabsichtigten Änderungen oder Word- bzw. Windows-Abstürzen ist die Sicherungsdatei oft die letzte Hoffnung.

Selektieren Sie *Speicherung im Hintergrund zulassen*, so können Sie während des Speichervorgangs weiterarbeiten. Wir empfehlen Ihnen, lieber auf Nummer sicher zu gehen und diese Option auszuschalten, denn das Speichern ist ein wichtiger Vorgang, der ungestört ablaufen sollte.

2.1.2 Dateiablage

Ebenfalls in den *Word-Optionen* finden Sie in der Kategorie *Speichern*, die links im Dialogfeld auswählbar ist, neben *Standardspeicherort* den Ordner, den Word standardmäßig zum Speichern vorschlägt (siehe Bild 2.3). Hier kann es sinnvoll sein, den von Ihnen angelegten Ordner für Ihre Arbeit einzutragen.

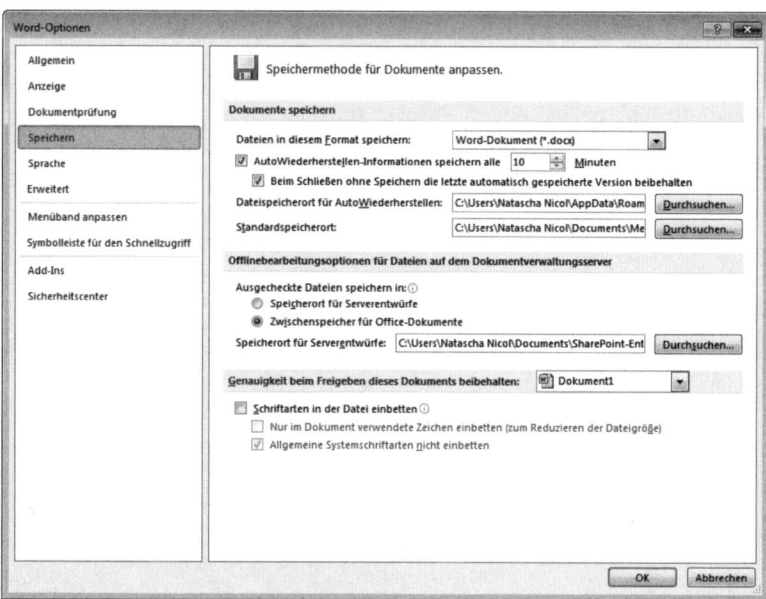

Bild 2.3: Einstellen der Ablage für Dateien

Möchten Sie den Ordner des Standardspeicherortes ändern, selektieren Sie hinter dem angegebenen Pfad die Schaltfläche *Durchsuchen*. Im Dialogfeld (siehe Bild 2.4) wählen Sie den neuen Ordner aus. Hier können Sie bei Bedarf auch mithilfe der Schaltfläche *Neuer Ordner* ein neues Verzeichnis anlegen.

Neuer Ordner

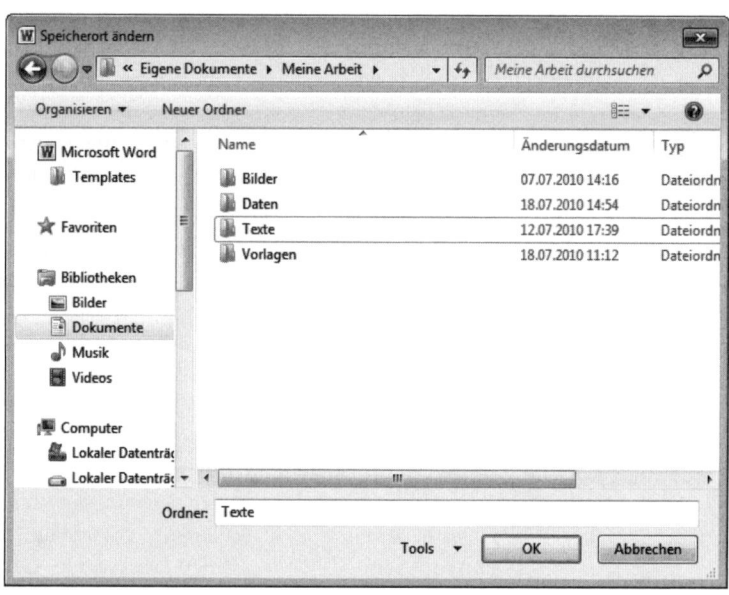

Bild 2.4: Dieser Ordner wird der neue Standardspeicherort

2.1.3 Word automatisch speichern lassen

Mit der Option *AutoWiederherstellen-Informationen speichern alle x Minuten* in Bild 2.3 speichert Word Ihren Text selbsttätig nach Ablauf der eingestellten Zeit. Dies ist vor allem für Speichermuffel eine hilfreiche Funktion. So speichert Word Ihren Text automatisch ohne Ihr Zutun.

Die AutoWiederherstellen-Information wird im darunter angegebenen Ordner gespeichert. Sie können auch diesen Speicherort bei Bedarf ändern.

2.1.4 Zugriff auf häufig benutzte Dateien und Ordner

In der Backstage-Ansicht, die Sie im Menüband über *Datei* erreichen, ist die Auswahl *Zuletzt verwendet* hilfreich. Darin werden die zuletzt verwendeten Dateien und Ordner angezeigt, die Sie per Klick aufrufen können. Klicken Sie eine der Pins an, pinnen Sie damit das dazugehörige Dokument fest, so dass es immer oben in der Liste bleibt und sich nicht mit der Zeit aus Ihrem Blickfeld herausschiebt.

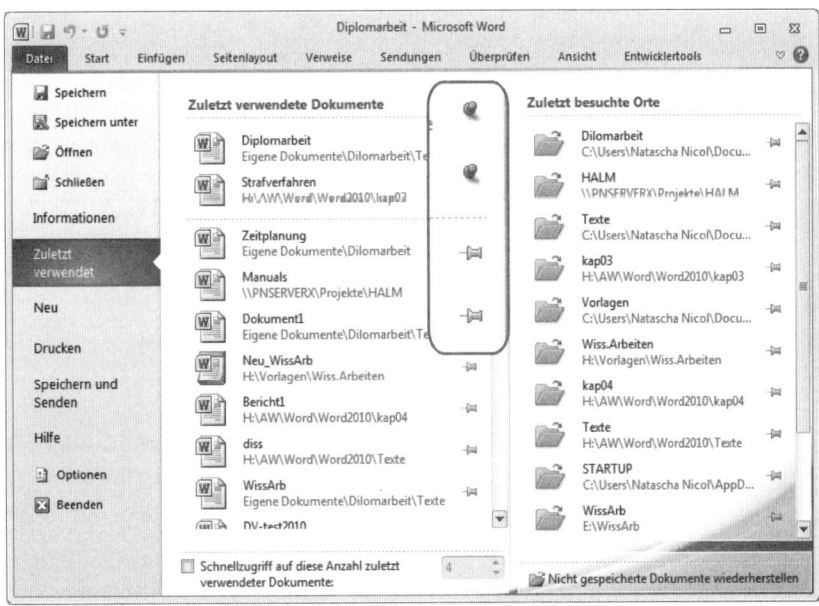

Bild 2.5: Festgepinnte Word-Dokumente

Bei Bedarf lässt sich die Anzahl der Dokumente in der Liste der zuletzt verwendeten Dokumente vergrößern oder verkleinern. Die aktuelle Einstellung ändern Sie in den *Word-Optionen* in der Kategorie *Erweitert*. In der Gruppe *Anzeige* finden Sie standardmäßig hinter *Diese Anzahl zuletzt verwendeter Dokumente anzeigen* eine *20*.

2.2 Steuerzeichen

Mithilfe von Steuerzeichen haben Sie die Möglichkeit, Leerzeichen, Tabstopps u. Ä. anzuzeigen. Mit eingeschalteten Steuerzeichen finden Sie beispielsweise leicht doppelte Leerzeichen in Ihrem Text, die ansonsten große
Lücken zwischen den Wörtern erzeugen würden.

Sie können sich alle Steuerzeichen über die Schaltfläche *Alle anzeigen* oder
mithilfe der Tastenkombination [Strg]+[.] einblenden lassen.

Alternativ können Sie auch nur ein oder zwei Arten von Steuerzeichen, beispielsweise nur die Steuerzeichen für Leerzeichen, in den *Word-Optionen*
über die Kategorie *Anzeige* einschalten.

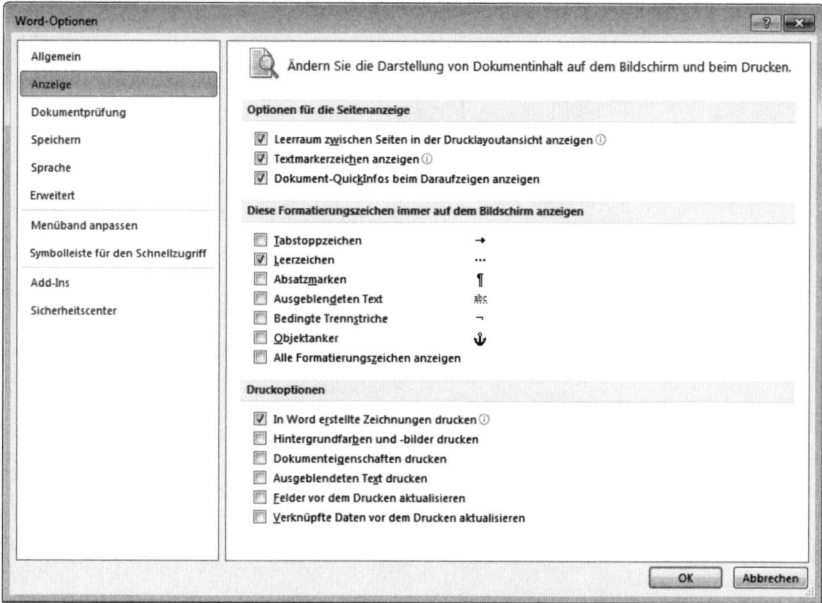

Bild 2.6: So können Sie sich nur die Steuerzeichen für Leerzeichen anzeigen lassen

2.3 Formate kopieren und kontrollieren

An dieser Stelle setzen wir voraus, dass Ihnen der Umgang mit Zeichen- und Absatzformaten keine Probleme bereitet. Wir möchten Ihnen in diesem Abschnitt allerdings zwei hilfreiche Funktionen zeigen, die den Umgang mit Formaten vereinfachen. Zunächst sollen Zeichen- und Absatzformate kopiert werden. Zudem zeigen wir Ihnen die Möglichkeit herauszufinden, wie die Formatierung von Zeichen oder Absätzen definiert wurde.

2.3.1 Formate kopieren und löschen

Die meisten Text- und Absatzformate weisen Sie über die Registerkarte *Start* zu. Hier finden Sie auch die Schaltfläche *Format übertragen*. Mit ihrer Hilfe lassen sich Formatierungen kopieren.

- Markieren Sie dazu den richtig formatierten Text,

- klicken Sie auf die Schaltfläche und

- überstreichen Sie dann mit dem veränderten Cursor den Text, der formatiert werden soll.

Haben Sie im ersten Schritt nur Teile eines Absatzes markiert, kopieren Sie auf diese Art das Zeichenformat der Markierung. Wurde der gesamte Absatz markiert, wird beim Kopieren das gesamte Absatzformat übertragen.

Doppelklicken Sie auf die Schaltfläche *Format übertragen*, können Sie so lange das Format auf nicht zusammenhängende Zeichen oder Absätze übertragen, bis Sie erneut auf *Format übertragen* klicken.

Ebenso leicht lässt sich eine Formatierung löschen. Dabei wird mit der Schaltfläche *Formatierung löschen* eine Zeichenformatierung gelöscht, wenn man einzelne Zeichen markiert und dann auf die Schaltfläche klickt. Markiert man einen gesamten Absatz, wird die Absatzformatierung gelöscht und die Formatvorlage *Standard* zugewiesen.

Formatvorlagen verwenden Gibt es viele Stellen, auf die eine bestimmte Formatierung übertragen werden soll, so ist es in der Regel sinnvoller, eine so genannte Formatvorlage zu definieren und diese auf die Textstellen zu übertragen. In Formatvorlagen können mehrere Einstellungen zu Absatz- oder Zeichenformaten gespeichert und auf die gewünschten Textstellen übertragen werden (zu Formatvorlagen lesen Sie bitte den Abschnitt 3.1). Formatvorlagen sind z. B. dann vorteilhaft, wenn Sie nachträglich Änderungen an einem Format vornehmen möchten, das an vielen Stellen verwendet wurde. Dann müssen Sie nur einmal die Formatvorlage ändern, um alle mit dieser Formatvorlage versehenen Textstellen gleichzeitig zu ändern.

2.3.2 Formatierung überprüfen

Möchten Sie das Format von Texten überprüfen, steht Ihnen dazu der *Formatinspektor* zur Verfügung. Sie aktivieren ihn über die Registerkarte *Start* und die kleine Schaltfläche zum Starten des Aufgabenbereichs im rechten unteren Eck der Gruppe *Formatvorlagen*, das so genannte Startfeld.

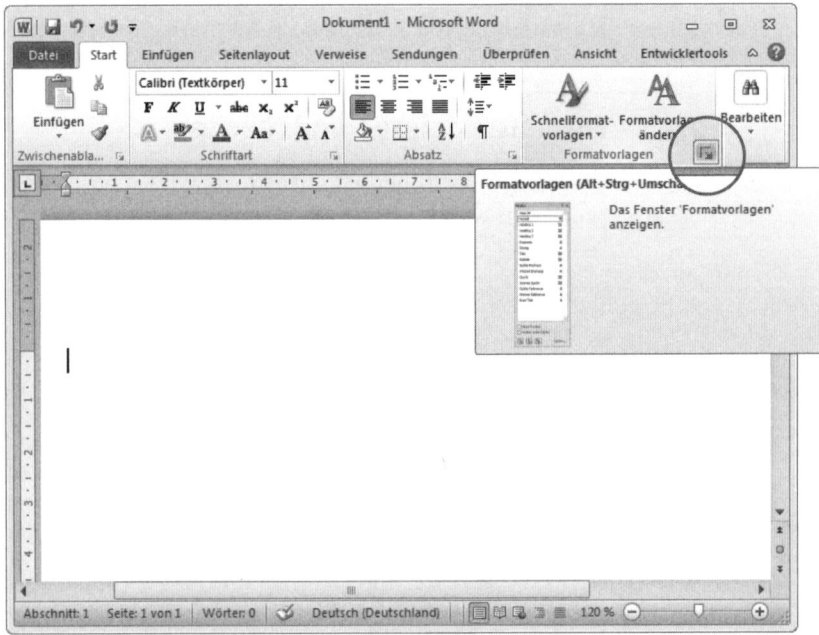

Bild 2.7: Startfeld zum Aktivieren des Aufgabenbereichs *Formatvorlagen*

 Auf der rechten Seite des Programmfensters wird so der Aufgabenbereich *Formatvorlagen* angezeigt (siehe Bild 2.8). Unten befinden sich drei Schaltflächen. Über die mittlere Schaltfläche starten Sie den *Formatinspektor*.

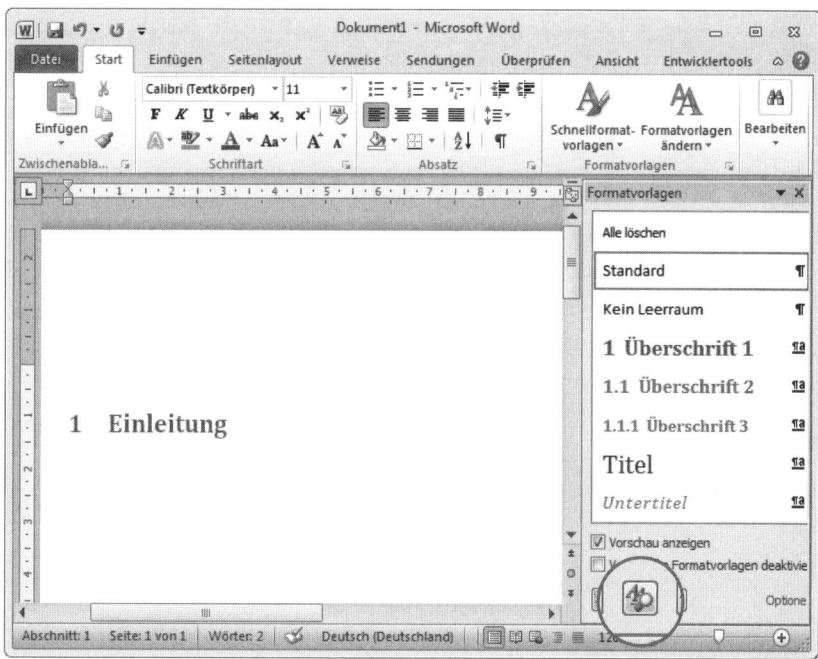

Bild 2.8: Der Aufgabenbereich *Formatvorlagen* mit der Schaltfläche für den
            Formatinspektor

Der *Formatinspektor* zeigt die verwendeten Absatz- und Zeichenformate zur
aktuell markierten Textstelle an. Dabei geht er von der zugewiesenen Absatz-
bzw. Zeichenformatvorlage aus und ergänzt die zusätzlich zugewiesenen
Formatierungen.

Bild 2.9: *Formatinspektor* mit Angaben zur Absatz- und Zeichenformatierung

 Mithilfe der Schaltflächen rechts neben den Angaben zur Formatierung können Sie die verwendeten Einstellungen zurücksetzen. Dann würde beispielsweise aus der Absatzformatvorlage *Bildbeschriftung* (siehe Bild 2.9) die

Absatzformatvorlage *Standard* – falls Sie die obere Schaltfläche betätigen – oder die Zeichenformatierung fett würde – bei Verwendung der untersten Schaltfläche – auf normal zurückgestellt.

 Über die Schaltfläche *Formatierung anzeigen* links unten im *Formatinspektor* können Sie sich auch einen weiteren Aufgabenbereich (siehe Bild 2.10) anzeigen lassen, der im Detail das aktuell markierte Format beschreibt. Dieser Aufgabenbereich lässt sich auch mithilfe der Tastenkombination ⌥+⌘ aktivieren und deaktivieren. Hier werden zu den Formatvorlagen auch deren Einstellungen genannt.

Mithilfe der unterstrichenen Überschriften können Sie die entsprechenden Dialogfelder zur Zeichen-, Absatz- oder Seitenformatierung für weitere Einstellungen aufrufen.

Bild 2.10: Alle Formateinstellungen zur aktuellen Textstelle

2.4 Die AutoKorrektur

Schreiben Sie auch immer »udn« statt »und« oder »dei« statt »die«? Dann
ist für Sie sicher auch die AutoKorrektur von großem Nutzen, denn damit
können Sie Word veranlassen, Fehler sofort während des Schreibens zu korrigieren.

Es lassen sich mit der AutoKorrektur auch Abkürzungen für Begriffe definieren. Benötigen Sie beispielsweise in Ihrem Text sehr oft lange Wörter wie
das Wort »Geräuschkompensationsverfahren«, lässt sich in der AutoKorrektur eine Abkürzung definieren, wie »gkv«. Schreiben Sie im Text später
»gkv«, wird automatisch der Text »Geräuschkompensationsverfahren« eingesetzt, sobald Sie ein Leerzeichen einfügen. Somit vermeiden Sie Schreibarbeit und Fehler.

Das Dialogfeld *AutoKorrektur* (siehe Bild 2.11) erhalten Sie zu einem falsch
geschriebenen und rot unterkringelten Wort über das Kontextmenü und den
Befehl *AutoKorrektur/AutoKorrektur-Optionen*. Alternativ können Sie das
Dialogfeld auch über die Backstage-Ansicht, das Dialogfeld *Word-Optionen*
und die Kategorie *Dokumentprüfung* aktivieren.

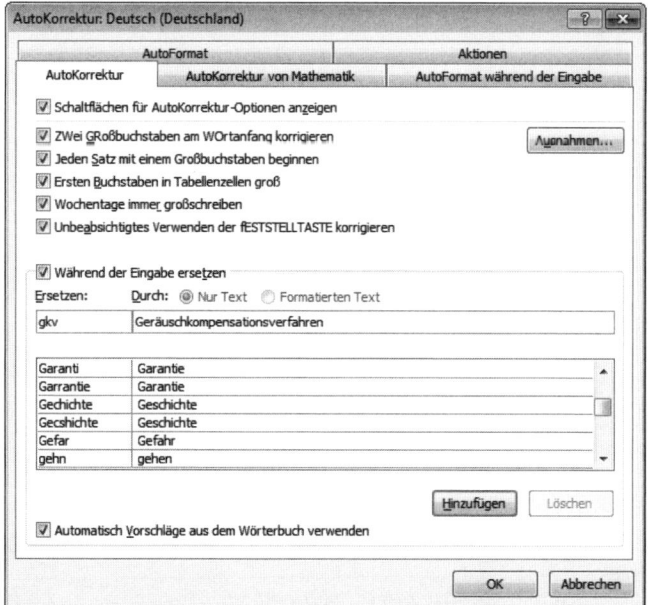

Bild 2.11: Einstellungen zur AutoKorrektur vornehmen

Wurde ein Wort von der AutoKorrektur ersetzt und klicken Sie danach das
Wort an oder schieben Sie den Maus-Zeiger über das Wort, wird unter dem

ersten Buchstaben ein kleines liegendes Rechteck angezeigt, mit dessen Hilfe Sie die *AutoKorrektur-Optionen* aktivieren können. Klicken Sie auf das Dreieck der angezeigten Schaltfläche, so lässt sich die von der AutoKorrektur vorgenommene Änderung zurücknehmen.

Ein häufiger Fehler bei der Erfassung von Texten sind Wörter, bei denen die ersten beiden Buchstaben in Großbuchstaben eingegeben wurden. Durch Selektion von *ZWei GRoßbuchstaben am WOrtanfang korrigieren* im Dialogfeld *AutoKorrektur* wird das zweite Zeichen von der AutoKorrektur in einen kleinen Buchstaben verändert.

Allerdings gibt es durchaus auch Abkürzungen, für die die ersten beiden Buchstaben groß geschrieben werden sollen. Für diese können Sie über die Schaltfläche *Ausnahmen* Ausnahmeregelungen treffen. Sie öffnen durch einen Klick auf die Schaltfläche das folgende Dialogfeld, in dem Sie die gewünschten Ausnahmen festlegen.

Bild 2.12: Ausnahmen festlegen

Mit der Option *Jeden Satz mit einem Großbuchstaben beginnen* (in Bild 2.11) achtet Word darauf, dass jeder Ihrer Sätze mit einem großen Buchstaben anfängt.

Darunter können Sie mit *Ersten Buchstaben in Tabellenzellen groß* festlegen, wie Word mit Wortanfängen in Tabellen umgehen soll.

Ist das Kontrollkästchen zu *Wochentage immer großschreiben* aktiviert, korrigiert Word einen klein geschriebenen Wochentag automatisch.

Durch *Unbeabsichtigtes Verwenden der fESTSTELLTASTE korrigieren* vermeiden Sie Schreibfehler durch eine aus Versehen betätigte Umschalttaste.

In der unteren Hälfte des Dialogfeldes geben Sie die Ersetzungsbegriffe an. Links finden Sie die »falschen« Schreibweisen oder die Abkürzungen, rechts den entsprechenden Ersetzungstext.

2.5 Tabulatoren

Um Tabellen und Auflistungen ausrichten und formatieren zu können, stehen Ihnen in Word zwei Verfahren zur Verfügung: Tabulatoren und Tabellen. Wir beschreiben in diesem Abschnitt den Einsatz von Tabulatoren, während wir der Arbeit mit den Word-Tabellenfunktionen das Kapitel 4, »Tabellen«, gewidmet haben.

Zuweilen bekommt man entnervte Anfragen, warum man in Word die Einträge in einer Tabelle nicht untereinander ausdrucken kann. Obwohl man die Leerzeichen genau zählen würde, seien die Tabelleneinträge im Ausdruck immer verschoben ...

Das Problem ist leicht beschrieben. Windows verwendet normalerweise Schriften mit proportionalem Zeichensatz, wie z. B. »Times Roman« oder »Cambria« aufgrund des leichter lesbaren Schriftbildes. Bei proportionalen Schriften sind die verschiedenen Buchstaben verschieden breit, so ist z. B. ein »i« schmaler als ein »w«. Auch das Leerzeichen hat eine definierte Breite. Wird eine Tabelle mithilfe von Buchstaben und Leerzeichen formatiert, ist es daher Zufall, wenn die Einträge genau untereinander stehen, da jeder Buchstabe der Tabelle eine andere Breite aufweist. Mithilfe von Tabulatoren lässt sich eine genaue Ausrichtung erreichen.

Tabulatoren gelten immer absatzweise. Sollen Tabulatoren für mehrere aufeinander folgende Absätze vereinbart werden, so markieren Sie die gewünschten Absätze, bevor Sie Tabulatoren vereinbaren oder ändern.

2.5.1 Standard-Tabstopps

Word richtet Standard-Tabstopps für jeden Absatz ein, für den nicht explizit Tabstopps vereinbart sind. Die Standard-Tabstopps werden durch dünne graue Linien auf dem unteren Rand des Lineals angezeigt.

Sie können die Standard-Tabstopps nutzen, indem Sie sie mit der ⊞-Taste anspringen.

Bild 2.13: Standard-Tabstopps

Sollte das Lineal nicht angezeigt werden, können Sie es über die Registerkarte *Ansicht* und das Kontrollkästchen zu *Lineal* in der Gruppe *Anzeigen* aktivieren.

2.5.2 Ausrichtung von Tabstopps

Word kennt fünf verschiedene Arten von Tabstopps: Linksbündige Tabstopps, zentrierte, rechtsbündige, Dezimal-Tabstopps und Vertikale Linie
(das ist seine Bezeichnung im Dialogfeld; auf dem Lineal wird dieser Tabstopp mit Leiste bezeichnet). Im folgenden Bild sehen Sie auf dem Lineal die
Darstellung des jeweiligen Tabstopps sowie darunter ein Beispiel.

Bild 2.14: Ausrichtung von Tabstopps

2.5.3 Tabstopps mit der Maus setzen

Sie setzen einen Tabstopp mit der Maus, indem Sie die gewünschte Stelle im
Lineal anklicken. Der Tabstopp wird für den aktuellen oder alle markierten
Absätze vereinbart. Die Ausrichtung des Tabstopps bestimmen Sie vor dem
Setzen des Tabstopps, indem Sie auf die Schaltfläche ganz links auf dem Lineal
so lange klicken, bis das gewünschte Symbol für die Ausrichtung erscheint.

2.5.4 Tabstopps über das Menü setzen

Das Dialogfeld *Tabstopps* lässt sich durch einen Doppelklick auf einen
Tabstopp im Lineal aktivieren oder über das Startfeld für das *Absatz*-Dialog-
feld und die Schaltfläche *Tabstopps*. Hier können Sie zudem den Abstand der
Standardtabstopps festlegen und Füllzeichen definieren. Legen Sie ein Füllzeichen fest, wird der Raum bis zum Tabstopp mit dem entsprechenden Füllzeichen versehen.

Bild 2.15: Tabstopps über das Dialogfeld setzen

2.6 Aufzählungen und Nummerierungen

Word bietet Ihnen die Möglichkeit, ohne großen Aufwand nummerierte Absätze oder mit einem »Blickfangpunkt« eingeleitete Aufzählungen zu erstellen. Haben Sie für einen Absatz Blickfangpunkte oder Nummern definiert, so übertragen Sie mithilfe der [⏎]-Taste diese Einstellung auf die nächste Zeile und können Ihre Aufzählung weiterführen. Möchten Sie die Aufzählung beenden und wieder »normalen« Text schreiben, verwenden Sie zweimal die [⏎]-Taste.

2.6.1 Aufzählungen

Mithilfe der Schaltfläche *Aufzählungszeichen* weisen Sie einem oder mehreren Absätzen das Standardaufzählungszeichen zu. Möchten Sie ein anderes verwenden, so klicken Sie auf das Dreieck neben der Schaltfläche. Word bietet Ihnen sieben vordefinierte Varianten für Ihre Aufzählungen an. Wählen Sie die gewünschte durch Anklicken des entsprechenden Feldes aus.

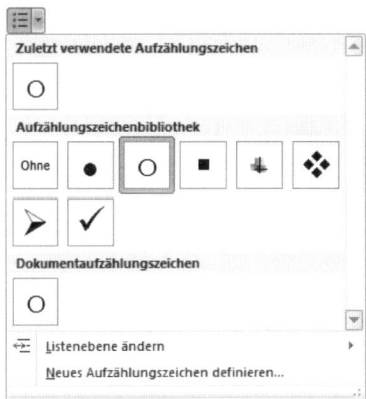

Bild 2.16: Zeichen für Aufzählungen

Enthält keines der aktuell geöffneten Dokumente Aufzählungszeichen, so fehlt in Ihrem Katalog der mit *Dokumentaufzählungszeichen* überschriebene Teil.

Benötigen Sie ein anderes Zeichen, so klicken Sie unten auf *Neues Aufzählungszeichen definieren*. Im oberen Teil des Dialogfeldes in Bild 2.17 bestimmen Sie das gewünschte Aufzählungszeichen. Mit der Schaltfläche *Symbol* rufen Sie das Dialogfeld *Symbol* auf, in dem Sie eine Sonderzeichen-Schriftart wie *Wingdings* mit einer großen Auswahl möglicher Auszählungszeichen wählen können. Die Größe sowie beispielsweise seine Farbe definieren Sie dann mithilfe der Schaltfläche *Schriftart*.

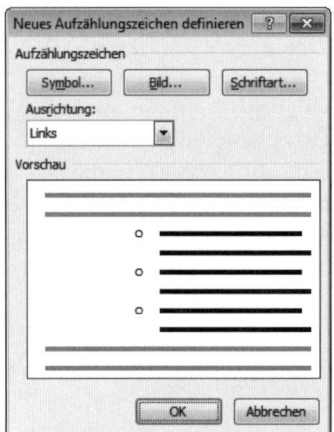

Bild 2.17: Bearbeiten von Aufzählungszeichen

Standardmäßig werden Absätze mit Aufzählungszeichen von Word eingerückt. Möchten Sie nicht, dass Ihre Aufzählungszeichen eingerückt dargestellt werden, können Sie die Schaltfläche *Einzug verkleinern* auf der Registerkarte *Start* verwenden.

Verwenden Sie häufig Aufzählungen, ist es sinnvoll, diese Einstellung im Dialogfeld *Neue Liste mit mehreren Ebenen definieren* festzulegen. Lesen Sie dazu in Abschnitt 2.6.4 weiter.

2.6.2 Nummerierungen

Mit der Schaltfläche *Nummerierung* erstellen Sie eine nummerierte Liste. Das Dreieck neben der Schaltfläche aktiviert ein Menü zum Auswählen der gewünschten Art der Nummerierung (siehe Bild 2.18).

Der bei Ihnen angezeigte Katalog kann sich vom abgebildeten unterscheiden, wenn Sie bisher noch nicht mit Nummerierungen gearbeitet haben. Denn der obere Teil beispielsweise zeigt die zuletzt verwendeten Zahlenformate an.

Benötigen Sie ein anderes Format für Ihre Nummerierung, legen Sie dieses in der *Nummerierungsbibliothek* fest. Wählen Sie hier z. B. ein Zahlenformat mit römischen Ziffern oder Buchstaben aus.

Standardmäßig werden nummerierte Absätze von Word eingerückt. Möchten Sie Ihre nummerierten Absätze nicht einrücken, verwenden Sie die Schaltfläche *Einzug verkleinern* oder lesen Sie in Abschnitt 2.6.4 weiter. Dort zeigen wir Ihnen, wie Sie Abstände und Einzüge für Ihre Nummerierung definieren.

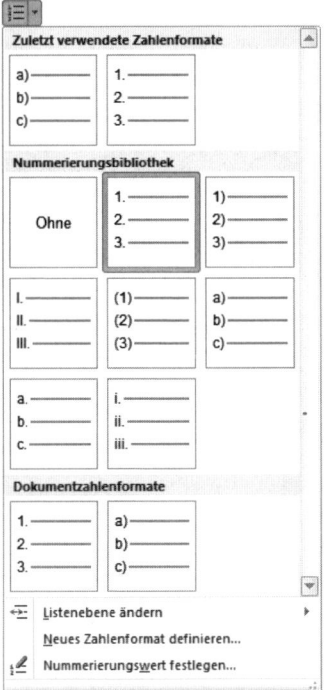

Bild 2.18: Auswählen einer anderen Nummerierungsart

Unten im Menü zur Schaltfläche *Nummerierung* können Sie über *Neues Zahlenformat definieren* ein eigenes Zahlenformat einrichten.

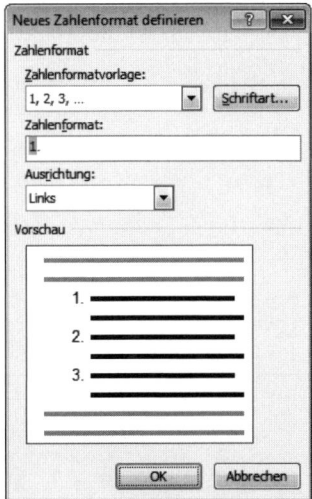

Bild 2.19: Wählen Sie ein anderes Zahlenformat aus

Wählen Sie im Kombinationsfeld *Zahlenformatvorlage* die gewünschte Art der Nummerierung aus. Im Eingabefeld *Zahlenformat* definieren Sie dann alle Zeichen, die zusammen mit der Nummer dargestellt werden sollen, wie Klammern, Punkte oder auch Texte, beispielsweise das Wort »Schritt«. Zudem besteht bei Bedarf die Möglichkeit, mithilfe des Kombinationsfelds unter *Ausrichtung* eine Liste mit rechtsbündigen Zahlen zu erstellen.

Ganz unten in Bild 2.18 finden Sie den Eintrag *Nummerierungswert festlegen*. Hier können Sie bestimmen, ob Ihre Liste die Fortsetzung einer zuvor in Ihrem Text eingefügten Liste sein soll oder ob die Liste an der aktuellen Stelle neu beginnen soll. Unten im Dialogfeld besteht zudem die Möglichkeit, einen Wert anzugeben, bei dem die aktuelle Liste zu zählen beginnt.

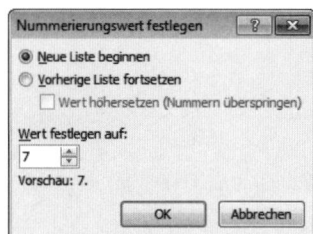

Bild 2.20: Nummerierungswert definieren

2.6.3 Einstellungen für Listen über das Kontextmenü

Folgendes Bild zeigt die Kontextmenüs einer Aufzählung sowie einer nummerierten Liste. Sie rufen sie mithilfe der rechten Maustaste auf, wenn Sie die Nummerierung oder das Aufzählungszeichen anklicken.

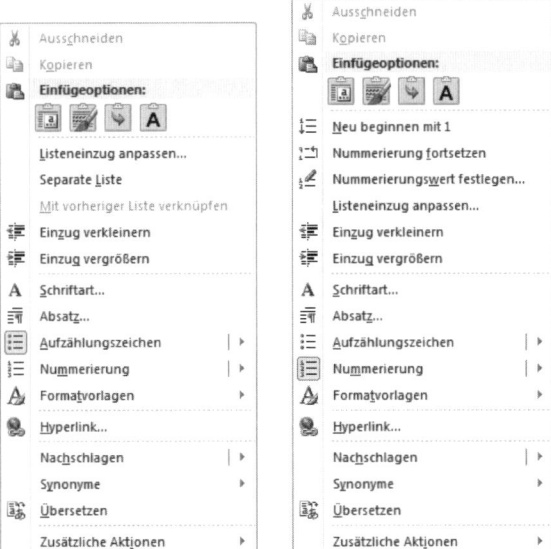

Bild 2.21: Kontextmenü zu einer Aufzählung (links) und einer Nummerierung (rechts)

Der Eintrag *Listeneinzug anpassen* aktiviert ein Dialogfeld, das die Änderung der Einzüge für die aktuelle Liste und folgende Listen ermöglicht.

Mit *Separate Liste* können Sie eine Aufzählung in zwei Teile zerlegen, die Sie unabhängig voneinander mit Aufzählungszeichen versehen können. Um aus zwei Teillisten wieder eine zu machen, wählen Sie *Mit vorheriger Liste verknüpfen* aus.

Verwenden Sie eine lange nummerierte Liste mit Absätzen im Standardformat dazwischen, so ermöglicht der Eintrag *Nummerierung fortsetzen* das Weiterzählen. Im Kontextmenü der Nummerierung besteht aber ebenso die Möglichkeit, den Startwert einer Liste festzulegen oder sie mit 1 neu beginnen zu lassen.

2.6.4 Abstände für Aufzählungen und Nummerierungen

Verwenden Sie für einen Absatz die Schaltflächen *Aufzählungszeichen* oder *Nummerierung*, so wird diesem Absatz standardmäßig ein Abstand auf der linken Seite zugewiesen, den Sie vielleicht nicht haben möchten. Im Folgenden soll beschrieben werden, wie die Abstände zu den Nummerierungs- und Aufzählungszeichen sowie zum darauf folgenden Text verändert und festgelegt werden können.

 ● Klicken Sie auf das Dreieck neben der Schaltfläche *Liste mit mehreren Ebenen*.

- Wählen Sie dann im Menü *Neue Liste mit mehreren Ebenen definieren* aus. Alternativ können Sie auch mit der rechten Maustaste in die Nummerierung einer Liste klicken und im Kontextmenü *Listeneinzug anpassen* auswählen.

Das Dialogfeld zeigt die Einstellungen für eine Nummerierung der ersten Ebene. Über dieses Dialogfeld können Sie Listen mit bis zu neun Ebenen definieren. Vermutlich werden Sie nicht so viele Ebenen benötigen. Legen Sie einfach so viele Ebenen fest, wie Sie brauchen. Im Folgenden soll am Beispiel der ersten Ebene gezeigt werden, wie Sie die Definitionen für eine Ebene festlegen.

Das Standardformat für eine Liste sieht einen Einzug der gesamten Liste vor, d. h., bereits das Aufzählungszeichen bzw. die Nummer einer nummerierten Liste ist eingezogen. Der Einzug ist unten im Dialogfeld hinter *Ausrichtung* angegeben. Hinter *Texteinzug bei* wird der Abstand zwischen Rand und dem Text einer Aufzählung festgelegt. Es ist also sinnvoll, wie im folgenden Dialogfeld hinter *Ausrichtung* eine 0 einzutragen und den Texteinzug zu verkleinern.

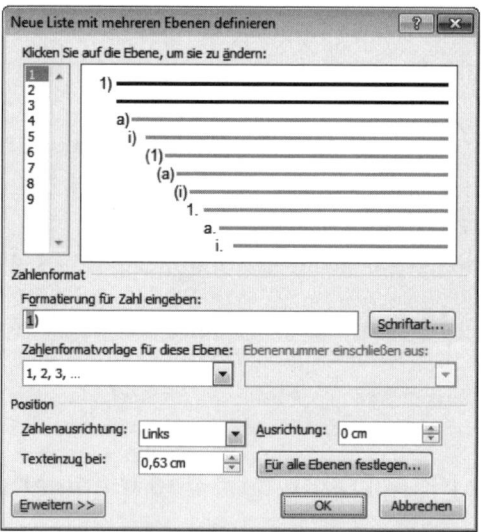

Bild 2.22: Dialogfeld zum Einstellen der Abstände

Mithilfe der Schaltfläche *Erweitern* wurde das in Bild 2.22 dargestellte Dialogfeld um einige weitere Einstellungen vervollständigt.

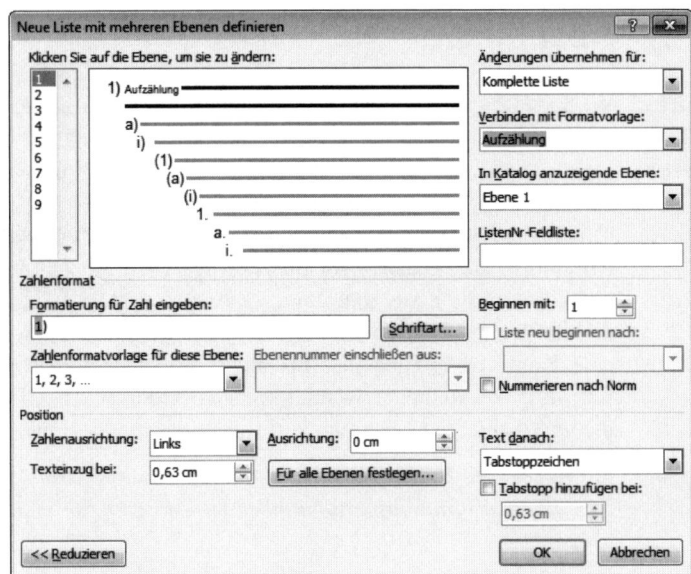

Bild 2.23: Erweitertes Dialogfeld zum Definieren von Listen

Hinter *Beginnen mit* können Sie mit einer beliebigen Zahl die erste Nummer der Aufzählung festlegen.

Die Einstellung unter *Text danach* (also nach der Nummer bzw. dem Aufzählungszeichen) ist mit *Tabstoppzeichen* sinnvoll gewählt. Dadurch wird der Text hinter der Nummer/dem Aufzählungszeichen bis zum gesetzten Texteinzug eingerückt.

Word weist standardmäßig einer Aufzählung oder einer Nummerierung die Formatvorlage *Listenabsatz* zu. Unter *Verbinden mit Formatvorlage* besteht für Sie die Möglichkeit, die Aufzählung oder Nummerierung auch mit eigenen Formatvorlagen zu verbinden, wie es in Bild 2.23 gezeigt ist. Dann können Sie bei Bedarf auch Abstände vor und nach einem Absatz durch Auswahl der Formatvorlagen übertragen. Zum Arbeiten mit Formatvorlagen lesen Sie im folgenden Kapitel den ersten Abschnitt.

2.7 Abschnitte

Mithilfe von Abschnitten lassen sich Texte unterteilen. Für jeden Abschnitt können Sie Einstellungen für das Seitenlayout, Kopf- und Fußzeilen und einiges mehr neu vereinbaren. Durch die Verwendung von Abschnitten ist es beispielsweise möglich, in einen Text, der DIN A4 hochkant gesetzt ist, eine Tabelle im Querformat einzubauen. Dabei liegt die Tabelle in einem eigenen Abschnitt, für den DIN A4 quer definiert ist. Abschnitte benötigt man aber auch, wenn die erste Seite (eines Kapitels) anders formatiert werden soll als die übrigen. So verwenden Sie beispielsweise auf allen Seiten in Ihrem Kapitel eine Kopf- oder Fußzeile, nur auf der ersten Seite eines Abschnitts (bzw. Kapitels) soll keine verwendet werden. Oder es folgen Kapitel aufeinander, die unterschiedliche Formen von Kapitelnummerierungen enthalten.

Ein neuer Abschnitt wird über die Registerkarte *Seitenlayout* mit der Schaltfläche *Seiten- und Abschnittsumbrüche einfügen* definiert.

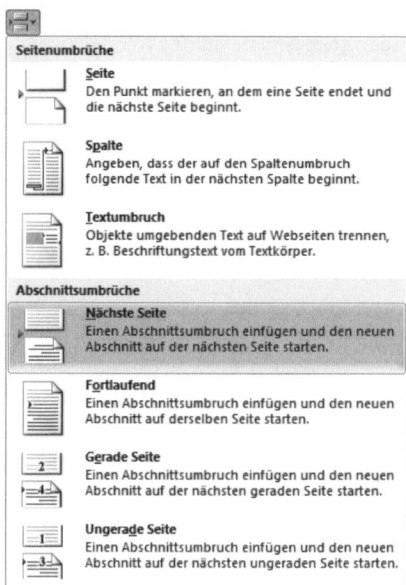

Bild 2.24: Katalog zum Einfügen von Seiten- oder Abschnittswechseln

Die ersten drei Optionen im Katalog beziehen sich nicht auf Abschnitte, sondern auf Seiten-, Spalten- und Textumbrüche. Mit *Seite* beginnen Sie eine neue Seite. Alternativ können Sie im Text auch die Tastenkombination ⌈Strg⌉+⌈↵⌉ benutzen. Mit der Option *Spalte* wird bei einem mehrspaltigen Text entsprechend eine neue Spalte angefangen. Bei Selektion der Option *Textumbruch* wird der Text in der aktuellen Zeile unterbrochen und nach einer Tabelle, einem Bild oder einem anderen Element weitergeführt.

In der Gruppe *Abschnittsumbrüche* stehen Ihnen vier Optionen zur Verfügung, einen neuen Abschnitt zu beginnen:

Mit *Nächste Seite* startet der neue Abschnitt auf einer neuen Seite und die Seitennummerierung wird fortlaufend weitergezählt. Für den neuen Abschnitt gelten die Einstellungen des vorherigen Abschnitts, bis Sie sie ändern.

Bei einem als *Fortlaufend* definierten Abschnitt beginnt der Abschnitt nicht auf einer neuen Seite, sondern wechselt mitten auf einer Seite.

Durch die Optionen *Gerade Seite* bzw. *Ungerade Seite* wird der Beginn des Abschnitts auf die nächste gerade bzw. ungerade Seitenzahl gelegt. Das ist bei zweiseitigen Texten sinnvoll. Möchten Sie beispielsweise erreichen, dass die Kapitelanfänge jeweils auf einer rechten Seite beginnen, legen Sie einen eigenen Abschnitt für jedes Kapitel an, für den die Option *Ungerade Seite* angewählt ist.

Ein Abschnittswechsel wird nur in der Entwurfs- oder der Gliederungsansicht durch eine doppelte Linie angezeigt. In der Layoutansicht können Sie nicht sehen, wo ein Abschnittswechsel erfolgt, es sei denn, Sie lassen sich mit der links dargestellten Schaltfläche Absatzmarken, Leerzeichen und andere nicht druckbare Zeichen anzeigen.

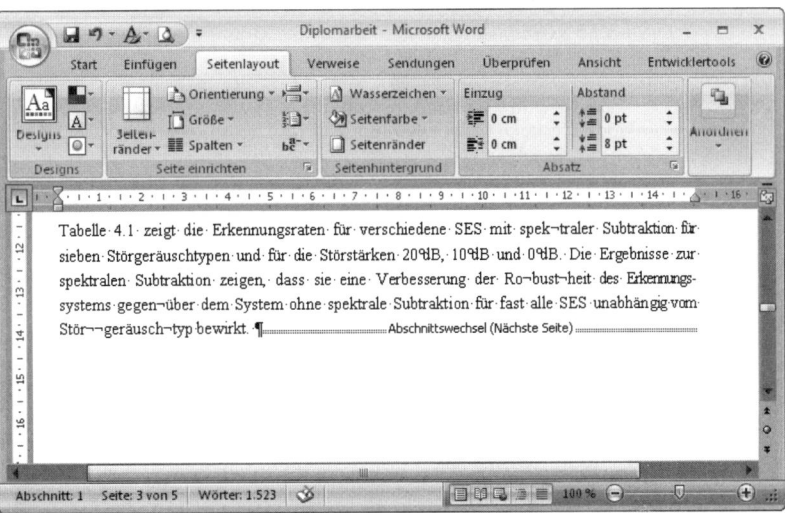

Bild 2.25: Abschnittswechsel in der Entwurfsansicht

Um sich in langen Texten mit mehreren Abschnittswechseln besser orientieren zu können, ist es sinnvoll, sich anzeigen zu lassen, in welchem Abschnitt die Eingabemarke aktuell positioniert ist.

- Klicken Sie dazu mit der rechten Maustaste auf die Statuszeile ganz unten im Programmfenster.

● Wählen Sie dann im Kontextmenü *Abschnitt* aus.

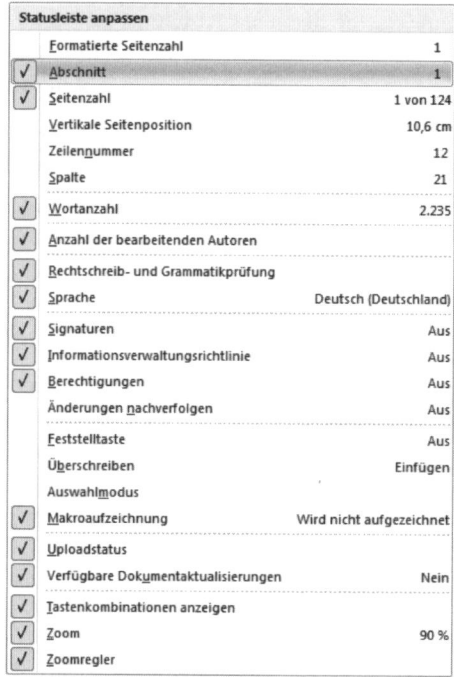

Bild 2.26: Anzeige der Statusleiste um die Abschnitte erweitern

Nun können Sie links in der Statuszeile ablesen, in welchem Abschnitt Ihres Textes sich die Eingabemarke gerade befindet. Vor der Seitenangabe finden Sie die Nummer des aktuellen Abschnitts.

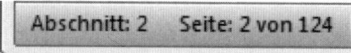

Bild 2.27: Linker Teil der Statuszeile mit Abschnittsanzeige

Abschnittsumbrüche löschen Um einen Abschnittswechsel zu löschen, lassen Sie sich am besten die Steuerzeichen anzeigen, positionieren dann den Cursor vor den Strichen, die den Abschnittswechsel anzeigen, und löschen den Abschnittswechsel mithilfe der ⌷Entf⌷-Taste. Beim Löschen eines Abschnittswechsels sollten Sie allerdings beachten, dass die Formatierungen des folgenden Abschnitts im vorherigen übernommen werden. Das kann Auswirkungen auf Ihr Seitenlayout haben oder beispielsweise auf Ihre Kopfzeilen.

2.8 Schnellbausteine

Schnellbausteine – im Englischen als Building Blocks bezeichnet – sind überall in Word präsent und können sehr vielfältig eingesetzt werden. Sie lassen sich verschiedenen Katalogen zuweisen und werden dann in den Katalogen der entsprechenden Schaltflächen angezeigt.

So sind beispielsweise die im Katalog zu den Schaltflächen *Seitenzahl* oder *Textfeld* (beide auf der Registerkarte *Einfügen*) angezeigten Beispiele nichts anderes als formatierte Seitenzahlen oder Textfelder, die von Microsoft als Schnellbausteine abgespeichert wurden.

2.8.1 Schnellbausteine einfügen

Schnellbausteine fügen Sie in der Regel über die Registerkarte *Einfügen* und die thematische Schaltfläche ein. Bild 2.28 zeigt beispielsweise die Kataloge zu den Schaltflächen *Kopfzeile* und *Textfeld*. Klicken Sie einfach den gewünschten Schnellbaustein an, um ihn einzufügen.

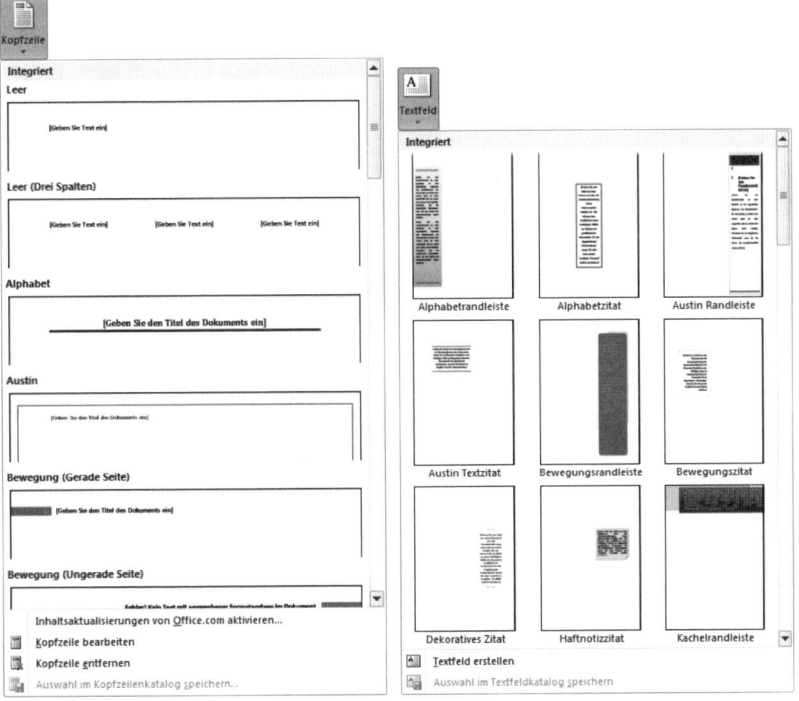

Bild 2.28: Die Kataloge zu den Schaltflächen *Kopfzeile* und *Textfeld*

2.8.2 Schnellbausteine definieren

Einen Schnellbaustein kann man für eine bestimmte Markierung immer über die Registerkarte *Einfügen*, die Schaltfläche *Schnellbausteine* und *Auswahl im Schnellbaustin-Katalog speichern* erstellen. Das Dialogfeld in Bild 2.29 aktivieren Sie auch mithilfe der Tastenkombination [alt]+[F3].

Bild 2.29: Definition eines Schnellbausteins

2.8.2.1 Kataloge für Schnellbausteine

Definieren Sie einen Schnellbaustein über eine der vielen thematischen Schaltflächen wie *Deckblatt*, *Tabelle*, *Kopf-* und *Fußzeile*, *Seitenzahl*, *Textfeld* und *Formel* (alle auf der Registerkarte *Einfügen*), so ist der Katalog bereits voreingestellt. Erstellen Sie einen neuen Schnellbaustein über *Einfügen* und die Schaltfläche *Schnellbausteine*, wählen Sie den gewünschten Katalog selbst aus.

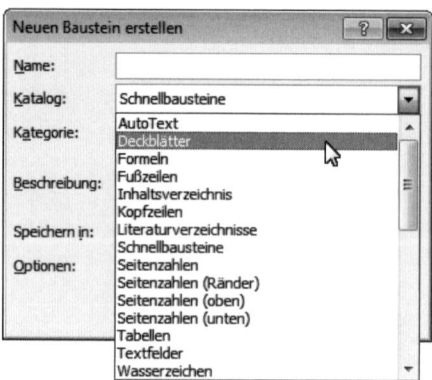

Bild 2.30: Auswahl des gewünschten Katalogs

2.8.2.2 Kategorien für Schnellbausteine

Innerhalb der Kataloge einer Schaltfläche werden verschiedene Kategorien angezeigt. In der Regel gibt es hier zunächst die Kategorie *Integriert*. Das sind die von Microsoft gespeicherten Schnellbausteine, die sich in der Datei *Built-In Building Blocks* befinden.

Sie können leicht eigene Kategorien anlegen. Tun Sie das über das Kombinationsfeld zu *Kategorie*. Beachten Sie dabei, dass die Kategorien alphabetisch sortiert angezeigt werden.

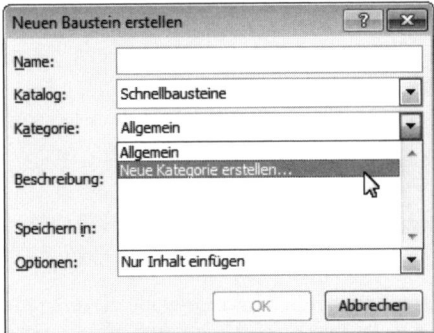

Bild 2.31: Neue Kategorie erstellen

Möchten Sie, dass Ihre Kategorie an erster Stelle angezeigt wird, so fügen Sie vor dem Namen beispielsweise ein Leerzeichen ein.

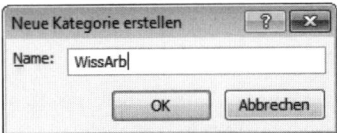

Bild 2.32: Kategorie an oberster Stelle erstellen

2.8.2.3 Dokumentvorlagen für Building Blocks

Gespeichert werden die Schnellbausteine in einer Dokumentvorlage. Entweder in der Datei *Built-In Building Blocks.dotx* oder in der *Normal.dotm* oder in einer von Ihnen angelegten Dokumentvorlage. Sie haben bereits im ersten Kapitel beim Erzeugen Ihres Dokuments Schnellbausteine kennen gelernt. Die zur Verfügung gestellten Seiten für Kapitel, Deckblatt, Danksagung usw. sind nichts anderes als vorbereitete Schnellbausteine.

Schnellbausteine, die in einer Dokumentvorlage abgelegt wurden, die Sie in den Ordner oder einen Unterordner zu *C:\Benutzer\Ihr Name\AppData\ Roaming\Microsoft\Document Building Blocks* speichern, werden automa-

tisch in den entsprechenden Katalogen angezeigt. Sollte der Ordner *AppData*
nicht angezeigt werden, lesen Sie in Anhang A.1 nach, was zu tun ist.

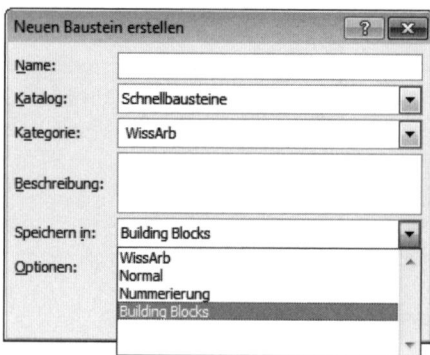

Bild 2.33: Wo sollen die Schnellbausteine gespeichert werden?

Ebenso werden alle Schnellbausteine automatisch angezeigt, die sich in der
Dokumentvorlage befinden, die als Basis Ihres aktuellen Dokuments dient.

Es ist sicher überlegenswert, Schnellbausteine zu einem bestimmten Thema in
der dazu passenden Dokumentvorlage abzulegen. Dann sind sie auch nur
dann auswählbar, wenn man mit der entsprechenden Dokumentvorlage arbeitet. So geschehen mit den in Kapitel 1 vorgestellten Schnellbausteinen für
Ihre Arbeit, die nur dann zur Verfügung stehen, wenn Sie ein Dokument auf
der Basis der Dokumentvorlage *WissArbeit.dotm* erstellt haben und aktuell
Zugriff auf die Dokumentvorlage haben.

2.8.2.4 Optionen für Schnellbausteine

In der Regel werden Sie für Ihre Schnellbausteine auswählen, dass nur der
Inhalt eingefügt werden soll. Es besteht aber auch die Möglichkeit festzulegen, dass der Baustein in einem eigenen Absatz oder gar auf einer eigenen
Seite im Dokument aufgenommen werden soll. So sind beispielsweise die
standardmäßig in Word angebotenen Deckblätter so definiert, dass sie als
eigene Seiten eingefügt werden.

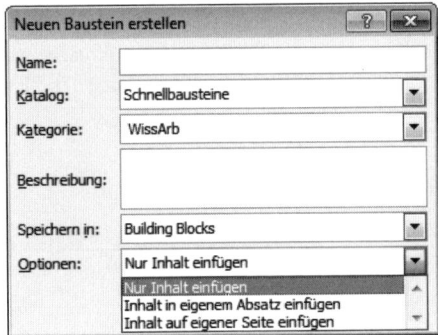

Bild 2.34: Wie sollen die Schnellbausteine eingefügt werden?

2.8.3 Schnellbausteine organisieren

Um die vorhandenen Schnellbausteine anzusehen und zu organisieren, wählen Sie auf der Registerkarte *Einfügen* die Schaltfläche *Schnellbausteine* aus und klicken Sie auf *Organizer für Bausteine*. Verwenden Sie die Registerkarte *WissArbeit*, so finden Sie die Schaltfläche zum Aufruf des Organizers rechts auf der Registerkarte.

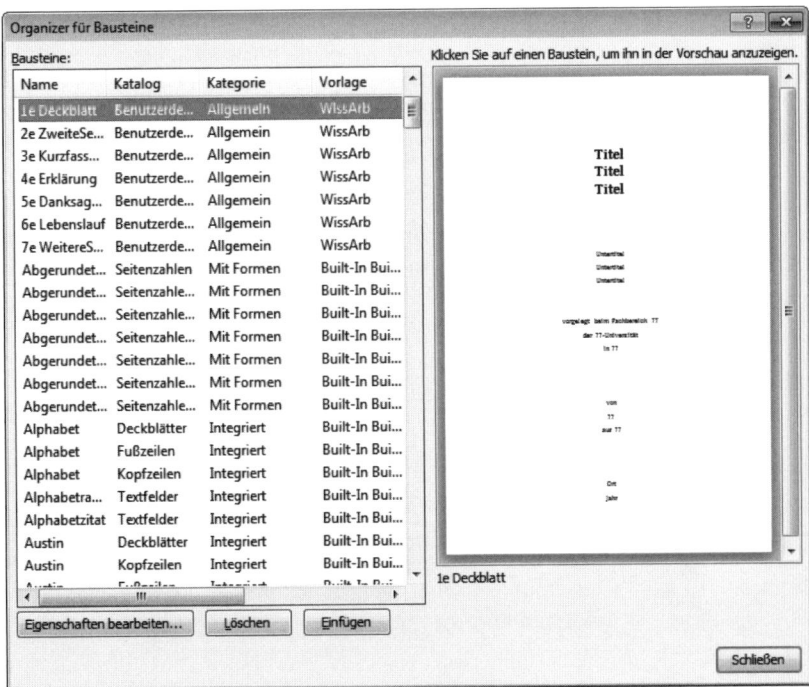

Bild 2.35: Organisieren von Schnellbausteinen

Mithilfe dieses Dialogfelds können Sie Schnellbausteine einfügen, löschen sowie ihre Eigenschaften bearbeiten, also sie beispielsweise auch im Nachhinein noch in einer anderen Vorlage ablegen oder die Kategorie ändern etc.

2.8.4 Einen Schnellbaustein korrigieren

Was macht man, wenn man im Nachhinein feststellt, dass es einen Fehler in einem der angelegten Schnellbausteine gibt? Verfahren Sie dann einfach so:

- Fügen Sie den fehlerhaften Schnellbaustein in Ihren Text ein.
- Korrigieren Sie den Fehler.
- Markieren Sie den gesamten Schnellbaustein.
- Wählen Sie den Befehl *Einfügen/Schnellbausteine/Auswahl im Schnellbaustein-Katalog speichern.*

2.8.5 Schnellbausteine verdoppeln

Kopieren lassen sich Schnellbausteine leider nicht. Trotzdem gibt es die Möglichkeit, Schnellbausteine zu verdoppeln. Häufig hat man den bewussten Schnellbaustein auf dem eigenen Computer, möchte ihn aber in einer Dokumentvorlage ablegen oder umgekehrt.

- Fügen Sie den Schnellbaustein, den Sie gerne verdoppeln möchten, in Ihrem Dokument ein.
- Markieren Sie den Schnellbaustein.
- Speichern Sie den Schnellbaustein über den Befehl *Einfügen/Schnellbausteine/Auswahl im Schnellbaustein-Katalog speichern.*
- Geben Sie dem Schnellbaustein einen anderen Namen oder speichern Sie ihn an einem anderen Ort.

2.9 Dokumentversionen vergleichen

Bisweilen kann es passieren, dass man mehrere Versionen der Arbeit vorliegen hat und am Ende nicht mehr weiß, welche die richtige Version ist, oder dass man versehentlich an einer der Vorgängerversion Änderungen vorgenommen hat, die man in die aktuelle Version übernehmen möchte, oder …

Word kann in einem solchen Fall verschiedene Dokumente vergleichen und die gefundenen Unterschiede markieren. Verwenden Sie dazu auf der Registerkarte *Überprüfen* die Schaltfläche *Vergleichen*.

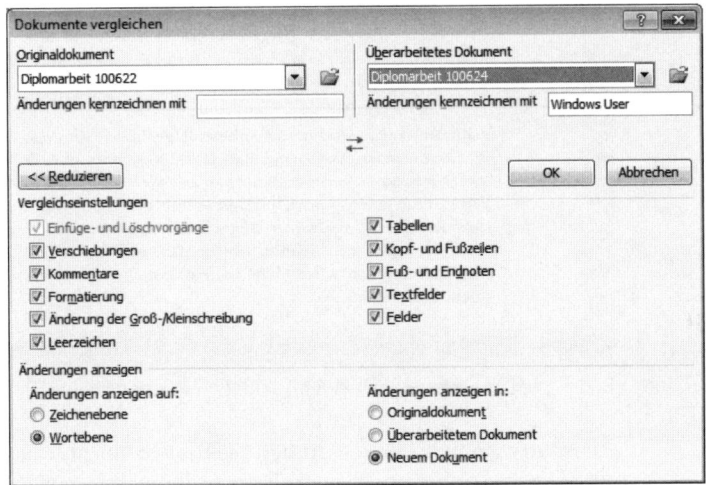

Bild 2.36: Zwei Dokumente sollen miteinander verglichen werden

Geben Sie die beiden Dokumente unter *Originaldokument* und *Überarbeitetes Dokument* an. Bei Bedarf ändern Sie noch die *Vergleichseinstellungen*. Im Dialogfeld wurde ganz unten rechts eingestellt, dass der Vergleich in einem neuen Dokument zusammengefasst werden soll. Ein solches Dokument ist in Bild 2.37 zu sehen.

Darin erkennen Sie, dass beispielsweise das Wort »der« gelöscht und durch das Wort »dieser« ersetzt wurde. Möchten Sie diese Änderung beibehalten, so klicken Sie auf der Registerkarte *Überprüfen* auf die Schaltfläche *Annehmen*. Im Menü zur Schaltfläche *Annehmen* finden Sie auch die Möglichkeit *Alle Änderungen im Dokument an(zu)nehmen*. Mit einem Kreuz wurde die Schaltfläche *Ablehnen* versehen, die sie direkt daneben finden.

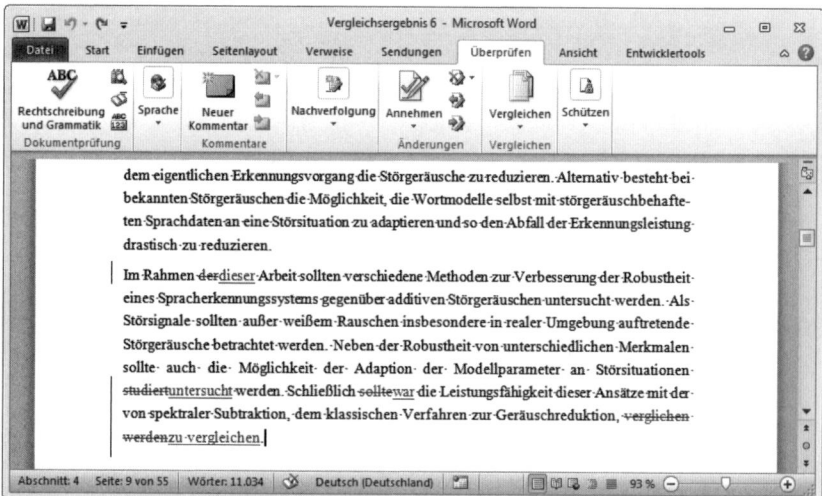

Bild 2.37: Die Änderungen beider Dokumente werden in einer Datei zusammengefasst

Alternativ können Sie die Änderungen auch mithilfe des Kontextmenüs zur Änderung annehmen oder ablehnen. Klicken Sie mit der rechten Maustaste auf die markierte Stelle und wählen Sie die gewünschte Option im Kontextmenü aus.

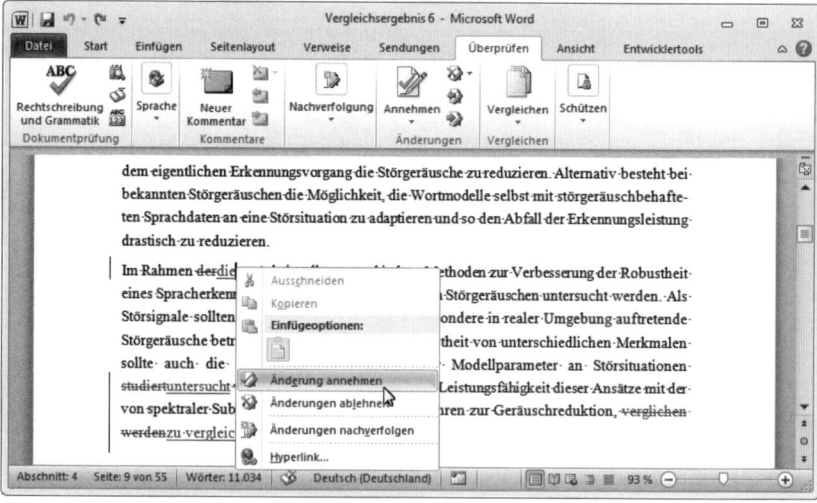

Bild 2.38: Eine Änderung wird angenommen

2.10 Kommentare

Word erlaubt Ihnen, unsichtbare Kommentare und Anmerkungen in einen Text einzufügen. Sie können sie wie gelbe Haftzettel verwenden, mit ihrer Hilfe also auf Anmerkungen, Erinnerungen und fehlende Daten verweisen. Außerdem ist es möglich, Änderungen an Kommentaren getrennt nach unterschiedlichen Bearbeitern zu verfolgen.

Ein Kommentar wird über die Registerkarte *Überprüfen* und die Schaltfläche *Neuer Kommentar* an der Stelle in den Text eingefügt, an der der Cursor steht. Die Kommentare werden in farbigen Sprechblasen am rechten Rand eingefügt (dabei ist die Farbe abhängig vom Benutzer, der den Kommentar verfasst hat). Im Text werden an der entsprechenden Stelle farbige Klammern eingefügt, die beim Drucken in der Regel nicht mit ausgegeben werden. Ist die Ausgabe der Kommentare gewünscht, so können Sie das im Dialogfeld *Drucken* im Kombinationsfeld zu *Drucken* veranlassen.

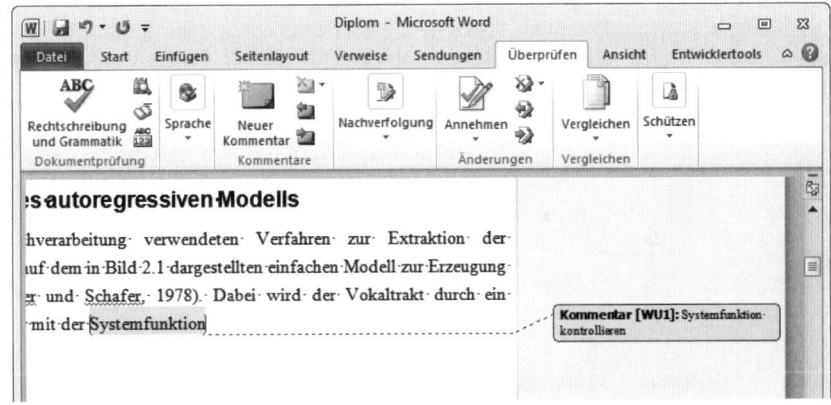

Bild 2.39: Einfügen eines Kommentars

Möchten Sie in Ihrem Text den nächsten oder vorherigen Kommentar suchen, verwenden Sie dazu die Schaltflächen *Nächster Kommentar* bzw. *Vorheriger Kommentar*. Sie löschen entweder den aktuellen Kommentar oder alle Kommentare mithilfe der Schaltfläche *Kommentar löschen*.

Sie sehen keine Markierung der Kommentare? Und das, obwohl sicher welche im Text eingefügt wurden? Die Klammern im Text und die Sprechblasen werden nur dann angezeigt, wenn in der Gruppe *Nachverfolgung* (Registerkarte *Überprüfen*) eine der Optionen … *Markups anzeigen* ausgewählt ist.

2.11 Sicherungskopien – ein absolutes Muss!

Schreiben Sie niemals eine Examensarbeit, ohne Sicherungskopien zu machen! Es gibt verschiedene Konzepte, wie Sicherungen vorgenommen werden können.

Das Sichern von geschriebenen Texten ist ein Arbeitsvorgang, den sich viele Computerbenutzer gerne sparen, denn es wird von den meisten als lästig empfunden. Aufgrund von verschiedensten Erfahrungen, die wir selbst oder einige unserer Bekannten mit abstürzenden PCs oder Programmen, mit Viren, defekten Dateien oder ausgefallenen Festplatten gemacht haben, möchten wir an dieser Stelle auf die Wichtigkeit von Sicherungen explizit hinweisen. Niemand braucht zu glauben, dass er/sie gegen Ausfälle oder Fehler von Soft- und Hardware gefeit sei. Und meistens passiert das Unglück dann kurz vor dem Abgabetermin …

Dass auf Ihrem PC ein aktueller Virenscanner installiert und eine Absicherung gegen Gefahren aus dem Internet wie eine Firewall aktiviert ist, sollte eigentlich eine Selbstverständlichkeit sein. Wir können Ihnen nur raten, hier nicht zu sorglos zu sein, denn einmal ungeschützt die falsche Web-Seite angesurft und Ihre Daten sind nicht mehr nutzbar, weil sie z. B. verschlüsselt wurden und nur gegen Zahlung eines „Lösegelds" wieder verfügbar werden. Am besten, Sie nutzen zum Surfen im Internet nicht den PC, auf dem Sie Ihre Arbeit schreiben, oder verwenden Software-Lösungen wie VMWare Workstation, Microsoft Virtual PC oder Sun VirtualBox, die einen kompletten PC per Software simulieren. Die beiden letztgenannten Produkte sind übrigens kostenlos.

2.11.1 Sicherungsmedien

Welches Sicherungsmedium sollte man einsetzen? Die folgende Tabelle zeigt Ihnen einige Möglichkeiten auf:

Tabelle 2.1: Speichermedien

Medium	Beschreibung
Externe Festplatten	Externe Festplatten, die über die USB-Schnittstelle an einen PC angeschlossen werden, gibt es in verschiedenen Größen und Kapazitäten. Eigentlich ist eine solche Festplatte inzwischen fast obligatorisch, denn bei kleinen Preisen und großem Speicherplatz können auf einer solchen Festplatte viele Versionen Ihrer Arbeit gespeichert werden.

Medium	Beschreibung
USB-Sticks	Ein einfaches und unproblematisches Medium. Stick in den USB-Port eines PCs einstecken und schon sollte der Stick als zusätzliches Laufwerk ansprechbar sein.
SD-Cards, MemorySticks, CompactFlash-Cards	Diese Medien werden in erster Linie in Handys und Digitalkameras eingesetzt. Viele PCs haben oft schon entsprechende Schnittstellen (Card-Reader) eingebaut, so dass diese Karten am PC gelesen und beschrieben werden können. Warum also nicht eine Kopie der Arbeit im Handy umhertragen?
CDs/DVDs	Mit einem CD- oder DVD-Brenner können Sie Ihre Arbeit dauerhaft sichern. Die Rohlinge sind billig und überall verfügbar, so dass man hier problemlos viele Versionsstände der Arbeit aufheben kann. Sie können auch wiederbeschreibbare CDs bzw. DVDs verwenden.
Online-Speicher	Viele Anbieter stellen inzwischen Online-Speicherplatz zur Verfügung, der kostenlos oder gegen geringe Gebühr genutzt werden kann. Die Daten werden über das Internet auf den Online-Speicher übertragen; sie können also von jedem Internet-Zugang abgerufen werden. In den meisten Fällen genügt eine einfache Anmeldung mit einer E-Mail-Adresse, um den Online-Speicherplatz nutzen zu können. Manche Anbieter limitieren den Ihnen zur Verfügung gestellten Speicherplatz, insbesondere bei den kostenlosen Varianten. Bekannte Anbieter von Online-Speicherplatz sind Microsoft mit dem Live-Angebot www.live.de, web.de und viele mehr. Hier helfen Bing oder Google, weitere Anbieter zu finden. Weiter unten finden Sie eine Erläuterung der Möglichkeiten des Microsoft-eigenen Angebots auf live.de, welches direkt in Word eingebunden ist.

2.11.2 Tipps zur Datensicherung

Was sollten Sie beim Erstellen von Sicherungen beachten?

2.11.2.1 Mehrere Medien verwenden

Gegen Hardwaredefekte oder Verluste hilft nur die Verwendung mehrerer Sicherungsmedien. Also: sich nicht nur auf die Kopie auf dem USB-Stick verlassen, sondern von Zeit zu Zeit auch eine CD brennen. Oder einfach mehrere USB-Sticks verwenden.

2.11.2.2   Mehrere Versionen aufbewahren

Überschreiben Sie nicht alte Sicherungen, sondern erstellen Sie für jede Siche-
rung ein neues Unterverzeichnis, denn oft benötigt man beispielsweise noch
einmal die Datei von letzter Woche, in der ein Textabschnitt war, den man
inzwischen gelöscht hat, nun aber doch noch braucht.

2.11.2.3   Verschiedene Aufbewahrungsorte

Sie sollten überlegen, wie Sie die Sicherungsmedien aufbewahren. Liegen sie
direkt neben dem Uni-PC, zu dem jeder Zutritt hat? Liegen die Medien im
Falle eines Diebstahls oder Brands direkt zu Hause neben dem PC? Oder
werden sie herumgetragen und können verloren gehen? Sinnvoll ist es, mindestens zwei Medien zu benutzen und an verschiedenen Stellen aufzubewah-
ren, z. B. im Auto, bei Freundin/Freund usw.

2.11.3   Online-Speicherplatz mit Microsoft Live SkyDrive

Zurzeit der Drucklegung des Buchs bietet Microsoft auf seiner Plattform
live.de jedem Anwender bis zu 25 GByte Speicherplatz, was auch für große
Examensarbeiten ausreichen sollte. Voraussetzung für die Nutzung des Spei-
cherangebots ist eine kostenlose Zugangskennung in Form einer E-Mail-Adresse auf live.de.

Sollten Sie noch keine Zugangskennung zu Microsoft Live haben, so können
Sie eine kostenlose Registrierung auf live.de durchführen, wobei Sie sich eine
E-Mail-Adresse wählen und ein Kennwort vergeben.

25 GByte klingt nach reichlich Plattenplatz, allerdings hat Microsoft (zur
Zeit des Schreibens dieser Zeilen) einige Beschränkungen eingebaut. Zum
einen ist das Hochladen bzw. das Speichern von Daten auf SkyDrive nur mit
der Live-Web-Oberfläche oder Office 2010-Programmen möglich. Es besteht
eine Größenbegrenzung von 50 MByte pro Datei. Zudem ist das Hochladen
von kompletten Ordnern oder Ordnerstrukturen nicht möglich.

Wir stellen im Folgenden nur kurz die wichtigsten Funktionen zum Speichern
vor, denn das Angebot von Microsoft und den Konkurrenten verändert sich
in zeitlich sehr kurzen Abständen.

2.11.3.1   Hochladen als komprimierte Zip-Datei

Um die Beschränkung für Ordner zu umgehen, können Sie einfach Ihre Ordner im Zip-Format komprimieren. Dies ist eine Standardfunktionalität von
Windows 7 und den Vorgängerversionen.

Sie können einen Ordner im Windows Explorer komprimieren, indem Sie ihn
mit der rechten Maustaste anklicken und dann *Senden an/ZIP-komprimierter*

Ordner wählen. Die so entstandene Datei kann dann auf SkyDrive hochgeladen werden.

Es werden von Softwareentwicklern einige Hilfsprogramme angeboten, die die Nutzung von SkyDrive als normalem Laufwerk in Windows ermöglichen. (Bei Bing oder Google einfach mal nach Microsoft SkyDrive suchen …)

2.11.3.2 Speichern einer Datei auf Microsoft Live SkyDrive

Word 2010 und die anderen Office-Programme ermöglichen Ihnen auch das direkte Speichern auf SkyDrive.

Auf dem Menüband finden Sie über *Datei* und *Speichern und Senden* den Auswahlpunkt *Im Web speichern*, der Ihnen die Ablage einer Datei auf live.de ermöglicht.

Bild 2.40: Dialogfeld *Speichern und Senden*

Um die Datei in Ihrem SkyDrive-Bereich zu speichern, müssen Sie sich zuerst anmelden.

 **Hilfe über den Anmelde-Assistenten** Sie können einen Anmelde-Assistenten von live.de herunterladen, der Sie automatisch im Hintergrund anmeldet.

Bild 2.41: Anmeldebildschirm

Windows Live SkyDrive ermöglicht Ihnen die Anlage von Ordnern, um Ihre
Daten zu strukturieren.

Bild 2.42: Im Web speichern

2.11.3.3 Laden einer Datei von Microsoft Live SkyDrive

Um eine Datei von Microsoft Live SkyDrive zu laden, können Sie die folgenden Wege wählen:

Die Datei auf www.live.de im Bereich *Office* im entsprechenden Ordner selektieren und dann *Bearbeiten* auswählen. Es wird die Online-Version von Word gestartet und Ihr Dokument sollte im Browser erscheinen. Über die Schaltfläche *In Word bearbeiten* können Sie die Datei auf Ihren PC herunterladen und dort bearbeiten.

Sie können alternativ eine auf Microsoft SkyDrive gespeicherte Datei auch direkt aus Word heraus aufrufen, wenn Sie den zuvor erwähnten Anmelde-Assistenten verwenden, der für Sie die Anmeldung durchführt.

Sind Sie also auf www.live.de angemeldet, wird im normalen Dialogfeld zu Datei/Öffnen oben ein zusätzlicher Bereich eingeblendet, der direkt auf Ihre SkyDrive-Ordner verweist.

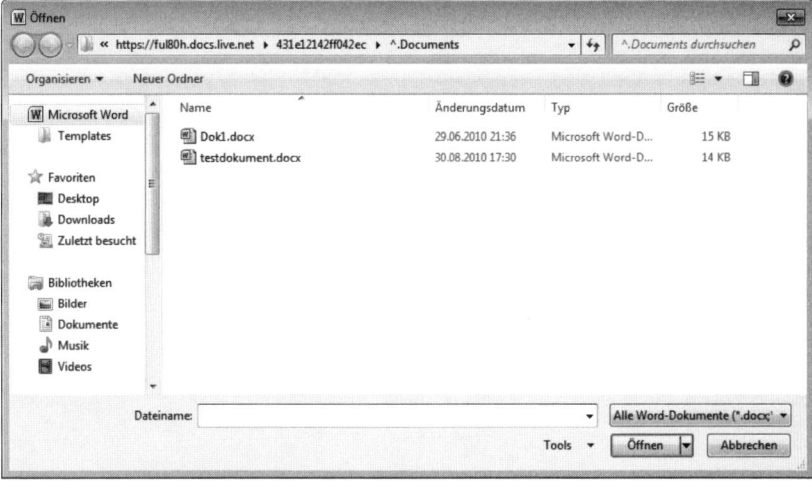

Bild 2.43: Im Web speichern

In der Adresszeile sehen Sie die Internet-Adresse Ihres Benutzerbereichs, Diese Adresse könnte auch direkt im Browser verwendet werden – natürlich immer nur nach erfolgreicher Anmeldung.

Kapitel 3

Die Gestaltung Ihrer Arbeit

3.1 Formatvorlagen und Designs

Zur Vereinfachung von Formatierungsvorgängen und zu Ihrer Unterstützung kennt Word so genannte Formatvorlagen. Eine Formatvorlage ist eine Sammlung unterschiedlicher Formatierungseinstellungen für eine bestimmte Art von Absatz (beispielsweise für Überschriften) oder zur Darstellung einer Tabelle oder auch zur Formatierung einzelner Zeichen wie eine Seitenzahl. Sie haben Formatvorlagen bereits im ersten Kapitel kurz kennen gelernt; in diesem Abschnitt soll das Thema im Detail behandelt werden. Alle für eine Formatvorlage festgelegten Formatierungen werden unter einem Namen gespeichert und über diesen Namen können dann alle darin festgelegten Formate gleichzeitig auf eine Markierung übertragen werden. Das Konzept der Formatvorlagen wird seit Word 2007 durch so genannte Designs erweitert, die einen schnellen Wechsel, beispielsweise von Schriften oder Farben, unter Beibehaltung der verwendeten Formatvorlagen ermöglichen.

3.1.1 Formatvorlagen sind nicht lästig, sondern effizient

Vielleicht kommt es Ihnen erst einmal lästig vor, Formatvorlagen anzulegen und zuzuweisen. Insbesondere bei langen Texten ist die indirekte Formatierung mit Formatvorlagen aber unumgänglich, um Formatierungseinstellungen schnell für viele Absätze zur Verfügung zu stellen. Es ist einfach zu aufwändig, für jede Überschrift, für jede Bildunterschrift usw. die Formatierungen immer wieder neu einstellen zu müssen. Mithilfe einer Formatvorlage können Sie die gewünschte Formatierung mit einem einzigen Mausklick zuweisen.

Auch im Hinblick auf mögliche Änderungen ist es sinnvoll, mit Formatvorlagen zu arbeiten. Haben Sie Formatvorlagen verwendet, so ist beispielsweise eine Änderung an der Schriftgröße aller Bildunterschriften nur einmal an der Formatvorlage der Bildunterschrift nötig und Sie müssen nicht Ihren gesamten Text durchgehen und jede Bildunterschrift suchen und ändern.

Zudem gibt es Funktionen in Word, wie das Inhaltsverzeichnis, die nur dann automatisch funktionieren, wenn Sie Formatvorlagen für die Überschriften verwendet haben, die im Inhaltsverzeichnis dargestellt werden sollen.

3.1.2 Unterschiedliche Typen von Formatvorlagen

Sie finden alles zum Thema Formatvorlagen über das Menüband auf der Registerkarte *Start* in der Gruppe *Formatvorlagen*. Im Katalog der Schnellformatvorlagen sehen Sie eine Auswahl von Formatvorlagen. Insgesamt sind in Word über 100 Formatvorlagen vordefiniert.

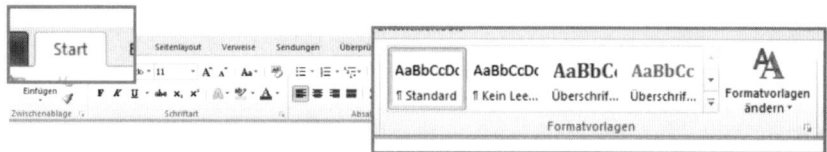

Bild 3.1: Die Registerkarte *Start* mit der Gruppe *Formatvorlagen*

Die Formatvorlagen werden in fünf verschiedene Kategorien unterteilt: Absatz-, Zeichen-, Listen-, Tabellen- und verknüpfte Vorlagen. Die Formatvorlagen bestimmen zusammen mit den Standardwerten des aktiven Dokuments und dem Design die grundlegende Formatierung eines Dokuments.

Dabei sind die Standardwerte des Dokuments von zentraler Bedeutung. Damit lassen sich Schriftart und -größe, Absatzposition und -ausrichtung sowie der Zeilenabstand und die Abstände vor und nach einem Absatz voreinstellen. Mithilfe der Standardwerte (mehr zu ihrer Einrichtung erfahren Sie in Abschnitt 3.1.7) sollten die Einstellungen des »normalen« Textes festgelegt werden, so dass die Formatvorlage *Standard* leer bleiben kann (lesen Sie dazu die Abschnitte 3.1.3 und 3.1.4).

Mit Absatzformatvorlagen legen Sie die Textausrichtung, Einzüge und Abstände vor und nach einem Absatz fest. Damit werden auch Zeichenformatierungen für den gesamten Absatz definiert.

Zeichenformatvorlagen beziehen sich nur auf einzelne Zeichen. Damit können Sie beispielsweise die Schriftart, -größe und -auszeichnung sowie Position von Hochzahlen, Indizes oder die Formatierung von Seitenzahlen festlegen.

In der kombinierten Text- und Absatzformatvorlage legen Sie für einen Absatz sowohl die Zeichen- als auch die Absatzformatierungen fest. Der Vorteil von verknüpften Formatvorlagen besteht darin, dass sich Formatierungen bei Bedarf getrennt zuweisen lassen: Sollen beispielsweise nur die Zeichenformate einer verknüpften Formatvorlage zugewiesen werden, markieren Sie die Zeichen, auf die Sie das Zeichenformat übertragen wollen; sollen Zeichen- und Absatzformate zugewiesen werden, markieren Sie den gesamten Absatz bzw. platzieren Sie einfach den Cursor im gewünschten Absatz.

Mit einer Listenvorlage definieren Sie Formate für Absätze mit Aufzählungen oder Nummerierungen (siehe Kapitel 2 und Abschnitt 3.4.1.3 ab Seite 130), die Tabellenformatvorlagen legen das Aussehen für Tabellen fest (siehe Kapitel 4).

3.1.3 Hierarchie der Formatvorlagen

Um verstehen zu können, wie Formatvorlagen zusammenarbeiten, muss man die Reihenfolge der Zuweisung kennen, die in Bild 3.2 dargestellt ist. Man kann sich die Zusammenarbeit der einzelnen Formatvorlagen konkret so vorstellen, dass Word die verschiedenen Einstellungen der unterschiedlichen Formatvorlagen nacheinander den einzelnen Komponenten eines Dokuments zuweist.

Zuallererst werden allen Zeichen und Absätzen eines Dokuments die Einstellungen der Standardwerte des Dokuments zugewiesen.

Im nächsten Schritt werden alle Tabellen mit den Tabellenformatvorlagen versehen. Das bedeutet, Eigenschaften wie Schattierungen und Rahmen werden zugewiesen, aber auch für Tabellen definierte Zeichen- und Absatzformatierungen. Falls es andere Werte für dieselbe Einstellung gibt, beispielsweise falls eine andere Schriftgröße im Tabellenformat verwendet wurde als in den Standardwerten, so werden die neuen Werte der Tabellenformatvorlage verwendet und die in den Standardwerten definierten Größen werden überschrieben.

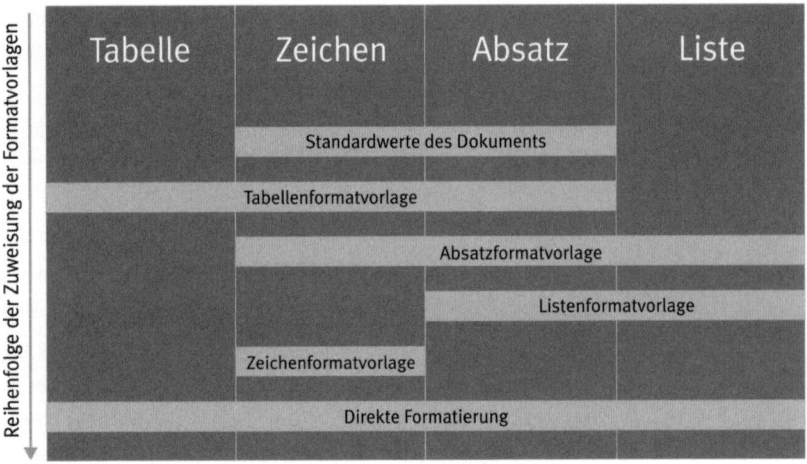

Bild 3.2: Hierarchie der Formatvorlagen

Danach werden die Absatzformatvorlagen sowie die Definitionen für Absätze der verknüpften Formatvorlagen angewendet und ihre Einstellungen auf die Texte übertragen. Jetzt werden gegebenenfalls vorgenommene Absatz- und Zeicheneinstellungen der Standardwerte bzw. der Tabellenformatvorlagen mit den in den Absatzformatvorlagen definierten Einstellungen überschrieben. Dies ist ein Grund dafür, dass die Formatvorlage *Standard* leer bleiben soll (siehe Abschnitt 3.1.4), da Sie sonst die in der Tabellenformatvorlage vereinbarten Absatz- und Zeicheneinstellungen überschreiben.

Nun kommen die Listenformate an die Reihe. Sind diese mit Absatzformatierungen verknüpft, so werden für Listen alle zuvor vorgenommenen Einstellungen entsprechend der Werte in den Listenformaten verändert.

Schließlich werden die Einstellungen der Zeichenformate und die Zeichenformatierungen der verknüpften Formatvorlagen übertragen und am Schluss gegebenenfalls direkte Formatierungseinstellungen.

3.1.4 Die Formatvorlage Standard

In einem Dokument gibt es in der Regel viele verschiedene Formatvorlagen eines bestimmten Typs, die sich auf unterschiedliche Textkomponenten beziehen. Eine herausragende Rolle spielt die Formatvorlage *Standard* in einem Word-Dokument, weil der gesamte Textkörper in der Regel damit formatiert wird. Jedoch:

Die Formatvorlage Standard sollte immer leer bleiben. Alle Einstellungen für den Standardtext nehmen Sie über die Standardwerte des Dokuments vor. Lesen Sie dazu Abschnitt 3.1.7.

Fügen Sie nämlich eine Tabelle ein, so werden die einzelnen Zeilen auch mit der Formatvorlage *Standard* versehen. Haben Sie jedoch für das Tabellenformat beispielsweise eine kleinere Schrift vorgesehen als in der Standard-Formatvorlage, so wird diese Einstellung anschließend von der Formatvorlage *Standard* überschrieben und Ihre Tabellenformatierungen kommen nicht zur Geltung.

Haben Sie ein Problem mit den Formatierungen Ihrer Tabelle, weil Sie bereits zuvor die Standard-Formatvorlage geändert hatten, so lesen Sie im Anhang den Abschnitt A.3. Dort wird beschrieben, was Sie tun können, um die vorgenommenen Einstellungen an der Formatvorlage *Standard* zu löschen.

3.1.5 Die Rolle des Designs

Ein Design – bestehend aus Schriftarten (für den Textkörper und die Überschriften), einem Farbschema und Effekten – gibt Ihnen die Möglichkeit, mit einem Klick die Schriftarten ebenso wie die Farben oder Effekte in allen von Ihnen benutzten Formatvorlagen zu ändern.

Vor allem der Wechsel der Schriftarten per Klick kann hilfreich sein: Sie können so alle Ihre definierten Formatvorlagen weiterverwenden, aber anstelle beispielsweise der Schriftart »Times Roman« für die Überschriften sehr einfach eine andere Schriftart aussuchen.

Letztendlich ermöglichen die Designs, dass Sie bei der Definition keine konstanten Werte für Schriften und Farben verwenden müssen, sondern sehr flexibel reagieren können.

3.1.6 Zuweisen einer Formatvorlage und eines Designs

Bereits im ersten Kapitel haben wir beschrieben, wie Formatvorlagen über den Katalog der Schnellformatvorlagen zugewiesen werden können.

3.1.6.1 Eine Formatvorlage zuweisen

Markieren Sie einen Absatz oder einzelne Zeichen, öffnen Sie den Katalog der Schnellformatvorlagen und wählen Sie die gewünschten durch einen Klick mit Ihrer Maus aus. Im Katalog ist es allerdings nicht ganz einfach, zwischen Absatz- und Zeichenformatvorlagen zu unterscheiden. Einige Formatvorlagen sind mit einer Absatzendemarke ¶ versehen, dabei handelt es sich um Absatzformatvorlagen. Andere Vorlagen – wie beispielsweise die Vorlagen für die Überschriften – haben keine solche Kennzeichnung, sie sind eine Kombination aus Absatz- und Zeichenformatvorlage. Formatvorlagen wie *Hervorhebung* hingegen sind reine Zeichenformatvorlagen.

Daher ist eine andere Möglichkeit, eine Formatvorlage zuzuweisen, oft hilfreicher. Sie erfolgt über den Aufgabenbereich *Formatvorlagen*, den Sie über das Startfeld der Gruppe *Formatvorlagen* (siehe Bild 3.3) oder mit der Tastenkombination ⌨alt+⌨Strg+⌨⇧+⌨S aktivieren können. Das »S« lässt sich damit erklären, dass Formatvorlagen im Englischen als »Style« bezeichnet werden.

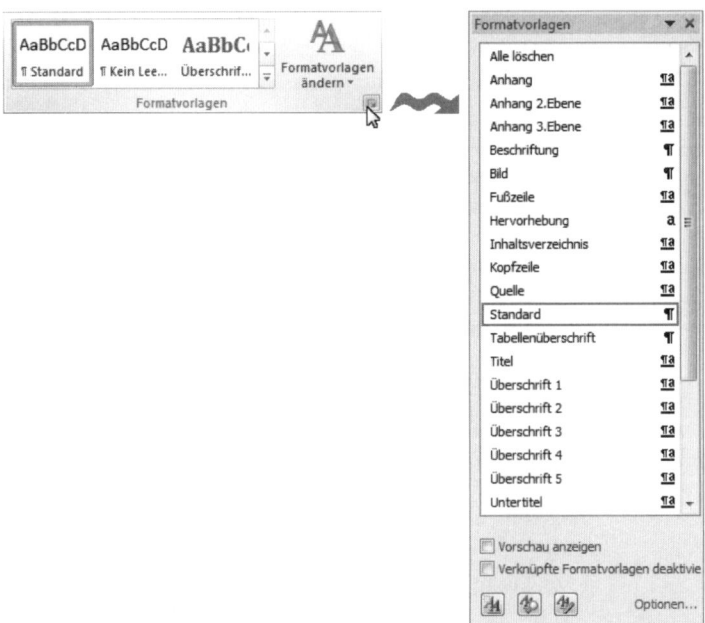

Bild 3.3: Startfeld zum Aktivieren des Aufgabenbereichs *Formatvorlagen*

Hier sehen Sie links die Namen der Formatvorlagen und rechts daneben jeweils ein Zeichen, das die Art der Formatvorlage kennzeichnet. So steht ein **a** für die Zeichenformatierung, das Zeichen ¶ kennzeichnet eine Absatzformatierung und ¶a steht für eine verknüpfte Formatvorlage.

Eine weitere Möglichkeit der Zuweisung einer Formatvorlage ist über den Aufgabenbereich *Formatvorlage übernehmen* gegeben. Sie aktivieren den Aufgabenbereich mit der Tastenkombination (alt)+(Strg)+(S). Wählen Sie hier einfach die gewünschte Formatvorlage im Kombinationsfeld aus.

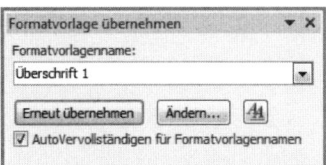

Bild 3.4: Der Aufgabenbereich *Formatvorlage übernehmen*

3.1.6.2 Ein Design zuweisen

Ein Design zuzuweisen ist ebenfalls denkbar einfach: Aktivieren Sie auf dem Menüband die Registerkarte zu *Seitenlayout*, klicken Sie auf die Schaltfläche *Design* und wählen Sie über ein neues Design neue Schriften, Farben und Effekte aus.

Häufiger werden Sie vermutlich nur einfach die Designschriftarten wechseln wollen. Diesen Wechsel können Sie auf der Registerkarte *Start* mithilfe der Schaltfläche *Formatvorlagen ändern* vornehmen.

Andere Schriftart für Dokumentvorlage WissArbeit verwenden Die Dokumentvorlage *WissArbeit* verwendet die Schriftarten Arial für Überschriften und Times New Roman für Texte, die Designschriftart *Larissa Klassisch*. Möchten Sie andere Schriften verwenden, suchen Sie sich im Katalog zu *Schriftarten* die passenden aus.

Mithilfe der Schaltfläche *Formatvorlagen ändern* besteht auch die Möglichkeit, einen anderen Satz von Formatvorlagen auszuwählen. Das sollten Sie mit der Auswahl *Stil-Set* allerdings nur dann tun, wenn Sie Ihre bearbeiteten Formatvorlagen als Stil-Set bzw. als Schnellformatvorlagen-Satz gespeichert und mit einem Namen versehen haben, so dass Sie diese über ihren Namen wieder aufrufen können. Ansonsten sind Ihre Einstellungen in den Formatvorlagen über das Menü zu *Stil-Set* wieder herstellbar. Verwenden Sie dazu im Menü zu *Stil-Set* die Auswahl *Auf Schnellformatvorlagen des Dokuments zurücksetzen*.

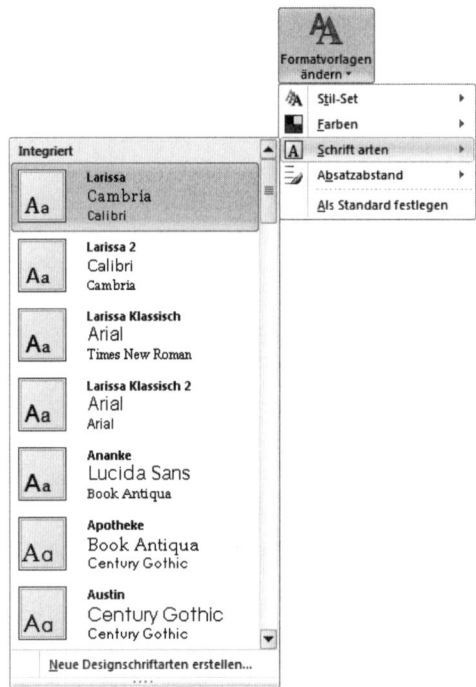

Bild 3.5: Designschriftarten zur Auswahl

Formatvorlagen werden standardmäßig im Dokument selbst gespeichert. Sinnvoller ist es aber oft, sie in Dokumentvorlagen abzulegen und diese Dokumentvorlagen beim Schreiben als Grundlage des Textes zu verwenden. Die Arbeit mit Dokumentvorlagen beschreiben wir in Abschnitt 3.2. Verwenden Sie die dem Buch beiliegende Dokumentvorlage *WissArbeit*, so haben Sie bereits eine Dokumentvorlage mit ihren Formatvorlagen kennen gelernt.

3.1.7 Einstellen der Standardwerte eines Dokuments

Die zugrunde liegenden Einstellungen für Ihren Text nehmen Sie über die so genannten Standardwerte vor. Um diese an Ihre Bedürfnisse anzupassen, aktivieren Sie den Aufgabenbereich *Formatvorlagen*. Mithilfe der Schaltfläche *Formatvorlagen verwalten* öffnen Sie das gleichnamige Dialogfeld. Wechseln Sie nun auf die Registerkarte *Standardwerte festlegen*.

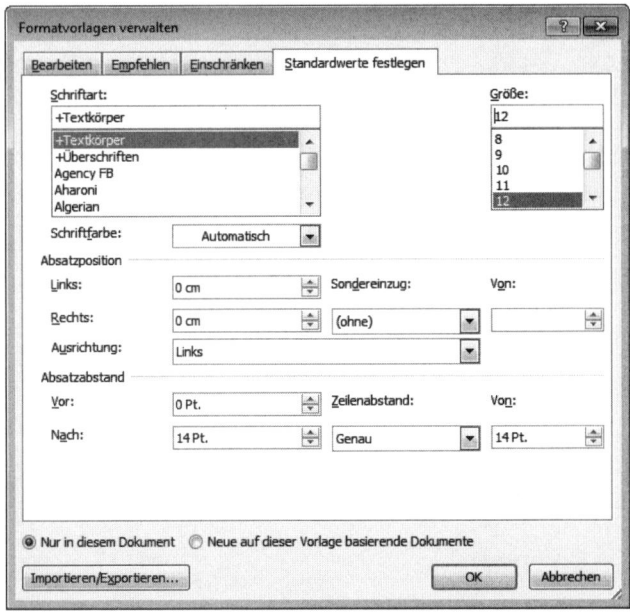

Bild 3.6: Hier werden die Standardwerte eines Dokuments festgelegt

Achten Sie bei den Einstellungen darauf, als *Schriftart* immer *+Textkörper* auszuwählen. So können Sie bei Bedarf die Schriftarten für den Textkörper auch im Nachhinein noch sehr einfach über die Schaltfläche *Formatvorlagen ändern* und die Auswahl *Schriftarten* austauschen.

3.1.8 Bestehende Formatvorlagen ändern

Möchten Sie eine Formatvorlage ändern, nehmen Sie entweder den Aufgabenbereich *Formatvorlage übernehmen* ([Strg]+[⇧]+[S]) zur Hilfe und verwenden darin die Schaltfläche *Ändern* (siehe Bild 3.4) oder Sie aktivieren den Aufgabenbereich *Formatvorlagen* mit [Alt]+[Strg]+[⇧]+[S] (siehe Bild 3.3). Schieben Sie darin den Cursor über die entsprechende Formatvorlage in der Liste. Dadurch wird rechts am Textfeld eine Schaltfläche mit einem Dreieck dargestellt. Klicken Sie auf dieses Dreieck, wird ein Menü aktiviert. Wählen Sie darin *Ändern* aus, so erscheint das in Bild 3.7 dargestellte Dialogfeld.

Die benötigte Formatvorlage wird nicht angezeigt Standardmäßig werden im Aufgabenbereich *Formatvorlagen* nur die »empfohlenen« Formatvorlagen angezeigt. Möchten Sie sich alle anzeigen lassen, um eine bestimmte Formatvorlage bearbeiten zu können, wählen Sie im Aufgabenbereich *Formatvorlagen* unten den Link *Optionen* aus. Im Dialogfeld ändern Sie dann die Einstellung des Kombinationsfeldes zu *Anzuzeigende Formatvorlagen auswählen* in *Alle Formatvorlagen*.

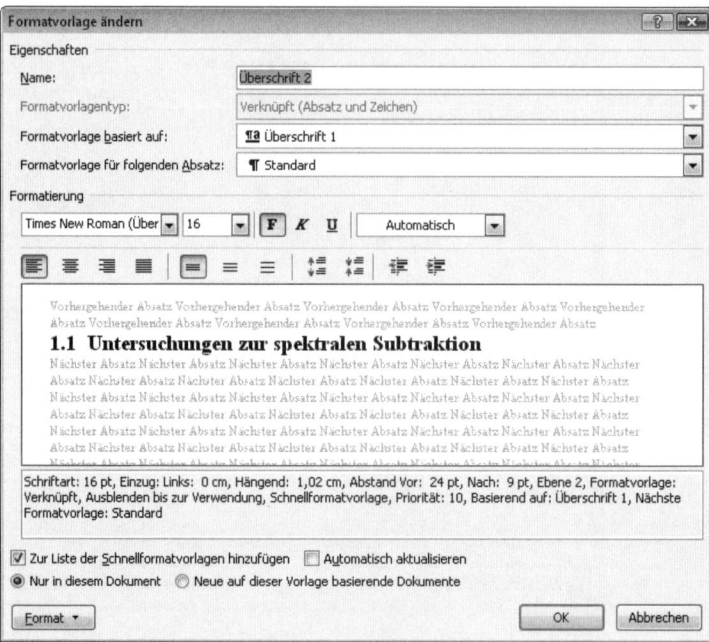

Bild 3.7: Eine bestehende Formatvorlage ändern

Die Formatvorlage Standard sollte leer bleiben   Denken Sie daran, alle Einstellungen für den Standardtext auf der Registerkarte *Standardwerte festlegen* des Dialogfelds *Formatvorlagen verwalten* vorzunehmen (siehe Abschnitt 3.1.7) und die Formatvorlage *Standard* nicht zu bearbeiten.

3.1.9 Neue Formatvorlagen anlegen

Möchten Sie eine neue Formatvorlage erstellen, klicken Sie unten im Aufgabenbereich *Formatvorlagen* auf die Schaltfläche *Neue Formatvorlage*. Dabei werden die Einstellungen eines markierten Textes als Grundlage für die neue Formatvorlage verwendet.

Einstellungen für die neue Formatvorlage   übernimmt Word automatisch aus dem markierten Absatz. Daher ist es sinnvoll, den Mauszeiger in einen Absatz zu platzieren, der so formatiert ist, wie es die neue Formatvorlage beschreiben soll, und dann das Dialogfeld *Neue Formatvorlage von Formatierung erstellen* über die Schaltfläche *Neue Formatvorlage* aufzurufen.

Wir werden Ihnen im Folgenden zeigen, wie Sie eine neue Formatvorlage definieren. Hinter *Name* geben Sie die neue Bezeichnung für Ihre Formatvorlage an. Ob es sich um eine Absatz-, Zeichen-, eine kombinierte, eine Listen- oder Tabellenformatvorlage handeln soll, wird im Feld *Formatvorlagentyp* vereinbart.

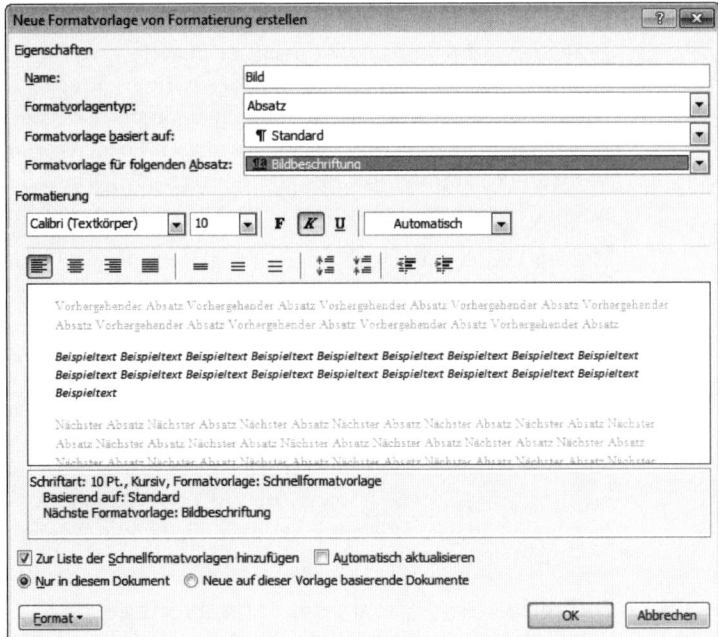

Bild 3.8: Neue Formatvorlage definieren

Die Definition von Formatvorlagen lässt sich hierarchisch aufeinander auf-
bauend gestalten, d. h., über einen Eintrag in *Formatvorlage basiert auf* vereinbaren Sie, dass Ihrer neuen Vorlage eine bestehende Formatvorlage zugrunde liegt. Die Einstellungen der unter *Formatvorlage basiert auf* angegebenen Vorlage sind damit automatisch für Ihr neues Format festgelegt und
können ergänzt werden.

Unter *Formatvorlage für folgenden Absatz* legen Sie fest, in welchem Format
der nachfolgende Absatz im Text standardmäßig formatiert werden soll.
Diese Einstellung ist beispielsweise nützlich um einzustellen, dass nach einem
Format für die Zeile mit dem Bild das Format für die Bildbeschriftung folgt.
Für die Bildbeschriftung hingegen würde man als *Formatvorlage für*
folgenden Absatz Standard definieren. So lässt sich durch ein einfaches ⌷
die entsprechende Formatvorlage zuweisen.

Im Fall von Änderungen der Designschriften ist es sinnvoll, darauf zu achten,
dass Sie als Schriftart unter *Formatierung* die festgelegte Textkörper- oder
Überschriftenschriftart verwenden (sie befinden sich in der Auswahlliste ganz
oben). Nur dann können Sie sicher sein, dass die Schriftart in der neuen
Formatvorlage angepasst wird, falls Sie sich später entschließen, die zugrunde
liegende Designschrift zu ändern. In Bild 3.8 können Sie erkennen, dass die
Designschrift für den Textkörper verwendet wurde.

Unten im Dialogfeld definieren Sie, ob die neu erstellte Formatvorlage der Liste der Schnellformatvorlagen hinzugefügt werden soll, dann erscheint auch die neue Vorlage im Katalog der Formatvorlagen. Das Kontrollkästchen zu *Automatisch aktualisieren* sollten Sie nicht aktivieren, sonst werden alle Änderungen, die Sie an einem mit dieser Formatvorlage formatierten Text vornehmen, automatisch für die Formatvorlage und damit für alle im Text mit der Formatvorlage formatierten Stellen übernommen.

Zudem können Sie im Dialogfeld festlegen, ob die Formatvorlage nur in diesem Dokument oder in der dem aktuellen Dokument zugrunde liegenden Dokumentvorlage aufgenommen werden und damit allen neuen auf der aktuellen Dokumentvorlage basierenden Dokumenten zur Verfügung stehen soll.

Haben Sie beim Erstellen des Dokuments nicht explizit eine Dokumentvorlage ausgewählt, so basiert das Dokument standardmäßig auf der Dokumentvorlage *Normal.dotm*. Für Ihre Arbeit ist es sinnvoll, eine neue Dokumentvorlage zu erstellen und neue Formatvorlagen entsprechend der neuen Dokumentvorlage hinzuzufügen. Wie das geht, lesen Sie bitte in Abschnitt 3.2 nach.

3.1.9.1 Definition des Formats der Formatvorlage

Betätigen Sie im Dialogfeld *Neue Formatvorlage von Formatierung erstellen* die Schaltfläche *Format*, so wird Ihnen das folgende Auswahlmenü gezeigt.

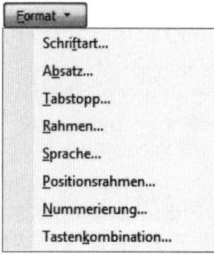

Bild 3.9: Menü zur Schaltfläche *Format*

Mit den Befehlen verzweigen Sie zu den jeweiligen Dialogfeldern, mit denen Sie die entsprechenden Formate festlegen können.

3.1.9.2 Beachten Sie beim Festlegen des Zeichenformats

Über *Schriftart* im Menü in Bild 3.9 rufen Sie das Dialogfeld in Bild 3.10 auf. Hier ist es wichtig, darauf zu achten, dass Sie als Schriftart nicht explizit eine Schrift auswählen, sondern entweder den Eintrag *+Überschriften* oder den Eintrag *+Textkörper* verwenden.

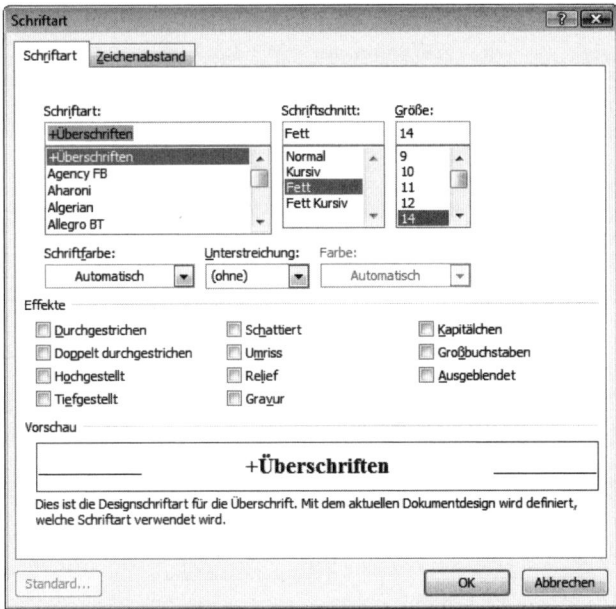

Bild 3.10: Definition der Einstellungen für das Zeichenformat einer Überschrift

3.1.9.3   Beachten Sie beim Festlegen des Absatzformats

Für Absatzformatvorlagen sollten Sie auf einige Einstellungen achten, die Sie im Dialogfeld *Absatz* auf der Registerkarte *Zeilen- und Seitenumbruch* finden (siehe Bild 3.11).

Schalten Sie die *Absatzkontrolle* ein, so verhindert Word so genannte Schusterjungen und Hurenkinder. Diese beiden Begriffe stammen aus der Sprache von Buchdruckern und Setzern. Als »Schusterjunge« wird die erste Zeile eines Absatzes, die als letzte, einzelne Zeile einer Seite erscheint, bezeichnet. Ein »Hurenkind« ist eine einzelne, letzte Zeile eines Absatzes auf einer neuen Seite. Wir empfehlen Ihnen, darauf zu achten, dass die *Absatzkontrolle* eingeschaltet ist, damit Ihr Text diese beiden Unschönheiten nicht aufweist.

Möchten Sie erreichen, dass mehrere Absätze auf der gleichen Seite gedruckt werden, markieren Sie alle Absätze bis auf den letzten und schalten die Option *Nicht vom nächsten Absatz trennen* ein. Die Option ist z. B. bei der Definition von Überschriften sinnvoll, damit diese auf einer Seite zusammen mit dem folgenden Text ausgegeben werden.

Bild 3.11: Formatierungseinstellungen für Absätze

Schalten Sie die Option *Diesen Absatz zusammenhalten* ein, wird von Word
innerhalb des Absatzes kein Seitenumbruch durchgeführt, d. h., der Absatz
wird komplett auf einer Seite ausgegeben. Mit *Seitenumbruch oberhalb* wird
für den aktuellen Absatz eine neue Seite angefangen, d. h., der Absatz erscheint als Erstes auf der Seite.

3.1.10 Drucken der Formatvorlagen-Beschreibungen

Manchmal ist es hilfreich, die Definitionen der einzelnen Formatvorlagen
auszudrucken. Dazu gehen Sie so vor:

- Aktivieren Sie die Backstage-Ansicht, indem Sie auf *Datei* klicken.

- Klicken Sie auf *Drucken*.

- Klicken Sie im Menü unter *Einstellungen* auf *Alle Seiten drucken*.

- Wählen Sie nun unter *Dokumenteigenschaften Formatvorlagen* aus.

3.1.11 Formatvorlagen löschen

Häufig möchte man nicht nur Formatvorlagen neu erstellen, sondern auch
Formatvorlagen, die Word standardmäßig anzeigt, aus der Anzeige im

Schnellformatvorlagen-Katalog oder dem Aufgabenbereich *Formatvorlagen* herausnehmen, da man sie nicht verwendet.

Arbeiten Sie in der Regel mit dem Schnellformatvorlagen-Katalog, können Sie eine Formatvorlage über den Aufgabenbereich *Formatvorlagen* jederzeit aus dem Katalog herausnehmen, indem Sie beispielsweise über die rechte Maustaste den Befehl *Aus Schnellformatvorlagen-Katalog entfernen* im Menü auswählen.

Einige Formatvorlagen lassen sich direkt im Aufgabenbereich *Formatvorlagen* löschen. Danach stehen sie weder im Schnellformatvorlagen-Katalog noch im Aufgabenbereich *Formatvorlagen* zur Auswahl. Klicken Sie die Formatvorlage im Aufgabenbereich mit der rechten Maustaste an und wählen Sie im Menü den *Löschen*-Befehl aus.

Doch was macht man mit denjenigen Formatvorlagen, die überflüssig sind, sich aber nicht löschen lassen? Bei denen muss man sich mit einem Trick behelfen, damit sie im Aufgabenbereich *Formatvorlagen* nicht stören:

 ▣ Wählen Sie im Aufgabenbereich unten die Schaltfläche *Formatvorlagen verwalten* aus.

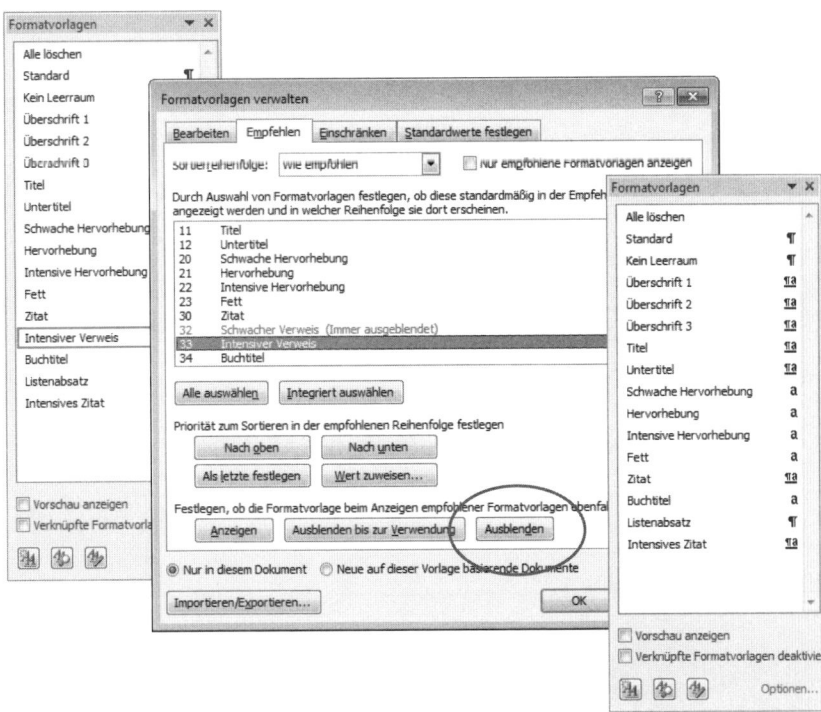

Bild 3.12: Die Formatvorlage *Intensiver Verweis* (links) verschwindet mithilfe der Schaltfläche *Ausblenden* im rechten Aufgabenbereich

■ Selektieren Sie im Dialogfeld die Registerkarte *Empfehlen*.

■ Suchen Sie im Auswahlfeld die entsprechende Formatvorlage und klicken Sie dann auf die Schaltfläche *Ausblenden*.

Damit verschwindet die Formatvorlage aus dem Aufgabenbereich *Format-vorlagen* wie Sie in Bild 3.12 am Beispiel der Formatvorlage *Intensiver Verweis* sehen können, die im linken Ausgabenbereich angezeigt und im rechten Aufgabenbereich ausgeblendet wird.

3.1.12   Definieren Sie ein Stil-Set

Das Stil-Set wird in Word auch als Schnellformatvorlagen-Satz bezeichnet. Es kann sinnvoll sein, alle definierten Formatvorlagen zu einem Stil-Set bzw. Schnellformatvorlagen-Satz zusammenzufassen und diesem Stil-Set einen Namen zu geben. Dann kann man es nach Änderungen oder nach dem Tes-ten von anderen Stil-Sets leicht wieder zuweisen.

■ Klicken Sie auf die Schaltfläche *Formatvorlagen ändern* auf der Registerkarte *Start* und

■ wählen Sie im Menü *Stil-Set* aus.

■ Im zweiten Menü klicken Sie auf den Eintrag *Als Schnellformatvorlagen-Satz speichern*.

■ Im sich öffnenden Dialogfeld (siehe Bild 3.13) vergeben Sie einen Namen und *Speichern* diesen.

Das Stil-Set wird als Word-Vorlage mit der Endung *dotx* im Ordner *Quick-Styles* abgelegt (zum Anzeigen des Ordners lesen Sie weitere Infos im Anhang A.1).

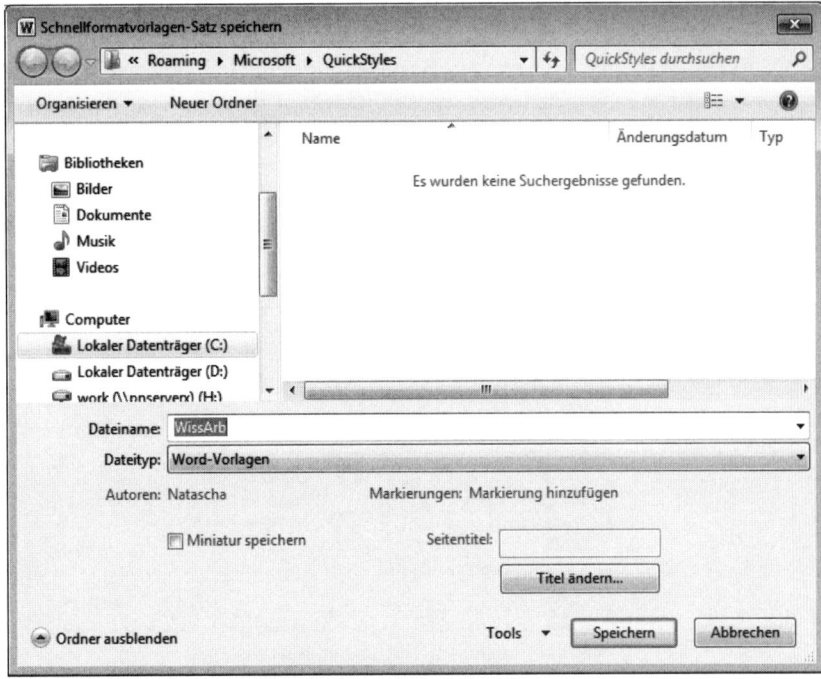

Bild 3.13: Ein neues Stil-Set festlegen

Das neue Stil-Set steht Ihnen nun im entsprechenden Menü zur Verfügung.

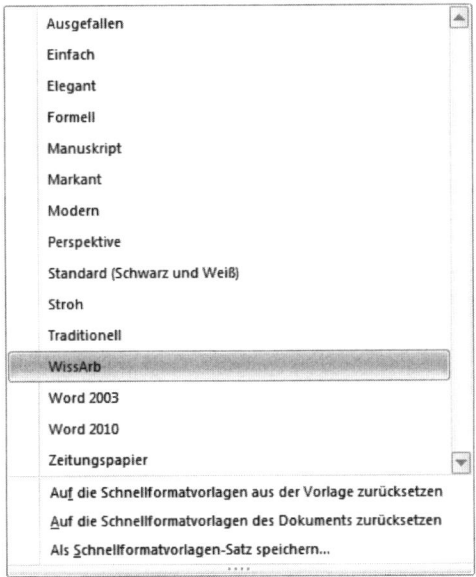

Bild 3.14: Das neue Stil-Set steht im Katalog zur Verfügung

3.1.13 Ein neues Design definieren

Ein Design besteht aus einer Schriftart für den Textkörper und einer für die Überschriften, aus Farben und Effekten. All das lässt sich auf der Registerkarte *Seitenlayout* in der Gruppe *Designs* festlegen.

Definieren Sie zunächst das Design Ihrer Schriften:

 ■ Klicken Sie in der Gruppe *Designs* auf die Schaltfläche *Schriftarten* und wählen ganz unten im Menü *Neue Designschriftarten erstellen* aus.

Sie aktivieren damit das in Bild 3.15 dargestellte Dialogfeld.

Bild 3.15: Eine neue Designschriftart erstellen

Hier können Sie für die Überschriften eine Schriftart festlegen und eine andere für den Textkörper. Dabei legen Sie nur die Schriftart fest, die Größe und Auszeichnung werden in den Formatvorlagen bzw. als Standardwerte definiert.

Da Sie für Ihre Examensarbeit in der Regel keine blauen Überschriften verwenden werden, sondern schwarze Schrift, können Sie entsprechend ein neues Farbschema definieren.

 ■ Klicken Sie in der Gruppe *Designs* auf die Schaltfläche *Farben* und wählen ganz unten im Menü *Neue Designfarben erstellen* aus.

Im Dialogfeld (siehe Bild 3.16) können Sie nun verschiedene Grautöne zusammenstellen. Rechts daneben sehen Sie, wie Ihre Auswahl wirkt.

Zum Schluss wählen Sie den gewünschten Effekt aus.

 ■ Klicken Sie in der Gruppe *Designs* auf die Schaltfläche *Effekte* und wählen Sie eventuell gewünschte Effekte aus.

Im letzten Schritt speichern Sie alles zusammen als neues Design.

■ Klicken Sie in der Gruppe *Designs* auf die Schaltfläche *Designs* und wählen ganz unten im Menü *Aktuelles Design speichern* aus.

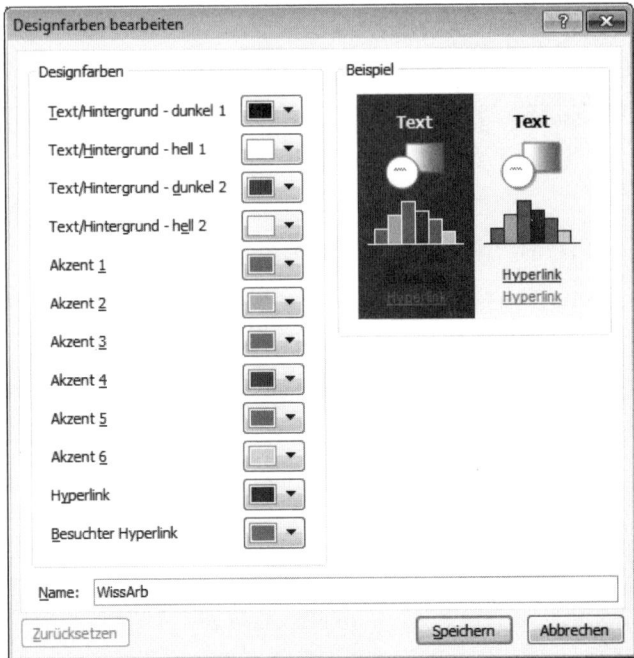

Bild 3.16: Ein neues Farbdesign festlegen

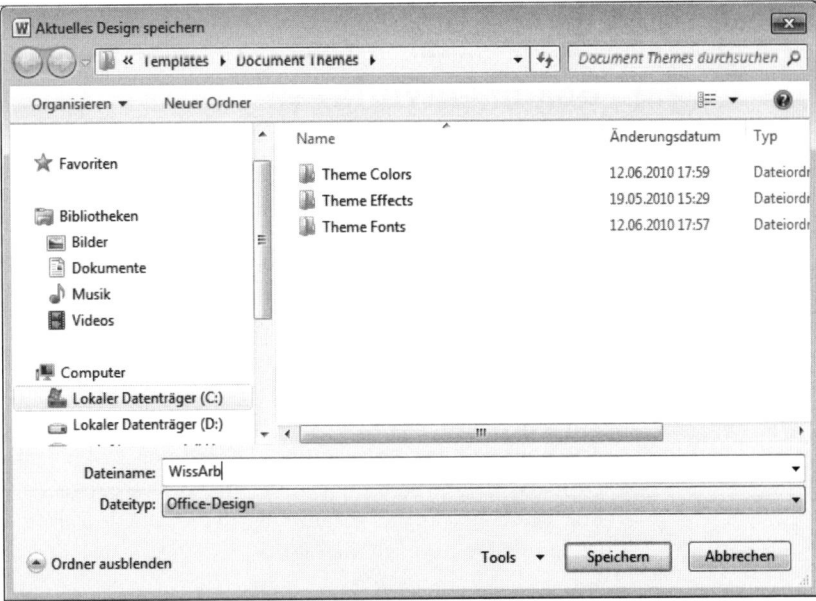

Bild 3.17: Das neu erstellte Design speichern

Das Design wird unter dem von Ihnen angegebenen Namen im Ordner *Templates\Document Themes* gespeichert. Es erhält als *Dateityp* Office-Design die Dateiendung *thmx*. Benötigen Sie weitere Infos, um den Ordner *Document Themes* anzuzeigen, lesen Sie dazu im Anhang Abschnitt A.1 weiter.

3.1.14 Hilfreiche Tastenkombinationen

Zum Abschluss möchten wir Ihnen einige hilfreiche Tastenkombinationen zum Thema Formatvorlagen nicht vorenthalten.

[Strg]+[⇧]+[N] weist einem Absatz die Formatvorlage *Standard* zu.

[alt]+[1], [alt]+[2], [alt]+[3] weist einem Absatz die Formatvorlagen *Überschrift 1*, *Überschrift 2* etc. zu.

[Strg]+Leertaste löscht zusätzliche Zeichenformatierungen und weist den markierten Zeichen die Standardeinstellungen der verwendeten Formatvorlage zu.

[Strg]+[Q] entfernt zusätzliche Absatzformatierungen und weist die Einstellungen der verwendeten Formatvorlage zu.

[alt]+[Strg]+[⇧]+[S] aktiviert den Aufgabenbereich *Formatvorlagen*.

[Strg]+[⇧]+[S] aktiviert den Aufgabenbereich *Formatvorlage übernehmen*.

3.2 Dokumentvorlagen

Man verwendet Dokumentvorlagen, um für verschiedene Dokumente – also beispielsweise verschiedene Kapitel einer Diplomarbeit – ein gleiches Aussehen zu garantieren. Sinnvoll sind Dokumentvorlagen auch, um darin Formatierungseinstellungen für unterschiedliche Arten von Dokumenten zu speichern (beispielsweise eine Dokumentvorlage für Ihre Examensarbeit, eine weitere für einen Artikel in einer Zeitschrift, eine für einen mehrspaltigen Artikel in einem Tagungsbericht und eine für Ihre private Post). Dokumentvorlagen enthalten Formatvorlagen, um so neben Einstellungen für das Seitenlayout auch Zeichen- und Absatzformatierungen zu speichern. Dieser Abschnitt soll das Anlegen und Ändern von Dokumentvorlagen beschreiben, Formatvorlagen wurden bereits im vorangegangenen Abschnitt behandelt. Erst beide zusammen garantieren das optimale Zusammenspiel beim Erstellen langer Dokumente mit Word.

Formatvorlagen und Dokumentvorlagen unbedingt verwenden! Word verleitet dazu, einfach schnell ein bisschen im Text herumzuformatieren, ohne weiter darüber nachzudenken. Auch wenn man zunächst das Gefühl hat, dass das Formatieren so schneller geht, als sich mit dem Thema Format- und Dokumentvorlagen auseinander zu setzen, ist davon unbedingt abzuraten. Verwenden Sie für Ihre Arbeit Format- und Dokumentvorlagen!

Denn: Verwenden Sie Dokumentvorlagen mit Formatvorlagen beim Erstellen eines neuen Dokuments, so sind die Formatierungseinstellungen für bestimmte Textelemente wie Überschriften, Textkörper, aber auch das Seitenlayout in diesem Dokument automatisch festgelegt. Dazu soll das folgende Bild die Verwendung von Dokumentvorlagen für mehrere Kapitel einer Examensarbeit illustrieren.

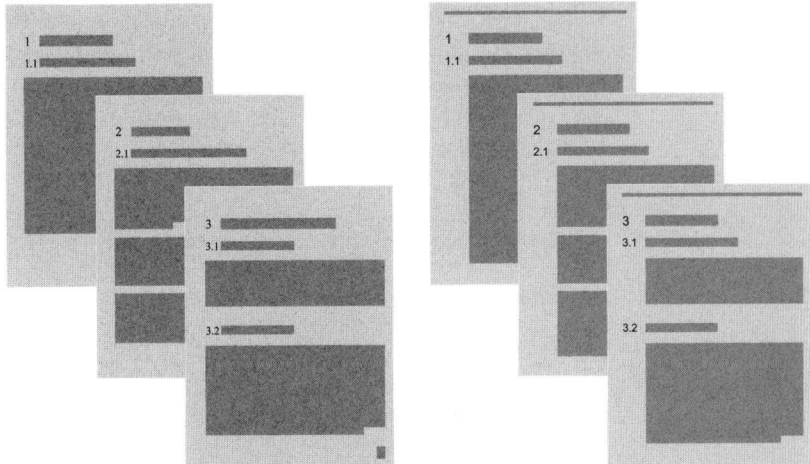

Bild 3.18: Dokumente mit zwei unterschiedlichen Dokumentvorlagen

Eine Dokumentvorlage kennen Sie bereits, falls Sie in Kapitel 1 die Dokumentvorlage *WissArbeit* auf Ihren Rechner kopiert und ein Dokument auf der Basis der Dokumentvorlage erstellt haben. Auch diese Dokumentvorlage garantiert allen mit ihrer Hilfe erstellten Dokumenten ein gleiches Aussehen.

3.2.1 Eine Dokumentvorlage anlegen

Standardmäßig legt Word alle Änderungen an Formatvorlagen in der Dokumentvorlage *normal.dotm* ab. Schreiben Sie unterschiedliche Texte mit verschiedenen Anforderungen an das Seitenlayout und an die Formatvorlagen, ist es sinnvoll, unterschiedliche Dokumentvorlagen anzulegen und auf der Basis der entsprechenden Dokumentvorlage Ihren Text einzugeben. Ebenso wichtig sind Dokumentvorlagen, wenn Sie Ihre Arbeit in unterschiedliche

Kapitel aufgeteilt haben. Dafür garantiert eine Dokumentvorlage jedem Kapitel das gleiche Aussehen.

Haben Sie bereits ein Dokument erstellt und mit dem richtigen Seitenlayout versehen, sind zudem die benötigten Formatvorlagen eingerichtet, so speichern Sie im nächsten Schritt die Datei als Dokumentvorlage ab:

- Klicken Sie im Menüband auf die Registerkarte *Datei*.

- Wählen Sie den Befehl *Speichern unter* aus.

- Im Dialogfeld klappen Sie das Kombinationsfeld zu *Dateityp* auf und wählen *Dokumentvorlage* oder *Dokumentvorlage mit Makros* aus.

- Geben Sie der Dokumentvorlage einen Namen und speichern Sie sie.

 **Speicherort für Dokumentvorlagen** Am besten legen Sie alle Dokumentvorlagen, die Sie erstellen, in einem entsprechend benannten Ordner ab. Sie können diesen Ordner beispielsweise in der Bibliothek *Dokumente* anlegen. Wichtig ist, dass Sie diesen Ordner als Ordner für Arbeitsgruppenvorlagen im Dialogfeld *Speicherort für Dateien* eintragen, wie wir bereits ausführlich in Abschnitt 1.3.3 beschrieben haben.

3.2.2 Arbeiten mit Dokumentvorlagen

Sie haben eine Dokumentvorlage angelegt und möchten nun ein neues Dokument erstellen, das auf der Dokumentvorlage basiert. Gehen Sie dazu so vor:

- Kicken Sie auf die Registerkarte *Datei* und

- wählen Sie im Menü *Neu* aus.

Sie aktivieren so ein Dialogfeld (siehe Bild 3.19), das neben einer Vorlage für ein leeres Dokument verschiedene andere Möglichkeiten anzeigt, eine Dokumentvorlage aufzurufen. Interessant sind hier vor allem die beiden Links auf *Meine Vorlagen* und *Zuletzt verwendete Vorlagen*.

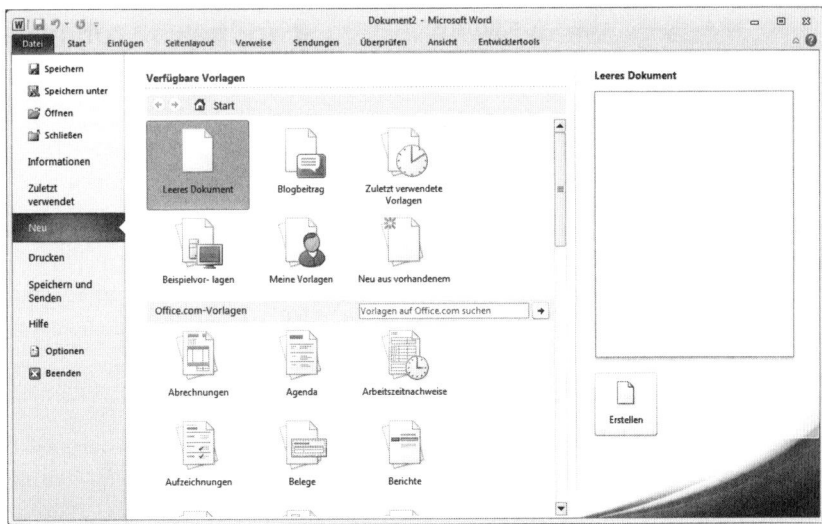

Bild 3.19: Dialogfeld zum Auswählen einer Dokumentvorlage für ein neues Dokument

● Klicken Sie auf *Meine Vorlagen*.

Sie aktivieren das in Bild 3.20 dargestellte Dialogfeld, in dem Ihnen eine Liste aller Dokumentvorlagen angezeigt wird, die Word in einem der »Vorlagen«-Ordner (*Benutzer-* oder *Arbeitsgruppenvorlagen*) findet.

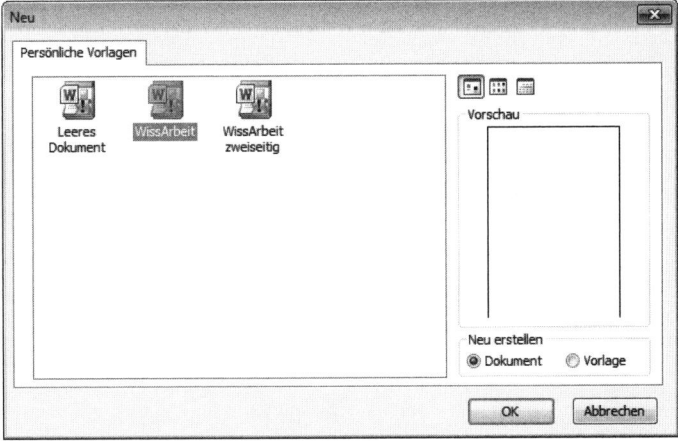

Bild 3.20: Auswahl einer Dokumentvorlage

Alle Ordner, die sich wiederum in einem der beiden »Vorlagen«-Ordner befinden, werden im Dialogfeld *Neu* als Registerblätter dargestellt. Wählen Sie zunächst das richtige Registerblatt und dann die gewünschte Dokumentvorlage aus.

3.2.3   Wenn Sie bereits zu schreiben begonnen haben ...

Haben Sie bereits mit dem Schreiben Ihrer Arbeit begonnen und zunächst keine spezielle Dokumentvorlage verwendet, so benutzt Word standardmäßig die Dokumentvorlage *Normal.dotm*. Sie können jedoch auch nachträglich eine andere Dokumentvorlage mit Ihrem Dokument verbinden.

Durch das Verbinden mit einer Dokumentvorlage werden Überschriften, Bildunterschriften, Textkörper usw. nach den Formatvorlagen der ausgewählten Dokumentvorlage formatiert, falls Formatvorlagen mit dem gleichen Namen existieren und sie den jeweiligen Absätzen zugewiesen wurden.

3.2.3.1   Erste Möglichkeit vorzugehen

Die erste Möglichkeit ist sehr einfach, eignet sich allerdings nicht, wenn Sie Änderungen am Papierformat, an den Seitenrändern oder dem Seitenlayout vorgenommen haben oder wenn eine Kopf- oder Fußzeile eingerichtet wurde. In diesen Fällen wählen Sie die zweite Möglichkeit.

Trifft dies nicht zu, gehen Sie folgendermaßen vor, um ein Dokument mit einer anderen Dokumentvorlage zu verbinden:

- Aktivieren Sie die Registerkarte *Datei* und wählen Sie *Optionen* und dort die Kategorie *Add-Ins*. Stellen Sie im Kombinationsfeld *Verwalten* die Auswahl *Vorlagen* ein und klicken Sie auf *Gehe zu*.

Oder

- aktivieren Sie die Registerkarte *Entwicklertools* und wählen Sie die Schaltfläche *Dokumentvorlage* aus. (Wird im Menüband die Registerkarte *Entwicklertools* nicht angezeigt, so können Sie sie über die *Word-Optionen*, Kategorie *Häufig verwendet* anzeigen lassen.)

- Im Dialogfeld wählen Sie die Registerkarte *Vorlagen* aus und klicken auf *Anfügen*. Wählen Sie nun die gewünschte Dokumentvorlage aus und klicken Sie auf *Öffnen*.

- Wählen Sie darunter die Option *Dokumentformatvorlage automatisch aktualisieren* an und bestätigen Sie die Auswahl mit *OK*.

Damit sollten nun alle Formatierungen im Dokument mit gleichnamigen Formatvorlagen angepasst worden sein.

3.2.3.2   Zweite Möglichkeit vorzugehen

Haben Sie Einstellungen für das Seitenlayout oder Kopf- bzw. Fußzeilen festgelegt, verfahren Sie besser so:

- Erstellen Sie mit dem Befehl *Datei/Neu* ein neues Dokument, für das Sie die entsprechend vorbereitete Dokumentvorlage auswählen.

Verwenden Sie die Dokumentvorlage WissArbeit und erstellen dann gleich ein neues Dokument über die Schaltfläche *Kapitel und Anhänge*, so haben Sie schon für eine Kapitelnummerierung und Kopfzeile gesorgt. Erstellen Sie so viele Kapitel, wie Sie benötigen, und kopieren Sie nur einzelne Kapitel in das neue Dokument.

◉ Öffnen Sie dann Ihr bereits begonnenes Dokument und markieren Sie den gesamten Inhalt mit ⌷Strg⌷+⌷A⌷ oder dem Befehl *Markieren/Alles markieren* ganz rechts auf der Registerkarte *Start*. Manchmal ist es allerdings sinnvoller, kleinere Teile, beispielsweise nur einzelne Kapitel, zu markieren.

◉ Kopieren Sie die Markierung mit ⌷Strg⌷+⌷C⌷ oder dem Befehl *Kopieren* der Registerkarte *Start*.

◉ Wechseln Sie dann in das neu erstellte Dokument.

◉ Fügen Sie nun mit ⌷Strg⌷+⌷V⌷ oder dem Befehl *Einfügen* auf der Registerkarte *Start* den kopierten Inhalt der alten Datei in das neue Dokument ein.

◉ Schließen Sie die alte Datei und speichern Sie dann die neue. So können Sie sie unter demselben Namen speichern, den die ursprüngliche Datei hatte. Word kann nämlich die neue Datei nicht unter dem gleichen Namen speichern, solange die alte Datei geöffnet ist.

Probleme bei verschiedenen Abschnitten Befinden sich in dem Text, den Sie kopieren möchten, Abschnittswechsel, so werden die Formatierungseinstellungen inklusive des Seitenlayouts des letzten Abschnitts auf das Dokument übertragen, in das Sie den Text kopieren (siehe dazu vorheriger Tipp).

3.2.4 Dokumentvorlagen ändern

Angenommen, Sie haben bereits eine Dokumentvorlage und möchten sie ändern.

◉ Öffnen Sie die Dokumentvorlage mit dem Befehl *Öffnen* in *Datei*.

In dem mehr oder weniger leeren Dokument, das dann geöffnet wird, können Sie, wie im vorherigen Kapitel beschrieben, mithilfe des Aufgabenbereichs *Formatvorlagen* Änderungen an den Formatvorlagen der Dokumentvorlage vornehmen.

◉ Speichern und schließen Sie die Dokumentvorlage.

◉ Verwenden Sie nun den Befehl *Datei/Neu*, um ein neues Dokument zu erzeugen, das auf der Dokumentvorlage basiert.

Öffnen einer Dokumentvorlage im Windows-Explorer Eine Dokumentvorlage lässt sich im Explorer nicht mit einem Doppelklick öffnen. Mit dem Doppelklick öffnen Sie nur ein neues Dokument auf der Basis dieser Dokumentvorlage. Verwenden Sie zum Öffnen der Dokumentvorlage die rechte Maustaste und im Kontextmenü den Befehl *Öffnen*.

3.2.5 Makros zur Verfügung stellen

Makros sind Word-Programme, die in der Programmiersprache Word-Basic bzw. Visual Basic für Applikationen programmiert worden sind und Ihnen fertige Abläufe zur Verfügung stellen.

Sie können Makros aus einer anderen Dokumentvorlage verwenden, indem Sie die Dokumentvorlage mit den Makros zum aktuellen Dokument dazu laden. Damit benutzen Sie zwar weiter Ihre aktuelle Dokumentvorlage, aber die Makros einer anderen Dokumentvorlage stehen Ihnen zusätzlich zur Verfügung.

Es gibt zwei Wege, Makros in Dokumentvorlagen zur Verfügung zu stellen. Entweder Sie aktivieren die Dokumentvorlagen nur dann, wenn Sie sie benötigen oder Sie kopieren die Dokumentvorlage mit den Makros in den Ordner *Startup*.

3.2.5.1 Dokumentvorlagen bei Bedarf aktivieren

Um die Dokumentvorlagen nicht automatisch zu laden, sondern bei Bedarf zu aktivieren, verfahren Sie so:

- Aktivieren Sie auf dem Menüband die Registerkarte *Entwicklertools* und klicken Sie auf die Schaltfläche *Dokumentvorlagen*.

- Betätigen Sie die Schaltfläche *Hinzufügen*.

- Wählen Sie im Dialogfeld den benötigten Pfad und die gewünschte Dokumentvorlage aus und bestätigen Sie mit *OK*.

Makro-Sicherheit Falls Sie Probleme haben, einen Makro zu starten, und stattdessen eine Meldung bekommen, dass Ihre Makros deaktiviert wurden, müssen Sie die Makro-Sicherheit verringern. Aktivieren Sie das Dialogfeld *Word-Optionen*, wählen Sie dort die Kategorie *Sicherheitscenter* aus und klicken Sie auf die Schaltfläche *Einstellungen für das Sicherheitscenter*. Wählen Sie jetzt in der Kategorie *Einstellungen für Makros* eine niedrigere Sicherheitsstufe aus.

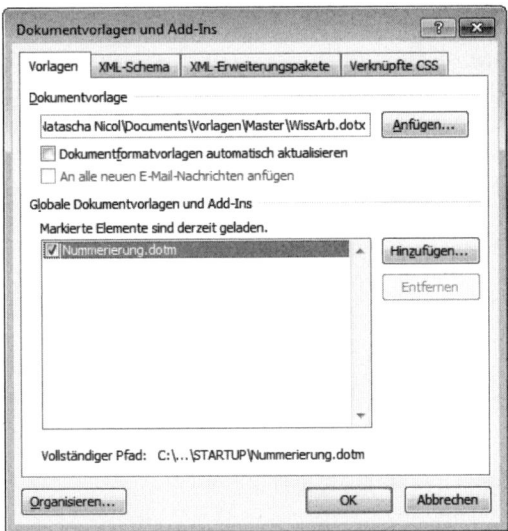

Bild 3.21: Weitere Dokumentvorlage geladen

Jede im unteren Teil des Dialogfeldes *Dokumentvorlagen und Add-Ins* angezeigte und aktivierte Dokumentvorlage stellt Ihnen ihre Makros im aktuell
geladenen Dokument zur Verfügung.

Schießen Sie Word, so wird allerdings die ausgewählte globale Dokumentvorlage auch geschlossen und bei einem erneuten Starten von Word nicht
wieder aktiviert. Öffnen Sie bei Bedarf wieder das Dialogfeld *Dokumentvorlagen und Add-Ins* und aktivieren Sie die benötigte Dokumentvorlage
erneut.

3.2.5.2 Dokumentvorlagen automatisch bei Word-Start

Möchten Sie, dass eine globale Dokumentvorlage bei jedem Start von Word
automatisch aktiviert wird, so müssen Sie die Dokumentvorlage in einen
StartUp-Ordner kopieren.

- Sie finden diesen Ordner unter *Benutzer\Ihr Name\AppData\Roaming
  \Microsoft\Word\Startup*. Alles, was Sie in diesen Ordner kopieren, wird
  beim Starten von Word aktiviert, unabhängig davon, wer sich auf Ihrem
  Rechner angemeldet hat.

Die exakte Pfadangabe für den Startup-Ordner finden Sie in den *Word-Op-
tionen* in der Rubrik *Erweitert* unter der Kategorie *Allgemein* mithilfe der
Schaltfläche *Dateispeicherorte*. Im Dialogfeld ist der StartUp-Ordner als
AutoStart-Ordner eingetragen. Haben Sie Probleme, diesen Ordner im
Windows-Explorer anzuzeigen, lesen Sie erst den Abschnitt A.1 im Anhang.

Vertrauenswürdige Speicherorte Microsoft hat mit Office 2007 so genannte vertrauenswürdige Speicherorte eingeführt. Makros, die in Ordnern gespeichert werden, die als vertrauenswürdig deklariert wurden, werden problemlos ausgeführt, andere jedoch nicht. Normalerweise ist der StartUp-Ordner als vertrauenswürdig definiert. Falls Sie Probleme haben und einen Makro nicht starten können, obwohl die entsprechende Dokumentvorlage in den StartUp-Ordner kopiert wurde, kontrollieren Sie die Einstellung in den *Word-Optionen*. Wählen Sie dort die Kategorie *Sicherheitscenter* aus und klicken Sie auf die Schaltfläche *Einstellungen für das Sicherheitscenter*. Selektieren Sie jetzt die Kategorie *Vertrauenswürdige Speicherorte*. Finden Sie hier den Startup-Ordner nicht eingetragen, so fügen Sie ihn ein.

3.3 Gliedern der Arbeit

In der Gliederungsansicht verschafft man sich leicht einen besseren Überblick über den Text einer geladenen Datei, indem man sich beispielsweise nur die Überschriften bis zu einer bestimmten Ebene anzeigen lässt und den gesamten dazwischen liegenden Text ausblendet. In dieser Ansicht lassen sich dann auch sehr einfach Umstellungen vornehmen oder Dokumente umstrukturieren, indem man beispielsweise Überschriftenebenen herauf- bzw. herabstuft.

Wenn man einen längeren Text schreiben möchte, kann man damit beginnen, zunächst eine Grobgliederung in der Gliederungsansicht zu erstellen, die dann immer weiter verfeinert wird. Laut der Norm DIN 1421 sollen wissenschaftliche Texte in höchstens drei Stufen gegliedert werden, damit die Gliederungsnummern noch übersichtlich, gut lesbar und leicht ansprechbar bleiben.

Ansichten Wir schlagen Ihnen für Ihre weitere Arbeit folgende Vorgehensweise vor: Verwenden Sie für Grob- und Feingliederung sowie zum Umstellen die Gliederungsansicht, zum Schreiben von Text hingegen die Seitenlayoutansicht. Die unterschiedlichen Ansichten können Sie auf dem Menüband über die Registerkarte *Ansicht* oder rechts unten in der Statuszeile festlegen.

3.3.1 Erstellen einer Gliederung

Haben Sie in Kapitel 1 begonnen, Ihre Arbeit mithilfe der Dokumentvorlage *WissArbeit* anzulegen, so besteht Ihr Dokument bereits aus einigen Kapiteln, die Sie sich in der Gliederungsansicht ansehen können.

Aktivieren Sie die Gliederungsansicht, indem Sie entweder mit dem Befehl *Gliederung* auf der Registerkarte *Ansicht* in diesen Modus wechseln oder auf der Statusleiste am unteren Bildschirmrand die vierte Schaltfläche auswählen.

Damit sollte auf Ihrem Bildschirm die Darstellung in Bild 3.22 zu sehen sein. Zum einen wird die Registerkarte *Gliederung* angezeigt, zum anderen erscheint ein grauer Kreis mit einem Pluszeichen vor jeder Überschrift. Das Pluszeichen zeigt an, dass der Überschrift noch mindestens ein Absatz folgt.

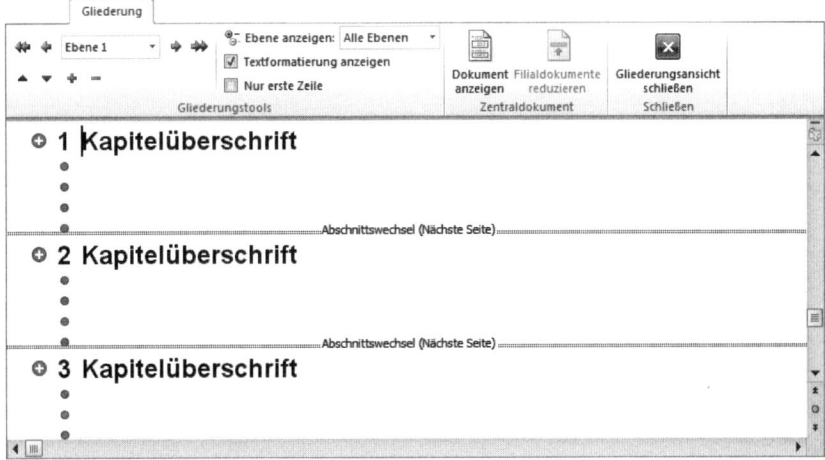

Bild 3.22: Gliederungsansicht

Ersetzen Sie – um mit der Gliederung weiterzuarbeiten – die vorläufigen Überschriften durch die von Ihnen benötigten.

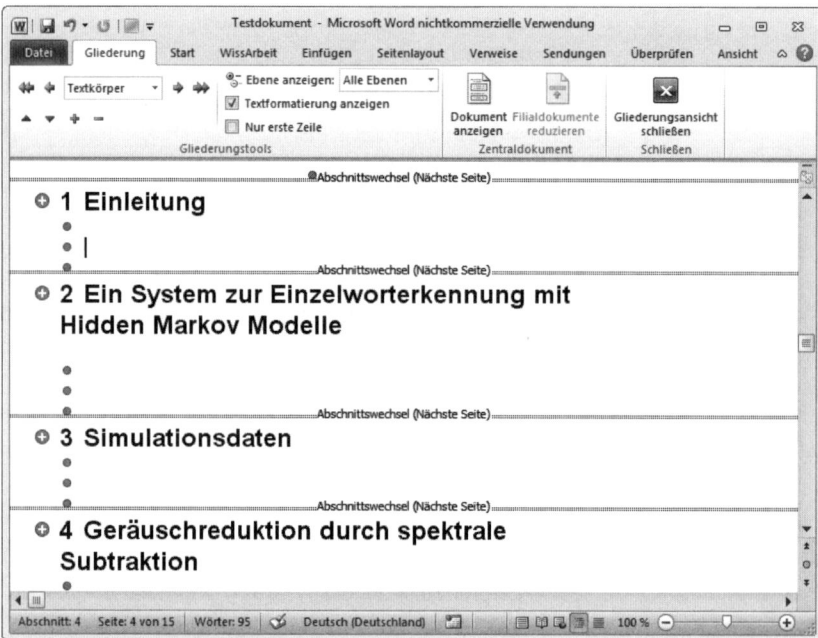

Bild 3.23: Gliederungsansicht mit richtigen Überschriften

3.3.2 Verfeinern der Gliederung

Für die Verfeinerung der Gliederung wird die nächste Gliederungsebene ein-gerückt.

- Stellen Sie die Texteinfügemarke hinter eine Zeile der Grobgliederung, nach der ein Unterpunkt eingefügt werden soll.

- Fügen Sie nun mit eine neue Zeile ein, die automatisch mit der nächs-ten Nummer der Grobgliederung nummeriert wird.

- Klicken Sie die Schaltfläche *Tiefer stufen* der Registerkarte *Gliederung* an oder betätigen Sie die ⟨⟩-Taste, um den Gliederungspunkt herabzustufen.

Sie erzeugen einen neuen Gliederungspunkt eine Ebene tiefer, der automa-tisch mit der Formatvorlage dieser Ebene, *Überschrift 2,* formatiert wird.

- Mit einem weiteren erzeugen Sie einen neuen Gliederungspunkt der-selben Gliederungsstufe.

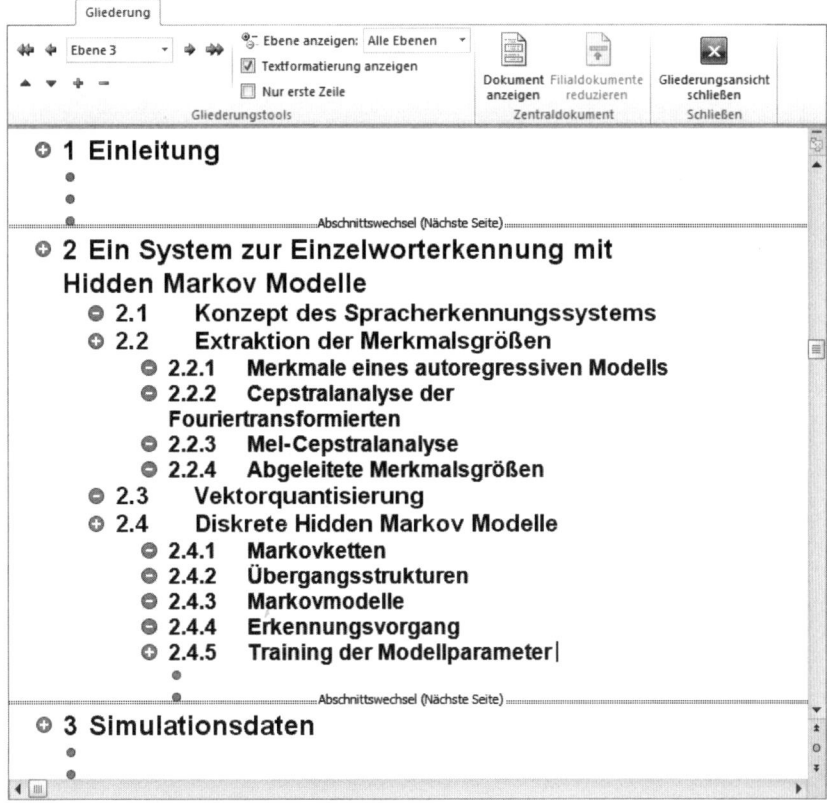

Bild 3.24: Feingliederung des zweiten Kapitels

Rauf- und runterstufen Nachträglich können Sie Gliederungsebenen leicht mithilfe der Schaltflächen oder der Tastenkombinationen `alt`+`⇧`+`→` bzw. `alt`+`⇧`+`←` runter- oder raufstufen.

Wie Sie im Bild sehen können, gibt es jetzt vor einigen Überschriften auch Kreise mit einem Minuszeichen. Diese Gliederungsebenen enthalten keine weiteren Absätze.

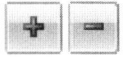

Die Schaltflächen mit »+«- und »-«-Zeichen auf der Registerkarte *Gliederung* erlauben das Erweitern (+) oder Reduzieren (-) der Ansicht für die aktuelle Überschrift. So wurde in Bild 3.25 die Gliederung für Kapitel 2 reduziert.

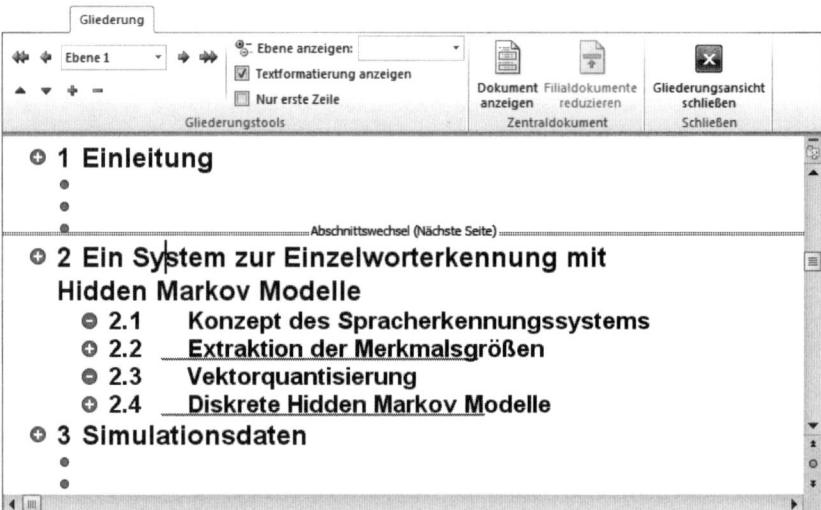

Bild 3.25: Eine reduzierte Ansicht des zweiten Kapitels

Das Reduzieren oder Erweitern ist auch mit dem links abgebildeten Kombinationsfeld *Ebene anzeigen* für die gesamte Gliederung möglich, allerdings
hat jede reduzierte Ansicht den Nachteil, dass die Abschnittswechsel nicht
mehr angezeigt werden, wie Sie auch in Bild 3.25 sehen können. Hier ist der
Abschnittswechsel zwischen dem zweiten und dem dritten Kapitel nicht mehr
zu sehen.

Lassen Sie sich beispielsweise nur die erste Gliederungsebene anzeigen wie in
Bild 3.26 und fügen dann eine neue Überschrift ein. Bild 3.27 zeigt links,
dass im Beispiel nach Kapitel 3 ein neues Kapitel eingefügt wurde. Erweitern
Sie wieder auf alle Ebenen (wie im rechten Teil), so können Sie erkennen,
dass das neue Kapitel nach dem Abschnittswechsel an der Position des vorherigen Kapitels 4 eingefügt wurde und nicht direkt nach Kapitel 3 und vor
dem Abschnittswechsel, wie man es für eine Überschrift der zweiten Ebene
gerne gehabt hätte.

⊕ 1 Einleitung
⊕ 2 Ein System zur Einzelworterkennung mit
   Hidden Markov Modelle
⊕ 3 Simulationsdaten
⊕ 4 Geräuschreduktion durch spektrale
   Subtraktion
⊕ 5 Verwendung geräuschadaptierter SES
⊕ 6 Zusammenfassung

Bild 3.26: Die auf eine Ebene reduzierte Ansicht aller Kapitel

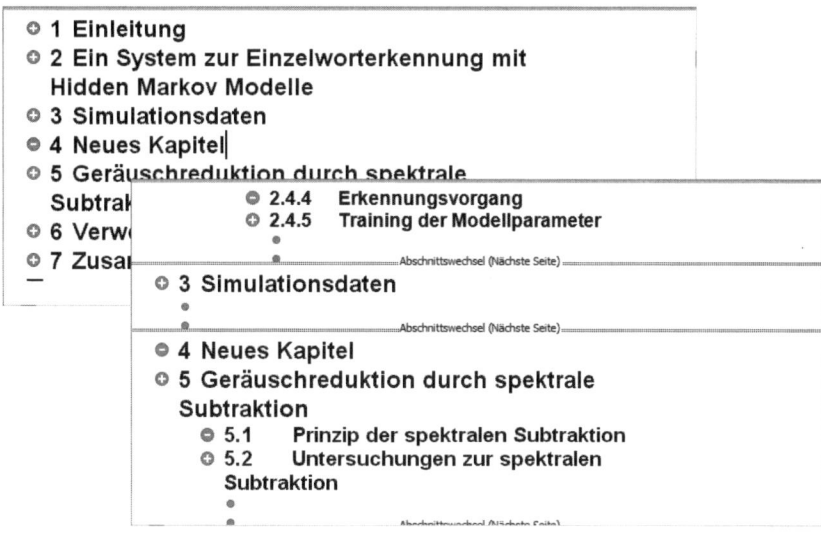

Bild 3.27: Reduzierte und erweiterte Ansicht

3.3.3   Bearbeiten einer Gliederung

Ein großer Vorteil der Gliederungsansicht ist, dass man einfach Umstellungen und Umstrukturierungen auch an großen Dokumenten vornehmen kann.

  Diese Schaltflächen erlauben das Hoch- oder Herabstufen von Überschriften. Alternativ können Sie auch die Tastenkombinationen ⌨+🖰+⌨ bzw. ⌨+🖰+⌨ verwenden.

 Diese Schaltfläche wandelt eine Überschrift in Text des Textkörpers um.

 Diese Schaltfläche wandelt eine Text- oder Überschriftzeile in die *Überschrift 1* um.

  Hiermit können Gliederungspunkte verschoben werden. Alternativ können Sie auch die folgenden Tastenkombinationen verwenden: ⌨+🖰+⌨ bzw. ⌨+🖰+⌨.

Beim Benutzen der Schaltflächen ist wiederum Vorsicht geboten. Auch hier ist es wichtig zu beachten, bis zu welcher Ebene vor dem Vorgang die Gliederungspunkte eingeblendet waren. Das folgende Beispiel soll das Problem verdeutlichen. Zunächst sind im linken Teilbild alle Ebenen bis auf die oberste ausgeblendet. Mit der Schaltfläche zum Herabstufen wurde die zweite Überschrift tiefer gestuft, damit wird aus Punkt 2 Punkt 1.1. Gleichzeitig werden dabei aber auch alle Gliederungspunkte, die unter der Gliederungsebene 2 liegen, mit heruntergestuft, d. h., aus dem vorherigen Punkt 2.1 wurde so

1.1.1 usw. Das kann man allerdings erst sehen, wenn man sich vier Gliederungsstufen ansieht, wie dies das rechte Teilbild anzeigt.

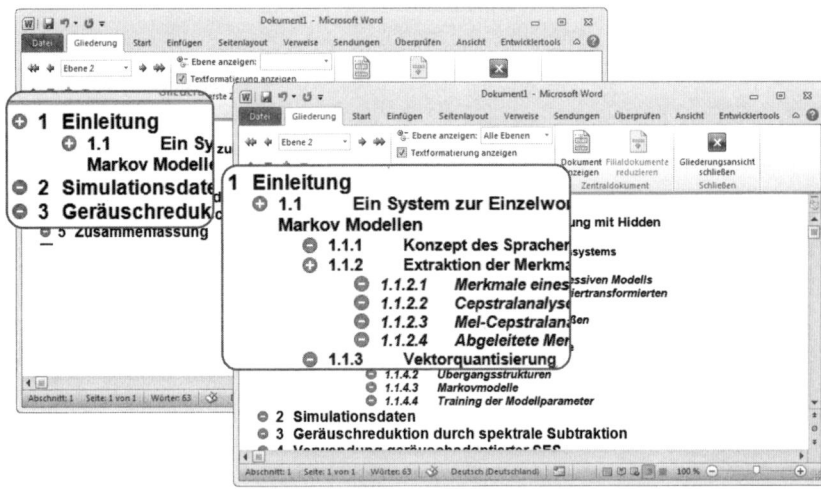

Bild 3.28: Links: heruntergestuftes Kapitel 2; rechts: heruntergestuftes ehemaliges
Kapitel 2 mit Unterkapiteln

Für das nächste Bild wurden, wie es das linke Teilbild zeigt, alle Ebenen
angezeigt und dann der Punkt 2 herabgestuft. Dabei stand die Texteinfügemarke in der Zeile der zweiten Überschrift, damit wurde auch nur dieser
Gliederungspunkt herabgestuft, aus 2 wurde 1.1. Die folgenden Gliederungspunkte behielten ihre ursprüngliche Ebene bei, die Nummerierung wurde
automatisch angepasst.

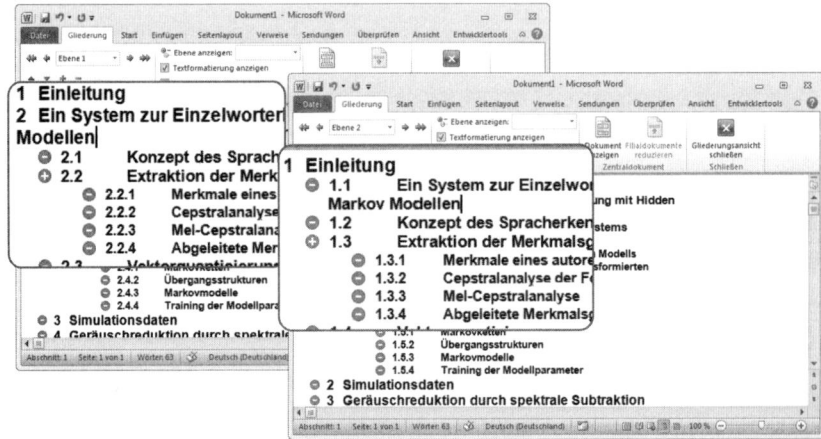

Bild 3.29: Links: vor dem Herunterstufen, rechts: heruntergestufte erste Gliederungsebene von Kapitel 2

Ausgeblendete Gliederungsebenen Sind Gliederungsebenen ausgeblendet, werden automatisch beim Markieren eines Gliederungspunktes alle darunter liegenden Gliederungspunkte und Texte mit selektiert. Beim Verschieben oder Umstufen werden alle markierten darunter liegenden Ebenen ebenfalls verschoben oder umgestuft.

In der Gliederungsansicht lassen sich auch Umstellungen innerhalb des Textes sehr einfach vornehmen. Soll beispielsweise wie in Bild 3.30 das gesamte Kapitel 5 vor Kapitel 4 geschoben werden, so

- lassen Sie sich nur die oberste Ebene der Gliederung anzeigen.

- Markieren Sie dann die Überschrift von Kapitel 5 und

- betätigen Sie die Schaltfläche *Nach oben*, um das Kapitel 5 eins weiter nach vorne zu schieben. Damit wird aus Kapitel 5 Kapitel 4 und umgekehrt aus Kapitel 4 Kapitel 5. Das gilt auch für sämtliche Unterpunkte.

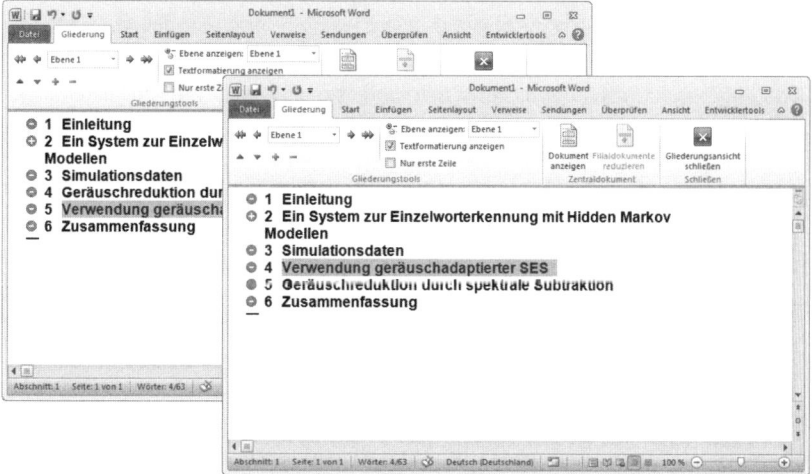

Bild 3.30: Links: vor dem Verschieben, rechts: Kapitel 5 wurde vor Kapitel 4 geschoben

Die beiden Teilbilder in Bild 3.31 sollen demonstrieren, wie wichtig es ist, das Umstellen erst dann auszuführen, wenn nur die oberste Gliederungsebene angezeigt wird. Im linken Teilbild, vor dem Verschieben, wurden drei Gliederungsebenen angezeigt. Befindet sich nun die Eingabemarke in der Überschrift des 5. Kapitels und Sie betätigen erneut die Schaltfläche *Nach Oben*, wird automatisch aus dem davor liegenden Kapitel 4.2 Kapitel 5.1. Auch hier ist es also wichtig, darauf zu achten, wie viele Gliederungsebenen angezeigt werden, um vorhersagen zu können, was Word tun wird.

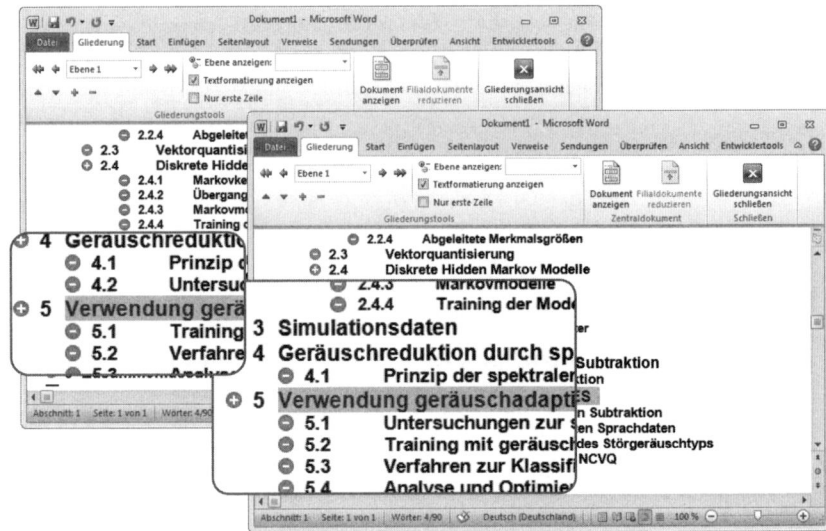

Bild 3.31: Links: Kapitel 5 soll nach vorne verschoben werden, rechts: Überschrift 5
wurde vor 4.2 verschoben

Nur für eine Überschrift aufklappen Möchten Sie sich nur für eine bestimmte
Überschrift die Ebenen darunter anzeigen lassen, so klicken Sie doppelt auf
das Pluszeichen vor der entsprechenden Überschriftenebene.

Das Verschieben und Umstufen von Gliederungsebenen lässt sich auch nur
mit der Maus durchführen. Stellen Sie dazu den Maus-Zeiger auf eines der
Plus- oder Minuszeichen im Zeilenbeginn. Dabei verwandelt sich der Maus-
Cursor in einen Doppelpfeil. Schieben Sie nun nach rechts oder links, so
können Sie mithilfe der Maus herab- bzw. heraufstufen. Schieben Sie den
Cursor nach oben oder unten, können Sie den Gliederungspunkt verschieben.
Verschieben Sie mithilfe Ihrer Maus, werden alle Ebenen unterhalb der
markierten automatisch mit verschoben.

3.4 Nummerierung und Querverweise

Die Nummerierung von Kapiteln, Tabellen, Bildern oder Formeln kann mit
entsprechenden Funktionen von Word automatisch erfolgen. Querverweise
ermöglichen zudem automatisch aktualisierte Verweise auf Kapitel-, Tabel-
len-, Bilder- oder Formelnummern.

Word-Anfänger sind oft versucht, Kapitel, Tabellen u. Ä. mit der Hand zu
nummerieren, beispielsweise die erste Überschrift mit »1« zu benennen, die
erste der folgenden Gliederungsebene mit »1.1«, dann mit »1.1.1« usw. Dies

ist bei einem zweiseitigen Text zunächst auch kein Problem. Stellen Sie sich jedoch vor, Sie bemerken beim Schreiben Ihrer Arbeit, dass Kapitel 3.4 vor Kapitel 3.1 geschoben werden muss, so müssen Sie dann alle Kapitelnummern inklusive der niedrigeren Gliederungsebenen suchen und ändern. Verwenden Sie zudem Verweise auf eine der geänderten Kapitelnummern, sind im Folgenden auch diese zu ändern; vor allem aber zunächst einmal zu finden!

3.4.1 Nummerieren von Kapiteln

Kapitel können auf verschiedene Arten nummeriert werden. Bild 3.32 zeigt zwei Möglichkeiten, Text zu nummerieren. Dabei ist der erste mit arabischen Zahlen, der zweite mit einem System von römischen Zahlen, Buchstaben und arabischen Zahlen bezeichnet.

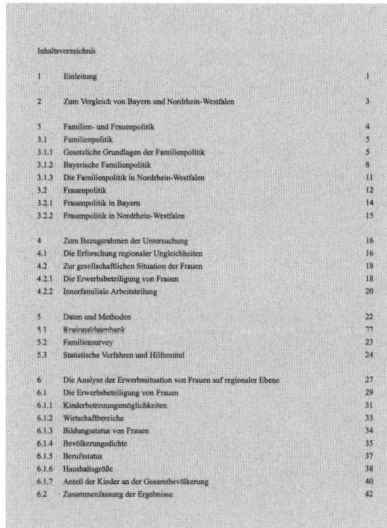
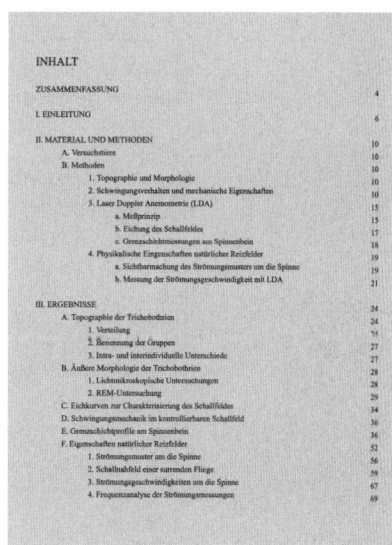

Bild 3.32: Inhaltsverzeichnisse mit verschiedenen Arten der Nummerierung

Die Norm DIN 1421[1] schreibt zur Nummerierung von Kapiteln eines wissenschaftlichen Textes arabische Zählnummern vor. Dabei können die Abschnitte der ersten Stufe in weitere Gliederungsstufen unterteilt und nummeriert werden. Für eine Gliederungsnummer soll immer zwischen zwei Stufen ein Punkt gesetzt werden. Am Ende einer Gliederungsnummer hat laut DIN-Norm kein Punkt zu stehen, die Nummerierung »1.1.2.« entspricht also nicht der DIN-Norm.

---

[1] Deutsches Institut für Normung: *Präsentationstechnik für Dissertationen und wissenschaftliche Arbeiten*: *DIN-Normen*. Berlin : Beuth, 2000

In Arbeiten der Fachbereiche Jura, Wirtschaftswissenschaften sowie Gesellschaftswissenschaften ist es jedoch häufig üblich, Nummerierungen mit römischen Zahlen, Groß- und Kleinbuchstaben sowie arabischen Zahlen durchzuführen. Auch der Duden verwendet beispielsweise eine solche Nummerierung.

3.4.1.1 Zuweisung einer Kapitelnummer

Möchten Sie Überschriften nummerieren oder deren Nummerierung ändern, verwenden Sie den Befehl *Liste mit mehreren Ebenen* auf der Registerkarte *Datei*.

- Öffnen Sie mit einem Klick auf das Dreieck am rechten Rand das Kontextmenü und

- wählen Sie die gewünschte Nummerierung (siehe Bild 3.33) aus, so werden automatisch alle Überschriften angepasst.

Voraussetzung dafür ist allerdings, dass Sie eine der vier Listentypen verwenden, die mit einer Überschriftenformatvorlage verbunden sind. Sie erkennen diese in der Auswahl, wenn »Überschrift« dabeisteht.

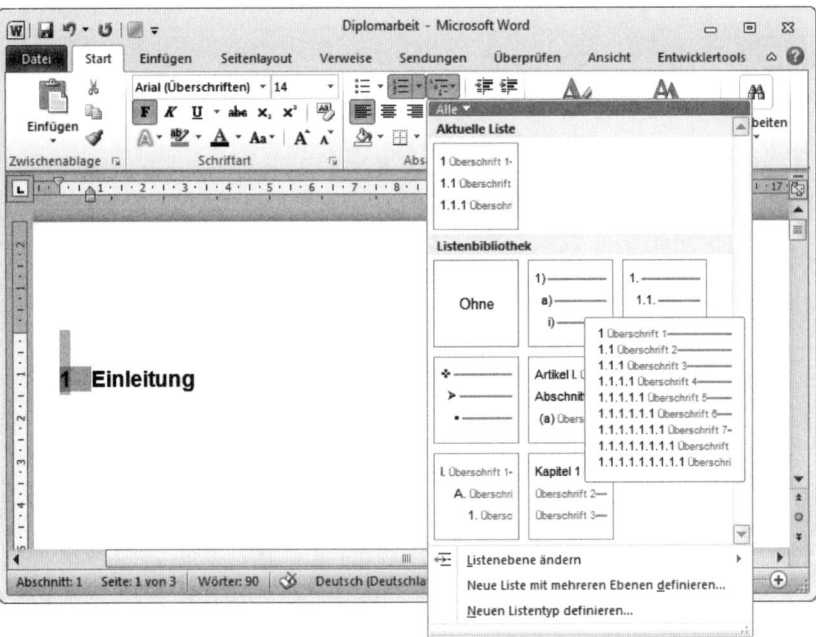

Bild 3.33: Nummerierung für Kapitel auswählen

3.4.1.2 Die Nummerierung bearbeiten

Um eine Nummerierung zu bearbeiten, beginnen Sie damit, den Listentyp zuzuweisen, der Ihren Vorstellungen am Nächsten kommt.

● Klicken Sie dann erneut auf das Dreieck der Schaltfläche *Liste mit mehreren Ebenen* und

● klicken Sie am Ende der Liste auf *Neue Liste mit mehreren Ebenen definieren*.

In dem so aktivierten Dialogfeld (siehe Bild 3.34) wählen Sie links zunächst die Ebene aus, rechts daneben sieht man die aktuell definierte Nummerierung der Überschriften. Im unteren Teil des Dialogfeldes werden die eigentlichen Formate festgelegt.

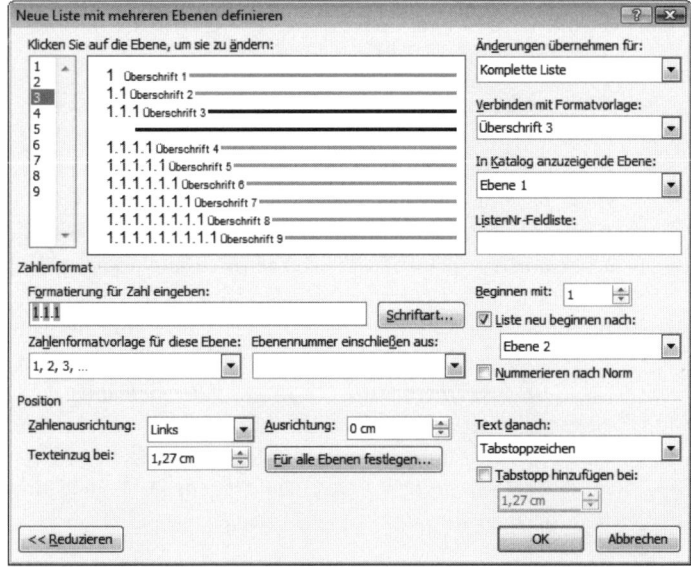

Bild 3.34: Dialogfeld zum Definieren der Kapitelnummerierung

So können Sie beispielsweise, abhängig von der ausgewählten Ebene, über *Zahlenformatvorlage für diese Ebene* Nummerierungen mit lateinischen oder römischen Ziffern oder auch Groß- oder Kleinbuchstaben definieren.

In der Regel baut sich die Nummerierung aus den vorangegangenen Nummerierungen auf, wie Sie unter *Formatierung für Zahl eingeben* sehen können. Welche Ebenen dabei verwendet werden sollen, legen Sie über das Kombinationsfeld unter *Ebenennummer einschließen aus* fest. Die Trennzeichen, wie im Bild den Punkt, geben Sie direkt in der Zeile unter *Formatierung für Zahl eingeben* ein.

Im unteren Teil des Dialogfeldes legen Sie unter *Position* die Abstände fest. Dabei beschreibt *Ausrichtung* den Abstand zwischen dem Absatzrand und der Nummer, *Texteinzug bei* legt den Abstand zwischen Absatzrand und dem Textabsatz fest.

Den rechten Teil des in Bild 3.34 dargestellten Dialogfeldes erhalten Sie nur, wenn Sie zuvor auf die Schaltfläche *Erweitern* geklickt haben. Hier lässt sich die bearbeitete Ebene mit einer Formatvorlage verbinden, damit beim Formatieren einer Überschrift mit der entsprechenden Formatvorlage die definierte Nummerierung automatisch verwendet wird.

Arbeiten Sie mit einzelnen Dateien für die einzelnen Kapitel, so ist die Einstellung *Beginnen mit* wichtig. Dort können Sie beispielsweise für das zweite Kapitel festlegen, dass die Nummerierung der ersten Überschriftenebene mit »2« und nicht mit »1« beginnt.

Sinnvoll ist auch die Einstellung eines *Tabstoppzeichen*s unter *Text danach*. Damit wird in einer mehrzeiligen Überschrift der Text so eingerückt, dass die Textzeilen übereinander beginnen.

Wofür gibt es 9 Ebenen? Neun Ebenen für Überschriften erscheinen erst einmal ziemlich übertrieben. Allerdings kann man die Ebenen auch für abgewandelte Überschriften verwenden, wie beispielsweise eine Kapitelüberschrift ohne Nummer für unterschiedliche Verzeichnisse wie das Bildverzeichnis, das Abkürzungsverzeichnis oder auch für »Kapitel« wie die Danksagung. Diese Überschrift soll formatiert werden wie alle anderen Kapitelüberschriften der Absatzvorlage *Überschrift 1*. Sie soll auch in das Inhaltsverzeichnis aufgenommen werden, nur eben keine Nummerierung aufweisen. Eine andere Ebene kann für die Formatierung des Anhangs verwendet werden, der ebenfalls wie *Überschrift 1* formatiert werden soll, aber mit anderer Nummerierung, und der auch ins Inhaltsverzeichnis aufgenommen werden soll. Dafür definieren Sie zum einen die entsprechenden Formatvorlagen, zum anderen weisen Sie den Ebenen in obigem Dialogfeld die entsprechenden Formatvorlagen zu.

3.4.1.3   Eine Listenformatvorlage für die Überschriften

Es besteht die Möglichkeit, eine eigene Listenformatvorlage für die Überschriftennummerierung zu erstellen. Erstellen Sie eine Listenformatvorlage, so wird eine Kopie der ausgewählten Liste erstellt und mit einem Namen versehen. Über die benannte Liste können Sie dann jederzeit die Definitionen der Liste verändern. Es besteht zudem die Möglichkeit, die Liste als Listenformatvorlage über das Dialogfeld *Dokumentvorlagen und Add-Ins* (*Datei/Optionen*/Kategorie *Add-Ins*) auf andere Dokumente zu übertragen.

- Weisen Sie einer Überschrift die Liste zu, die Ihren Vorstellungen am Nächsten kommt.

- Klicken Sie dann erneut auf die Schaltfläche *Liste mit mehreren Ebenen* und wählen Sie im Menü *Neuen Listentyp definieren* aus.

- Benennen Sie Ihre neue Liste.

- Klicken Sie auf die Schaltfläche *Format* und wählen Sie im Menü *Nummerierung* aus.

- Achten Sie beim Einstellen der Listenformatvorlagen darauf, dass eine Ebene immer mit der entsprechenden Formatvorlage verbunden wird.

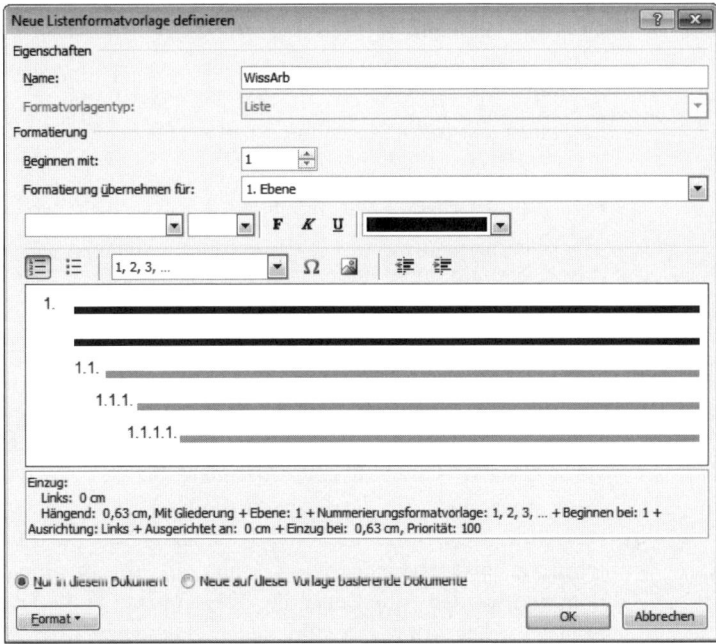

Bild 3.35: Definition einer neuen Listenformatvorlage

In der Dokumentvorlage zum Buch haben wir die in Tabelle 3.1 dargestellte Zuordnung zwischen den neun Ebenen und den Formatvorlagen der Überschriften und die jeweilige Nummerierung verwendet. Zudem wurde in der Tabelle aufgeführt, wofür die Formatvorlagen verwendet wurden. Sie können sich selbstverständlich andere Zuordnungen überlegen, die besser auf Ihre Problemstellung passen.

Um eine von Ihnen erstellte Listenformatvorlage zu bearbeiten, klicken Sie mit der rechten Maustaste im Menü zur Schaltfläche *Liste mit mehreren Ebenen* auf die entsprechende Liste und wählen im Kontextmenü *Ändern* aus. Möchten Sie eine Liste löschen, aktivieren Sie den Aufgabenbereich *Formatvorlagen* und wählen die Schaltfläche *Formatvorlagen verwalten* aus. Auf der Registerkarte *Bearbeiten* suchen Sie die Listenformatvorlage im Auswahlfenster und klicken dann auf die Schaltfläche *Löschen*.

Tabelle 3.1: Definition verschiedener Überschriftenebenen

Ebene	Verbinden mit Formatvorlage	Nummerierung	Verwenden für	Liste neu beginnen nach
1	Überschrift 1	1, 2, 3, …	Kapitelüberschrift	
2	Überschrift 2	1.1, 1.2, 1.3, …	Kapitelüberschrift	Ebene 1
3	Überschrift 3	1.1.1, 1.1.2, 1.1.3	Kapitelüberschrift	Ebene 2
4	Überschrift 4	1.1.1.1, 1.1.1.2, …	Kapitelüberschrift	Ebene 3
5	Überschrift 5	1.1.1.1.1, …	Kapitelüberschrift	Ebene 4
6	Überschrift 6	Keine	Verzeichnisse	
7	Überschrift 7	A, B, C, …	Anhänge	
8	Überschrift 8	A.1, A.2, A.3, …	Anhänge	Ebene 7
9	Überschrift 9	A.1.1, A.1.2, …	Anhänge	Ebene 8

3.4.1.4   Überschrift ohne Nummer für Verzeichnisse

Wir möchten Ihnen nun zeigen, wie Sie eine Überschrift ohne Nummerierung Schritt für Schritt anlegen können. In der dem Buch beigelegten Dokumentvorlage wurde sie auf Ebene 6 definiert. Sie kann für verschiedene Verzeichnisse, aber auch für die Überschrift des Lebenslaufs oder der Danksagung verwendet werden. Dabei ist es wichtig, diese Überschriften mit einer Überschriften-Formatvorlage zu versehen, da sie ins Inhaltsverzeichnis aufgenommen werden sollen und die Überschriften zudem mithilfe von Feldfunktionen in den Kopf- oder Fußzeilen erscheinen. Zur Arbeit mit Kopf- und Fußzeilen lesen Sie Abschnitt 3.5.3.2, »Dynamische Kopfzeile mit Text und Nummer der Überschrift der ersten Gliederungsebene« ab Seite 153.

Möchten Sie nun eine Überschriftenebene ohne Zahlen definieren, verfahren Sie so:

- Beginnen Sie damit, eine neue Formatvorlage – z. B. *Überschrift 6* – zu definieren, die auf der Formatvorlage *Überschrift 1* basiert.

 **Sie können die Formatvorlage Überschrift 6 nicht ändern, da sie nicht angezeigt wird?** Lassen Sie sich den Aufgabenbereich *Formatvorlagen* darstellen. Sie aktivieren ihn beispielsweise über das Startfeld der Gruppe *Formatvorlagen* auf der Registerkarte *Start*. Klicken Sie im Aufgabenbereich rechts unten auf den Link *Optionen* und ändern Sie im Dialogfeld die anzuzeigenden Formatvorlagen von *Empfohlen* zu *Alle Formatvorlagen*.

- Klicken Sie dann auf das Dreieck der Schaltfläche *Liste mit mehreren Ebenen* und wählen Sie im Menü *Neue Liste mit mehreren Ebenen definieren* aus.

- Wählen Sie im Dialogfeld beispielsweise die Ebene 6 aus und löschen Sie den automatischen Eintrag unter *Formatierung für Zahl eingeben*.

- Wählen Sie als Zahlenformatvorlage für diese Ebene den Eintrag (*ohne*) und

- ändern Sie den *Texteinzug bei* auf *0 cm*.

- Ändern Sie zudem den *Text danach* von *Tabstoppzeichen* zu *Nichts*, damit die Überschrift gleich am linken Rand beginnt.

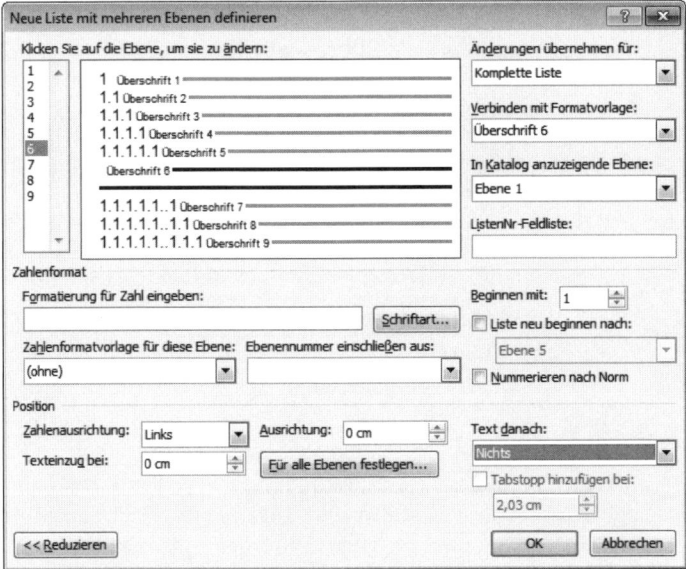

Bild 3.36: Definition einer Überschriftenebene ohne Nummerierung

3.4.1.5 Überschrift für den Anhang

Häufig möchte man einen Anhang anders nummerieren, beispielsweise mit A, B, C bzw. A.1, A.2, A.1.1 etc. Um eine solche Überschrift zu definieren, gehen Sie folgendermaßen vor:

- Definieren Sie zunächst eine oder zwei benötigte Formatvorlagen, die auf den Formatvorlagen *Überschrift 1* und *Überschrift 2* basieren, wie beispielsweise *Überschrift 7* und *Überschrift 8*. (Um diese Formatvorlagen anzeigen zu lassen, lesen Sie den Tipp auf der vorherigen Seite.)

- Klicken Sie auf das Dreieck der Schaltfläche *Liste mit mehreren Ebenen* und wählen im Menü *Neue Liste mit mehreren Ebenen definieren* aus.

- Wählen Sie im Dialogfeld beispielsweise die Ebene 7 aus und löschen Sie den automatischen Eintrag unter *Formatierung für Zahl eingeben*.

- Wählen Sie als *Zahlenformatvorlage für diese Ebene* den Eintrag *A, B, C*.

- Ändern Sie den *Texteinzug bei* auf die benötigte Breite.

- Wählen Sie danach die Ebene 8 aus und löschen Sie den automatischen Eintrag unter *Formatierung für Zahl eingeben* links von *A*.

- Wählen Sie als Zahlenformat für diese Ebene den Eintrag *1, 2, 3, ...* aus.

- Ändern Sie den *Texteinzug bei* auf die benötigte Breite.

- Bestätigen Sie Ihre Einstellungen.

Bei Bedarf können Sie für den Anhang auch eine weitere Ebene definieren, wie dies in Bild 3.37 geschehen ist.

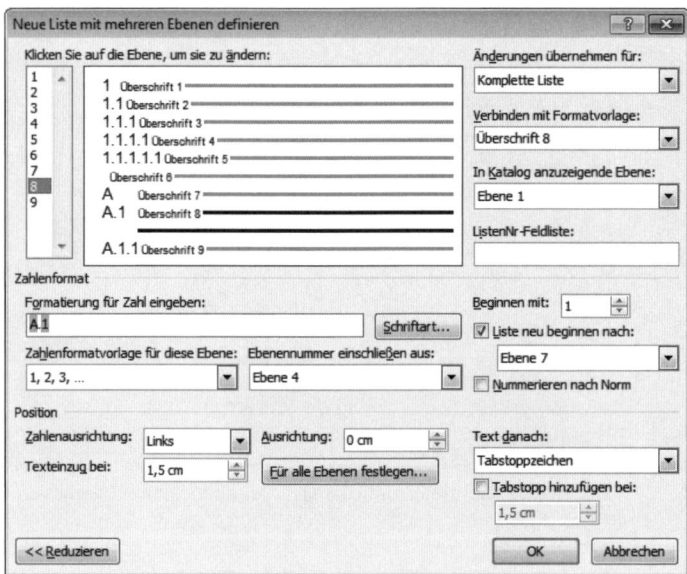

Bild 3.37: Definition einer Kapitelnummerierung für den Anhang

3.4.2 Beschriften von Tabellen, Bildern und Formeln

Sowohl zu einer Tabelle als auch zu einem Bild gehören eine Beschreibung sowie eine laufende Nummer. Dazu verwendet man in der Regel für Tabellen Tabellenüberschriften, für Bilder Bildunterschriften. Auch Formeln werden häufig mit Nummern versehen, um später auf sie verweisen zu können.

3.4.2.1 Tabellenüberschriften

Zu einer Tabelle gehört eine Beschreibung des Inhalts. Sie sollte möglichst knapp gehalten werden, aber so vollständig sein, dass eine Tabelle mit ihrer Hilfe verstanden werden kann, ohne dass man die zugehörige Textstelle suchen und lesen muss. Hinter den Text der Tabellenüberschrift gehört in der Regel kein Schlusspunkt. Die Tabellenüberschrift soll zudem eine eindeutige Nummer enthalten. Dazu können entweder alle Tabellen einer Arbeit mit Tabelle 1 bis Tabelle 234 durchnummeriert werden oder Sie können die Tabellen in jedem einzelnen Kapitel nummerieren, z. B. Tabelle 2.1 bis Tabelle 2.22, dann weiter mit Tabelle 3.1 bis Tabelle 3.12 usw. Das geht allerdings nur, wenn Sie auch die Kapitel nummeriert haben.

Beschriftung einfügen

Für die Nummerierung von Tabellen stellt Word eine spezielle Funktion zur Verfügung. Verwenden Sie auf der Registerkarte *Verweise* den Befehl *Beschriftung einfügen*. In dem Dialogfeld, das Sie mit diesem Befehl aktivieren, sollten Sie zunächst hinter *Bezeichnung* im aufgeklappten Kombinationsfeld *Tabelle* selektieren. Möchten Sie die angezeigte Art der Nummerierung verwenden, können Sie bereits jetzt mit *OK* bestätigen. Mithilfe des Kontrollkästchens über den Schaltflächen können Sie auch eine Nummerierung ohne den beschreibenden Text erstellen, was beispielsweise zur Nummerierung von Formeln hilfreich ist.

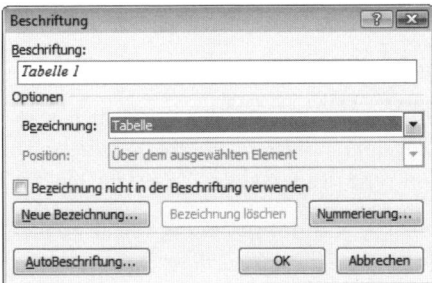

Bild 3.38: Einfügen einer Tabellenbeschriftung

Soll die Art der Nummerierung geändert werden, selektieren Sie die Schaltfläche *Nummerierung*. In dem aufgerufenen Dialogfeld besteht die Möglichkeit, durch Auswahl des Optionsfeldes *Kapitelnummer einbeziehen*, wie Sie es im folgenden Bild sehen können, eine kapitelweise Nummerierung zu erzeugen.

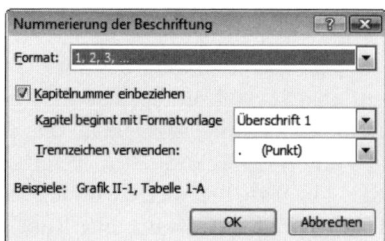

Bild 3.39: Das Format der Nummerierung wird festgelegt

Die Option *Kapitel beginnt mit Formatvorlage*: *Überschrift 1* erzeugt eine Nummerierung, bei der die Kapitelnummer der ersten Ebene verwendet wird. Im Feld darunter kann das Trennzeichen ausgesucht werden. In der Regel wird dazu ein Punkt verwendet, es sind aber auch Zeichen wie der Bindestrich oder ein Doppelpunkt möglich. Bestätigen Sie Ihre Auswahl, so wird die geänderte Nummerierung in das Eingabefeld im Dialogfeld *Beschriftung* eingetragen.

Einbezogene Kapitelnummer Kapitelnummern lassen sich nur dann einbeziehen, wenn die Kapitel auch automatisch von Word nummeriert wurden. Verwenden Sie für die einzelnen Kapitel keine Nummerierung, so ist es auch nicht möglich, die Kapitelnummer in der Beschriftung zu verwenden.

Sie können, wenn Sie möchten, im Dialogfeld bereits den Text der Tabellenüberschrift in das Eingabefeld hinter der Tabellennummer eintragen und dann die Beschriftung bestätigen.

In Ihrem Text wird damit automatisch die Tabellenüberschrift mit der Formatvorlage *Beschriftung* versehen, die Sie bei Bedarf über das Startfeld der Gruppe *Formatvorlagen* (Registerkarte *Start*) bearbeiten können.

Tabellennummerierung und -formatierung leicht gemacht In Abschnitt 3.4.3 ab Seite 139 wird die Schaltfläche *Bilder- und Tabellenbeschriftung* der Registerkarte *WissArbeit* beschrieben. Mithilfe dieser Schaltfläche können Sie über den dazugehörenden Katalog eine Tabellenüberschrift der Kategorie »Tabelle« oder »Tab.« mit einer Nummerierung unter Einbeziehung der Kapitelnummer erzeugen. Zudem wird die passende Formatvorlage zugewiesen, die ebenfalls in der Dokumentvorlage *WissArbeit* bereitgestellt wird.

3.4.2.2 Bildunterschriften

Ebenso wie Tabellen erhalten auch Bilder Beschriftungen und eine Nummerierung. Während sich die Beschriftung der Tabelle über dieser befindet, werden Bilder normalerweise unterschrieben. Word schlägt als Beschriftung von Bildern die Kategorie *Abbildung* vor.

Möchten Sie die Kategorie *Bild* benutzen, verwenden aber eine Dokumentvorlage, in der die Kategorie »Bild« nicht angelegt ist, erfordert dies zunächst das Anlegen einer neuen Kategorie. Klicken Sie dazu auf die Schaltfläche *Neue Bezeichnung* im Dialogfeld *Beschriftung* (siehe Bild 3.38). Damit öffnen Sie das Dialogfeld, das im folgenden Bild zu sehen ist.

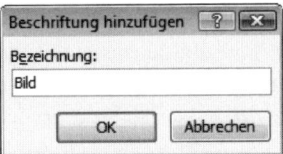

Bild 3.40: Anlegen einer neuen Kategorie

Tippen Sie einfach das Wort »Bild« in das Eingabefeld ein und bestätigen Sie die neue Bezeichnung.

Die Nummerierung erfolgt, wie sie zuvor eingestellt war. Haben Sie bereits eine Nummerierung für Tabellen verwendet, die die Kapitelnummer mit einbezieht, so wird auch für die neue Kategorie diese Art der Nummerierung vorgeschlagen. Die Bildunterschrift wird dann ebenfalls mit dem Absatzformat *Beschriftung* eingefügt.

Leider hat Word das Zuordnen von Formatvorlagen so gelöst, dass jeder Beschriftung, unabhängig von der Kategorie, dieselbe Formatvorlage zugewiesen wird. Für eine Überschrift sollte aber beispielsweise der Abstand zum Text, also oberhalb der Überschrift, größer sein als zu dem eingefügten Element, beispielsweise der Tabelle, wie Sie im folgenden Bild links sehen können. Anders sollte bei einer Bildunterschrift der Abstand zum Text, also nach der Bildunterschrift, größer sein als der davor zum Bild (siehe dazu im folgenden Bild rechtes Teilbild). Das bedeutet, dass man sinnvollerweise verschiedene Formatvorlagen für Tabellenüberschriften und Bildunterschriften erstellt und z. B. einer Bildunterschrift nach dem Einfügen in den Text die entsprechende Formatvorlage zuweisen sollte.

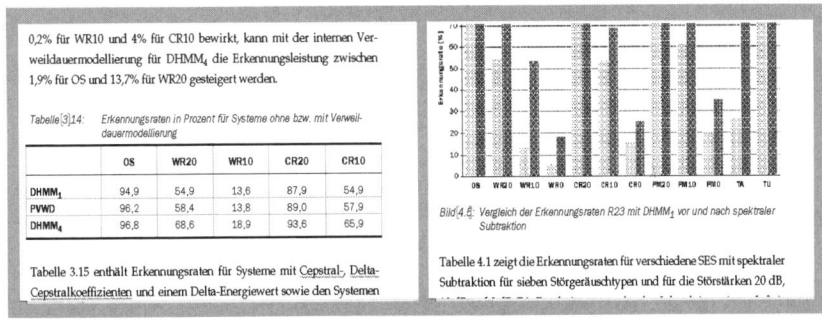

Bild 3.41: Links: Tabelle mit Tabellenüberschrift, rechts: Bild mit Bildunterschrift

Sie können natürlich jederzeit die Beschriftungsfunktion verwenden und danach einer der beiden Beschriftungen eine andere Formatvorlage zuweisen.

Bildernummerierung und -formatierung leicht gemacht In Abschnitt 3.4.3 ab Seite 139 wird die Schaltfläche *Bilder- und Tabellenbeschriftung* der Registerkarte *WissArbeit* beschrieben. Mithilfe dieser Schaltfläche können Sie über den dazugehörenden Katalog eine Bildunterschrift der Kategorie »Bild«, »Abbildung« oder »Abb.« mit einer Nummerierung unter Einbeziehung der Kapitelnummer erzeugen sowie die passende Formatvorlage zuweisen.

3.4.2.3   Nummerierung von Formeln

Zum Nummerieren von Formeln gibt es zwei Möglichkeiten. Entweder werden alle Formeln durchnummeriert oder man nummeriert nur diejenigen, auf die man später verweisen möchte. Da man das vorher in der Regel aber nicht unbedingt weiß, ist es meistens einfacher, alle Formeln mit einer Nummer zu versehen. Auch zum Nummerieren von Formeln kann theoretisch die Beschriftungsfunktion verwendet werden. Formeln nummeriert man normalerweise mit arabischen Zahlen in runden Klammern. Auch sie können entweder durchgängig in der gesamten Arbeit mit (1), (2) usw. oder kapitelweise mit (2.1), (2.2) usw. nummeriert werden.

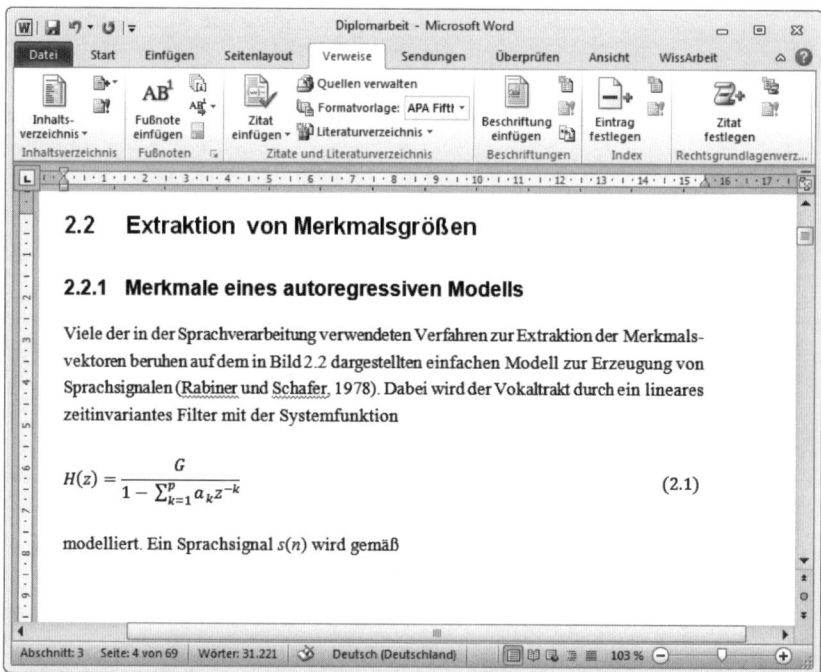

Bild 3.42: Formel mit Nummerierung

Achten Sie beim Einfügen der Nummer darauf, dass das Kontrollkästchen zu *Bezeichnung nicht in der Beschriftung verwenden* aktiviert ist.

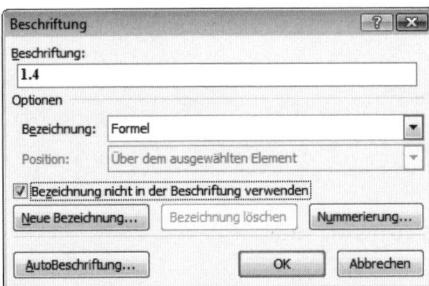

Bild 3.43: Formelnummerierung einfügen

Beim Einfügen der Nummerierung für Formeln gibt es allerdings Probleme mit Formeln, die in der so genannten mathematischen Anzeige eingefügt wurden. Versuchen Sie hier, hinter der Formel eine Nummerierung einzufügen, wird die Formel automatisch zu einer Inline-Formel verändert. Mehr dazu und wie Sie mit diesem Problem umgehen können, lesen Sie bitte in Kapitel 7 nach.

 **Formelnummerierung und -formatierung leicht gemacht** Mithilfe der Schaltfläche *Formeln mit Nummerierung* der Registerkarte *WissArbeit* können Sie eine Tabelle zusammen mit einem Container für eine Formel und der rechts ausgerichteten Formelnummer unter Einbeziehung der Kapitelnummer einfügen.

3.4.3 Die Kataloge zum Nummerieren

Die dem Buch beigelegte Dokumentvorlage *WissArbeit* stellt Ihnen auf der Registerkarte *WissArbeit* zwei Kataloge zur Nummerierung Ihrer Bilder, Tabellen und Formeln zur Verfügung. Wenn Sie die Dokumentvorlage *WissArbeit* verwenden möchten und haben sie bisher noch nicht in Benutzung, lesen Sie in Abschnitt 1.3 nach, was Sie tun müssen, um sie verwenden zu können.

- Rufen Sie den Katalog zur links dargestellten Schaltfläche *Bild- und Tabellenbeschriftung* auf.
- Wählen Sie im nächsten Schritt aus, was Sie in Ihren Text einfügen möchten, und bestätigen Sie die Auswahl.

Bilder
Abb - Nummerierung

Abb. Fehler! Kein Text mit angegebener Formatvorlage im Dokument. 1:

Abbildung - Nummerierung

Abbildung Fehler! Kein Text mit angegebener Formatvorlage im Dokument. 1:

Bild - Nummerierung

Bild Fehler! Kein Text mit angegebener Formatvorlage im Dokument. 1:

Tabellen
Tab - Nummerierung

Tab. Fehler! Kein Text mit angegebener Formatvorlage im Dokument. 1:

Tabelle - Nummerierung

Tabelle Fehler! Kein Text mit angegebener Formatvorlage im Dokument. 1:

Bild 3.44: Katalog zur Schaltfläche *Bilder- und Tabellenbeschriftung*

Funktioniert nur mit einer Kapitelnummer Da bei der Nummerierung über die Schaltfläche *Bilder- und Tabellenbeschriftung* die Kapitelnummer mit einbezogen wird, funktioniert diese Nummerierung nur dann, wenn Sie zur Formatierung der Kapitelüberschriften die Formatvorlage *Überschrift 1* verwendet haben, für die ihrerseits eine Nummerierung der Kapitel definiert sein muss.

3.4.3.1 Nummerierung von Tabellen

Um die Tabellenüberschrift mit dem Katalog zur Schaltfläche *Bilder- und Tabellenbeschriftung* zu erstellen, gehen Sie so vor:

- Positionieren Sie die Eingabemarke in einer leeren Zeile über der Tabelle, wo die Tabellenüberschrift eingefügt werden soll.

● Verwenden Sie dann die links dargestellte Schaltfläche auf der Register-karte *WissArbeit*.

Im Katalog können Sie per Klick auf das entsprechende Feld festlegen, ob Ihre Tabelle mit »Tab.« oder dem ausgeschriebenen Wort »Tabelle« überschrieben werden soll. Zudem wird diese Zeile mit der Formatvorlage *Tabellenbeschriftung* versehen.

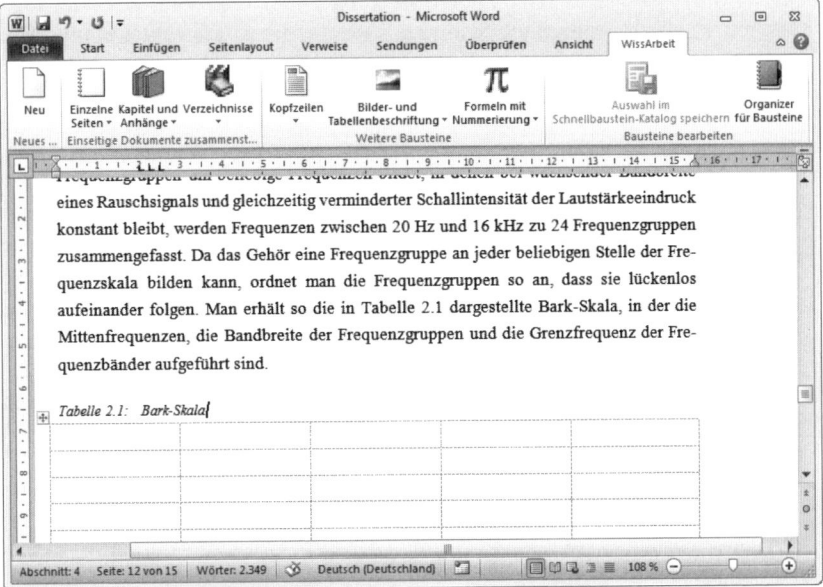

Bild 3.45: Eingefügte Tabellenüberschrift

Der Baustein fügt zum Nummerieren der Tabellen so genannte Feldfunktionen ein. Um eine beliebige Tabelle im Kapitel zu nummerieren, werden die Feldfunktionen

{ STYLEREF "Überschrift 1" \n }.{ SEQ Tabelle \s 1 }

eingetragen. Sie können sich die eingefügten Feldfunktionen ansehen, indem Sie die Tastenkombination [alt]+[F9] verwenden. Oder Sie klicken mit der rechten Maustaste auf die Feldfunktion und wählen im Kontextmenü *Feldfunktion ein/aus* an.

Geschweifte Klammern Geschweifte Klammern für Feldfunktionen sind keine gewöhnlichen Klammern, sondern müssen mit der Tastenkombination [Strg]+[F9] eingefügt werden. Sonst erkennt sie Word nicht als Klammern einer Feldfunktion, sondern vermutet normalen Text anstelle einer Feldfunktion.

Die erste Feldfunktion verweist auf die angegebene Formatvorlage, hier: die Überschrift 1. Der Schalter »\n« bewirkt dabei, dass die Nummer der

Überschrift verwendet wird. Die zweite Feldfunktion zählt einfach für die jeweils nächste Tabelle um eins hoch. Der Schalter »\s 1« bewirkt, dass bei jedem Wechsel der Formatvorlage *Überschrift 1* die Nummerierung neu beginnt, so dass die erste Tabelle in einem Kapitel auch immer die Nummer 1 erhält.

Tabellen in Anhängen Möchten Sie die Tabellen- bzw. Bildernummerierung auch im Anhang verwenden, erstellen Sie sich einen entsprechenden Schnellbaustein: Fügen Sie zunächst den gewünschten Baustein ein, wie zuvor beschrieben. Schalten Sie dann mit (alt)+(F9) die Feldfunktionen ein. Überschreiben Sie die beiden Einsen mit »7«, da in der Dokumentvorlage die Formatvorlage *Überschrift 7* für die Nummerierung der Anhänge verwendet wird. Markieren Sie die geänderte Feldfunktion und erstellen Sie einen neuen Schnellbaustein (siehe dazu Abschnitt 2.8.2).

Durchgängige Nummerierung der Tabellen Möchten Sie durchgängig Ihre Tabellen nummerieren, also nicht kapitelweise, erstellen Sie sich einen eigenen Schnellbaustein: Fügen Sie zunächst den gewünschten Baustein ein. Schalten Sie dann mit (alt)+(F9) die Feldfunktionen ein. Löschen Sie die erste Feldfunktion, die die Nummer des aktuellen Kapitels einträgt, und löschen Sie in der zweiten Feldfunktion den Schalter »\s 1«. Markieren Sie die geänderte Feldfunktion und erstellen Sie Ihren eigenen Schnellbaustein wie in Abschnitt 2.8.2 beschrieben.

3.4.3.2 Nummerierung von Bildern

Möchten Sie ein Bild mit einer Bildunterschrift ergänzen, verwenden Sie dazu ebenfalls die nebenstehende Schaltfläche der Registerkarte *WissArbeit*, um den Katalog der Schaltfläche (siehe Bild 3.44) zu aktivieren. Legen Sie darin durch Auswahl des entsprechenden Feldes fest, ob Sie die Bezeichnung »Bild«, »Abbildung« oder die Abkürzung »Abb.« verwenden möchten.

In der Dokumentvorlage *WissArbeit* gibt es die Formatvorlage *Bildbeschriftung*, mit der automatisch die Bildunterschrift formatiert wird.

Benötigen Sie die Bildernummerierung im Anhang oder möchten Sie Ihre Bilder durchgängig in der gesamten Arbeit nummerieren und nicht kapitelweise, so lesen Sie die beiden Tipps im vorherigen Abschnitt.

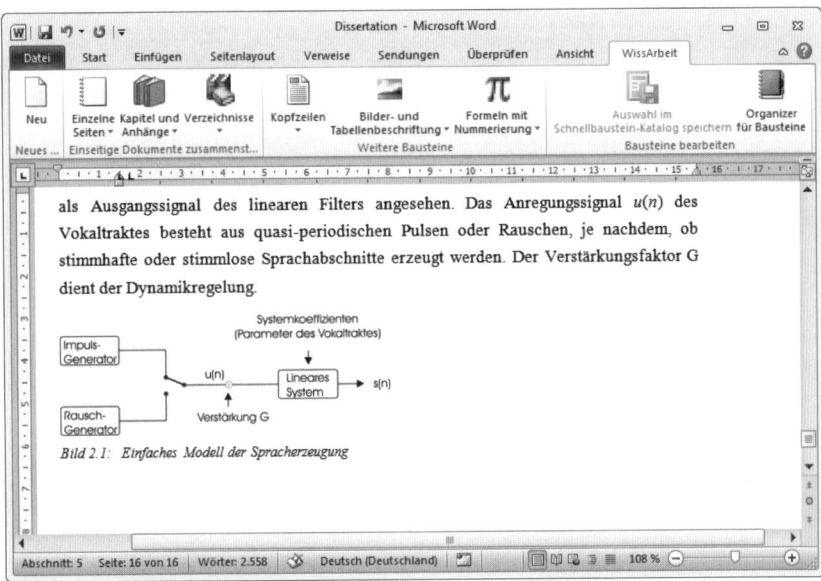

Bild 3.46: Eingefügte Bildunterschrift

3.4.3.3　Nummerierung von Formeln

Um Formeln nummerieren zu können und sie gleichzeitig in der Ansicht *Anzeige* darzustellen, müssen Sie eine Tabelle mit mindestens zwei Zellen einfügen. In die linke Zelle platzieren Sie die Formel, in die rechte rechtsbündig die Formelnummer. Da es ziemlich aufwändig ist, für jede Formel erneut eine Tabelle einzufügen und zu formatieren, verwenden Sie einfach die von uns angelegten Bausteine auf der Registerkarte *WissArbeit*.

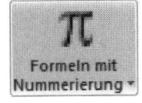

- Platzieren Sie die Eingabemarke in der leeren Zeile und wählen Sie die Schaltfläche *Formeln mit Nummerierung* aus.

- Legen Sie im Katalog fest, ob die Formeln, die Sie einfügen, linksbündig, eingerückt oder zentriert dargestellt werden sollen.

Mit der Auswahl wird an der Stelle, an der die Eingabemarke steht, eine Tabelle eingefügt, in deren letzter Zelle die Feldfunktion für die Formelnummerierung definiert wird. In der Zelle davor wird der mathematische Bereich angelegt, der Ihre Formel aufnehmen kann.

Das Anlegen einer Tabelle ist zum einen notwendig, damit die Formel in der Ansicht *Anzeige* dargestellt werden kann, zum anderen, um die Nummerierung der Formel in der Höhe mittig zur Formel ausrichten zu können. Die Rahmen der Tabelle wurden automatisch ohne Farbe definiert, so dass im Ausdruck keine Linien erscheinen.

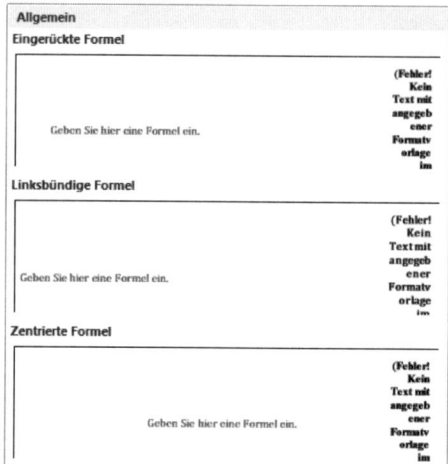

Bild 3.47: Katalog zur Schaltfläche *Formeln mit Nummerierung*

Soll die Tabelle zentriert oder mit Einzug dargestellt werden, sind drei Zellen notwendig, dabei sind die erste und die letzte schmal (siehe Bild 3.48 rechter Bildschirm). Für den zentrierten Einzug ist die mittlere Zelle zentriert formatiert, so dass eine eingegebene Formel genau in der Mitte des Textes dargestellt wird.

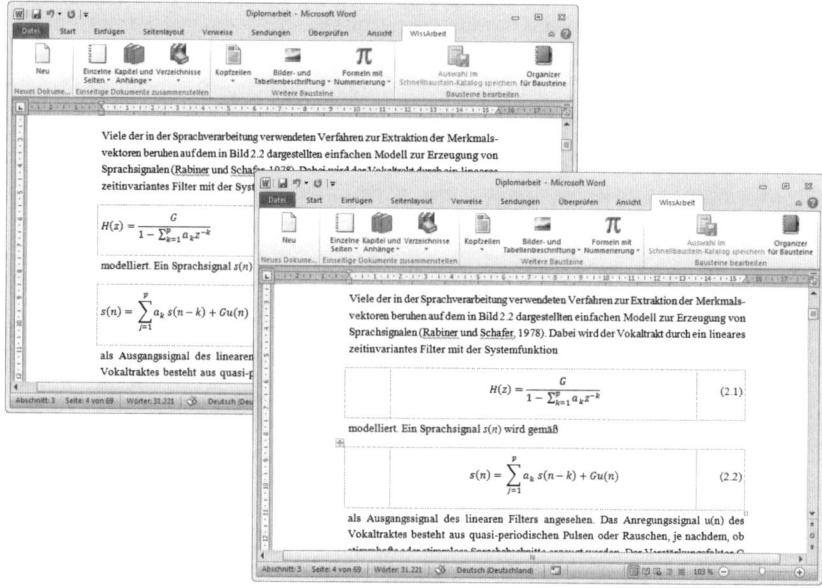

Bild 3.48: Die Formeln links wurden linksbündig eingefügt, die rechts zentriert ausgerichtet

Rasterlinien einschalten Um die Tabellen, die die Formeln beinhalten, besser erkennen zu können, ist es oft hilfreich, so genannte Gitternetz- oder Raster-linien einzuschalten. Diese werden zwar angezeigt, aber nicht ausgedruckt. Sie aktivieren die Rasterlinien, indem Sie die Einfügemarke in die Tabelle platzieren und dann die Schaltfläche *Rasterlinien anzeigen* auf der Register-karte *Layout* der *Tabellentools* anklicken.

Für linksbündig eingefügte Formeln besteht die Tabelle nur aus zwei Zellen (siehe Bild 3.48 linker Bildschirm).

Zudem wurde der Formelbaustein mit einer *Formel*-Formatvorlage versehen, für die Abstände des Absatzes nach oben und unten definiert sind.

3.4.4 Querverweise erstellen

Angenommen, Sie möchten in Ihren Text den Verweis auf eine bestimmte Tabelle aufnehmen. Platzieren Sie die Eingabemarke an die Stelle, an der Sie

den Verweis einfügen möchten, und verwenden Sie den Befehl *Querverweis*. Sie finden die Schaltfläche sowohl auf der Registerkarte *Einfügen* (in der Gruppe *Hyperlinks*) als auch auf der Registerkarte *Verweise* (in der Gruppe *Beschriftungen*).

Wählen Sie links im Dialogfeld den *Verweistyp* aus, also *Tabelle*. Dann werden darunter alle Tabellen mit dem Anfang der Tabellenüberschrift angezeigt, so dass Sie die richtige durch Anklicken markieren können. Wäh-len Sie nun noch aus, was als Verweis eingefügt werden soll. Der übliche Verweis erfolgt mit *Nur Kategorie und Nummer*, dann wird beispielsweise »Tabelle 2.3« eingefügt.

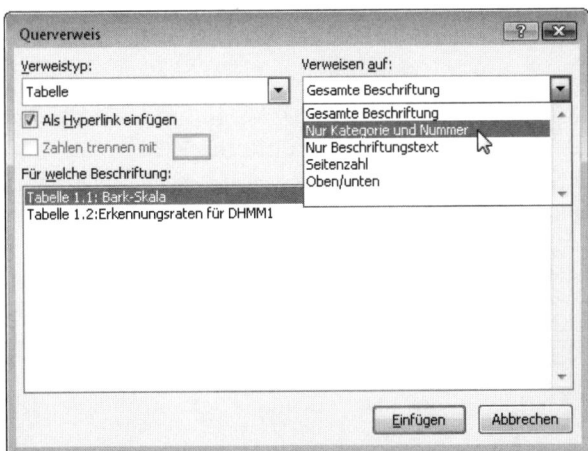

Bild 3.49: Querverweis auf Tabelle einfügen

Es besteht aber auch die Möglichkeit, den Text der Tabellenüberschrift oder die gesamte Beschriftung einzufügen. Häufig verwendet wird auch ein Verweis auf die Seitenzahl, um die Tabelle schneller finden zu können, beispielsweise in der Form: »Sehen Sie dazu Tabelle 2.3 auf Seite 55.« Hierbei müssen natürlich entsprechend auch zwei Querverweise verwendet werden.

Im Dialogfeld sehen Sie, dass Sie einen Querverweis auch als Hyperlink einfügen können. Das hat den Vorteil, dass Sie bei gedrückter (Strg)-Taste per Klick die Stelle anspringen können, auf die verwiesen wird. Das ist beim Kontrollieren u. U. hilfreich.

Möchten Sie anstatt auf eine Tabelle auf ein Bild oder eine Formel verweisen, selektieren Sie entsprechend als *Verweistyp* den Eintrag *Bild* (oder beispielsweise *Abbildung*) bzw. *Formel*. Querverweise sind zudem auch auf Kapitelüberschriften möglich. Wenn Sie als Verweistyp *Überschrift* selektieren, können Sie die Überschriftennummer, den Überschriftentext oder die Seite einfügen, auf der sich die ausgewählte Überschrift befindet.

Querverweise nur innerhalb der Datei möglich Querverweise zu erstellen, die automatisch aktualisiert werden, ist nur innerhalb einer Datei möglich. Benötigen Sie kapitelübergreifende Querverweise, so müssen Sie diese mit der Hand kontrollieren oder erst dann einfügen, wenn Sie alle Texte zusammen in eine Datei kopiert haben (siehe dazu Kapitel 8). Für kapitelübergreifende Querverweise ist es sinnvoll, diese mit einer Markierung zu versehen, so dass Sie sie jederzeit wieder finden können. Dazu fügen Sie entweder einen Kommentar an der entsprechenden Stelle ein (siehe Abschnitt 2.10) oder Sie verwenden die Schaltfläche *Texthervorhebungsfarbe* auf der Registerkarte *Start* in der Gruppe *Schriftart*.

3.4.5 Aktualisieren von Nummerierungen und Querverweisen

Nach dem Umstellen oder Löschen von Text stimmen oft Nummerierungen und Querverweise nicht mehr. Veranlassen Sie Word, die Nummerierungen und Querverweise zu aktualisieren. Klicken Sie dazu die entsprechende Nummer oder den Querverweis an und verwenden zum Aktualisieren die Funktionstaste (F9) oder klicken Sie mit der rechten Maustaste auf die Nummer oder den Querverweis und verwenden Sie im Kontextmenü die Auswahl *Felder aktualisieren*.

Möchten Sie alle Nummerierungen und Querverweise eines Dokuments aktualisieren, gehen Sie so vor:

● Markieren Sie das gesamte Dokument mit der Tastenkombination (Strg)+(A).

■ Betätigen Sie dann die Funktionstaste , um den Aktualisierungsvorgang zu starten, oder verwenden Sie die Auswahl *Felder aktualisieren* des Kontextmenüs.

Je nach Größe eines Dokuments kann dieser Vorgang einige Zeit dauern.

3.5 Kopf- und Fußzeilen

Kopf- und Fußzeilen enthalten neben der Seitenzahl oft weitere Informationen wie den Namen der Arbeit oder aber auch die Überschriften der ersten beiden Gliederungsebenen zur besseren Orientierung.

Eine Kopf- oder Fußzeile sollte mindestens die Seitenzahl enthalten. Da Kopf- und Fußzeilen das Lesen von langen Texten und die Orientierung in einem langen Dokument erheblich vereinfachen, raten wir im Allgemeinen zusätzlich zur Verwendung einer Kopfzeile mit der Überschrift mindestens der ersten Gliederungsebene.

Für Haus-, Studien-, Magister-, Diplomarbeiten oder für eine Bachelorthesis werden nur die Vorderseiten eines Papiers bedruckt und die Rückseiten bleiben leer, sie werden also nur einseitig bedruckt. Das bedeutet, wie Sie im folgenden Bild links sehen können, dass die Kopfzeile für jede Seite gleich ist.

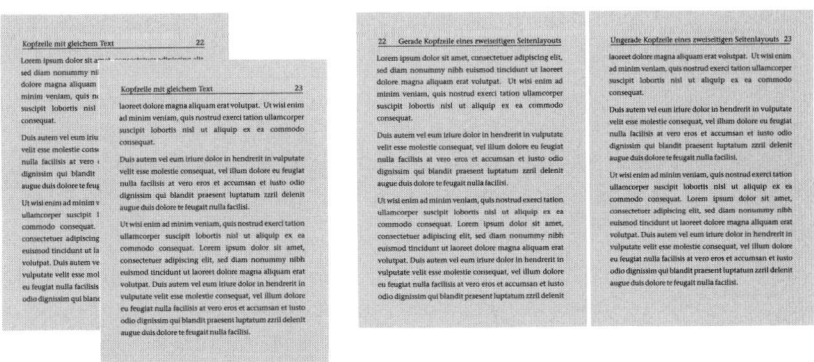

Bild 3.50: Links einseitiges, rechts zweiseitiges Seitenlayout

Andere Arbeiten, wie eine Masterthesis, Dissertationen oder Habilitationsschriften, werden in der Regel zweiseitig wie ein Buch bedruckt. In einem solchen Fall werden die Seitenzahlen mal links, mal rechts eingefügt, wenn sie wie in obigem Bild oder auch bei diesem Buch rechts außen auf der Seite stehen sollen.

Word unterscheidet zwischen ungeraden und geraden Seiten. Im Druck erhalten rechte Seiten ungerade Seitenzahlen, wie dies auch im vorliegenden Buch und im rechten Teilbild des obigen Bildes der Fall ist.

Im Folgenden finden diejenigen, die Kopf- und Fußzeilen einstellen oder ändern möchten, eine Einführung in das Arbeiten mit Kopf- und Fußzeilen. Dabei werden wir zunächst darstellen, wie Kopf- und Fußzeilen erstellt werden, und dann, anhand von Beispielen, ein- und zweiseitige Kopf- und Fußzeilen schrittweise erklären.

3.5.1 Erstellen von Kopf- und Fußzeilen

Sie fügen in Ihrem Text eine Kopf- oder Fußzeile ein, indem Sie auf der Registerkarte *Einfügen* den Befehl *Kopfzeile* oder *Fußzeile* auswählen. Sie öffnen dadurch einen Katalog mit einer Auswahl verschiedener Kopf- bzw. Fußzeilen. Am einfachsten ist es jedoch für unsere Zwecke, Sie klicken ganz unten auf *Kopfzeile bearbeiten* bzw. *Fußzeile bearbeiten*.

Dadurch ändert Word unter Umständen die Ansicht Ihres Dokuments, da in der Entwurfsansicht Kopf- und Fußzeilen nicht angezeigt werden. Das ist nur in der Seitenlayoutansicht möglich.

Word fügt eine gestrichelte Linie im oberen oder unteren Bereich der Seite ein, der die Kopf- oder Fußzeile abtrennt. Zusätzlich wird das Menüband erweitert und die Registerkarte *Entwurf* für die *Kopf- und Fußzeilentools* aktiviert. Sie enthält verschiedene Funktionen, die das Arbeiten mit Kopf- und Fußzeilen erleichtern.

Kopf- oder Fußzeile per Doppelklick Am schnellsten richten Sie übrigens eine Kopf- oder Fußzeile ein, indem Sie ganz oben (oder unten) auf der Seite doppelt klicken. Auf ähnliche Weise gelangen Sie auch zurück in Ihre Textebene: Doppelklicken Sie auf den Text außerhalb des Kopf- bzw. Fußzeilenbereichs.

Standardmäßig ist die Kopfzeile – wie Sie auf dem oberen Lineal erkennen können – mit zwei Tabstopps versehen. So können Sie links Text eingegeben, der linksbündig formatiert wird. Springen Sie mit Ihrer ⌨-Taste in die Mitte, kann zentrierter Text eingegeben werden. Mithilfe des rechtsbündigen Tabstopps kann zudem auf der rechten Seite rechtsbündig formatierter Text eingefügt werden.

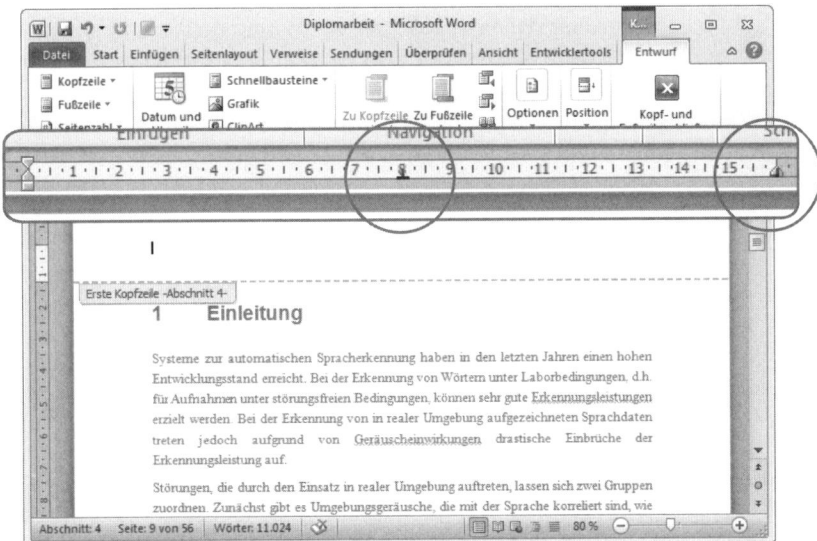

Bild 3.51: Seitenlayoutansicht beim Einfügen einer Kopfzeile

Für wissenschaftliche Arbeiten verwendet man häufig Kopfzeilen, die aus zwei Teilen bestehen. Links wird Text, rechts die Seitenzahl angeordnet. Dazu ist es sinnvoll, den mittleren Tabstopp anzuklicken und aus dem Lineal zu ziehen.

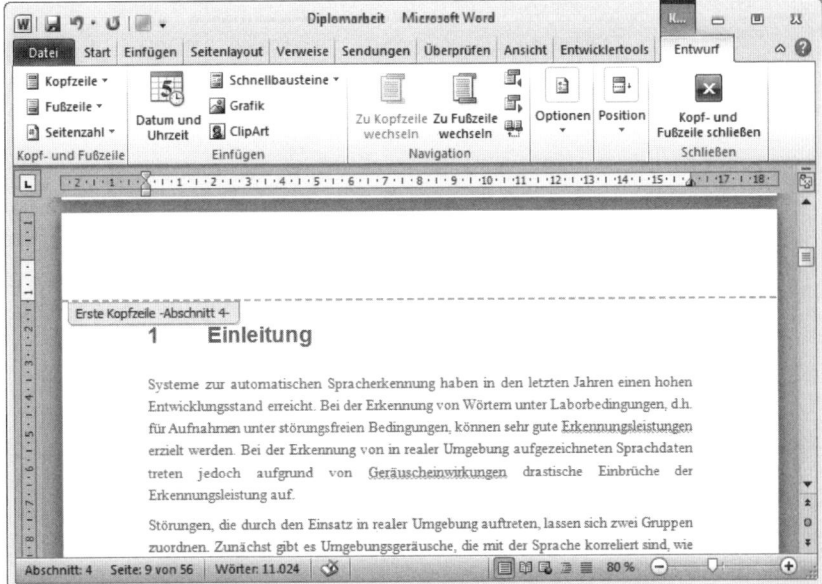

Bild 3.52: Der mittlere Tabstopp wurde gelöscht

Über die Schaltflächen der Registerkarte *Entwurf* der *Kopf- und Fußzeilen-Tools* lassen sich neben den Seitenzahlen auch das Datum, Grafiken oder beispielsweise Feldfunktionen einfügen.

Benötigen Sie eine Seitenzahl, so aktiviert ein Klick auf die Schaltfläche ein Menü, das die Auswahl unterschiedlich platzierter und formatierter Seitenzahlen ermöglicht. Auch das Dialogfeld *Seitenzahlenformat* zum Formatieren der Seitenzahlen lässt sich über das Menü aktivieren. Über die zweite Schaltfläche lassen sich Datumswerte und Uhrzeiten in verschiedener Darstellung einfügen, über die anderen beiden Schaltflächen Grafiken und ClipArts (z. B. ein Logo).

Mithilfe der Schaltfläche *Schnellbausteine* lassen sich Feldfunktionen sowie AutoTexte einfügen. Hier haben Sie auch die Möglichkeit, eine fertig formatierte Kopfzeile als Schnellbaustein zu speichern und in den Katalog zu Schnellbausteine einzufügen.

Mit den beiden links abgebildeten Schaltflächen können Sie zwischen der Kopf- und Fußzeile derselben Seite wechseln.

Arbeiten Sie mit mehreren Abschnitten, so springen Sie mit den ersten beiden Schaltflächen in die vorherige bzw. nächste Kopf-/Fußzeile. Die dritte Schaltfläche ermöglicht das Verknüpfen und Lösen der Einstellungen für Kopf- und Fußzeilen eines Abschnittes mit dem vorherigen. D. h., alle Einstellungen, die im vorherigen Abschnitt für eine Kopfzeile vorgenommen wurden, werden auch für den aktuellen Abschnitt verwendet, wenn die Schaltfläche *Mit vorheriger verknüpfen* aktiv ist.

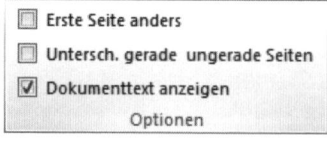

Sie können hier einstellen, ob die Kopfzeile auf der ersten Seite anders dargestellt werden soll. Oft verwendet man für die erste Seite keine Kopfzeile. Verwenden Sie ein zweiseitiges Layout, benötigen Sie das mittlere Kontrollkästchen.

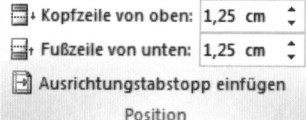

In der Gruppe *Position* lassen sich die Abstände für Kopf- und Fußzeilen festlegen. Über *Ausrichtungstabstopp einfügen* lassen sich links, zentriert oder rechts Tabulatoren in die Kopf- oder Fußzeile setzen.

3.5.2 Seitenzahlen einrichten

Sie aktivieren mithilfe der Schaltfläche *Seitenzahl* ein Menü, das zum einen die Auswahl unterschiedlicher Positionen, zum anderen unterschiedliche Formatierungen für Seitenzahlen ermöglicht.

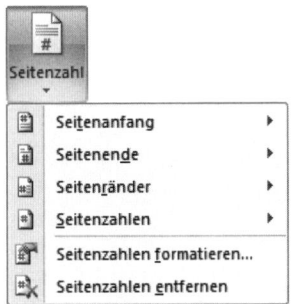

Bild 3.53: Eine Seitenzahl einfügen

Haben Sie bereits eine Kopf- oder Fußzeile eingerichtet und möchten nur noch eine Seitenzahl einfügen, dann verwenden Sie die Auswahl *Seitenzahlen* und wählen im Katalog beispielsweise *Einfache Zahl* aus. Das nachträgliche Formatieren der eingefügten Seitenzahl ermöglicht die Auswahl *Seitenzahlen formatieren*.

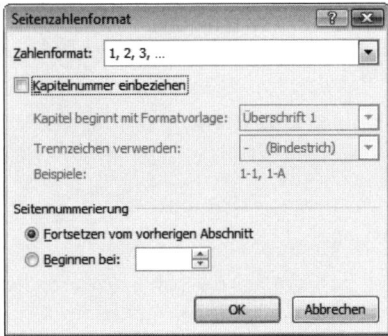

Bild 3.54: Seitenzahlen formatieren

Wichtig ist hier auch der untere Teil des Dialogfeldes. Falls Ihre Arbeit aus mehreren Abschnitten besteht, sollte die Option *Fortsetzen vom vorherigen Abschnitt* aktiviert sein. Möchten Sie jedoch, dass die Nummerierung der Seiten bei einer bestimmten Zahl beginnt, so können Sie das ganz unten festlegen.

3.5.3　Verschiedene Layouts für Kopfzeilen

In den nächsten Beispielen werden wir den Umgang mit den folgenden Kopfzeilen besprechen:

- Einfache einseitige feste Kopfzeile, die einen festen Text sowie die Seitenzahl enthält.

- Einseitige dynamische Kopfzeile, die mit der ersten Gliederungsebene verknüpft wird und neben der Seitenzahl den Text der aktuellen ersten Überschrift anzeigt.

- Zweiseitige dynamische Kopfzeile, die außen die Seitenzahlen anzeigt und innen die Überschriften der ersten bzw. zweiten Gliederungsebene darstellt. Dabei wird für die linke, gerade Kopfzeile die jeweilige Überschrift der ersten Gliederungsebene, für die rechte, ungerade Kopfzeile die der zweiten Ebene verwendet.

Auch wenn wir im Folgenden ausschließlich den Umgang mit Kopfzeilen besprechen, können Sie, wenn Sie Fußzeilen verwenden möchten, analog verfahren.

3.5.3.1　Kopfzeile mit festem Text und Seitenzahl

Als erstes Beispiel soll in der Kopfzeile der Name der Arbeit als Text eingegeben werden. Rechtsbündig soll zusätzlich die aktuelle Seitenzahl erscheinen.

- Wählen Sie zunächst den Befehl *Kopfzeile/Kopfzeile bearbeiten* auf der Registerkarte *Einfügen* aus.

- Geben Sie nun den festen Text ein, also beispielsweise den Namen Ihrer Arbeit.

- Löschen Sie den mittleren Tabstopp, indem Sie ihn anklicken und aus dem Lineal herausziehen.

- Schieben Sie, falls das nötig sein sollte, den rechtsbündigen Tabulator soweit nach rechts oder links, dass er rechts am Rand der weißen Markierung auf dem Lineal steht.

- Bewegen Sie die Texteingabemarke mithilfe der ⭾-Taste nach rechts.

- Fügen Sie nun mit der Schaltfläche *Seitenzahl* und der Auswahl *Seitenzahlen* eine *Einfache Zahl* ein.

Bild 3.55: Eingefügte Kopfzeile

- Sie verlassen die Kopfzeile und gelangen zurück in Ihren Text, wenn Sie die Schaltfläche *Kopf- und Fußzeile schließen* anklicken oder mit einem Doppelklick auf Ihren Textkörper.

3.5.3.2 Dynamische Kopfzeile mit Text und Nummer der Überschrift der ersten Gliederungsebene

Um sich in einem längeren Text besser orientieren zu können, ist es hilfreich, die Überschrift der ersten Gliederungsebene in die Kopfzeile mit aufzunehmen, da dann beim Durchblättern auf einen Blick klar wird, zu welchem Kapitel der Text gerade gehört. Wir werden nun schrittweise beschreiben, wie der Text der Überschrift einer bestimmten Gliederungsebene in die Kopfzeile übernommen werden kann. Word verwendet dazu so genannte Feldfunktionen.

Alternativ kann die Schaltfläche *Kopfzeile* der Dokumentvorlage *WissArbeit* verwendet werden, die eine solche Kopfzeile ebenso einfügt.

Wir beginnen damit, die Nummerierung der ersten Überschriftenebene einzufügen:

- Wählen Sie zunächst auf der Registerkarte *Einfügen* den Befehl *Kopfzeile/ Kopfzeile bearbeiten* aus.

- Verwenden Sie dann – ebenfalls auf der Registerkarte *Einfügen* – den Befehl *Schnellbausteine/Feld*.

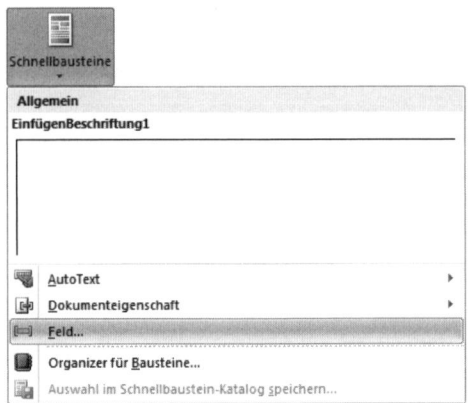

Bild 3.56: Einfügen einer Feldfunktion

■ Wählen Sie im Dialogfeld *Feld* oben links die Kategorie *Verknüpfungen und Verweise* aus.

■ Klicken Sie im Auswahlfenster *Feldnamen* die Funktion *StyleRef* an.

Diese Funktion fügt den Text ein, der mit einer vorgegebenen Formatvorlage formatiert wurde.

■ Wählen Sie dann im mittleren Auswahlfenster die Formatvorlage *Überschrift 1* aus. (Das ist allerdings nur dann möglich, wenn Ihr Text bereits eine Überschrift aufweist.)

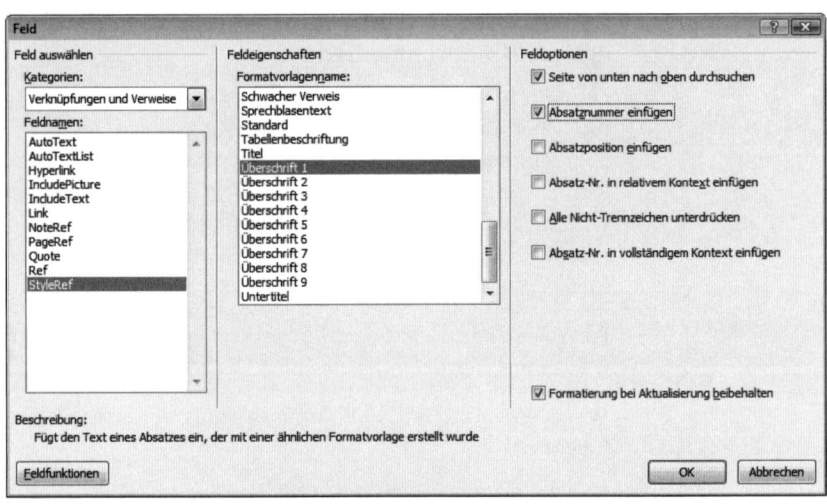

Bild 3.57: Auswahl der Verweisfunktion *StyleRef*

■ Klicken Sie dann ganz rechts die Feldoptionen *Seite von unten nach oben durchsuchen* und *Absatznummer einfügen* an.

- Bestätigen Sie mit *OK* und fügen Sie in der Kopfzeile hinter der eingefügten Feldfunktion ein Leerzeichen ein.

Mit dieser ersten Feldoption legen Sie fest, dass Word die aktuelle Seite von
unten nach oben nach der entsprechenden Formatvorlage durchsucht.
Das heißt, es wird die unterste Überschrift, die mit der Formatvorlage *Überschrift 1* formatiert wurde, für die Kopfzeile verwendet. Möchten Sie das
nicht, lassen Sie das entsprechende Häkchen einfach weg. Wird auf der aktuellen Seite keine passende Formatvorlage gefunden, sucht Word vom Anfang
der aktuellen Seite bis zum Anfang des Dokuments nach ihr. Damit ist garantiert, dass entweder eine aktuelle auf der Seite neu auftretende Überschrift in
die Kopfzeile aufgenommen wird oder die Überschrift, die zuletzt aktuell war
und auf einer der vorherigen Seiten steht.

Im Folgenden wird beschrieben, wie Sie eine zweite Feldfunktion einfügen,
die den Text für die Kopfzeile festlegt.

- Rufen Sie erneut das Dialogfeld *Feld* auf und fügen Sie dieselbe Feldfunktion wieder ein, klicken Sie diesmal aber nicht *Absatznummer einfügen*
an, um den Text einzufügen.

- Löschen Sie den mittleren Tabulator auf dem Lineal, indem Sie ihn mit
der Maus anklicken und nach unten ziehen.

- Betätigen Sie dann die ⊞-Taste auf Ihrer Tastatur und fügen Sie rechts
mithilfe der Schaltfläche *Seitenzahl* die aktuelle Seitenzahl ein. Falls der
rechte Tabulator außerhalb des auf dem Lineal weiß angezeigten Abschnitts steht, ziehen Sie ihn mit der Maus so weit nach links, bis er über
dem kleinen Dreieck, fast auf dem weißen Teil des Lineals, platziert ist.

- Bestätigen Sie die eingefügte Kopfzeile mit der Schaltfläche *Kopf- und
Fußzeile schließen* oder durch Doppelklick auf den Textkörper.

Die eingefügten Feldfunktionen werden in einem der beiden im folgenden
Bild dargestellten Modi angezeigt. Entweder Sie sehen das Ergebnis der Feldfunktion oder die Feldfunktion selbst. Umschalten können Sie zwischen den
beiden Ansichten mit der Tastenkombination ⌥+F9 oder indem Sie mit der
rechten Maustaste auf die Feldfunktion klicken und im Kontextmenü *Feldfunktion ein/aus* auswählen.

Kopfzeile für den Anhang Möchten Sie im Anhang oder einem anderen Abschnitt eine Kopfzeile einfügen, in dem für die Hauptüberschrift nicht die
Formatvorlage *Überschrift 1* verwendet wird, sondern beispielsweise *Überschrift 7*, dann tragen Sie beim Erstellen der Feldfunktion für die Kopfzeile
die entsprechende Formatvorlage ein.

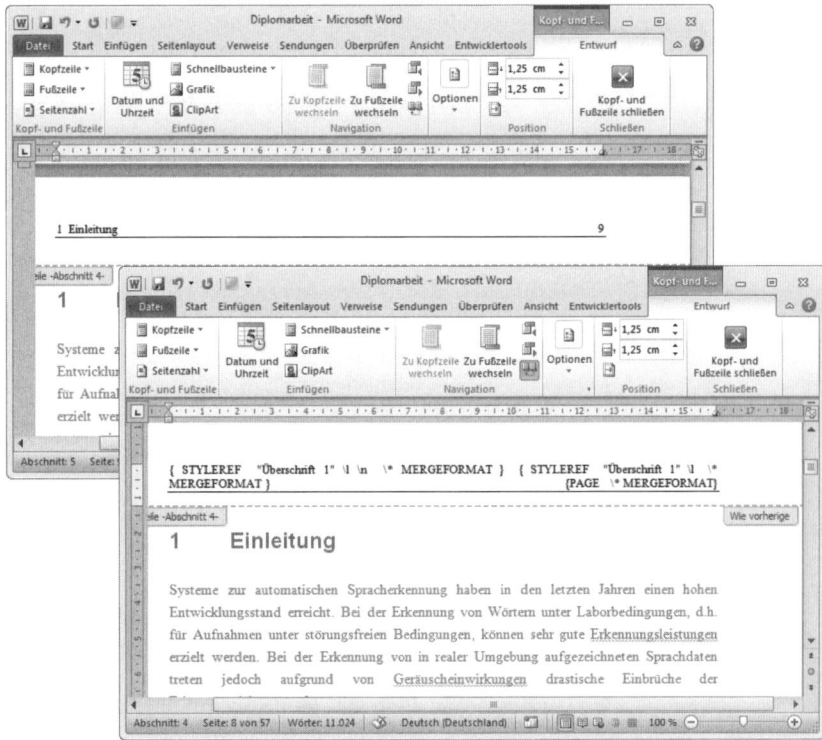

Bild 3.58: Oben: Ergebnis der Feldfunktionen, unten: Feldfunktionen

Wie Sie im Bild sehen können, werden drei Feldfunktionen verwendet, um die Kopfzeile zu definieren. Feldfunktionen werden durch die geschweiften Klammern gekennzeichnet. Die beiden ersten Feldfunktionen STYLEREF sehen fast gleich aus. Sie suchen nach der dahinter in Anführungszeichen angegebenen Formatvorlage. Der Schalter \l bewirkt, dass nach dieser Formatvorlage auf der Seite von unten nach oben gesucht wird, der Schalter \n in der ersten Feldfunktion sorgt dafür, dass nur die Kapitelnummer der angegebenen Überschrift eingesetzt wird. Mit der dritten Feldfunktion PAGE wird die Seitenzahl angezeigt.

Oft möchte man am Kapitelanfang auf die Kopfzeile verzichten, weil, wie im folgenden Bild links, die Kopfzeile und Überschrift direkt übereinander mit exakt demselben Text stehen. Verzichtet man am Kapitelanfang auf die Kopfzeile, betont man besonders den Anfang eines neuen Kapitels, da die Seite etwas anders aufgebaut ist, wie es das rechte Teilbild des folgenden Bildes zeigt.

Bild 3.59: Erste Seite anders

Sie können eine andere Einstellung für die erste Seite eines Abschnitts erreichen, indem Sie in der Gruppe *Optionen* das Kontrollkästchen zu *Erste Seite anders* anklicken (Registerkarte *Entwurf* der *Kopf- und Fußzeilentools*).

Kontrollieren Sie – am besten in der Seitenansicht – die Kopfzeilen. Beginnen Sie damit vorne in Ihrem Dokument. Aktivieren Sie die Kopf-/Fußzeilenansicht durch Doppelklick auf einen der Bereiche und springen Sie mit der Schaltfläche *Nächste* von der ersten Kopfzeile des ersten Abschnitts zur mit den Feldfunktionen festgelegten Kopfzeile des ersten Abschnitts, dann weiter zur ersten Kopfzeile des zweiten Abschnitts, dann zur Kopfzeile mit Feldfunktionen des zweiten Abschnitts usw. Diese Taste erlaubt das Springen zwischen den Kopfzeilen, die wirklich unterschiedlich sind. Alle folgenden, die wie die aktuelle aussehen, werden dabei ausgelassen und erst, wenn eine Kopfzeile anders ist, wird sie angesprungen.

3.5.3.3 Zweiseitige Kopfzeile mit Texten und Nummern der Gliederungsebenen eins und zwei

Für zweiseitige Kopfzeilen muss ein zweiseitiges Seitenlayout eingestellt werden.

- Aktivieren Sie die Kopfzeile mit Doppelklick auf den Kopfzeilenbereich.

- Klicken Sie dann das Kontrollkästchen zu *Untersch. gerade ungerade Seiten* an (Gruppe *Optionen* auf der Registerkarte *Entwurf* der *Kopf- und Fußzeilentools*).

Verwenden Sie die Dokumentvorlage *WissArbeit zweiseitig*, so stehen Ihnen im Katalog der Kopfzeilen die entsprechenden Kopfzeilen für rechte und linke Seiten zur Verfügung.

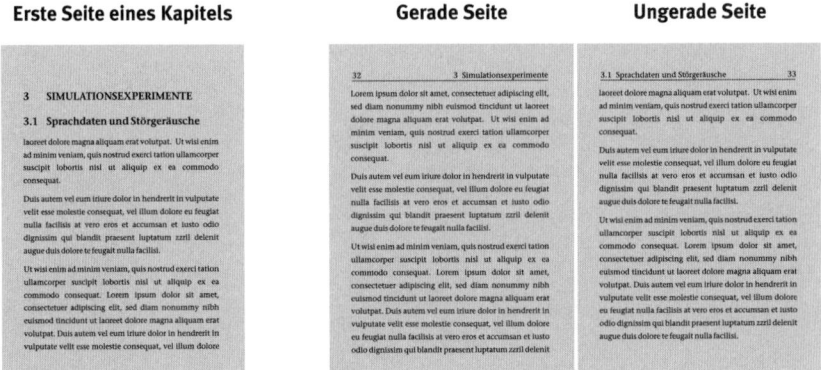

Bild 3.60: Drei verschiedene Kopfzeilen

Ihnen werden jetzt drei verschiedene Kategorien von Kopfzeilen angezeigt:

- Erste Kopfzeile

- Gerade Kopfzeile

- Ungerade Kopfzeile

Für die erste Kopfzeile wird, wie oben schon beschrieben, kein Eintrag vorgenommen.

Für die *Gerade Kopfzeile* soll links die Seitenzahl stehen, d. h., zunächst ist mit der entsprechenden Schaltfläche die Seitenzahl einzufügen. Danach löschen Sie wieder den mittleren Platzhalter und schieben den rechten ganz an den Rand der weißen Markierung auf dem Lineal. Fügen Sie dann, wie oben beschrieben, die Feldfunktionen für die Nummer und den Text der Überschrift der ersten Gliederungsebene ein.

Für die *Ungerade Kopfzeile* werden links die Nummer und Überschrift der zweiten Gliederungsebene dargestellt, indem Sie im Dialogfeld *Feld* (Bild 3.57) die Formatvorlage *Überschrift 2* auswählen. Rechtsbündig wird die Seitenzahl wieder eingefügt.

3.5.4 Abstände für Kopf- und Fußzeilen

An welcher Stelle auf einer Seite eine Kopf- oder Fußzeile eingefügt wird, bestimmen die Einstellungen der Gruppe *Position*.

Alternativ können Sie über die Registerkarte *Seitenlayout* und das Startfeld in der Gruppe *Seite einrichten* das gleichnamige Dialogfeld (siehe Bild 3.61) aufrufen. Auf der Registerkarte *Seitenränder* werden die Ränder einer Seite festgelegt, auf der Registerkarte *Layout* die Abstände der Kopf- und Fußzeilen vom Seitenrand.

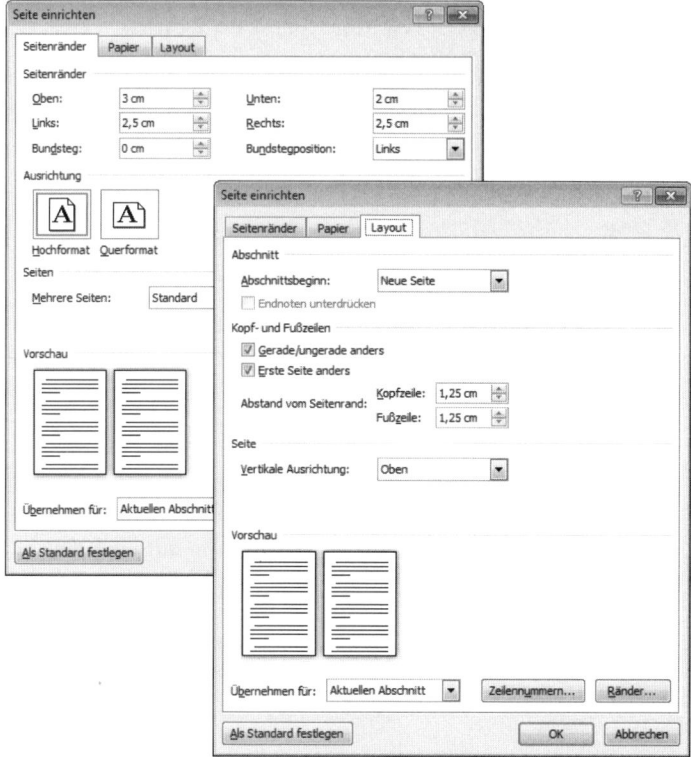

Bild 3.61: Abstände für Kopf- und Fußzeilen einrichten

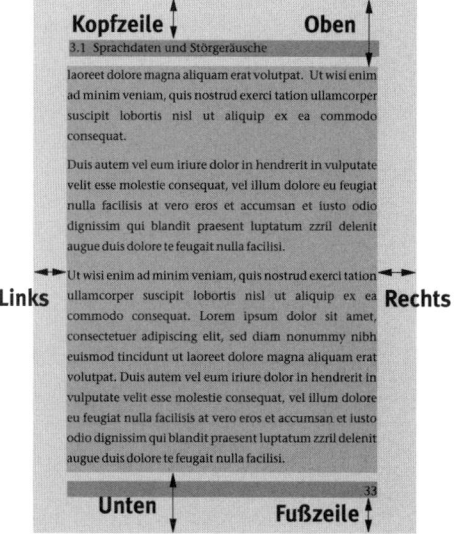

Bild 3.62: Abstände zum Seitenrand

3.5.5 Löschen von Kopf- oder Fußzeilen

Möchten Sie eine Kopf- oder Fußzeile löschen, sorgen Sie dafür, dass alle Einträge oberhalb (Kopfzeile) bzw. unterhalb (Fußzeile) der gestrichelten Linie gelöscht sind. Markieren Sie dazu alle Texte und Feldfunktionen und entfernen Sie sie mit der [Entf]-Taste.

3.5.6 Formatieren von Kopf- und Fußzeilen

Sie können den Text einer Kopf- oder Fußzeile formatieren wie anderen Text auch. Markieren Sie ihn und legen Sie über die Registerkarte *Start* seine Schriftart und Auszeichnung fest.

Um eine Linie zu definieren, die die Kopfzeile vom Rest des Textes optisch trennt,

- aktivieren Sie beispielsweise die Registerkarte *Seitenlayout* und klicken Sie in der Gruppe *Seitenhintergrund* auf die Schaltfläche *Seitenränder*.

- Wechseln Sie im Dialogfeld auf die Registerkarte *Rahmen*.

- Wählen Sie die gewünschte *Formatvorlage* und *Breite* aus und klicken Sie dann in der Gruppe *Vorschau* auf die untere Linie des dargestellten Absatzes, wie in folgendem Bild.

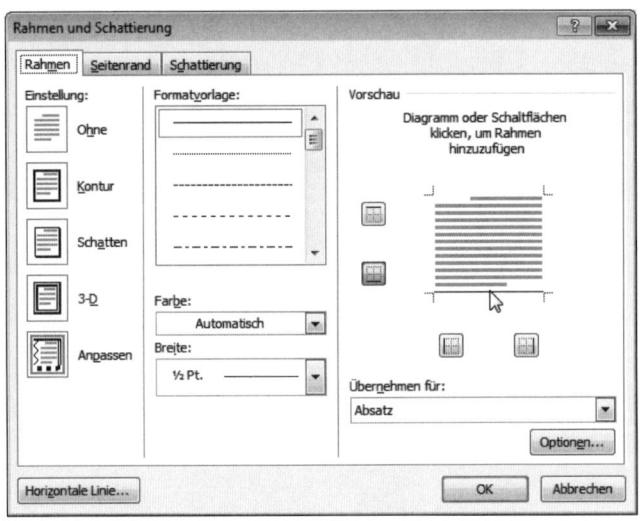

Bild 3.63: Erstellen einer Linie für eine Kopfzeile

- Falls Sie möchten, können Sie mithilfe der Schaltfläche *Optionen* den Abstand der Linie zum Text der Kopfzeile vergrößern, der standardmäßig auf 1 pt eingestellt ist.

3.5.7   Vorlagen für bzw. mit Kopf- und Fußzeilen

Legen Sie eine Kopf- oder Fußzeile an, so wird von Word automatisch die entsprechende Formatvorlage *Kopfzeile* oder *Fußzeile* zugewiesen. Es ist daher sinnvoll, diese Ihren Bedürfnissen anzupassen.

Auch wenn Sie eine Dokumentvorlage so vorbereiten, dass sie leer ist, merkt sich Word die eingefügten Kopfzeilen.

- Fügen Sie also beispielsweise für ein dreiseitiges Layout die Kopfzeilen für die erste Seite, für die gerade und ungerade Seite ein und formatieren Sie sie nach Belieben. Positionieren Sie also die benötigten Tabulatoren, definieren Sie die Linien, geben Sie die Feldfunktionen ein etc.

- Speichern Sie dann das Dokument als Dokumentvorlage.

- Löschen Sie im nächsten Schritt alle Texte aus Ihrem Dokument, speichern Sie erneut und schließen Sie die Datei.

- Öffnen Sie eine neue Datei auf der Basis der neuen Dokumentvorlage.

Zunächst ist das Dokument einseitig, aber sobald Sie eine zweite oder dritte Seite einfügen, erscheinen die Kopfzeilen mit den zuvor festgelegten Inhalten und Formatierungen.

3.5.8   Schnellbausteine für Kopf- und Fußzeilen

Haben Sie eine eigene Kopfzeile eingerichtet, können Sie sie als Schnellbaustein speichern. Das hat den Vorteil, dass sie so auch in einem anderen Dokument schnell zur Verfügung gestellt werden kann. Man könnte sie zwar kopieren und so von einem auf ein anderes Dokument (oder auf einen anderen Abschnitt) übertragen, aber ist sie als Schnellbaustein gespeichert, geht es einfacher.

3.5.8.1   Kopfzeile als Schnellbaustein anlegen

Möchten Sie die mit Feldfunktionen und Formatierungen fertig vorbereitete Kopfzeile als Schnellbaustein anlegen, verfahren Sie so:

- Markieren Sie die Kopfzeile.

- Wählen Sie dann auf der Registerkarte *Einfügen* oder auf der Registerkarte *Entwurf* die Schaltfläche *Kopfzeile* an und

- klicken Sie im Menü zur Schaltfläche auf *Auswahl im Kopfzeilen-Katalog speichern.*

Sie aktivieren folgendes Dialogfeld, in das Sie den Namen für Ihren neuen Baustein eingeben. Wählen Sie als *Katalog* den Eintrag *Kopfzeilen* aus, vergeben Sie eine Beschreibung und legen Sie dann fest, ob Sie diesen Baustein in

Ihrer Dokumentvorlage oder in den so genannten *Building Blocks* auf Ihrem Rechner speichern möchten. Die Dokumentvorlage *Building Blocks* ist eine von Microsoft angelegte Datei, die alle möglichen Bausteine enthält. Das können Kopf- oder Fußzeilen sein, Deckblätter, Tabellen oder Formeln und einiges mehr. Zu Building Blocks lesen Sie weitere Informationen im Abschnitt 2.8.

Bild 3.64: Eine Kopfzeile als Schnellbaustein speichern

3.5.8.2 Kopfzeile als Schnellbaustein einfügen

Einen Schnellbaustein fügen Sie ein, indem Sie

- die Registerkarte *Einfügen* auswählen,

- auf die Schaltfläche *Schnellbausteine* klicken und

- im Katalog den gewünschten Schnellbaustein auswählen.

3.6 Fuß- und Endnoten

Fuß- und Endnoten dokumentieren Quellen und Literatur; sie enthalten Bemerkungen, Erläuterungen und weiterführende Hinweise, die nicht unmittelbar in den Text gehören. Fußnoten werden auf den jeweiligen Seiten, auf denen ein entsprechender Verweis steht, unten eingefügt, wohingegen Endnoten entweder am Ende eines Kapitels oder am Ende einer Arbeit eingefügt sind. Fuß- und Endnoten werden in der Regel durchnummeriert.

Ob man Fuß- oder Endnoten verwendet oder nicht, hängt in erster Linie vom Fachbereich ab, dem man angehört. Während viele Naturwissenschaftler normalerweise keine Fußnoten verwenden, halten sie Juristen, Geisteswissenschaftler und Ökonomen oft für unerlässlich.

3.6.1 Fuß- oder Endnoten einfügen

Der Umgang mit Fuß- oder Endnoten ist in Word im Gegensatz zum früheren Tippen mit der Schreibmaschine zum Kinderspiel geworden.

■ Wählen Sie die Registerkarte *Verweise* aus und klicken Sie auf die Schaltfläche *Fußnote einfügen*. Alternativ können Sie auch die Tastenkombination [Strg]+[alt]+[F] zum Einfügen einer Fußzeile verwenden.

Dadurch fügt Word hinter Ihrem Text eine hochgestellte Zahl ein und zeigt Ihnen automatisch den Fußnotenbereich an, so dass Sie direkt die Fußnote eintippen können.

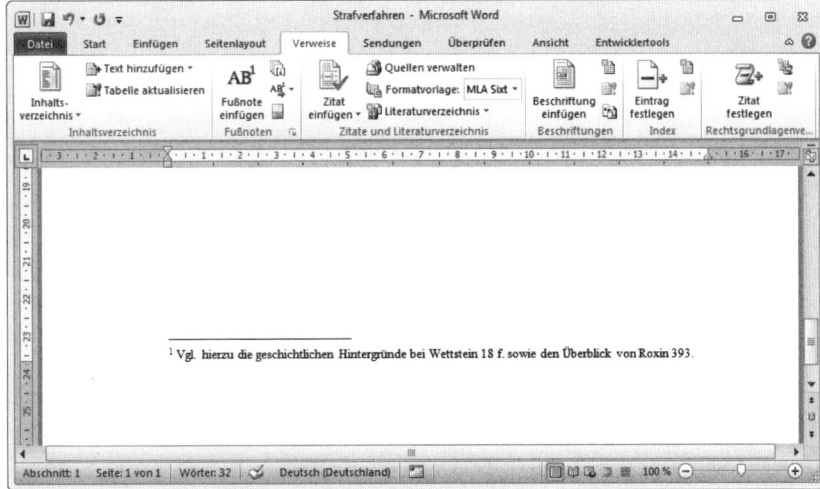

Bild 3.65: Fußnote in der Seitenlayoutansicht

Mehr Übersicht bietet Ihnen die Entwurfsansicht. Klicken Sie am einfachsten in der Statuszeile auf die Schaltfläche *Entwurf*. Wechseln Sie danach auf die Registerkarte *Verweise* und klicken Sie auf die Schaltfläche *Notizen anzeigen*.

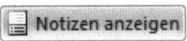

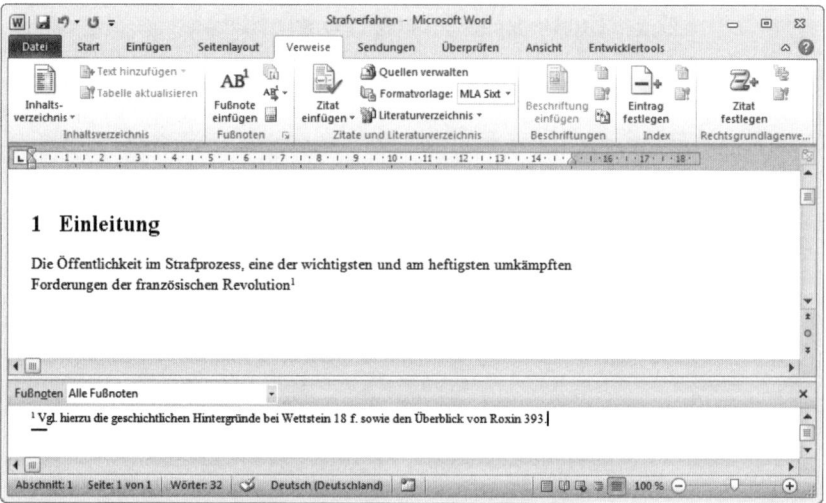

Bild 3.66: Fußnote in der Entwurfsansicht

Werden weitere Fußnoten eingefügt, wird automatisch weiter nummeriert. Im Fenster der Fußnoten werden alle bisher erstellten angezeigt.

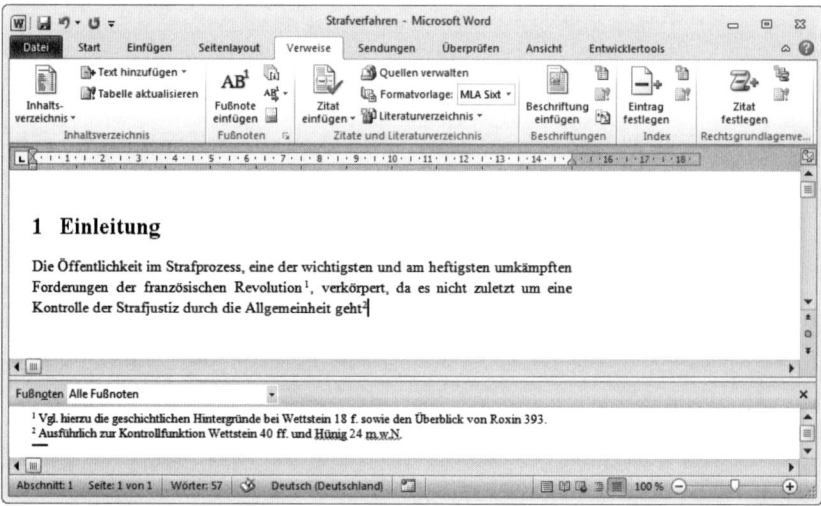

Bild 3.67: Zweite Fußnote in der Entwurfsansicht

Mit den Bildlaufleisten am rechten Rand des Fußnotenbereiches können Sie den dargestellten Ausschnitt verschieben. Wenn Sie den Cursor auf die Begrenzung zwischen Fußnotenbereich und Textfenster setzen, können Sie die Fenster auch vergrößern oder verkleinern.

Haben Sie Fuß- und Endnoten erstellt, werden sie in zwei verschiedenen Fenstern angezeigt und mit unterschiedlichen Zahlenformatierungen nummeriert. Die Standardeinstellung sieht vor, dass Fußnoten mit arabischen, Endnoten mit römischen Zahlen gezählt werden. Im folgenden Bild wird gezeigt, wie Sie aus dem Fenster der Fußnoten in das Fenster der Endnoten wechseln können. (Der Eintrag *Alle Endnoten* erscheint nur dann im Drop-down-Menü, wenn Ihr Text mindestens eine Endnote aufweist.)

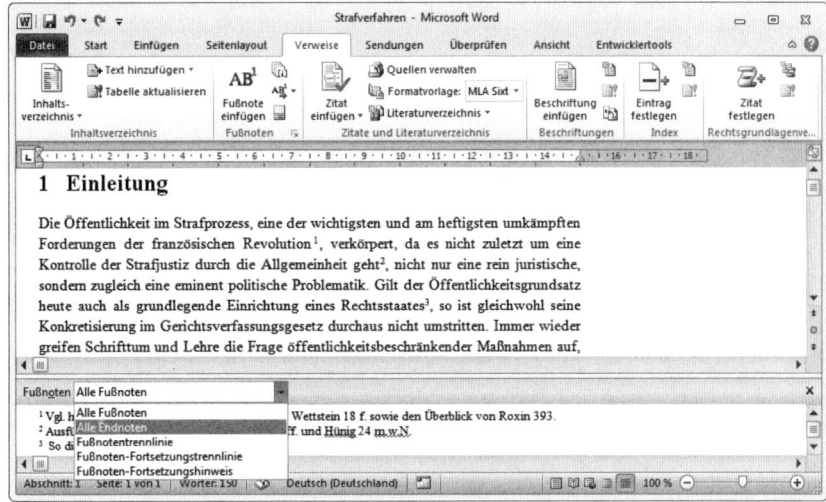

Bild 3.68: Wechsel zwischen Fuß- und Endnotenfenster

In der hier verwendeten Entwurfsansicht werden die eingefügten Fußnoten nicht im Text angezeigt, sondern nur im Fußnotenbereich. Word rechnet allerdings bei der Anzeige des Seitenumbruchs die eingefügten Fußzeilen automatisch mit ein. Möchten Sie Ihre Seite mit Fußnoten sehen, wechseln Sie zurück in die Seitenlayoutansicht (siehe Bild 3.69).

Möchten Sie nicht fortlaufend, sondern seiten- oder abschnittsweise nummerieren, oder eine andere Formatierung der Fußnoten verwenden, klicken Sie auf der Registerkarte *Verweise* in der Gruppe *Fußnoten* auf das Startfeld, um das Dialogfeld *Fuß- und Endnote* (siehe Bild 3.70) zu aktivieren.

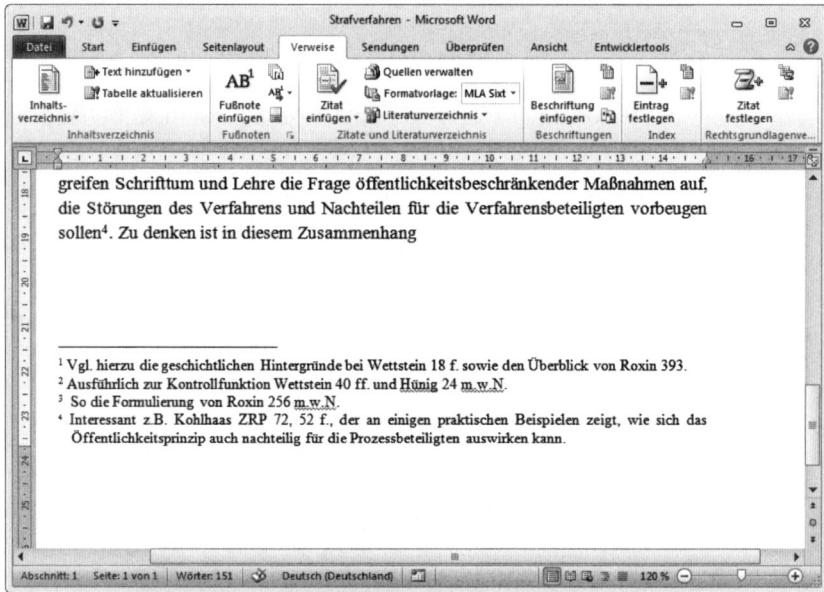

Bild 3.69: Fußnoten in der Seitenlayoutansicht

Bild 3.70: Zum Einrichten von Fuß- oder Endnoten

Das Dialogfeld erlaubt mit der gleichnamigen Schaltfläche das Konvertieren von Fuß- zu Endnoten und umgekehrt (siehe dazu den Abschnitt 3.6.2.9).

Im Bereich darunter können Sie die Formatierung festlegen. Fußnoten werden standardmäßig mit hochgestellten verkleinerten arabischen Zahlen[1] nummeriert. Früher wurden Fußnoten oft nicht mit Ziffern gezählt, sondern es

---

[1]   Nummerierung für Fußnoten, die mit der Standardeinstellung eingefügt wurden.

wurden ein*, zwei** und drei*** Sternchen, dann ein Kreuz + usw. zur Kennzeichnung verwendet. Diese Möglichkeit besteht im Prinzip auch heute noch. Allerdings wird das Bezeichnungssystem bei vielen Fußnoten schnell unübersichtlich.

Darunter können Sie in Bild 3.70 festlegen, ob die Nummerierung bei 1 oder einer anderen Zahl beginnen soll, ob Sie das gesamte Dokument durchnummerieren, oder abschnittsweise bzw. seitenweise nummerieren möchten.

3.6.2 Mit Fußnoten/Endnoten arbeiten

Fußnoten können gelöscht, verschoben und direkt angesprungen werden. Zudem ist das Formatieren von Fußnotentexten und -zeichen möglich. Auch wenn hier nur von Fußnoten die Rede ist, verläuft das Arbeiten mit Endnoten entsprechend. Der einzige Unterschied bezieht sich auf die Lage einer Fuß- oder Endnote.

3.6.2.1 Fußnotentext zu einem Fußnotenzeichen lesen

Möchten Sie den Text zu einem bestimmten Fußnotenzeichen lesen, stellen Sie Ihren Cursor zum Fußnotenzeichen. Dadurch zeigt Word ein Rechteck mit dem dazugehörenden Fußnotentext an.

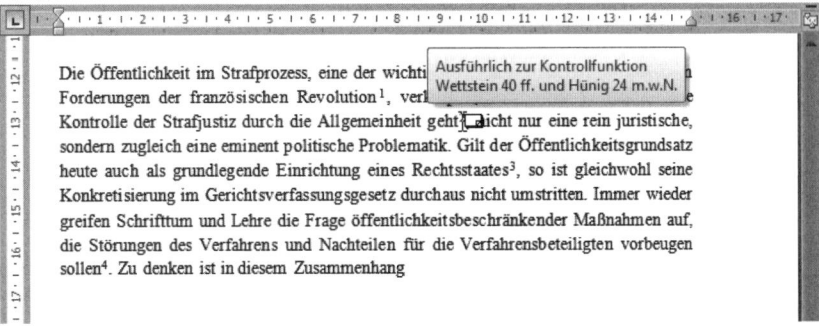

Bild 3.71: Darstellung des Inhalts einer Fußnote

3.6.2.2 Fußnotentext zu einem Fußnotenzeichen editieren

Arbeiten Sie in der Entwurfsansicht und möchten Sie den Text zu einem bestimmten Fußnotenzeichen bearbeiten,

---

* Früher oft verwendete Form, die erste Fußnote einer Seite zu kennzeichnen.
** Früher oft verwendete Form, die zweite Fußnote einer Seite zu kennzeichnen.
*** Früher oft verwendete Form, die dritte Fußnote einer Seite zu kennzeichnen.

■ markieren Sie das Fußnotenzeichen und

■ klicken Sie es dann mit einem Doppelklick an oder wählen Sie den Befehl *Notizen anzeigen* aus. Damit öffnen Sie das Fenster der Fußnoten und die Einfügemarke blinkt direkt vor dem aktuellen Fußnotentext.

Arbeiten Sie in der Seitenlayoutansicht, so können Sie sich entweder mit dem Bildlaufbalken nach unten zum Ende der Seite bewegen oder Sie doppelklicken ebenfalls auf das Fußnotenzeichen.

3.6.2.3 Fußnoten löschen

Sie löschen eine Fußnote, indem

■ Sie das Fußnotenzeichen, also die kleine Zahl im Text, zunächst markieren und

■ dann mithilfe der [Entf]-Taste löschen.

Mit dem Fußnotenzeichen im Text verschwindet auch der eingegebene Fußnotentext. Zudem werden alle danach auftretenden Nummern aktualisiert.

3.6.2.4 Fußnoten verschieben oder kopieren

Sie verschieben bzw. kopieren eine Fußnote, also sowohl das Fußnotenzeichen als auch den Fußnotentext, indem

■ Sie das Fußnotenzeichen markieren und

■ es mit [Strg]+[X] oder dem Befehl *Ausschneiden* im Kontextmenü ausschneiden. Zum Kopieren verwenden Sie die Tastenkombination [Strg]+[C] oder *Kopieren* im Kontextmenü.

■ Stellen Sie dann die Einfügemarke an die Stelle, an der die Fußnote eingefügt werden soll, und

■ fügen Sie sie mit [Strg]+[V] oder *Einfügen* im Kontextmenü ein.

Damit aktualisiert Word automatisch alle betroffenen Nummern sowie die Reihenfolge der Fußnotentexte im Fußnotenfenster. Ebenso steht es Ihnen natürlich frei, »Drag and Drop« zu verwenden, also direkt mit der Maus durch Ziehen und Verschieben der Markierung zu kopieren bzw. zu verschieben.

3.6.2.5 Von Fußnote zu Fußnote springen

Möchten Sie sich die Stellen mit den Fußnoten in Ihrem Text der Reihe nach ansehen, so verwenden Sie dazu die Schaltfläche *Nächste Fußnote*.

3.6.2.6 Springen zu eingefügten Fußnoten

Sie können in Ihrem Dokument auch zu einer bestimmten Fußnote springen, falls Sie deren Nummer kennen. Aktivieren Sie dazu auf der Registerkarte *Start* über die Schaltfläche *Suchen* den Befehl *Gehe zu* oder verwenden Sie die Tastenkombination (Strg)+(G), um das folgende Dialogfeld zu aktivieren. Wählen Sie links im Auswahlfeld *Fußnote* oder *Endnote* aus und geben Sie dann rechts die Nummer der Fuß- oder Endnote ein.

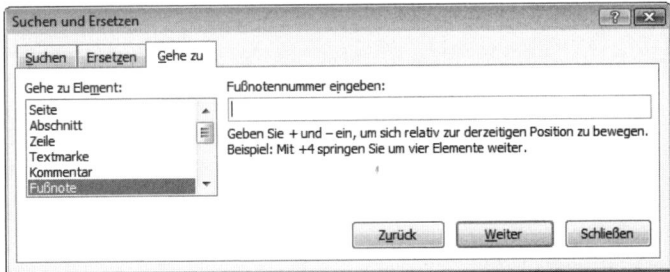

Bild 3.72: Zu einer Fußnote springen

Mit den Zeichen + oder - können Sie von der aktuellen Position der Einfügemarke aus zum nächsten bzw. vorherigen Fußnotenzeichen springen.

Auch die Schaltfläche *Browseobjekt auswählen* (Kreis auf der links dargestellten Leiste) auf der Bildlaufleiste rechts unten ermöglicht das gezielte Anspringen verschiedener Objekte in einem Word-Text. Klicken Sie die Schaltfläche an und selektieren Sie das Feld mit dem Fußnotenzeichen, wie in folgendem Bild. Verwenden Sie nun die Doppelpfeile auf der Bildlaufleiste zum Springen, die über und unter der Schaltfläche *Browseobjekt auswählen* zu finden sind, werden nacheinander alle Fußnoten in Ihrem Text angesprungen.

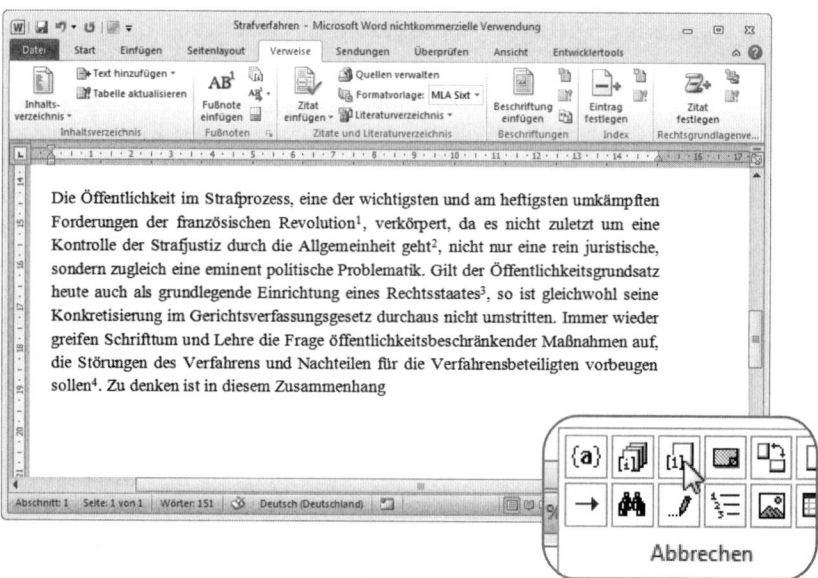

Bild 3.73: Nach Fußnoten durchsuchen

3.6.2.7 Auf Fußnoten verweisen

Möchten Sie in Ihrem Dokument auf eine Fußnote verweisen, können Sie im Dokument oder in einem Fußnotentext einen Querverweis auf die entsprechende Fußnote einfügen.

- Positionieren Sie zunächst die Einfügemarke an der Stelle, an der der Verweis aufgenommen werden soll, und

- schreiben Sie den zum Verweis gehörenden Text.

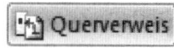

- Aktivieren Sie die Registerkarte *Einfügen* und klicken Sie auf die Schaltfläche *Querverweis*. Sie rufen damit das in folgendem Bild dargestellte Dialogfeld auf.

- Wählen Sie nun im Auswahlfenster unter *Verweistyp* die Option *Fußnote* aus.

- Unter *Verweisen auf* können Sie festlegen, ob der Verweis auf das Fußnotenzeichen oder die Seitenzahl gehen soll, auf der die entsprechende Fußnote eingefügt ist.

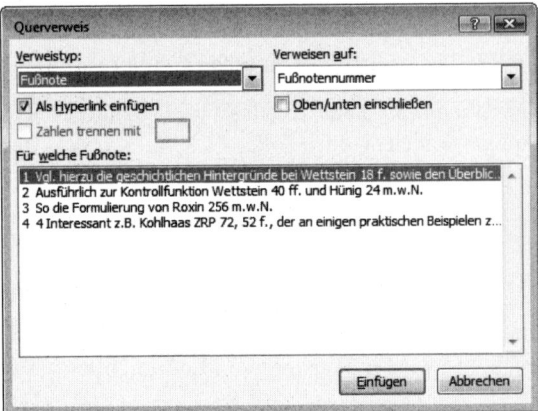

Bild 3.74: Verweis auf Fußnote einfügen

■ Unten sind die eingefügten Fußnoten zu sehen. Selektieren Sie die Fußnote, auf die verwiesen werden soll. Es besteht die Möglichkeit, den Verweis als Hyperlink einzufügen. Das hat den Vorteil, dass beim Anklicken
des Verweises Word automatisch zum entsprechenden Fußnotenzeichen
springt.

■ Wählen Sie danach die Schaltfläche *Einfügen*, um das Fußnotenzeichen
oder die Seitenzahl im Dokument einzusetzen.

3.6.2.8 Fußnotentext und -zeichen formatieren

Vielleicht ist Ihnen bereits aufgefallen, dass Fußnotenzeichen und Fußnotentexten automatisch gleichnamige Formatvorlagen zugewiesen wurden. Für
Fußnotenzeichen wurde eine Zeichenformatvorlage definiert, für Fußnotentexte eine verknüpfte Formatvorlage.

Falls die Formatvorlagen nicht im Aufgabenbereich angezeigt werden, klicken Sie unten im Aufgabenbereich auf den Link *Optionen*. Wählen Sie im
Dialogfeld unter *Anzuzeigende Formatvorlagen auswählen* im Kombinationsfeld *Alle Formatvorlagen* aus.

Möchten Sie innerhalb des Fußnotentextes bestimmte Zeichenformatierungen vornehmen, so gehen Sie dabei so vor wie sonst auch innerhalb Ihres Dokuments. Sie können Fußnotentext beliebig bearbeiten und formatieren.

Dasselbe gilt für das Fußnotenzeichen, das im Dialogfeld *Schriftart* als *Hochgestellt* formatiert wurde.

Möchten Sie festlegen, dass alle einzufügenden Fußnotenzeichen und/oder
Fußnotentexte ein bestimmtes Format erhalten sollen, verändern Sie die Formatvorlagen.

3.6.2.9 Fußnoten in Endnoten umwandeln

Fußnoten lassen sich sehr einfach in Endnoten umwandeln und umgekehrt.

- Markieren Sie zunächst das Fuß-/Endnotenzeichen der Fuß-/Endnote, die umgewandelt werden soll.

- Klicken Sie es mit Doppelklick an und

- aktivieren Sie im Fußnotenfenster das Kontextmenü.

- Selektieren Sie darin die Option *In Endnoten umwandeln*.

Dadurch verschwindet nun beispielsweise die Fußnote aus dem Fußnotenbereich und wird im Weiteren im Endnotenbereich als Endnote angezeigt.

Möchten Sie alle Fußnoten in Endnoten umwandeln, so klicken Sie auf das
Startfeld der Gruppe *Fußnoten* auf der Registerkarte *Verweise*. Im Dialogfeld
können Sie mithilfe der Schaltfläche *Konvertieren* die Umwandlung aller
Fuß- in Endnoten oder umgekehrt vornehmen. Sie können dort aber auch
alle Fuß- und Endnoten vertauschen.

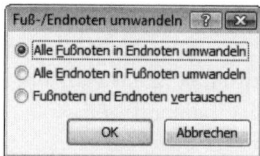

Bild 3.75: Umwandeln von Fuß- und Endnoten

Kapitel 4

Tabellen

4.1 Tabellen einfügen

Tabellen werden verwendet, um eine größere Menge von Daten übersichtlich darzustellen. Dieses Kapitel beschreibt, wie Sie Tabellen erstellen, formatieren, aber auch wie Sie in Tabellen sortieren und rechnen können. Zu einer Tabelle gehört eine Tabellenüberschrift, die eine Nummerierung und eine Beschreibung enthält, die ihren Inhalt möglichst knapp wiedergibt. Manchmal wird unter der Tabelle zudem ihre Quelle angegeben.

Es stehen Ihnen verschiedene Wege offen, eine Tabelle in Ihr Dokument einzufügen. Alle Möglichkeiten sind über die Schaltfläche *Tabelle* auf der Registerkarte *Einfügen* auszuwählen. Klicken Sie auf die Schaltfläche, öffnet sich ein Menü, das ein Raster enthält, mit dessen Hilfe leicht eine Tabelle in der gewünschten Größe eingefügt werden kann, sowie weitere Möglichkeiten, eine Tabelle zu definieren.

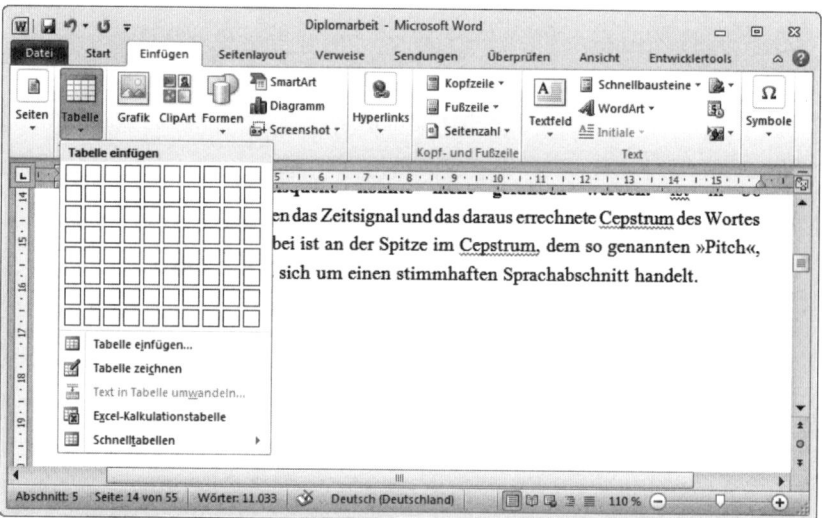

Bild 4.1: Raster zum Einfügen einer Tabelle

Am schnellsten fügen Sie eine Tabelle über das Raster ein: Markieren Sie einfach so viele Zeilen und Spalten, wie Ihre Tabelle enthalten soll (siehe Abschnitt 4.1.1).

Zudem lässt sich eine Tabelle mithilfe des Befehls *Tabelle einfügen* erstellen. Sie öffnen so ein Dialogfeld (siehe Abschnitt 4.1.2), das Ihnen einige Einstellungsvarianten ermöglicht. Als weitere Variante besteht die Möglichkeit, eine Tabelle zu »zeichnen«. Diese Variante halten wir zum Neuerstellen einer Tabelle für nicht besonders geeignet. Sie ist u. U. aber sinnvoll, um bestehende Tabellen zu verändern. Des Weiteren finden Sie in diesem Menü die Möglichkeit, über *Schnelltabellen* fertig formatierte Tabellen anzulegen oder einzufügen.

4.1.1 Tabellen intuitiv einfügen

Verfahren Sie zum Erstellen einer Tabelle einfach nach folgender Liste:

- Klicken Sie die Stelle an, an der Sie eine Tabelle einfügen möchten.

- Klicken Sie dann mit Ihrem Mauszeiger auf die Schaltfläche *Tabelle* (Registerkarte *Einfügen*). Damit wird ein Fenster mit einem Raster angezeigt, das in Bild 4.2 dargestellt ist.

- Markieren Sie mit gedrückter Maustaste in diesem Raster so viele Zeilen und Spalten, wie Sie in Ihrer Tabelle benötigen.

- Lassen Sie die Maustaste los, wird eine Tabelle mit der von Ihnen festgelegten Anzahl von Feldern in Ihrem Text an der Stelle der Einfügemarke angelegt.

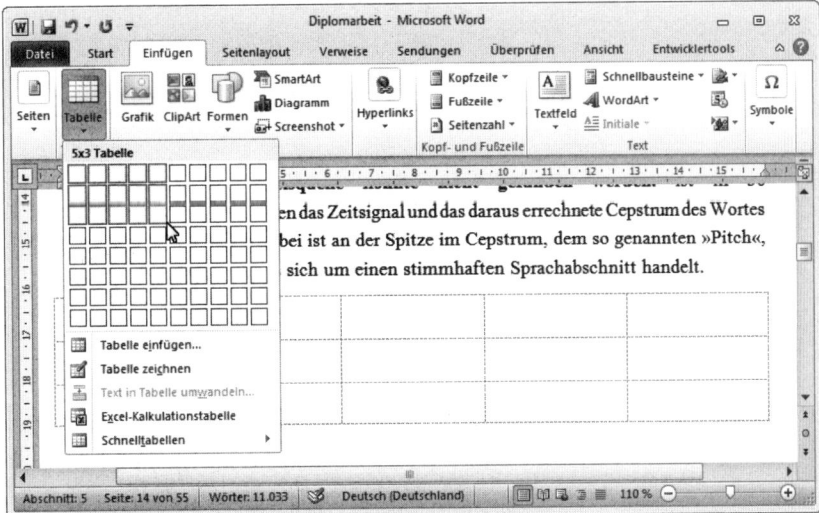

Bild 4.2: Einfügen einer Tabelle mit fünf Spalten und drei Zeilen

Größe der Tabelle   Mithilfe des Rasters können Sie Tabellen erstellen, die maximal acht Zeilen und zehn Spalten beinhalten. Soll Ihre Tabelle größer sein, so verwenden Sie das Dialogfeld *Tabelle einfügen* (siehe nächster Abschnitt).

4.1.2   Tabellen mithilfe des Dialogfeldes einfügen

Die zweite Methode, eine Tabelle zu erstellen, verwendet den Befehl *Tabelle einfügen* im Menü zu *Tabelle*. In dem dadurch geöffneten Dialogfeld können Sie eintragen, wie groß Ihre Tabelle werden soll.

Bild 4.3: Dialogfeld zum Einfügen einer Tabelle

Legen Sie hier auch die Breite der Spalten fest. Standardmäßig wird die Spaltenbreite *Auto* verwendet. Damit passt Word die Tabelle automatisch so ein, dass sie den maximal zur Verfügung stehenden Platz zwischen den Randbegrenzungen der Seite nutzt. Je nachdem, wie viele Spalten Sie angegeben haben, werden diese entsprechend in der Breite dimensioniert. Anstelle von *Auto* können Sie hier auch Angaben in cm machen, um eine bestimmte Spaltenbreite festzulegen. Es besteht zudem die Möglichkeit, über die zweite Option die Breite der Spalten jeweils an den breitesten Inhalt in einer Spalte anzupassen. Die Aktivierung von *Abmessungen für neue Tabellen speichern* garantiert ein einheitliches Aussehen der Tabellen.

4.1.3   Text eingeben und mit Tabellen arbeiten

Die Tabelle, die Sie nun in Ihren Text eingefügt haben, wird mit einer einfachen Linie dargestellt. Werfen Sie einen Blick auf das Lineal, so stellen Sie fest, dass auch dieses in mehrere Zellen unterteilt ist, die die Breite der Spalten angeben.

Zudem wurden unter dem Begriff *Tabellentools* zwei neue Registerkarten eingeblendet: *Entwurf* und *Layout*. Sie enthalten Befehle zum Erstellen und Bearbeiten sowie zum Formatieren von Tabellen.

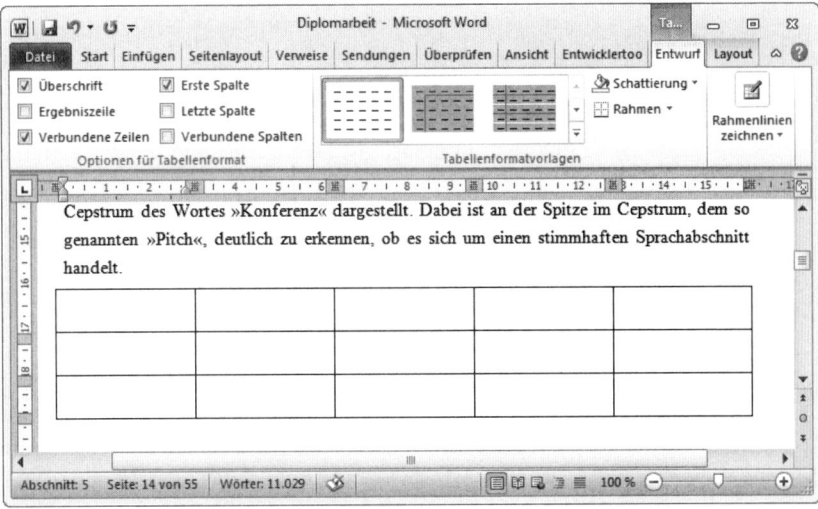

Bild 4.4: Eingefügte Tabelle

Sie können sich in jeder Zelle eine Zellenendemarke anzeigen lassen, die
nicht gedruckt wird, beispielsweise um Leerzeichen zu finden, die zu viel eingefügt wurden. Das Ein- und Ausschalten der Zellenendemarken regelt die
Schaltfläche *Alle anzeigen* auf der Registerkarte *Start*.

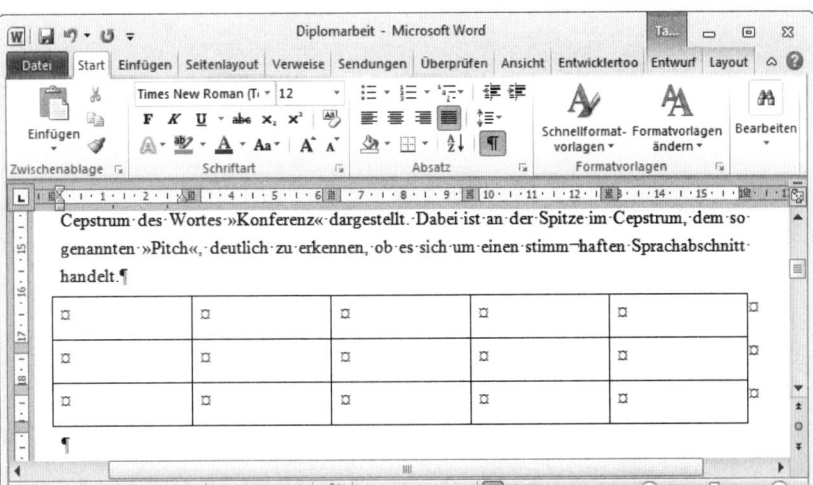

Bild 4.5: Eingefügte Tabelle mit Zellenendemarken

Nach dem Erstellen einer Tabelle blinkt die Einfügemarke bereits erwar-
tungsvoll in der ersten Zelle. Sie können nun einfach Text oder Zahlen
eintippen.

Um in die nächste Zelle zu springen,

- verwenden Sie entweder die Pfeiltasten oder

- bewegen Sie sich horizontal in der Tabelle mit der ⌨-Taste sowie mit der Tastenkombination ⌨+⌨ in die entgegengesetzte Richtung.

Verwenden Sie nicht die Eingabetaste, um die Zelle zu wechseln, da damit eine neue Zeile innerhalb einer Zelle eingefügt wird.

4.1.4 Tabelle vervollständigen

Das nächste Bild stellt eine Tabelle mit den im Folgenden verwendeten Bezeichnungen dar. Es zeigt, dass zu einer Tabelle eine Tabellenüberschrift gehört, die in der Regel über einer Tabelle steht. Sie sollte die Kategorie, also das Wort »Tabelle«, enthalten sowie eine laufende Nummer und Text, der den Inhalt der Tabelle charakterisiert. An das Ende einer Tabellenüberschrift gehört unserer Meinung nach nur dann ein Punkt, wenn es sich bei dem Text um einen vollständigen Satz handelt.

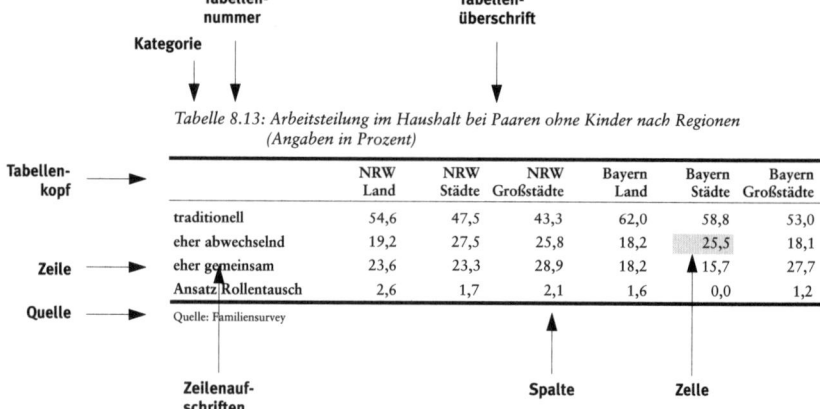

Bild 4.6: Tabelle mit Bezeichnungen

Nummerieren Sie bitte niemals eine Tabelle in Word mit der Hand! Löschen Sie später in Ihrer Arbeit eine der Tabellen oder stellen Sie Textteile um, müssen Sie nämlich die Nummerierung der Tabellen »per Hand« ändern. Schwieriger wird es sogar noch, alle Verweise auf Tabellen zu suchen und anzupassen. Wir haben im Kapitel 3 im Abschnitt »Nummerierung und Querverweise« beschrieben, wie Sie Tabellen nummerieren lassen können. Hilfreich ist hier auch wieder die Dokumentvorlage *WissArbeit*, die eine Tabellenüberschrift mit Nummerierung per Mausklick zur Verfügung stellt.

Es ist sinnvoll, für eine Tabellenüberschrift eine Formatvorlage mit einem hängenden Einzug zu verwenden, wie es Bild 4.6 zeigt. Damit erreichen Sie, dass die zweite sowie weitere Zeilen unter dem Beginn des eigentlichen Textes der ersten Zeile anfangen. In den mitgelieferten Dokumentvorlagen sind die Formatvorlagen für Tabellenüberschriften – hier mit Tabellenbeschriftung bezeichnet – bereits entsprechend eingerichtet.

Möchten Sie in einer Tabellenüberschrift einen Zeilenumbruch erzwingen, verwenden Sie dazu anstelle eines einfachen ⏎ ein weiches Return, das Sie mit der Tastenkombination ⇧+⏎ einfügen können. Damit wird eine neue Zeile, nicht aber ein neuer Absatz begonnen. Das hat den Vorteil, dass in der Tabellenüberschrift nicht das Absatzformat mit einem festgelegten vergrößerten Abstand zu anderen Absätzen verwendet wird, sondern alle Zeilen im gleichen Zeilenabstand voneinander stehen.

Zeilenumbruch in Tabellenüberschrift im Blocksatz Wurde Ihre Tabellenüberschrift im Blocksatz formatiert und Sie fügen einen Zeilenumbruch mit der Tastenkombination ⇧+⏎ ein, so formatiert Word auch die letzte Zeile vor dem weichen Umbruch im Blocksatz. Das ist in der Regel sehr unschön, da große Löcher zwischen den einzelnen Wörtern entstehen. Sie können sich mit einem Tabstopp behelfen: Tippen Sie auf die ⭾-Taste und definieren Sie dann einen weichen Zeilenumbruch.

4.1.5 Tabelle löschen

Sie löschen eine Tabelle, indem Sie zunächst die Einfügemarke in die Tabelle platzieren und danach auf der Registerkarte *Layout* den Befehle *Löschen* anklicken. Sie öffnen so ein Menü, das Ihnen die Auswahl ermöglicht, einzelne Zellen, Spalten, Zeilen oder die gesamte Tabelle zu löschen.

Bild 4.7: Tabelle löschen

4.2 Tabellen formatieren

Tabellen können fast beliebig formatiert werden. Dabei lassen sich sowohl die Tabelleneinträge als auch die Tabelle selbst formatieren. Dies sollte jedoch vor allem unter dem Gesichtspunkt geschehen, eine Tabelle besser lesbar zu machen.

Am einfachsten verwenden Sie eine der vorgegebenen Tabellenformatvorlagen auf der Registerkarte *Entwurf*. Sie können auch eine solche Tabellenformatvorlage um eigene Formatierungen ergänzen. Oft ist es sinnvoll, eigene Tabellenformatvorlagen anzulegen. Wie das geht, können Sie in Abschnitt 4.3 ab Seite 195 nachlesen.

In diesem Abschnitt möchten wir Ihnen zunächst zeigen, welche Möglichkeiten Word Ihnen beim Formatieren von Tabellen bietet. Sie können in Tabellen Text formatieren, die Höhe und Breite von Zeilen und Spalten variieren sowie Rahmen und Linien bearbeiten. Voraussetzung für jeden Formatiervorgang ist das vorherige Markieren des Bereichs, der formatiert werden soll.

4.2.1 Markieren in Tabellen

Wir werden Ihnen in diesem Abschnitt zeigen, wie Sie einzelne Zellen, aber auch ganze Zeilen oder Spalten markieren können.

4.2.1.1 Markieren einer Zelle

Um eine Zelle zu markieren, schieben Sie den Mauszeiger an den linken Rand der Zelle, die Sie markieren möchten, so wie es das folgende Bild darstellt. Erst wenn sich Ihr Cursor in einen Pfeil nach rechts umwandelt, klicken Sie die Zelle an.

Einmal klicken

Bild 4.8: Markieren einer Zelle

Halten Sie die Maustaste betätigt und ziehen Sie die Maus nach rechts oder links, nach oben oder unten, um weitere Zellen zu markieren.

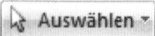

Alternativ finden Sie auf der Registerkarte *Layout* die Schaltfläche *Auswählen*. Klicken Sie darauf und wählen Sie dann im Menü beispielsweise *Zelle auswählen* aus, um die aktuelle Zelle der Tabelle zu selektieren.

4.2.1.2 Markieren von Zeilen

Sie können eine komplette Zeile der Tabelle auf einmal markieren, indem Sie den Mauszeiger vor die entsprechende Zeile stellen, wie es das folgende Bild demonstriert. Klicken Sie mit dem Mauszeiger in der Form eines Pfeils nach rechts die entsprechende Zeile an.

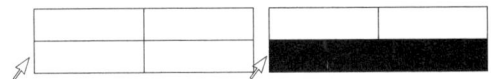

Einmal klicken

Bild 4.9: Markieren einer Zeile

Sie können auch mit dem in Bild 4.8 dargestellten Mauszeiger eine Zelle doppelt anklicken, um die gesamte Zeile zu markieren.

Möchten Sie mehrere Zeilen markieren,

- markieren Sie die erste Zeile,

- halten die Maustaste gedrückt und

- ziehen nach unten, wie es das folgende Bild zeigt.

**Klicken und
runter ziehen**

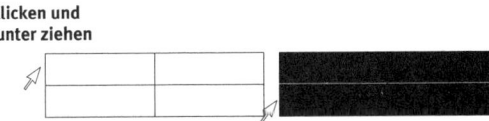

Bild 4.10: Zwei Zeilen markieren

Klicken Sie alternativ auf die Schaltfläche *Auswählen* (Registerkarte *Layout*) und wählen Sie dann im Menü *Zeile auswählen*, um die Zeile mit der aktuellen Zelle zu markieren. Haben Sie zwei oder mehrere untereinander liegende Zellen selektiert, so markiert dieser Befehl die gesamten dazugehörenden Zeilen.

4.2.1.3 Markieren von Spalten

Sie wählen eine Spalte an, indem Sie den Mauszeiger über einer Spalte so platzieren, dass er sich in einen schwarzen, nach unten zeigenden Pfeil verwandelt, wie Sie es im folgenden Bild sehen können. Klicken Sie dann die Spalte an.

Einmal klicken

Bild 4.11: Markieren einer Spalte

Sollen mehrere Spalten markiert werden, selektieren Sie die erste Spalte, halten die Maustaste gedrückt und ziehen dann nach rechts oder links. Achten Sie dabei darauf, dass Sie beim Markieren entweder ganz links oder ganz rechts beginnen, da Sie nur in eine Richtung ziehen können. Ziehen Sie in die Gegenrichtung, wird die Markierung automatisch wieder aufgehoben.

**Klicken und
rüber ziehen**

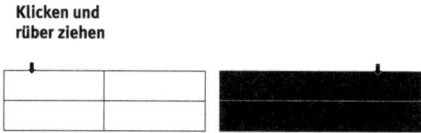

Bild 4.12: Zwei Spalten markieren

Oder klicken Sie auf die Schaltfläche *Auswählen* (Registerkarte *Layout*) und wählen Sie dann im Menü *Spalte auswählen* aus, um die Spalte mit der aktuellen Zelle zu markieren. Haben Sie zwei oder mehrere nebeneinander angeordnete Zellen selektiert, so markiert dieser Befehl die gesamten dazugehörenden Spalten.

4.2.1.4 Markieren der gesamten Tabelle

Sie können die gesamte Tabelle markieren, indem Sie eine Randzeile oder -spalte markieren und dann durch Ziehen des Mauszeigers die Markierung auf die gesamte Tabelle ausweiten. Bei großen Tabellen ist sicher der Befehl *Auswählen/Tabelle auswählen* schneller. Alternativ können Sie auch auf den 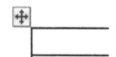 Verschiebepunkt links oben an der Tabelle klicken.

4.2.2 Tabelleneinträge kopieren und verschieben

Möchten Sie Einträge einer Tabelle kopieren und beispielsweise in eine andere Tabelle einfügen,

- markieren Sie zunächst die Zellen der zu kopierenden Einträge und

- kopieren Sie sie mit der Tastenkombination (Strg)+(C).

- Platzieren Sie den Mauszeiger in der anderen Tabelle in die Zelle, die der linken oberen Zelle des einzufügenden Bereichs entspricht.

- Verwenden Sie zum Einfügen des kopierten Bereichs die Tastenkombination (Strg)+(V).

Verfahren Sie zum Verschieben ebenso. Verwenden Sie anstelle der Tastenkombination zum Kopieren die Tasten ⌜Strg⌟+⌜X⌟ zum Ausschneiden der markierten Zellen.

4.2.3 Tabellen formatieren

Für Tabellen lassen sich ebenso wie für den restlichen Text Zeichen- und Absatzformate festlegen, aber auch die Rahmen lassen sich nach Belieben formatieren. Verwenden Sie viele ähnliche Tabellen, ist es sinnvoll, Formatvorlagen für Tabellen zu verwenden, die im Abschnitt »Tabellenformatvorlagen« ab Seite 195 beschrieben werden.

4.2.3.1 Zeichenformat

Falls Sie viele große Tabellen verwenden, können Sie überlegen, ob Sie die Zeichengröße um einen oder einen halben Punkt kleiner wählen als den restlichen Text. Möchten Sie Ihre Tabelle abheben, besteht die Möglichkeit, sie mit einer anderen Schriftart zu versehen. Verwenden Sie beispielsweise eine serifenlose Schrift für Überschriften, können Sie dieselbe Schrift auch in einer kleineren Größe in Tabellen verwenden. Verwenden Sie aber nicht zu viele verschiedene Schriften, denn Ihre Arbeit sollte nicht zum Schriften-Sammelsurium werden.

4.2.3.2 Absatzformat

Oft ist das Absatzformat für den Standardtext in einer Dokumentvorlage 1,5-zeilig eingestellt. Zudem wird vor und nach jedem Absatz ein gewisser Abstand erzwungen. Diese Abstände werden auch für die einzelnen Zeilen bei Tabellen eingehalten.

Vor allem, wenn in der Absatzvorlage nur ein Abstand hinter dem Absatz festgelegt wurde, sieht das nicht schön in einer Tabelle aus, wie es das folgende Bild links demonstriert. Vielmehr wäre es schön, einen kleineren Abstand zwischen den einzelnen Zeilen zu erreichen und einen gleich großen Abstand vom Text nach oben wie nach unten.

	NRW	Bayern
über 55	55,9%	75,4%
unter 55	43,6%	56,9%

	NRW	Bayern
über 55	55,9%	75,4%
unter 55	43,6%	56,9%

1,5-zeiliger Zeilenabstand
Abstand nach Absatz

1-zeiliger Zeilenabstand
Abstand vor & nach Absatz gleich

Bild 4.13: Links Abstände nach dem Absatz, rechts gleicher Abstand vor und nach jedem Absatz

Aus diesem Grund ist es sinnvoll, die Tabelle mit einem einfachen Zeilenab-
stand zu versehen. Sie können das für eine Tabelle per Hand festlegen,
verwenden Sie mehrere Tabellen, sollten Sie diese Einstellung in der von
Ihnen definierten Tabellenformatvorlage entsprechend einrichten. Damit die
Zeilen nicht zu sehr aufeinander kleben, kann zudem vor und nach jedem
Absatz ein 3-pt-Abstand eingestellt werden.

Des Weiteren ist es zweckmäßig, für die Tabellenüberschrift sowie für die
Tabelle selbst festzulegen, dass ihre Zeilen und Absätze nicht getrennt
werden dürfen. Damit verhindern Sie, dass die Tabelle durch einen Seitenumbruch auseinander gerissen wird.

■ Verwenden Sie dazu im *Absatz*-Dialogfeld (Registerkarte *Start*) das
  Registerblatt *Zeilen- und Seitenumbruch*.

■ Klicken Sie die Optionen *Nicht vom nächsten Absatz trennen* sowie
  Diesen Absatz zusammenhalten an.

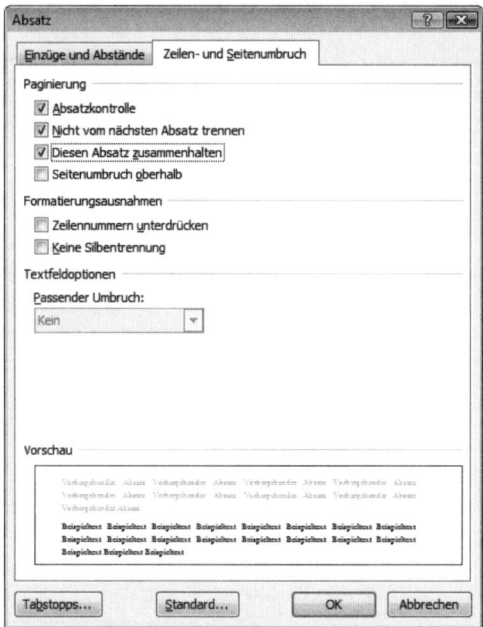

Bild 4.14: Zeilen und Absätze für Tabellenüberschriften und Tabellen nicht trennen

Mit der Option *Diesen Absatz zusammenhalten* wird kein Umbruch innerhalb eines Absatzes vorgenommen. Die Option *Nicht vom nächsten Absatz
trennen* bedeutet, dass der Absatz, für den die Option aktiviert ist, nicht vom
folgenden Absatz getrennt wird.

4.2.3.3 Rahmen und Schattierungen

Linien und Rahmen sollten in einer Tabelle in erster Linie dazu dienen, die Aussage der Tabelle schneller erfassen zu können. Natürlich kann man eine Tabelle mit Linien einfach, doppelt und gestrichelt »verschönern«. Dabei läuft man aber Gefahr, die Tabelle unnötig zu überladen, denn selten tragen viele Linien zur besseren Orientierung bei.

Oft werden nur zwei oder drei Linien als ausreichend empfunden und lösen das Karomuster vieler Tabellen ab. Im Folgenden können Sie dieselbe Tabelle zweimal mit verschiedenen Linien und Rahmen sehen. Da die Tabelle sehr klein und daher einfach zu überblicken ist, sind unserer Meinung nach in der ersten Tabelle zu viele Linien und Rahmen, die letztendlich keine verbesserte Orientierung ermöglichen.

		Menge des gefressenen Blattstücks			
		0	<1/3	1/3-2/3	>1/3
Sprühbelag	Niemöl	60	16	4	20
	Salatöl	0	0	0	100
Ölfilm	Niemöl	100	0	0	0
	Salatöl	0	0	0	100

Bild 4.15: Möglicher Rahmen für Tabelle

Wie die zweite Tabelle verdeutlicht, sind die senkrechten Striche nicht nötig, um die Spalten erkennen und lesen zu können. Die Abgrenzung der einzelnen Spalten ergibt sich aus den großen Abständen zwischen den Zahlenreihen. Ebenso halten wir bei einer Tabelle, die nur aus vier Zeilen besteht, waagrechte Linien für unnötig; der Überblick bleibt auch so erhalten.

		Menge des gefressenen Blattstücks			
		0	<1/3	1/3-2/3	>1/3
Sprühbelag	Niemöl	60	16	4	20
	Salatöl	0	0	0	100
Ölfilm	Niemöl	100	0	0	0
	Salatöl	0	0	0	100

Bild 4.16: Zweite Version der Tabelle

Rahmen können in der Formatvorlage vereinbart, aber auch im Nachhinein auf die Tabelle übertragen oder gelöscht werden. Um Linien oder Rahmen einzufügen, muss zunächst der Bereich markiert werden, der mit Linien versehen werden soll.

● Aktivieren Sie dann die Registerkarte *Entwurf*.

In der Gruppe *Tabellenformatvorlagen* finden Sie die Schaltfläche *Rahmen*.

● Klappen Sie das dazugehörende Menü auf, so können Sie mit einem Klick der Markierung einen Rahmen oben, unten, außen etc. zufügen.

Die Farbe, Linienart und -stärke wird dabei in der Gruppe *Rahmenlinien zeichnen* festgelegt. Stellen Sie hier zuerst die gewünschte Linie ein und übertragen Sie sie dann mithilfe der Schaltfläche *Rahmen* auf die Tabelle.

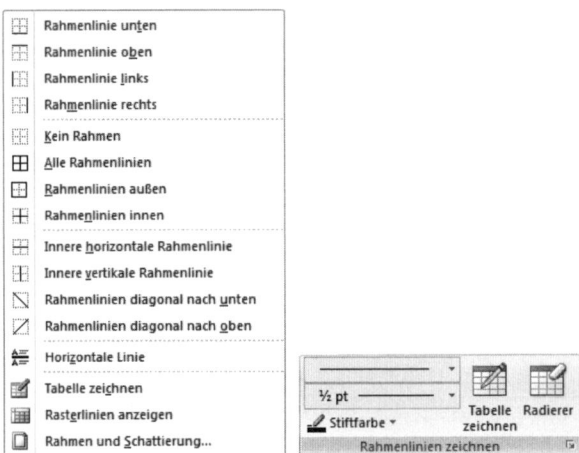

Bild 4.17: Rahmen festlegen für Tabelle

Alternativ lässt sich eine Tabelle auch über das Dialogfeld *Rahmen und Schattierung* formatieren. Die unterste Zeile im Menü der Schaltfläche *Rahmen* aktiviert das folgende Dialogfeld. Im Dialogfeld wird rechts als grau gestreiftes Feld der markierte Bereich dargestellt. Soll über der Markierung eine Linie eingefügt werden, klicken Sie auf den oberen Rand der grauen Fläche, so dass eine Querlinie angezeigt wird. Sie können jetzt für diese Linie unter *Formatvorlage* eine bestimmte Linienstärke, doppelte, gepunktete oder gestrichelte Linien durch Anklicken auswählen. Darunter wählen Sie die *Farbe* und die *Breite* aus.

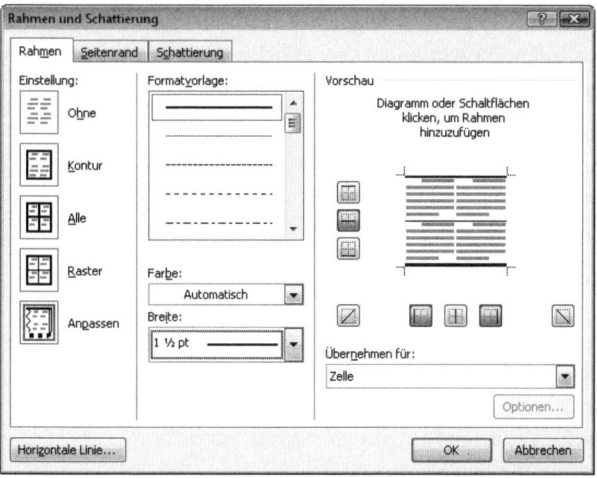

Bild 4.18: Dialogfeld zum Formatieren der Rahmen einer Tabelle

Wurden mehrere Zellen einer Tabelle markiert, legt man mit den äußeren
Linien des Vorschau-Quadrats die Linien um die Markierung herum fest. Für
alle Linien, die innerhalb der Markierung liegen, kann man eine Formatierung mithilfe einer senkrechten und waagrechten Linie im Innern der grauen
Markierung definieren.

4.2.4 Spaltenbreiten und Zeilenhöhen variieren

Die von Word erstellten Tabellen werden standardmäßig mit gleich breiten
Spalten optimal an den vorhandenen Platz angepasst. Da Tabelleneinträge
jedoch unterschiedlich breit sind, sind die von Word erzeugten Spaltenbreiten
oft nicht praktikabel. Es ist daher wichtig zu wissen, wie sich Spalten vergrößern und verkleinern lassen.

Bewegen Sie dazu Ihren Mauszeiger über eine Spaltengrenze. Der Cursor ist
genau dann richtig positioniert, wenn er sich zu einem kleinen Doppelstrich
mit einem Pfeil nach rechts und nach links verändert. Damit können Sie eine
Linie bei gehaltener Maustaste verschieben.

Bild 4.19: Spaltenbreite mit der Maus vergrößern

Dabei bleiben die äußeren Ränder der Tabelle unverändert. Vergrößern oder
verkleinern Sie die linke Spalte, wird automatisch die Breite der weiter rechts

liegenden Zellen so angepasst, dass sie auch weiter den verbleibenden Platz ausfüllen. Möchten Sie die Tabelle insgesamt kleiner machen, verschieben Sie die rechte äußere Linie.

Markierte Zelle Manchmal verändert man die Spaltenbreite und hat dabei nur eine Zelle der Spalte markiert. Dann ändert Word nur für diese eine Zelle die Breite. Ist dieser Vorgang nicht erwünscht, sollten Sie den Befehl *Rückgängig* anwählen.

Vielleicht ist Ihnen bereits beim Verschieben der Zellengrenzen aufgefallen, dass sich auch die Zellgrenzen auf dem Lineal verschoben haben. Mithilfe des Lineals lassen sich ebenfalls die Spaltenbreiten der Tabelle einstellen. Verschieben Sie allerdings eine Zellbegrenzung auf dem Lineal, so bleiben die Spaltenbreiten der rechts davon liegenden Zellen erhalten. Vergrößern Sie die Breite einer Spalte auf dem Lineal, so bedeutet das, dass die Tabelle über den Rand hinauswächst.

Um eine Spaltenbreite genau zu vereinbaren, können Sie mithilfe des Befehls *Eigenschaften* (Registerkarte *Layout*, Gruppe *Tabelle*) ein Dialogfeld aufrufen und auf dessen Registerblatt *Spalte* die gewünschte Spaltenbreite in Zentimeter oder Prozent angeben.

Mit den Schaltflächen *Vorherige Spalte* und *Nächste Spalte* ist es möglich, auch die Einstellungen der anderen Spalten zu verändern, ohne das Dialogfeld verlassen zu müssen.

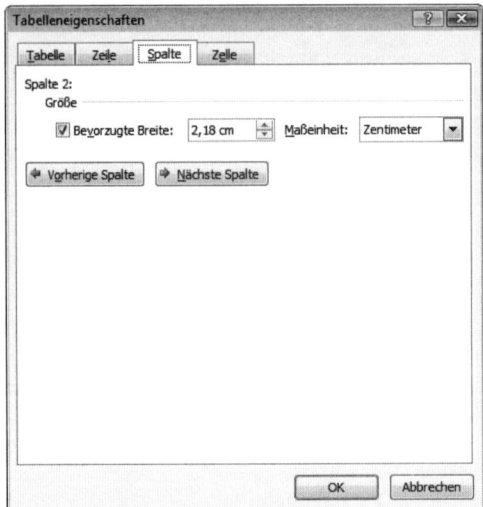

Bild 4.20: Spaltenbreite einstellen

Vielleicht haben Sie bereits festgestellt, dass Word für die Darstellung von Text in einer Zelle nicht die gesamte Breite einer Zelle ausnutzt, um zu vermeiden, dass die Texte direkt nebeneinander stehen. Den Abstand zwischen den Spalten können Sie ebenfalls verändern. Wählen Sie dazu *Optionen* auf dem Registerblatt *Tabelle* des Dialogfeldes *Tabelleneigenschaften*.

Bild 4.21: Zellenbegrenzungen einstellen

Stellen Sie im Dialogfeld *Tabellenoptionen* die gewünschten Standardzellenbegrenzungen ein. Vorgegeben ist ein seitlicher Begrenzungswert von 0,19 cm.

Zu kleine Spalten Sind die Spalten in Ihrer Tabelle zu eng, doch Sie benötigen noch weiteren Platz, so können Sie den Abstand zwischen den Spalten verkleinern.

Verwenden Sie in einer Tabelle einen Eintrag, der größer ist als der Platz in einer Zelle, bricht Word den Text entsprechend um. Besteht der Zelleneintrag nur aus einem Wort und ist es somit für Word nicht möglich, an einer Wortgrenze einen Umbruch vorzunehmen, wird die aktuelle Spalte automatisch verbreitert bzw. Word trennt irgendwo im Wort. Dabei richtet sich der Umbruch in einer Tabelle nicht nach Trennregeln, sondern nach dem Platzangebot und ist somit oft überarbeitungsbedürftig. Möchten Sie in Wörtern vorgeben, wo getrennt werden soll, verschieben Sie die Eingabemarke an die entsprechende Stelle und verwenden Sie dann die Tastenkombination (Strg)+(⏎).

Möchten Sie in einer Zelle einen festen Umbruch definieren, verwenden Sie kein (⏎), weil Word so einen neuen Absatz anlegt. Haben Sie im Absatzformat einen Abstand vor und nach einem Absatz festgelegt, entstehen große Abstände zwischen Zeilen, die eigentlich zusammengehören. Verwenden Sie daher die Tastenkombination (⇧)+(⏎), um eine neue Zeile zu beginnen, so richtet sich der Abstand zwischen den Zeilen nur nach dem eingestellten Zeilenabstand.

Tabelle zeigt keinen Text an Uns ist es ein paar Mal passiert, dass Word bei der Texteingabe zwar die Zellenhöhe immer weiter vergrößert hat, als ob man mehrere Zeilen Text eingibt, aber in der Tabelle war nichts von einer Texteingabe zu sehen. Dieser Fehler war sofort behoben, nachdem wir im Dialogfeld *Absatz* den linken Einzug auf 0 cm gestellt hatten. Vorher war ein

Einzug eingestellt, der größer war als die Breite der Zelle. Daher konnte kein Text in der Zelle angezeigt werden.

Die Zeilenhöhe regelt sich eigentlich über das angegebene Absatzformat. Sie kann aber bei Bedarf auf dem Registerblatt *Zeile* fest eingestellt werden. Aktivieren Sie das Registerblatt *Zeile* des Dialogfeldes *Tabelleneigenschaften*. Sie können hinter *Höhe definieren* ein Maß angeben und mit *Mindestens* bzw. *Genau* eine Mindesthöhe oder eine genau vorgegebene Höhe festlegen.

Alle Angaben lassen sich für die weiteren Zeilen der Tabelle mithilfe der Schaltflächen *Vorherige Zeile* und *Nächste Zeile* definieren, ohne das Dialogfeld zu verlassen.

Bild 4.22: Dialogfeld zum Einstellen der Zeilenhöhe

Alternativ können Sie die Begrenzungslinien für Zeilen auch mit der Maus vergrößern bzw. verkleinern. Dies geht allerdings nur in der Ansicht *Seitenlayout*. Schieben Sie dazu den Mauszeiger auf die untere Begrenzungslinie der Zeile, deren Höhe variiert werden soll. Der Cursor wird über der Begrenzungslinie zu einer Doppellinie mit einem Pfeil nach oben und nach unten. Klicken Sie damit auf die Linie und ziehen Sie in die gewünschte Richtung. Betätigen Sie dabei die ⌥-Taste, wird an der linken Bildschirmseite ein vertikales Lineal eingeblendet, das Ihnen auch den Wert der Zeilenhöhe angibt.

Jede Zeile/Spalte gleich groß Sind Zeilen oder Spalten verschieden groß, sollten aber eigentlich alle dieselbe Größe aufweisen, markieren Sie die entsprechenden Zeilen oder Spalten und verwenden die Schaltfläche *Zeilen verteilen* oder *Spalten verteilen* auf der Registerkarte *Layout* in der Gruppe *Zellengröße*.

4.2.5 Tabstopps in Tabellen

Auch innerhalb einer Tabelle lassen sich Tabstopps setzen. Möchten Sie einen Eintrag am Tabstopp ausrichten, müssen Sie dazu die Tasten-kombination [Strg]+[⇥] einsetzen. Verwenden Sie nur die [⇥]-Taste, springen Sie in der Tabelle in die folgende Zelle.

4.2.6 Zellen löschen, einfügen, verbinden und teilen

Nicht immer hat man eine Tabelle genau so konfiguriert, wie man sie nach-her auch wirklich braucht. Daher sind die Funktionen zum Löschen oder Ergänzen von Zellen unerlässlich.

4.2.6.1 Zellen löschen

Sie löschen eine Spalte oder Zeile, indem Sie

- die Spalte bzw. Zeile anklicken und

- auf der Registerkarte *Layout* den Befehl *Löschen* ausführen.

- Wählen Sie im Menü aus, was gelöscht werden soll.

 **Löschen von Zellen** Verwenden Sie zum Löschen beispielsweise die [Entf]-Taste Ihrer Tastatur, so löschen Sie damit nur die Eintragungen in der Tabelle, nicht aber die Zellen selbst.

Wählen Sie *Zellen löschen* aus, öffnet sich folgendes Dialogfeld. Im Dialogfeld fragt Word ab, wie die restliche Tabelle angeordnet werden soll, wenn die aktuelle Zelle oder Markierung gelöscht wird.

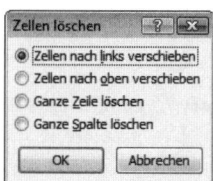

Bild 4.23: Dialogfeld zum Löschen von Zellen

4.2.6.2 Zellen einfügen

Sehr einfach lassen sich neue Spalten oder Zeilen einfügen. Platzieren Sie die Eingabemarke in einer Zelle und rufen Sie dann auf der Registerkarte *Layout* in der Gruppe *Zeilen und Spalten* (siehe Bild 4.24) den benötigten Befehl auf. Je nachdem was Sie auswählen, wird vor oder hinter der Zelle eine Spalte bzw. über oder unter der Zelle eine neue Zeile eingefügt. Fügen Sie eine neue Spalte ein, so wird die Spaltenbreite automatisch so verändert, dass die

Tabellenbreite gleich bleibt. Die Tabelle ist also nach wie vor so breit wie Ihr Textspiegel. Dies gilt allerdings dann nicht mehr, wenn Sie bereits zuvor mithilfe des Lineals den Rand der Tabelle über den beschreibbaren Bereich nach rechts hinaus verschoben haben.

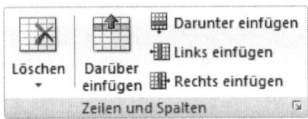

Bild 4.24: Schaltflächen zum Löschen und Einfügen von Zeilen und Spalten

Haben Sie zwei oder mehr übereinander liegende Zellen markiert und verwenden dann den Befehl *Darüber* oder *Darunter einfügen*, so werden entsprechend auch zwei oder mehr Zeilen eingefügt. Die Funktion zum Einfügen von Spalten reagiert ebenso auf Ihre Markierung.

Möchten Sie einzelne Zellen in Ihrer Tabelle aufnehmen, so können Sie das über das Dialogfeld *Zellen einfügen* tun, das Sie mithilfe des Startfelds der Gruppe *Zeilen und Spalten* (Registerkarte *Layout*) aktivieren.

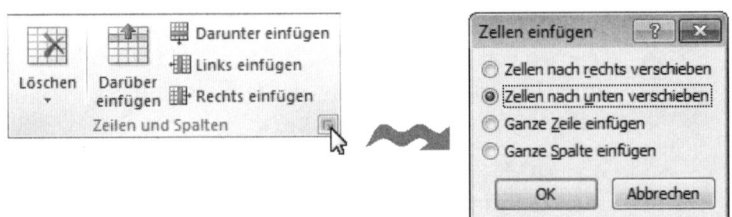

Bild 4.25: Dialogfeld zum Einfügen von Zellen

4.2.6.3 Zellen verbinden

Wir möchten Ihnen in diesem Abschnitt zeigen, wie es möglich ist, Text über mehrere Spalten hinweg zu zentrieren. Die Tabelle in Bild 4.15 weiter vorne im Kapitel ist dafür ein Beispiel. Während in der zweiten und den folgenden Zeilen vier Spalten mit Zahlen zu sehen sind, soll in der ersten Zeile der Text über die möglichen Kategorien der Größenangaben platziert werden. Dazu zeigt das nächste Bild die Tabelle direkt nach der Eingabe ohne Formatierungen.

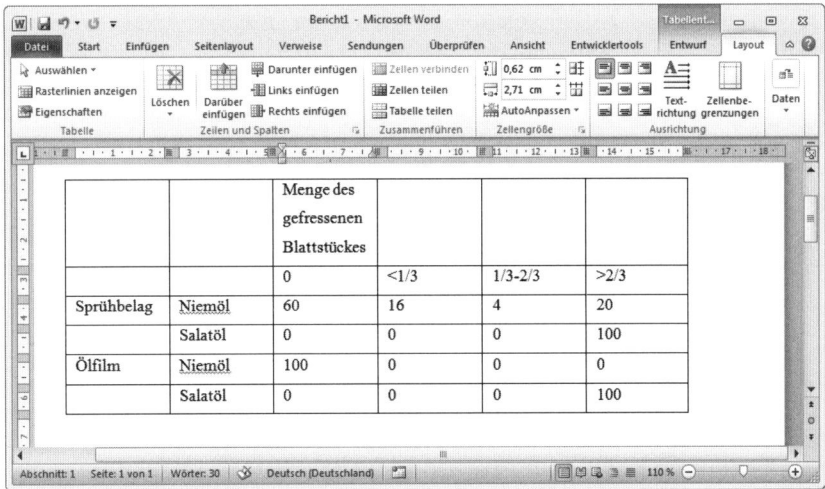

Bild 4.26: Eingegebene Tabelle

Verfahren Sie nun wie im Folgenden beschrieben:

- Markieren Sie in der ersten Zeile die Zellen der Spalten drei bis sechs und

- wählen dann die Registerkarte *Layout* aus.

- Klicken Sie danach in der Gruppe *Zusammenführen* auf *Zellen verbinden*.

- Wird der Befehl ausgeführt, erhalten Sie das folgende Bild.

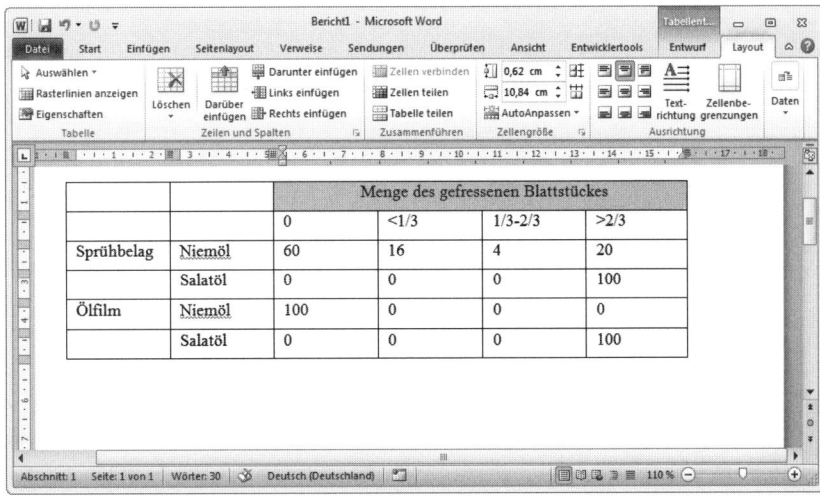

Bild 4.27: Markierte Zellen wurden verbunden

Alternativ können Sie hier das *Radierer*-Werkzeug der Registerkarte *Entwurf* verwenden.

🔲 Aktivieren Sie die Registerkarte *Entwurf*.

🔲 Wählen Sie den Radiergummi aus und klicken Sie auf die Linien, die gelöscht werden sollen.

🔲 Klicken Sie erneut auf die Schaltfläche *Radierer*, um den Radierer-Modus zu deaktivieren.

4.2.6.4 Zellen teilen

Wir möchten Ihnen in diesem Abschnitt zeigen, wie Sie die folgende Tabelle erstellen können, die aus einer Tabelle mit vier Zeilen und einer Spalte durch Teilen einzelner Zellen entstanden ist.

Tabelle 13: Bildungsdichte ausgewählter Bevölkerungsgruppen in Bayern 1987			
16-19-Jährige Jungen und Mädchen 37,0%			
Jungen 35,3%		Mädchen 38,8%	
16-17-Jährige Jungen und Mädchen 51,4%		18-19-Jährige Jungen und Mädchen 24,5%	
Jungen 48,8%	Mädchen 54,1%	Jungen 23,6%	Mädchen 25,5%

Bild 4.28: Diese Tabelle soll erstellt werden

🔲 Beginnen Sie damit, eine vierzeilige, einspaltige Tabelle in den Text einzufügen.

🔲 Zentrieren Sie die Ausrichtung der Texte für alle Zellen mit der Schaltfläche *Zentriert* auf der Registerkarte *Start* in der Gruppe *Absatz*.

🔲 Markieren Sie danach die unteren drei Zellen (siehe folgendes Bild, mittleres Teilbild).

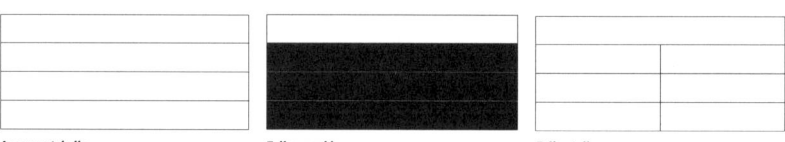

Ausgangstabelle   Zellen markieren   Zellen teilen

Bild 4.29: Zellen markieren und teilen

- Mit dem Befehl *Zellen teilen* (in der Gruppe *Zusammenführen* auf der Registerkarte *Layout*) wird das folgende Dialogfeld aufgerufen, in dem Sie die Anzahl der gewünschten Spalten pro Zelle eintragen können.

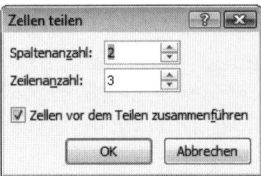

Bild 4.30: Eine Zelle in zwei teilen

- Bestätigen Sie die Anzahl, werden die Zellen der Markierung in ebenso viele gleich große Zellen unterteilt, wie Sie es im dritten Teilbild von Bild 4.29 sehen können.

- Fahren Sie nun fort, wie in Bild 4.31 dargestellt: Markieren Sie zunächst die unterste Zeile und

- wählen Sie dann erneut das Dialogfeld *Zellen teilen* aus, um aus den beiden unteren Zellen vier zu machen.

Ausgangstabelle   Zellen markieren   Zellen teilen

Bild 4.31: Markierte Zellen wurden nochmals geteilt

Tipp am Ende Wenn gar nichts mehr geht, hat man oft schneller eine neue Tabelle erstellt und die Einträge umkopiert, als zu versuchen, die Formatierungsfehler wieder auszubügeln. Ansonsten gibt es auch noch die Möglichkeit, so oft den Befehl *Rückgängig* auf der Symbolleiste für den Schnellzugriff auszuwählen, bis man wieder einen Zustand der Tabelle erreicht hat, mit dem man weiterarbeiten kann.

4.3 Tabellenformatvorlagen

Sie sollten versuchen, alle Tabellen Ihrer Arbeit weitgehend gleich zu gestalten, um ein einheitliches Bild zu schaffen. Mit den Tabellenformatvorlagen lassen sich – bei Bedarf – auch mehrere verschiedene Tabellenformatvorlagen vordefinieren und per Klick auf eine Tabelle übertragen.

4.3.1 Formatvorlagen für Tabellenüberschrift und Quelle

Verwenden Sie die gleiche Schriftart, -größe und -auszeichnung für alle
Tabellenüberschriften. Dies ist bereits gegeben, falls Sie die Beschriftungsfunktion der Registerkarte *Verweise* oder die Schaltfläche *Bilder- und Tabellenbeschriftung* der Registerkarte *WissArbeit* verwenden, da dabei automatisch die Formatvorlage eingestellt wird. Dabei verwendet die Beschriftungsfunktion von Word die Formatvorlage *Beschriftung*, die Schaltfläche der Registerkarte *WissArbeit* verwendet die Formatvorlage *Tabellenbeschriftung*.

Benötigen Sie zudem eine Quellenangabe für Ihre Tabelle, so sollten Sie auch
dafür eine Formatvorlage benutzen. Verwenden Sie die Formatvorlage
WissArbeit der CD-ROM, so finden Sie dort die Formatvorlage *Quelle*. Sie
ist mit einer kleineren Schriftgröße versehen und hat einen vergrößerten
Abstand zum Folgeabsatz, so dass sich die Tabelle mit der Quellenangabe
deutlich vom restlichen Text absetzt.

4.3.2 Vordefinierte Tabellenformatvorlagen verwenden

Erstellen Sie eine neue Tabelle, so legt Word die Tabelle mit der Tabellenfor-
matvorlage *Tabellenraster* an. Beim Anlegen wird automatisch die
Registerkarte *Entwurf* eingeblendet. Legen Sie in der Gruppe *Optionen für
Tabellenformat* fest, welche Komponenten Ihre Tabelle enthält. Im nächsten
Schritt können Sie der Tabelle eine der vielen vordefinierten Tabellenformat-
vorlagen zuweisen.

Ist – wie in folgendem Bild – in der Gruppe *Optionen für Tabellenformat* das
Kontrollkästchen zu *Überschrift* und *Erste Spalte* angeklickt, so werden Formate angezeigt, in denen die oberste Zeile und die linke Spalte anders formatiert sind. Haben Sie eine Tabelle, die in der untersten Zeile die Zusammenfassung der darüber liegenden enthält, so können Sie hier *Ergebniszeile*
anklicken. Mit *Verbundene Zeilen* bzw. *Spalten* wählt man ein Format aus,
das Zeilen bzw. Spalten im Wechsel farbig und weiß formatiert.

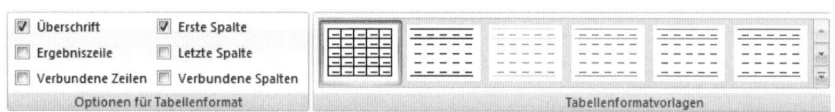

Bild 4.32: Einstellungen für Tabellenformatvorlagen vornehmen

Klicken Sie – nachdem Sie die gewünschten Einstellungen vorgenommen
haben – auf den untersten Pfeil neben den dargestellten Tabellenformatvorlagen, um den Katalog zu öffnen und die gewünschte auszuwählen.

4.3.3 Formatvorlagen für Tabellen definieren

Sie können eigene Tabellenformatvorlagen erstellen bzw. bestehende abändern.

▪ Fügen Sie eine neue Tabelle ein, öffnen Sie den Katalog der Tabellenformatvorlagen und wählen Sie unten *Neue Tabellenformatvorlage* aus.

▪ Benennen Sie Ihre neue Tabellenformatvorlage.

▪ Wählen Sie gegebenenfalls eine Formatvorlage aus, auf der Ihre Tabelle basieren soll.

▪ Hinter *Formatierung übernehmen für* stellen Sie nun den Teil der Tabelle ein, für den Sie über die Schaltfläche *Format* links unten die gewünschte Formatierung festlegen möchten.

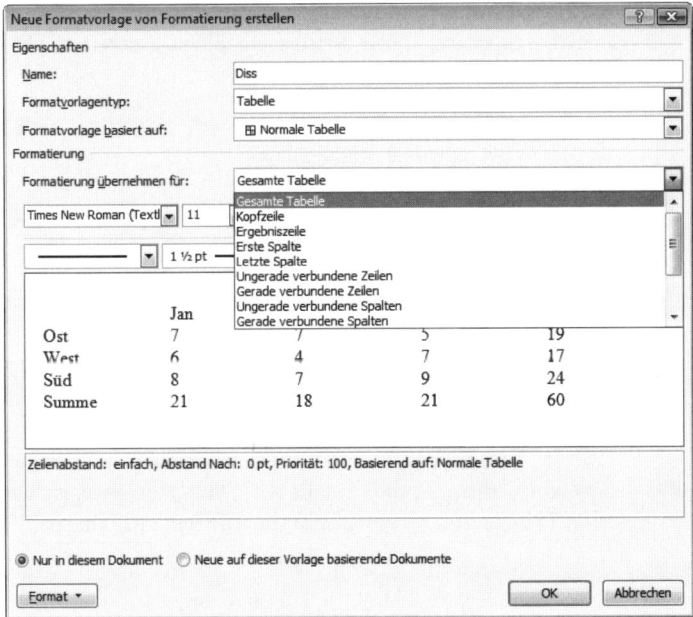

Bild 4.33: Eine Tabellenformatvorlage definieren

Wählen Sie so nach und nach alle Teile der Tabelle aus, denen Sie eine abweichende Formatierung zuweisen wollen. Das folgende Bild verdeutlicht dabei einige der auswählbaren Komponenten. Die verbundenen Zeilen bzw. Spalten ermöglichen eine unterschiedliche Formatierung der ungeraden bzw. geraden Zeilen oder Spalten. Zusätzlich gibt es die Möglichkeit, die linke obere, die linke untere sowie die rechte obere bzw. die rechte untere Zelle abzuheben und anders zu formatieren. In der folgenden Darstellung fehlt die letzte Spalte mit der rechten oberen und unteren Zelle.

	NRW Land	NRW Städte	NRW Großstädte	Bayern Land	Bayern Städte	Bayern Großstädte
traditionell	54,6	47,5	43,3	62,0	58,8	53,0
eher abwechselnd	19,2	27,5	25,8	18,2	25,5	18,1
eher gemeinsam	23,6	23,3	28,9	18,2	15,7	27,7
Ansatz Rollentausch	2,6	1,7	2,1	1,6	0,0	1,2
Gesamt						

Bezeichnungen links: Gerade verbundene Spalten / Linke obere Zelle / Kopfzeile / Ungerade verbundene Zeilen / Ergebniszeile / Linke untere Zelle / Erste Spalte / Ungerade verbundene Spalten

Bild 4.34: Bezeichnungen verschiedener Teile einer Tabelle

Beim Definieren des Tabellenformats gilt folgende grobe Reihenfolge der Zuweisung: Von den großen Komponenten zu den kleinen. Konkret heißt das, zuerst wird das Format zugewiesen, das für die gesamte Tabelle vereinbart wurde, zuletzt das, das für die einzelnen Eckzellen gelten soll. Für den Rest gilt folgende Reihenfolge:

1. Gesamte Tabelle
2. Verbundene Spalten
3. Verbundene Zeilen
4. Kopfzeile und Ergebniszeile
5. Erste und letzte Spalte
6. Obere linke Zelle, obere rechte Zelle, untere linke Zelle, untere rechte Zelle

Haben Sie eine Tabellenformatvorlage definiert und möchten Sie, dass diese Formatvorlage für alle Tabellen verwendet wird, die Sie in Ihrer Arbeit erstellen, so öffnen Sie den Katalog der Gruppe *Tabellenformatvorlagen*, klicken mit der rechten Maustaste auf die neue Tabelle oben unter *Benutzerdefiniert* und wählen im Kontextmenü *Als Standard festlegen* aus. Ziehen Sie danach eine Tabelle auf, so entspricht diese Ihren Vorgaben.

Standard ändern? Überlegen Sie – bevor Sie die einfache Standardtabelle ändern – ob Sie nicht auch Tabellen ohne Rahmen in Ihrem Text benötigen, die Text im Standardformat enthalten sollen. Sie sind keine »echten« Tabellen, sondern werden beispielsweise für nebeneinander stehenden Text benötigt.

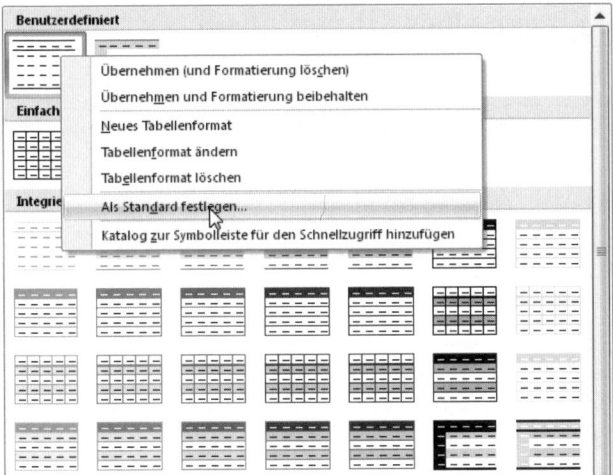

Bild 4.35: Die neue Tabellenformatvorlage

Tabellenformatvorlage funktioniert nicht? Sie haben eine Tabellenformatvorlage definiert, aber das Absatz- oder Zeichenformat von jeder eingefügten Tabelle entspricht der Formatierung der Formatvorlage *Standard* und nicht dem von Ihnen definierten Format für Tabellen? Das liegt vielleicht daran, dass die Formatvorlage *Standard* bearbeitet wurde. Da zunächst die Tabellenformatierung festgelegt wird und erst danach dem Word-Dokument die Absatz- und Zeichenformate zugewiesen werden, wurde die Tabellenformatierung nachträglich überschrieben. Lesen Sie weitere Informationen zu diesem Thema in Abschnitt 3.1.

4.4 Schnelltabellen für vorbereitete Tabellen

Gibt es verschiedene Tabellenarten, die Sie immer wieder verwenden, dann macht es Sinn, diese als Schnelltabellen vorzubereiten und bei Bedarf einzufügen. Legen Sie die Tabelle an, formatieren Sie sie und speichern Sie sie dann als Schnelltabelle. Später können Sie diese vorbereitete Tabelle mit ein paar Mausklicks in Ihren Text einfügen und müssen nur noch die Daten ergänzen. Dabei ist es auch möglich, mehrere Tabellen vorzubereiten und als unterschiedliche Schnelltabellen zu speichern.

4.4.1 Anlegen einer Schnelltabelle

Bereiten Sie eine Tabelle so vor, wie Sie sie später einfügen möchten.

- Aktivieren Sie dann auf der Registerkarte *Einfügen* das Menü zur Schaltfläche *Tabelle*.

- Wählen Sie ganz unten im Menü *Schnelltabellen* aus und

- klicken Sie im zweiten Menü *Auswahl im Schnelltabellenkatalog speichern* an.

Bild 4.36: Eine Schnelltabelle anlegen

- Geben Sie dem Tabellenbaustein einen Namen, fügen Sie bei Bedarf eine Beschreibung ein und legen Sie eine eigene Kategorie an.

Tabelle mit Quellenangabe Sie können auch Tabellen zusammen mit weiterem Text, also beispielsweise mit einer unter der Tabelle angeordneten Zeile, die die Quellenangabe enthält und entsprechend formatiert wurde, als Schnelltabelle speichern. So können Sie auf einen Klick nicht nur die vorbereitete Tabelle, sondern auch die fix und fertig formatierte Zeile für die Quellenangabe einfügen.

Wo brauchen Sie die Tabellenbausteine? Standardmäßig werden die Tabellenbausteinen in den so genannten Building Blocks gespeichert. Damit befinden Sie sich auf Ihrem Rechner. Möchten Sie diese »mitnehmen« können, speichern Sie sie in der verwendeten Dokumentvorlage.

4.4.2 Einfügen einer Schnelltabelle

Das Einfügen einer Schnelltabelle ist denkbar einfach:

- Wählen Sie auf der Registerkarte *Einfügen* das Menü zur Schaltfläche *Tabelle* und klicken Sie erneut auf *Schnelltabelle*.

- Selektieren Sie per Klick ganz unten im Menü die von Ihnen angelegte Schnelltabelle.

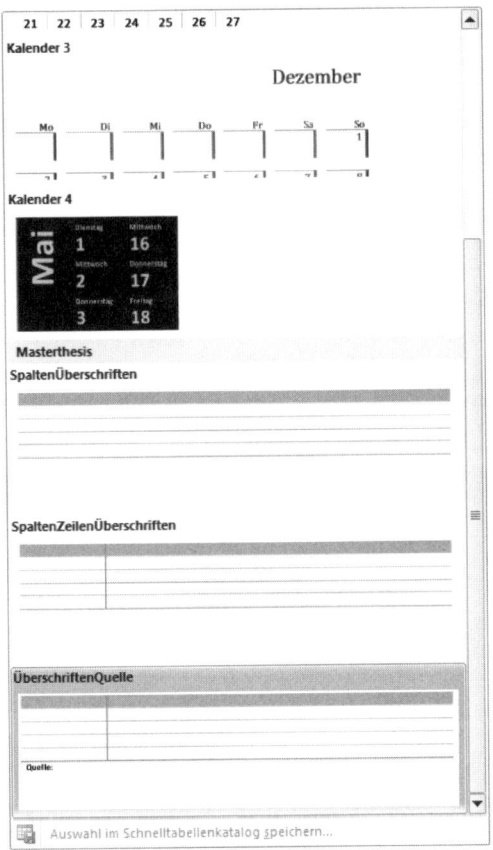

Bild 4.37: Eine Schnelltabelle einfügen

4.4.3 Tabellenbausteine organisieren

Häufig ist es lästig, die von Microsoft vorgegebenen Tabellen im Schnelltabellenkatalog durchzuscrollen, um zu den eigenen Tabellen zu kommen. Darum ist die Möglichkeit ganz hilfreich, Tabellen, die Sie nicht benötigen, aus dem Katalog herauszunehmen.

- Wählen Sie auf der Registerkarte *Einfügen* in der Gruppe *Text* die Schaltfläche *Schnellbausteine* aus.

- Klicken Sie im Menü auf *Organizer für Bausteine*.

Hier finden Sie alle möglichen Bausteine, u. a. die Tabellenbausteine. Sie können die Bausteine von hier aus in Ihren Text übernehmen, löschen oder über die Schaltfläche *Eigenschaften bearbeiten* das Dialogfeld *Baustein ändern* aktivieren.

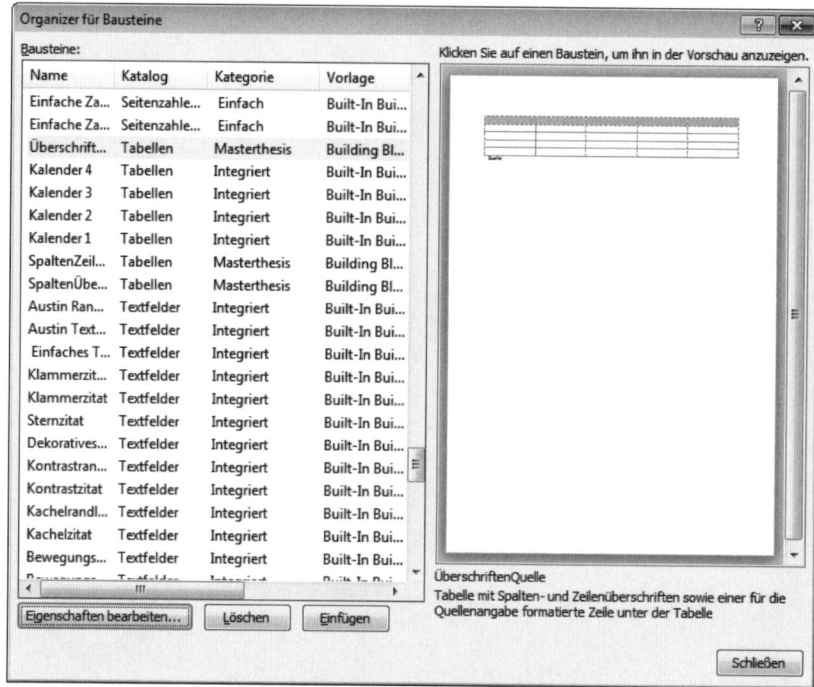

Bild 4.38: Hier können Sie Schnellbausteine löschen und bearbeiten

Im Organizer besteht auch die Möglichkeit, Schnellbausteine über die Schaltfläche *Eigenschaften bearbeiten* in eine andere Dokumentvorlage zu übernehmen. Zu Schnellbausteinen und ihrer Organisation lesen Sie mehr im Abschnitt 2.8.

4.5 Der Umgang mit großen Tabellen

Sehr große Tabellen sind manchmal etwas schwierig in der Handhabung. Wir unterscheiden in diesem Abschnitt sehr lange und sehr breite Tabellen. Bei langen Tabellen möchte man die Spaltenüberschriften auf einer zweiten Seite wiederholen, bei breiten Tabellen muss man das Seitenformat wechseln.

4.5.1 Lange Tabellen

Bei großen Tabellen, die länger als eine Seite sind, sollte man im *Absatz*-Dialogfeld die Option *Absätze nicht trennen* ausschalten. Manchmal gibt es allerdings Teile innerhalb der Tabelle, die nicht getrennt werden sollen, dann kann man die Option gegebenenfalls für diese Abschnitte aktivieren.

Geht eine Tabelle über mehrere Seiten, wäre es schön, wenn man sich den Tabellenkopf auch auf der zweiten und dritten Seite ausgeben lassen könnte, um die Orientierung in der Tabelle zu behalten. Im folgenden Bild sehen Sie eine »lange« Tabelle, die sich auf zwei Seiten verteilt.

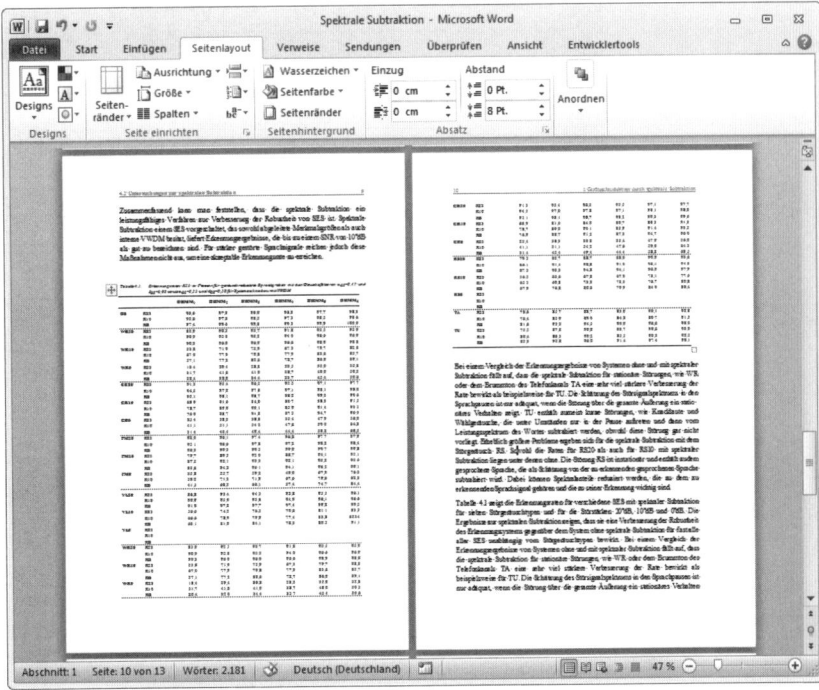

Bild 4.39: Lange Tabelle

Gerade für solche Tabellen mit Zahlenreihen ist ein wiederholter Tabellenkopf von Vorteil, um erkennen zu können, welche Werte in den einzelnen Spalten präsentiert werden. Möchten Sie auf der zweiten und den folgenden Seiten einer Tabelle den Tabellenkopf wiederholen, wie es das folgende Bild rechts zeigt,

- markieren Sie den Tabellenkopf und

- wählen Sie auf der Registerkarte *Layout* in der Gruppe *Daten* den Befehl *Überschriften wiederholen* aus.

Damit wird die Tabelle am Ende der Seite umgebrochen und auf der zweiten Seite nach dem wiederholten Tabellenkopf fortgeführt.

Der Tabellenkopf der zweiten und aller weiteren Seiten kann allerdings nicht bearbeitet werden, da er automatisch vom ersten übernommen wird. Änderungen können deshalb nur im ersten Tabellenkopf vorgenommen werden.

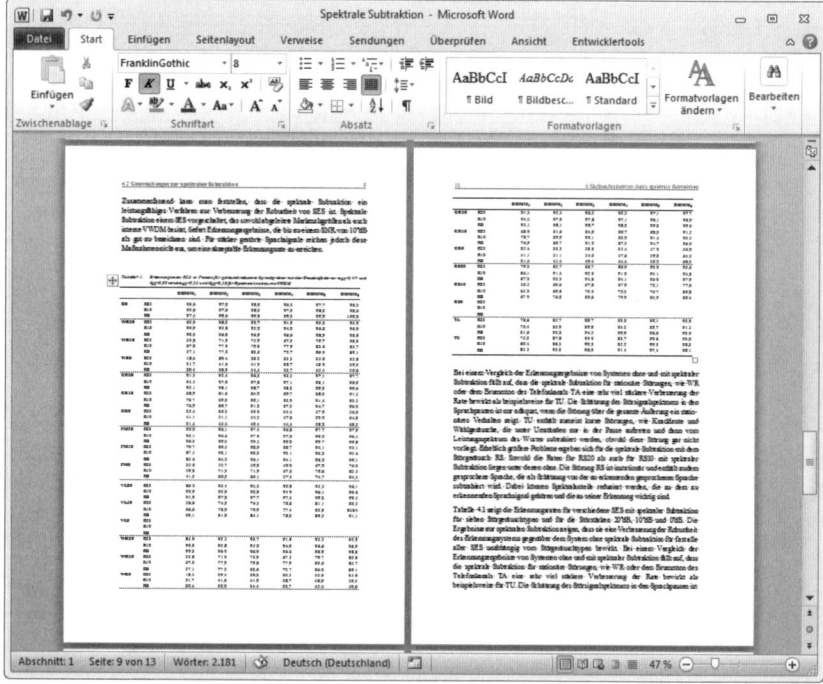

Bild 4.40: Lange Tabelle mit wiederholtem Tabellenkopf nach Umbruch

Alternativ können Sie auch das Dialogfeld *Tabelleneigenschaften* verwenden, um die Option *Überschriften wiederholen* einzuschalten.

- Markieren Sie zunächst den Tabellenkopf und

- öffnen Sie das Dialogfeld über das Kontextmenü mit dem Befehl *Tabelleneigenschaften* oder auf der Registerkarte *Layout* mit der Schaltfläche *Eigenschaften*.

- Wählen Sie im Dialogfeld die Registerkarte *Zeile* und aktivieren Sie die Option *Gleiche Kopfzeile auf jeder Seite wiederholen*.

Bild 4.41: Den Befehl zum Wiederholen der Tabellenüberschriften aktivieren

4.5.2 Breite Tabellen

Tabellen, die breiter als die eingestellte Seitenbreite sind, können auch im Querformat eingefügt werden. Um in einem hochformatigen Text eine Seite im Querformat einzufügen, ist vor und nach der Seite im Querformat ein Abschnittswechsel erforderlich.

- Fügen Sie an der Stelle, an der die Tabelle im Querformat eingefügt werden soll, über die Registerkarte *Seitenlayout* und den Befehl *Umbrüche* einen Abschnittsumbruch mit Seitenwechsel ein.

- Definieren Sie darunter einen weiteren Abschnittsumbruch mit Seitenwechsel.

- Platzieren Sie Ihren Mauszeiger zwischen die beiden Abschnittswechsel und stellen Sie auf der Registerkarte *Seitenlayout* über die Schaltfläche *Ausrichtung* für den aktuellen Abschnitt *Querformat* ein.

- Fügen Sie nun zwischen den Abschnittswechseln die Tabelle ein.

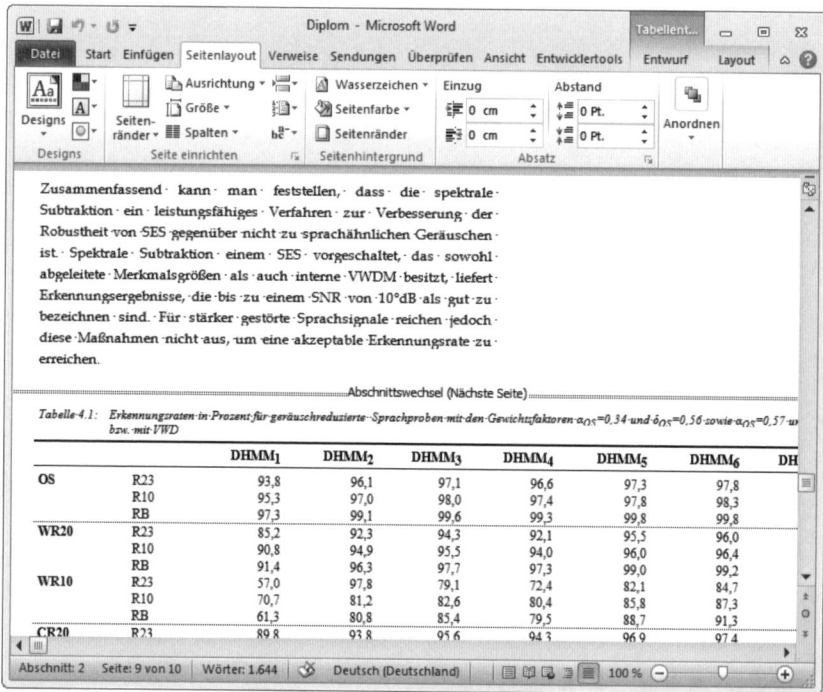

Bild 4.42: Breite Tabelle im Querformat mit Abschnittswechsel davor

Keine Zeile für Tabellenüberschrift Haben Sie die Tabelle auf der Seite im Querformat ohne eine Leerzeile davor eingefügt, stehen Sie vermutlich vor dem Problem, wie Sie nun für die Tabellenüberschrift eine Zeile vor der Tabelle einfügen können. Platzieren Sie dazu Ihren Mauszeiger in die erste Zelle der Tabelle, verwenden Sie dann die Tastenkombination [Strg]+[↵] und fügen Sie ein weiteres [↵] ein. Dadurch erzwingen Sie einen Seitenumbruch und erhalten zusätzlich vor der Tabelle eine Leerzeile. Fügen Sie die Tabellenüberschrift ein, springen Sie auf die vorherige Seite und löschen Sie mit der [Entf]-Taste den erzwungenen Seitenumbruch und die Leerzeile.

Sollten Sie in Ihrer Arbeit für die erste Seite eines Abschnitts die Kopfzeile unterdrücken, werden Sie nun das Problem haben, dass sowohl für die Seite mit der Tabelle im Querformat als auch für die folgende Seite keine Kopfzeilen angezeigt werden.

■ Möchten Sie die Kopfzeilen für diese Seiten wieder einfügen, platzieren Sie Ihren Mauszeiger auf der Seite im Querformat und wählen die Registerkarte *Seitenlayout* aus. Klicken Sie dann auf das Startfeld für das Dialogfeld *Seite einrichten*.

■ Wählen Sie die Registerkarte *Layout* und klicken Sie das Häkchen im Kontrollkästchen zu *Erste Seite anders* weg. Achten Sie darauf, dass unten im Dialogfeld für *Übernehmen für* die Auswahl *Aktueller Abschnitt* eingestellt ist.

- Aktivieren Sie mit einem Doppelklick auf den Kopfzeilenbereich die Kopfzeile für die Seite im Querformat. Schieben Sie hier den rechtsbündigen Tabulator an den rechten Rand.

- Platzieren Sie dann Ihren Mauszeiger auf der nächsten Seite, die ja im folgenden Abschnitt auch wieder die erste Seite ist, und deaktivieren Sie auch für diese Seite die Option *Erste Seite anders*.

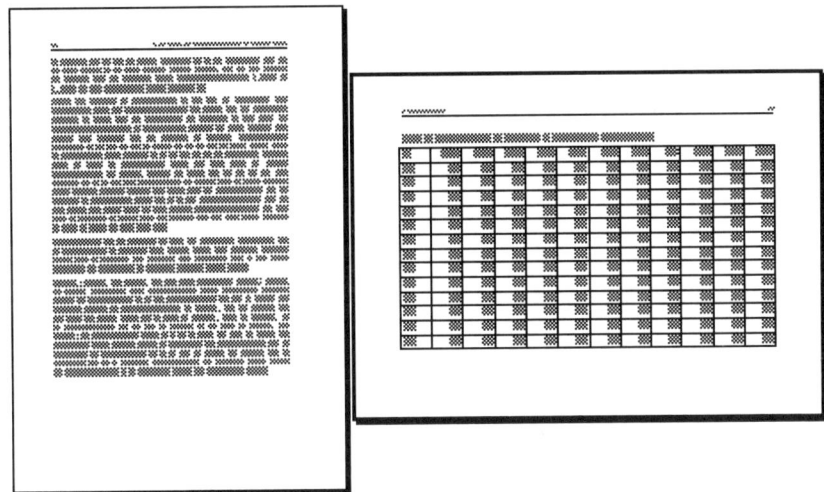

Bild 4.43: Breite Tabelle im Querformat mit Kopfzeile

4.5.2.1 Kopfzeile im Hochformat für Seite mit Tabelle im Querformat

Was, wenn für eine Tabelle, die auf einer Seite im Querformat eingefügt wird, die Kopfzeile trotzdem im Hochformat fortgesetzt werden soll? Standardmäßig schreibt Word eine Kopfzeile immer »oben« auf die Seite. Ist die Seite gedreht, wird auch die Kopfzeile gedreht. Daran lässt sich erst einmal nichts ändern. Um die Kopfzeile im Hochformat von der Vorseite fortzuführen, muss man ein wenig tricksen.

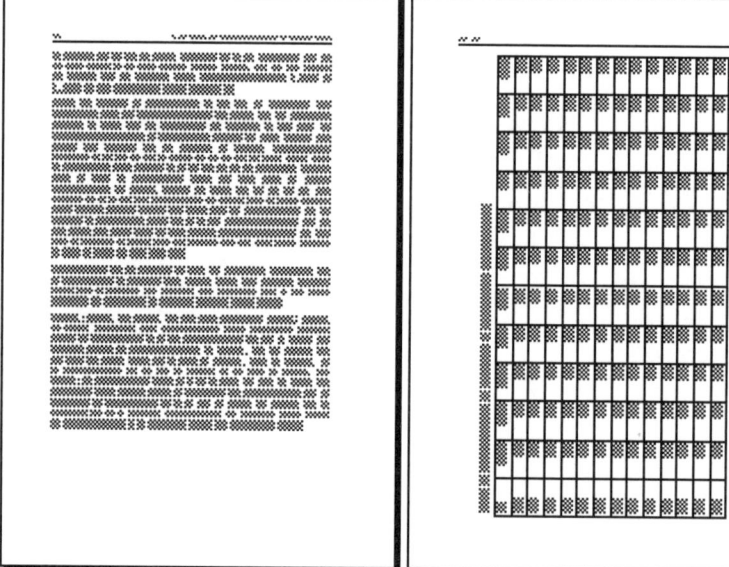

Bild 4.44: Breite Tabelle im Querformat mit Kopfzeile oben auf einer Hochformatseite

Im folgenden Abschnitt soll erst einmal beschrieben werden, wie Sie eine solche Kopfzeile für eine einseitige Seitenformatierung einfügen können. Wechseln Sie in die Seitenlayoutansicht und positionieren Sie zunächst Ihre Einfügemarke auf der Seite im Querformat.

- Wählen Sie nun die Registerkarte *Einfügen* aus und öffnen Sie mithilfe der Schaltfläche *Textfeld* das dazugehörende Menü. Wählen Sie darin ganz unten den Befehl *Textfeld erstellen* aus.

- Ziehen Sie mit dem neuen als dünnes Kreuz geformten Cursor ein Rechteck auf, das so groß ist, dass Sie eine Kopfzeile für eine Seite im Hochformat einfügen können.

- Fügen Sie über die Registerkarte *Einfügen* und die Schaltfläche *Schnell- bausteine* wieder die Felder für die Kapitelüberschriften und die Seitenzahl ein. Wir haben diesen Vorgang ausführlich in Kapitel 3 im Ab- schnitt »Kopf- und Fußzeilen« beschrieben.

- Definieren Sie den rechtsbündigen Tabstopp an derselben Stelle wie auf einer normalen Hochformatseite und rücken Sie die Seitenzahl entsprechend ein.

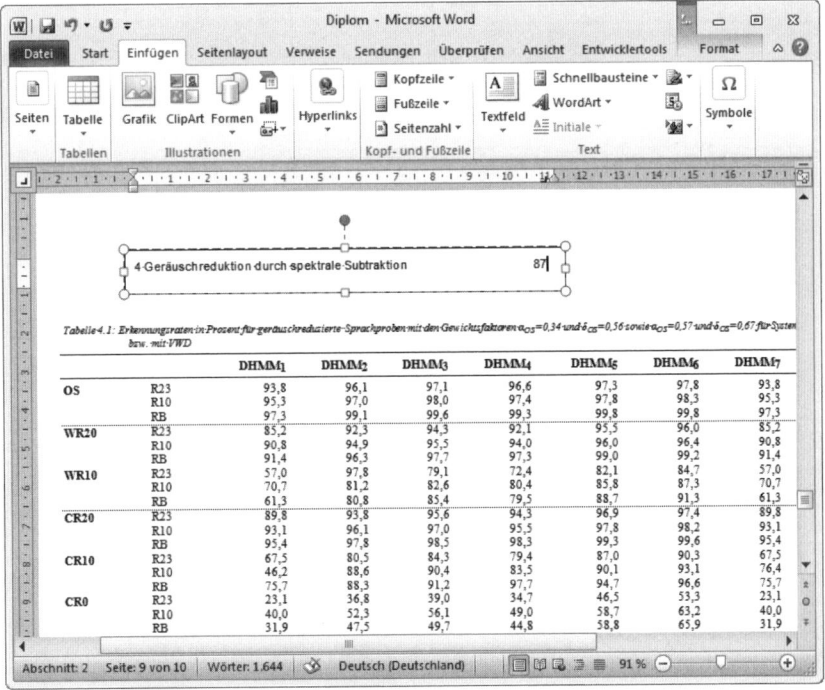

Bild 4.45: Tabelle im Querformat mit Textfeld

 ● Für das Textfeld sollten Sie keine Umrisslinie festlegen. Wählen Sie dazu auf der Registerkarte *Format* die Schaltfläche *Formkontur* und im Menü dann *Kein Rahmen* aus.

 ● Mit einem Klick auf die Schaltfläche *Textrichtung* der Registerkarte *Format* sorgen Sie dafür, dass der Text des Textfeldes auf der Seite stehend angezeigt wird.

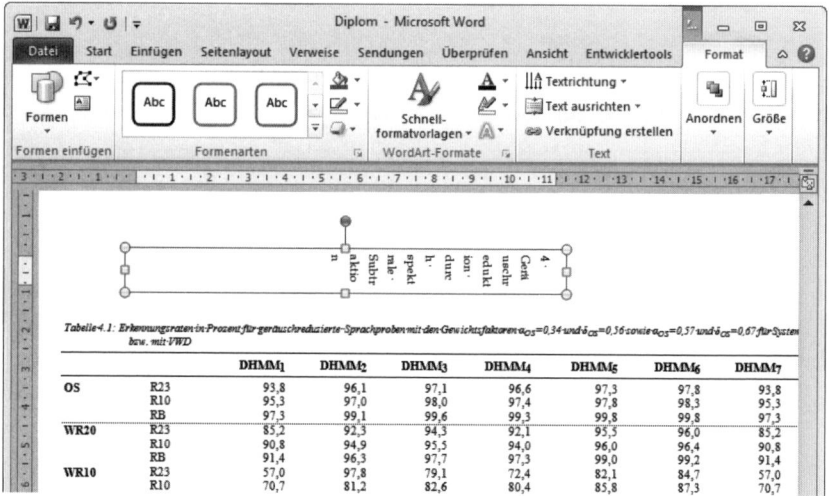

Bild 4.46: Textausrichtung gedreht

● Schieben Sie das Textfeld rechts an den Seitenrand. Verändern Sie dann mithilfe der Randpunkte des Textfeldes Höhe und Breite, wie im nächsten Bild gezeigt. Lesen Sie dazu mehr in Abschnitt 5.3.

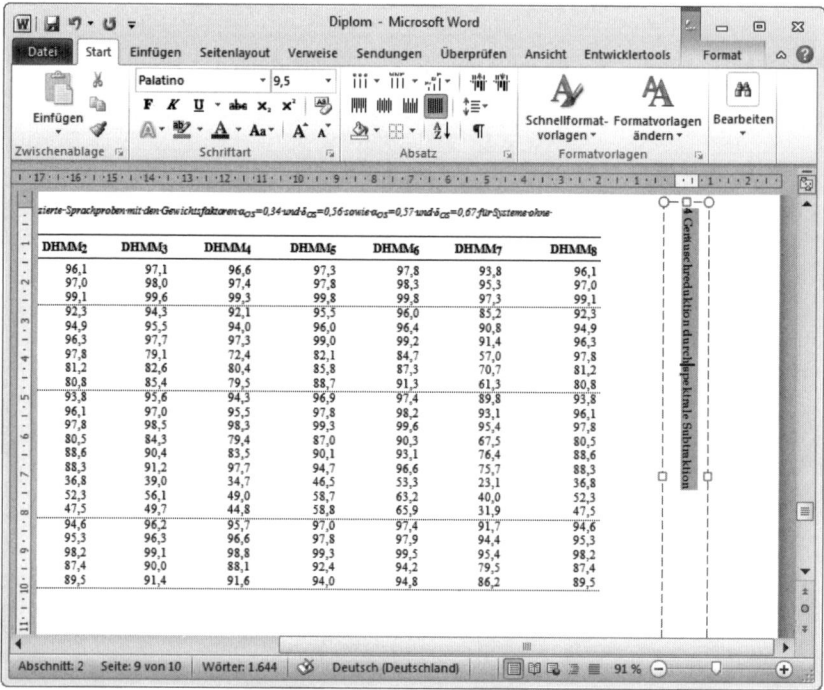

Bild 4.47: Form des Textfeldes verändert

■ Zum Schluss können Sie eine Linie unter dem Text der Kopfzeile platzieren. Wählen Sie dazu auf der Registerkarte *Start* eine *Rahmenlinie unten* aus.

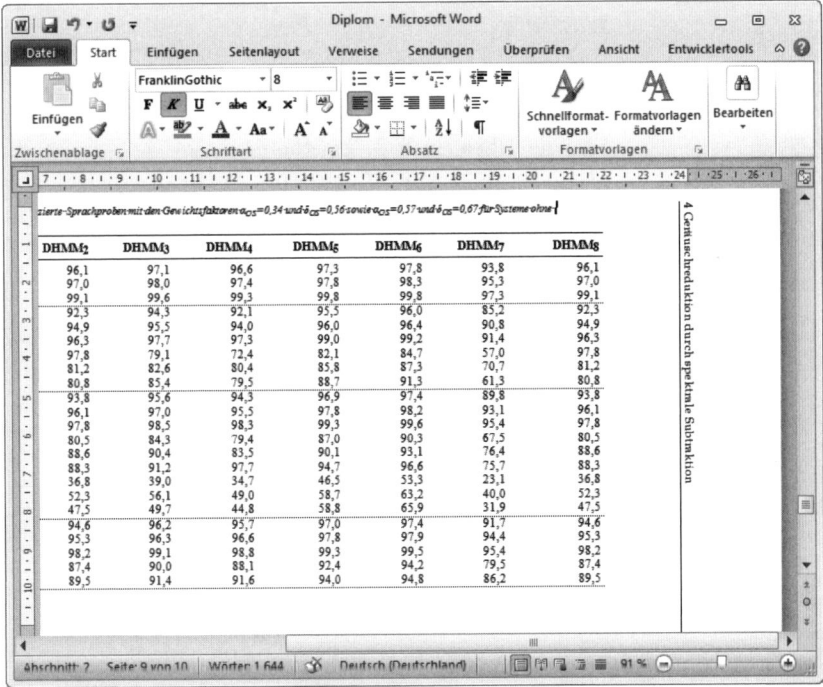

Bild 4.48: Linie unter der Kopfzeile

Um das Textfeld exakt zu platzieren, können Sie das Dialogfeld *Textfeld formatieren* zu Hilfe nehmen, das sich über das Kontextmenü zum Textfeld aufrufen lässt. Selektieren Sie im Dialogfeld die Registerkarte *Layout* und darauf die Schaltfläche *Weitere*. Wählen Sie dann die Registerkarte *Bildposition* aus, um Ihre Einstellungen vorzunehmen.

Bis die gesamte Kopfzeile an genau der richtigen Stelle sitzt, werden Sie sicher einige Ausdrucke benötigen, da man am Bildschirm weder das Textfeld noch die Linie hundertprozentig korrekt positionieren kann.

4.5.2.2 Kopfzeile im Hochformat für Quertabelle bei zweiseitigem Seitenformat

Setzen Sie für Ihre Arbeit ein zweiseitiges Format ein, sind also die Kopfzeilen von einer geraden und einer ungeraden Seite unterschiedlich, kommt es bei Tabellen im Querformat mit Kopfzeilen im Hochformat zu einem Problem. Sie wissen in der Regel nicht im Voraus, ob die Tabelle letztendlich auf einer geraden oder ungeraden Seite stehen wird. Da aber die Kopfzeile für gerade und ungerade Seiten unterschiedlich ist, muss die Lösung variabel sein.

Es bietet sich hier die Verwendung verschiedener ineinander verschachtelter Feldfunktionen an. Dabei wird eine entsprechende Feldfunktion links und eine rechts in der Kopfzeile platziert. Wir möchten zunächst die Feldfunktion besprechen, die links auf der Seite eingefügt werden muss. Vereinfacht muss diese Feldfunktion folgendermaßen lauten: Wenn die aktuelle Seite eine ungerade Seite ist, dann soll die Überschriftennummer und der Überschriftentext der Überschrift 2 eingefügt werden, wenn nicht, die aktuelle Seitenzahl. Dazu kann die Feldfunktion *IF* (Registerkarte: *Einfügen*, Schaltfläche: *Schnellbausteine*, Auswahl: *Feld*, Kategorie: *Dokumentautomation*) verwendet werden, die folgendermaßen definiert wird:

{ IF·Ausdruck1·Operator·Ausdruck2·Wenn-Wahr-Text·Wenn-Falsch-Text }

Dabei steht der eingefügte Punkt jeweils für ein Leerzeichen. Um festzustellen, ob die aktuelle Seite eine gerade oder eine ungerade ist, kann eine weitere Feldfunktion verwendet werden, nämlich die MOD-Funktion, die als

{ =MOD(AusdruckA; AusdruckB) }

definiert ist. Die MOD-Funktion teilt »AusdruckA« durch »AusdruckB« und errechnet den Rest. In unserem Beispiel können wir sie wie

{ =MOD({ PAGE};2) }

verwenden, um die aktuelle Seitenzahl durch zwei zu teilen. Ist der Rest dieser Division größer als Null, wissen wir, dass die aktuelle Seite eine ungerade Seite ist, ist der Rest gleich Null, handelt es sich um eine gerade Seite.

Geschweifte Klammern Geschweifte Klammern für Feldfunktionen sind keine gewöhnlichen Klammern, sondern müssen mit der Tastenkombination (Strg)+(F9) eingefügt werden. Sonst erkennt sie Word nicht als Klammern einer Feldfunktion, sondern vermutet normalen Text anstelle einer Feldfunktion.

Setzen wir alle besprochenen Feldfunktionen zusammen, beschreibt

{IF·{=MOD({PAGE};2) }·>·0·"{STYLEREF·2\n\l }·{STYLEREF·2\l}"·{PAGE}}

die benötigte Bedingung für die linke Seite der Kopfzeile. Die Feldfunktion STYLEREF wurde bereits in Kapitel 3 besprochen. Sollen zwei Feldfunktionen hintereinander verwendet werden, müssen sie in Anführungszeichen eingeschlossen werden, da sonst Word bei einem Leerzeichen denkt, hier beginne der Wenn-Falsch-Text.

Um die Feldfunktion für das Testfeld einzugeben, tippen Sie sie am besten einfach ab. Beachten Sie dabei aber:

Für die Feldfunktion auf der rechten Seite kopieren Sie die eingetippte Feldfunktion und fügen Sie sie hinter der ersten ein. Hier noch ein Tipp: Aktualisieren Sie die Feldfunktion mit [F9], bevor Sie sie kopieren, damit Sie sofort ein Ergebnis angezeigt bekommen. Ansonsten kann es passieren, dass Word die Kopie sozusagen unsichtbar einfügt. Sie schalten mit der Tastenkombination [alt]+[F9] oder über das Kontextmenü zur Feldfunktion die Anzeige der Feldfunktionen ein und aus.

Fügen Sie für die rechte Feldfunktion einen Tabulator ein und ergänzen die beiden Feldfunktionen mit einem Tabstopp, um die rechte Ausrichtung der zweiten zu gewährleisten. Korrigieren Sie zudem die zweite Feldfunktion zu

{IF·{=MOD({PAGE};2) }·>·0·{PAGE}·"{STYLEREF·1\n\l }·{STYLEREF·1\l}"}

Jetzt sollten Sie nur noch den Text des Textfeldes, wie im vorherigen Abschnitt beschrieben, senkrecht ausrichten und das Textfeld nach rechts verschieben.

4.6 Tabelleninhalte sortieren

Tabelleninhalte können sehr einfach mit Word sortiert werden. Dabei können Sie für eine Tabelle verschiedene Schlüssel festlegen, nach denen die Zeilen einer Tabelle sortiert werden sollen. Sie können alphabetisch, numerisch oder nach Datum sortieren.

Allerdings geht Word dabei von einer bestimmten Form von Tabelle aus. Sie kann in der ersten Zeile Überschriften enthalten. Sortiert werden die gesamten Zeilen nach den Einträgen der Spalten, die Sie vorgeben.

Platzieren Sie zunächst die Einfügemarke in die zu sortierende Tabelle. Wählen Sie dann den Befehl *Sortieren* auf der Registerkarte *Layout* aus, um ein Dialogfeld zu aktivieren, in dem als Schlüssel verschiedene Spalten festgelegt werden können.

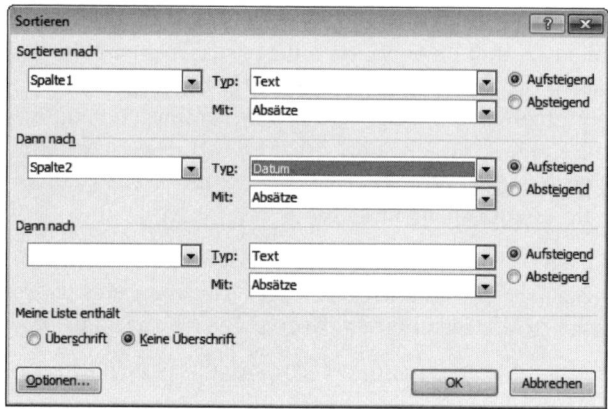

Bild 4.49: Tabelleneinträge sortieren

Eine Tabelle wird zunächst nach dem ersten Schlüssel sortiert. Kann bei einigen Zeilen die Sortierreihenfolge mit dem ersten Schlüssel nicht exakt festgelegt werden, weil die entsprechende Spalte gleiche Einträge enthält, wird der zweite Schlüssel für die Entscheidungsfindung hinzugezogen. Entsprechend kann auch noch ein dritter Schlüssel definiert werden.

Enthält Ihre Tabelle in der ersten Zeile eine Überschrift, die nicht mitsortiert werden soll, wählen Sie unten im Dialogfeld das Optionsfeld *Überschrift* an, damit sie nicht mitsortiert wird.

4.7 In Tabellen rechnen

Word erlaubt kleine Rechnungen in Tabellen. Sie können beispielsweise die vier Grundrechenarten (+, -, *, /) verwenden, aber auch einige Funktionen wie Summe, Mittelwert oder das Bilden von Maximal- und Minimalwerten.

Das nächste Bild soll demonstrieren, wie einzelne Zellen einer Tabelle benannt werden, um mit ihnen rechnen zu können. Wie Sie sehen, werden Spalten mit Buchstaben bezeichnet, Zeilen hingegen mit Zahlen. Wie in dem Spiel »Schiffe versenken«, das Sie sicher kennen, werden die einzelnen Zellen dann mit A1, B3, C5 usw. beschrieben. Diese Kennzeichnung nennt man »Zellbezug«.

		Spalte A	Spalte B	Spalte C	Spalte D	Spalte E
Zeile	1	Kreis **A1**	Bildungsdichte der 16-19jährigen 1961 in %	Bildungsdichte der 16-19jährigen 1987 in %	Zunahme absolut	Zunahme relativ **E1**
Zeile	2	Regensburg	26,0	46,7		
Zeile	3	Kronach	**B3**	29,1		
Zeile	4	Passau	29,6	47,5		
Zeile	5	Bayreuth	24,2	**C5**		
Zeile	6	Stadt München	25,3	49,1		
Zeile	7	Erlangen	31,3	52,7		
Zeile	8	Würzburg	33,7	53,7		**E8**

Bild 4.50: Benennung der Zellen einer Tabelle

Wir möchten Ihnen nun anhand obiger Tabelle zeigen, wie Sie in einer Word-Tabelle rechnen können. Dazu soll in Spalte D für jede Zeile die Differenz aus den beiden links daneben liegenden Zellen gebildet werden. Anschaulich gesprochen soll in Zelle D2 die Rechnung

Inhalt der Zelle C2 – Inhalt der Zelle B2

eingefügt werden. Verfahren Sie dazu folgendermaßen:

- Platzieren Sie zunächst die Einfügemarke in Zelle D2, also in die Zelle, in die das Rechenergebnis eingefügt werden soll.

- Rufen Sie dann mit dem Befehl *Formel* (Registerkarte *Layout*) das folgende Dialogfeld auf. Sie können darin erkennen, dass Word bereits einen Eintrag in das erste Eingabefeld unter *Formel* eingetragen hat. Dies geschieht immer, wenn Word über oder links neben der aktuellen Zelle Zahlen findet, die addiert werden könnten.

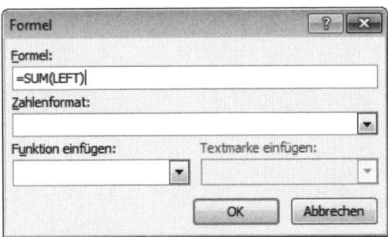

Bild 4.51: Formel eintragen

Eine Formel beginnt, wie Sie bereits am Standardeintrag von Word sehen können, immer mit einem Gleichheitszeichen.

🔲 Da wir eine Differenz berechnen möchten, markieren Sie zunächst diesen Eintrag und

🔲 überschreiben Sie ihn mit dem Ausdruck »=C2-B2«, wie es das folgende Bild zeigt.

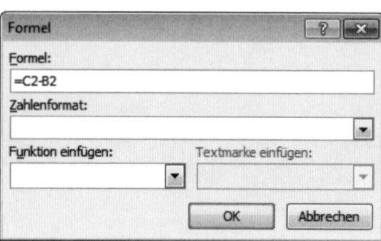

Bild 4.52: Berechnung der Differenz

Bestätigen Sie diese Eingabe, fügt Word die Feldfunktion {=C2-B2} in die Zelle ein. Auch hier können Sie mit der Tastenkombination (alt)+(F9) zwischen der Anzeige der Feldfunktion und dem Ergebnis der Feldfunktion bzw. der Formel hin- und herschalten und mit (F9) das Ergebnis aktualisieren.

Verfahren Sie ebenso für Additionen, Produkte und Quotienten. Sie können genauso längere Formeln eingeben. Allerdings ist dabei darauf zu achten, dass auch Word nach dem Motto rechnet: Punktrechnung vor Strichrechnung. Das heißt, dass in einem Ausdruck zunächst die Produkte und Quotienten, dann die Summen und Differenzen berechnet werden. Verwenden Sie Klammern, wenn eine Addition vor einem Produkt berechnet werden soll. Möchten Sie beispielsweise den Mittelwert der Zellen A1, A2, B2 und B4 berechnen, geben Sie

$= (A1+A2+B2+B4)/4$

ein und **nicht**

$= A1+A2+B2+B4/4.$

Verwenden Sie den zweiten Ausdruck, so berechnet Word zunächst den Quotienten B4/4 und addiert die anderen Zahlen zu diesem Ergebnis dazu.

4.7.1 Die Summenfunktion

Um bei Additionen Schreibarbeit zu sparen, stellt Word die Summenfunktion zur Verfügung. Dabei können Sie über mehrere Zellen gleichzeitig addieren, ohne eine lange Addition einzutippen. Bereits Bild 4.51 zeigt eine mögliche Schreibweise der Summenfunktion. Mit dem Argument *Left* der Funktion *SUM* werden alle Zellen addiert, die links vor der aktuellen Zelle liegen. Entsprechend können Sie *Above* als Argument verwenden, wenn Sie alle Zellen addieren möchten, die über der aktuellen Zelle stehen.

Liegen die zu addierenden Bereiche nicht zufällig genau über oder neben der aktuellen Zelle oder soll nicht über alle Zellen addiert werden, können Sie Bereiche auch so angeben, wie Sie es im folgenden Bild sehen können.

Bild 4.53: Berechnung einer Summe mit der Summenfunktion

Was soll das nun bedeuten? Summiert werden alle Felder, die zwischen B2 und B6 liegen. Der Doppelpunkt bedeutet also »bis«. Damit heißt der eingefügte Befehl: Summiere alle Felder von B2 bis B6. Bestätigen Sie diese Formel, so erhalten Sie das Ergebnis in der aktuellen Zelle. Sie können ebenso über einzelne, nicht zusammenliegende Felder addieren. Möchten Sie die Inhalte der Zellen A1, B4 und C7 addieren, so können Sie im Dialogfeld

> = SUM(A1;B4;C7)

eintragen. Die Zellbezüge werden also für einzelne, nicht beieinander liegende Zellen durch ein Semikolon voneinander getrennt.

4.7.2   Weitere Funktionen einfügen

Word stellt noch andere Funktionen zum Rechnen zur Verfügung. Sie lassen sich im Dialogfeld *Formel* auswählen, wenn Sie den Pfeil neben dem Eingabefeld unter *Funktion einfügen* betätigen und eine der vorgeschlagenen Funktionen auswählen.

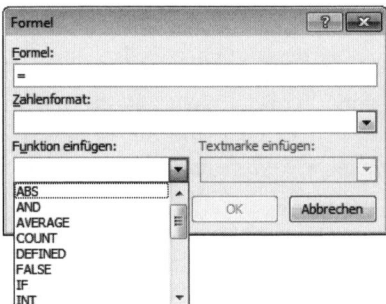

Bild 4.54: Funktion einfügen

Wählen Sie beispielsweise die Funktion *AVERAGE* aus, können Sie zwischen den Klammern den Bereich, über den der Mittelwert gebildet werden soll, gleich eintippen.

4.7.3 Ergebnisse aktualisieren

Sollten Sie im Nachhinein Zahlen Ihrer Tabelle ändern, müssen Sie dafür sorgen, dass die neuen Zahlen in die Rechnung mit einbezogen werden.

- Markieren Sie dazu die Zellen mit den Formeln und

- tippen Sie auf die [F9]-Taste.

4.7.4 Zahlenformatierung

Sollen die berechneten Zahlen in einer Tabelle mit einem bestimmten Format angezeigt werden, beispielsweise mit zwei festen Nachkommastellen oder als Eurobetrag, können Sie dafür eine entsprechende Formatierung festlegen. Wählen Sie dazu beim Eingeben der Formel im Dialogfeld den Pfeil unter *Zahlenformat* aus, so erscheint eine Auswahlliste möglicher Formate.

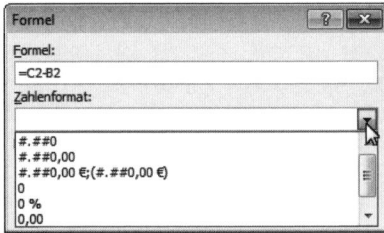

Bild 4.55: Liste der Zahlenformate

Zunächst einmal sehen Sie, dass sich die Zahlenformate im Wesentlichen aus zwei verschiedenen Platzhaltern zusammensetzen:

»#«   Optionaler Platzhalter,

»0«   Mussplatzhalter.

Ist im Format eine »0« als Platzhalter verwendet, so bleibt die Null auf jeden Fall stehen, wenn sie nicht durch eine andere Ziffer ersetzt wird; das »#«-Zeichen fällt dagegen weg, wenn es nicht benötigt wird. Das soll das folgende Beispiel verdeutlichen.

Das Ergebnis einer Berechnung soll 12345 bzw. 0,567 lauten. Links wird die Formatierung dargestellt und rechts die damit formatierte Anzeige der beiden Zahlen.

Tabelle 4.1: Auswirkung verschiedener Formate auf die Zahlen 12345 und 0,567

Format	12345	0,567
#.##0	12.345	1
#.##0,00	12.345,00	0,57
#.##0,00 €; (#.##0,00 €)	12.345,00 €	0,57 €
0	12345	1
0%	12345%	1%
0,00	12345,00	0,57
0,00%	12345,00%	0,57%

Anhand dieser Beispiele sehen Sie, dass Nullen als Platzhalter hinter dem Komma sinnvoll sein können, wenn Sie z. B. Eurobeträge benötigen und Ihre Zahlen rechtsbündig schreiben wollen. Sollten Sie mit Zahlen operieren, die mehr als zwei Nachkommastellen besitzen, die ungleich Null sind, wird auf- bzw. abgerundet. Ebenso rundet Word bei Zahlen mit Nachkommastellen, die Sie als ganze Zahl, d. h. ohne Nachkommastellen formatiert haben, auf bzw. ab.

4.7.5 Rechnen mit Excel-Tabellen

Für Tabellen, in denen größere Rechnungen vorgenommen werden, ist es sinnvoll, Excel zu Hilfe zu nehmen. Word ist weder leistungsfähig noch komfortabel genug, um ernsthaft damit rechnen zu können.

- Erstellen Sie die benötigte Tabelle mit allen Formeln in Excel.

- Markieren Sie dann den Teil der Tabelle, den Sie nach Word übertragen möchten, und

- kopieren Sie ihn mit ⌨Strg⌨+⌨C⌨.

- Starten Sie dann Word,

- platzieren Sie den Maus-Cursor an der richtigen Stelle und

- fügen Sie die Tabelle mit ⌨Strg⌨+⌨V⌨ wieder ein.

Die Tabelle übernimmt die Formatierungen aus Excel, kann aber nach Belieben in Word formatiert und editiert werden.

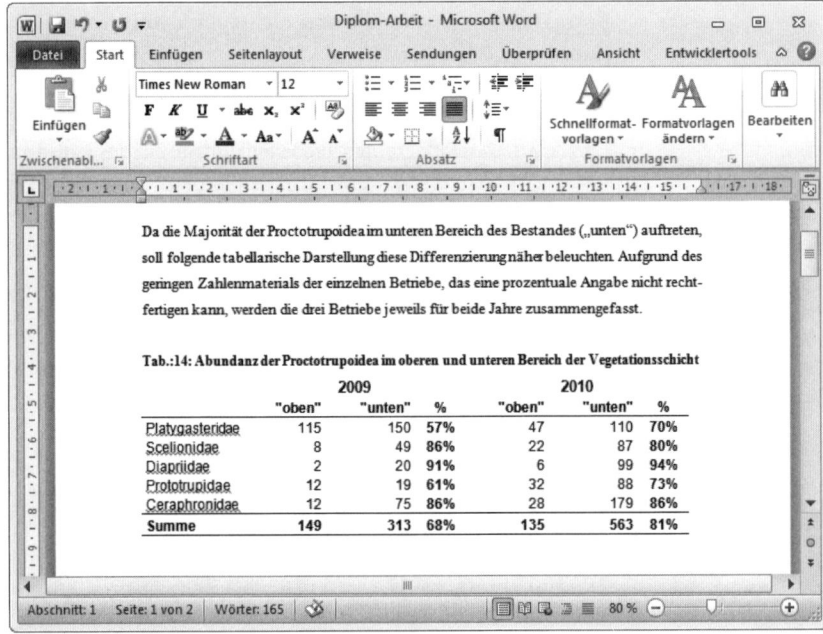

Bild 4.56: Aus Excel kopierte Tabelle

Sollen in Ihrer Tabelle unter Umständen später noch Zahlen oder Formeln ausgetauscht werden, ist es sinnvoll, die Tabelle als Excel-Objekt einzufügen, so dass eine Bearbeitung jederzeit möglich ist. Dabei fügen Sie die Tabelle in Word ein und können bei Bedarf mit einem Doppelklick auf die Tabelle diese aktivieren und in einem eigenen Excel-Fenster mit allen bekannten Excel-Funktionen bearbeiten. Klicken Sie wieder außerhalb der Tabelle auf Ihr Dokument, erscheint die Tabelle mit allen Änderungen im Text.

- Markieren und kopieren Sie die gewünschten Zellen der Tabelle in Excel.

- Starten Sie dann Word. Rufen Sie das Menü zur Schaltfläche *Einfügen* auf der Registerkarte *Start* auf und wählen Sie darin *Inhalte einfügen* aus.

- Suchen Sie dann im Dialogfeld *Microsoft Excel-Arbeitsmappe-Objekt*.

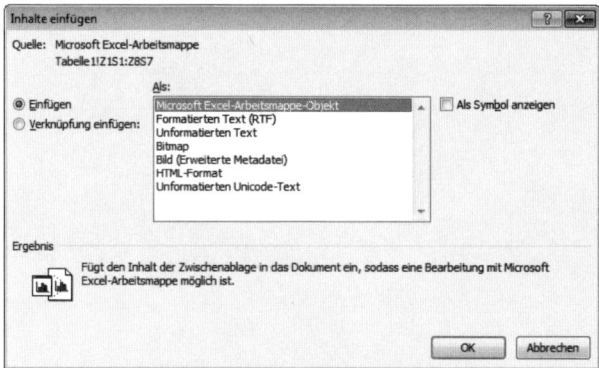

Bild 4.57: Excel-Tabelle als Objekt einfügen

Das folgende Bild zeigt die Tabelle im Word-Text. Links ist die eingefügte Tabelle zu sehen, rechts wurde die Tabelle mit einem Doppelklick zum Bearbeiten aktiviert.

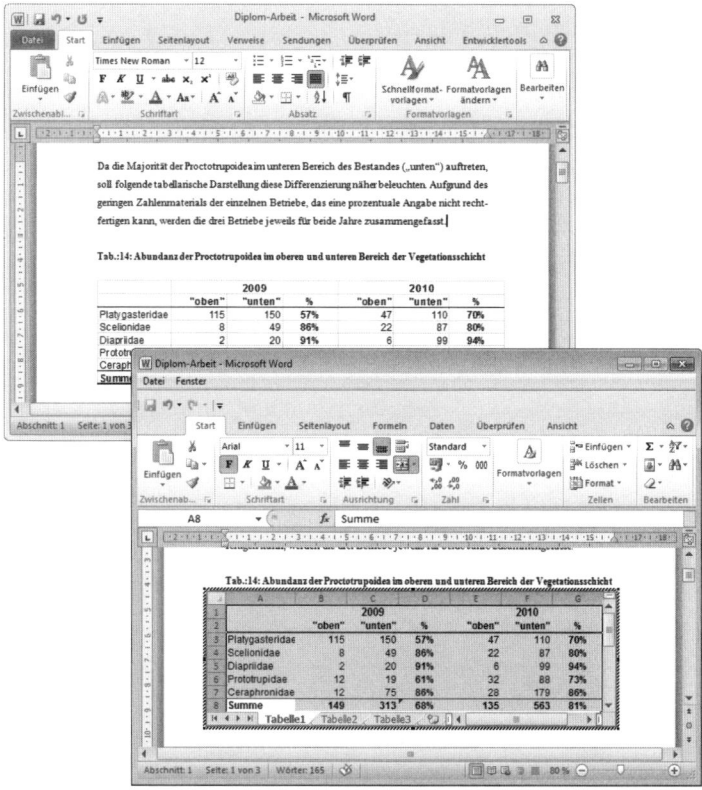

Bild 4.58: Links: eingefügte Tabelle, rechts: zum Bearbeiten aktivierte Tabelle

Kapitel 5

Bilder und Diagramme

5.1 Bilder in Word

Im Zeitalter der Textverarbeitung können Objekte wie Bilder, Diagramme, mathematische und chemische Formeln direkt im Text platziert werden. Damit sind die Zeiten vorbei, in denen Bilder ausgeschnitten und eingeklebt werden mussten oder Formeln mit der Hand »eingemalt« wurden. Der Anwender jedoch muss nun über entsprechendes Know-how verfügen, um Bilder in seinen Text einfügen zu können.

Die Möglichkeiten der Textgestaltung durch das Einbinden von Bildern und Objekten erlauben Ihnen, Ihre Texte am Bildschirm so aufzubereiten, wie sie später gedruckt werden. Allerdings haben die dafür eingesetzten Techniken ihren Preis, denn insbesondere Bilder liegen oft in sehr großen Dateien vor. Bei eingescannten Fotos sind Dateigrößen bis zu mehreren MegaBytes durchaus möglich.

Für die Arbeit mit Bildern, Diagrammen usw. sind Kenntnisse der zugrunde liegenden Techniken für das Einbinden der Objekte notwendig, damit Sie keine unliebsamen Überraschungen erleben. Wir haben verzweifelte Word-Anwender erlebt, die durch Unkenntnis und falsche Anwendung der Word-Möglichkeiten Textdateien von mehr als 500 MByte erzeugt hatten, bei denen jedes Speichern Ewigkeiten dauerte.

5.1.1 Darstellungsarten

Grafiken, Diagramme und Fotos werden auf einem Computer in verschiedenen Formen und mit verschiedenen Techniken gespeichert. Die Methode der Speicherung bestimmt auch die Möglichkeiten der Weiterverarbeitung, den Speicherbedarf und die Verarbeitungsgeschwindigkeit. Wir unterscheiden im Folgenden drei Kategorien von Bildern: Grafiken, Diagramme und Fotos. Nicht immer lassen sich die drei Varianten klar voneinander trennen, aber für die Beschreibung der Grafikmöglichkeiten von Word soll uns diese Unterscheidung genügen.

5.1.1.1 Grafiken

Als »Grafiken« bezeichnen wir im weiteren Verlauf Vektorgrafiken. Bei Vektorgrafiken sind die Bestandteile eines Bildes, d. h. einer Grafik, als Vektoren gespeichert. Ein Vektor ist die Beschreibung eines grafischen Objektes, beispielsweise einer Linie. Für eine Linie werden nur die Koordinaten des Start- und Endpunktes, ihre Stärke und ihre Farbe gespeichert.

5.1.1.2 Diagramme

»Diagramme« sind ein Spezialfall von Vektorgrafiken. Ein Diagramm hat eine klare Funktion: Es dient zur Darstellung von Zahlenwerten. Die einzelnen Komponenten eines Diagramms, z. B. Linien, Balken, Punkte oder Achsen, sind aus Vektoren zusammengesetzt.

5.1.1.3 Bilder und Fotos

Den Begriff »Bilder« haben wir zur Beschreibung von allen grafischen Darstellungen gewählt, die aus einzelnen Bildpunkten, so genannten Pixeln, zusammengesetzt sind. Solche Bilder werden auch als Bitmaps bezeichnet. Die Qualität einer Darstellung bemisst sich nach der Auflösung, also der Anzahl der Bildpunkte pro Fläche.

5.1.2 Zeichnungs- und Textebene

Grafiken, Bilder und Diagramme, im weiteren Verlauf des Kapitels auch zusammenfassend als Objekte bezeichnet, können von Word auf einer eigenen Zeichnungsebene positioniert werden. Die Zeichnungsebene lässt sich wie eine durchsichtige Folie beschreiben, die über Ihren Text gelegt wird. Im Unterschied zu einer Folie, deren Inhalte den darunter liegenden Text abdecken, können Objekte auf der Zeichnungsebene so eingestellt werden, dass sie Auswirkungen auf die Anordnung und Gestaltung des Textes in der Textebene haben.

Nur in der Layoutansicht werden die Text- und die Zeichnungsebene von Word übereinander gelegt und angezeigt. Das heißt, dass Sie Bilder, die Sie in der Zeichnungsebene eingefügt haben, in der Entwurfsansicht nicht sehen können. In der Zeichnungsebene können Sie Objekte mit der Maus verschieben oder über ein Dialogfeld punktgenau positionieren.

Sie haben zwei Möglichkeiten, Bilder zu platzieren. Entweder als Inline-Bild, das ist ein Bild, das an der aktuellen Cursor-Position eingefügt wird, oder als unverankertes Objekt, das sind Bilder, die in der Zeichnungsebene liegen und über oder unter dem Text angezeigt werden können (siehe Bild 5.1).

Ob in der Text- oder Zeichnungsebene, Word verwendet zwei Techniken, um Bilder, Grafiken und Diagramme einzubinden:

- Sie können die Grafiken etc. als Fremddateien importieren, d. h., die Objekte liegen in einem Word bekannten Format als eigenständige Datei vor.

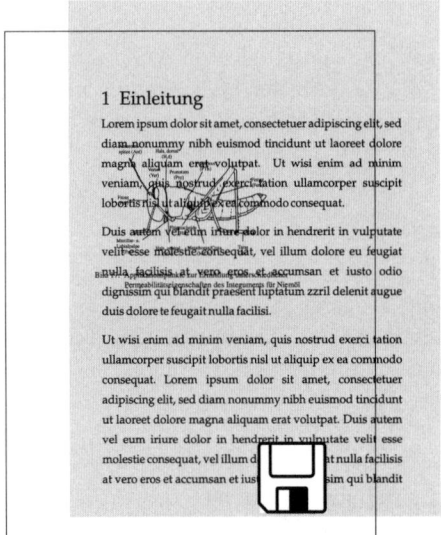

Bild 5.1: Text- und Zeichnungsebene

⬛ Die zweite Variante bettet die Grafiken etc. als Objekte in die Texte in Word ein. Ein Objekt enthält Informationen über das Programm, mit dem das Objekt erstellt wurde. Zur Bearbeitung solcher Objekte reicht oft ein Doppelklick auf das Objekt und das Programm zur Bearbeitung wird geladen.

5.1.3   Einfügen von Grafiken

Word kann Grafikdateien in verschiedenen Formaten und Varianten im Text platzieren. Wählen Sie dazu die Registerkarte *Einfügen* aus.

⬛ Selektieren Sie *Grafik* in der Gruppe *Illustrationen*, so können Sie eine Datei in einem Word bekannten Grafik- oder Bildformat einbinden. Im nächsten Abschnitt finden Sie dazu weitere Informationen.

⬛ Wählen Sie *ClipArt*, so wird ein Aufgabenbereich eingeblendet, in dem Sie sich ein Bild aus den von Microsoft mitgelieferten ClipArts heraussuchen können. Wir gehen darauf nicht weiter ein, da die ClipArts für wissenschaftliche Arbeiten weitgehend unbrauchbar sind.

⬛ *Formen* sind vordefinierte grafische Objekte, z. B. Linien, Pfeile, Rechtecke, Kreise und vieles mehr. Im Abschnitt 5.3.2, »Verschiedene Kategorien von Formen«, beschreiben wir die Arbeit mit diesen Formen.

⬛ Über die Auswahl *SmartArt* lassen sich Listen, Prozesse, Zyklen und einiges mehr grafisch darstellen. Diese werden wir im Abschnitt 5.4, »Erstellen eines SmartArt-Objektes«, näher behandeln.

- Möchten Sie ein *Diagramm* in Ihren Text aufnehmen, um Tabellen zu veranschaulichen, selektieren Sie den entsprechenden Befehl. Ist auf Ihrem Rechner Microsoft Excel installiert, so ruft Word Excel zur Erstellung von Diagrammen auf, ansonsten wird das Hilfsprogramm Microsoft Graph verwendet. Wir beschränken uns im Rahmen dieses Buchs auf die Beschreibung von Diagrammen mit Microsoft Excel, denn Excel ist Bestandteil des Microsoft Office-Pakets, auch in der Studentenversion.

- Hinter dem Punkt *WordArt* im Bereich *Text* verbirgt sich ein Hilfsprogramm, das Ihnen die Gestaltung von Schriftzügen ermöglicht. Es wäre interessant, sich die Gesichter einiger Professoren vorzustellen, wenn sie Arbeiten vorgelegt bekämen, deren Titelseiten mit WordArt »aufgepeppt« wären.

- Eine leere Zeichnung, die Sie nach Belieben gestalten können, können Sie in Ihren Text einfügen mit der untersten Option der *Formen*-Liste *Neuer Zeichenbereich*. Näheres dazu erfahren Sie im Abschnitt 5.3.

5.1.3.1 Einfügen von Grafikdateien

Auf das Einfügen von Grafikdateien mithilfe des Befehls *Grafik* auf der Registerkarte *Einfügen* möchten wir im Folgenden ausführlicher eingehen. Mit dem Befehl wird das Dialogfeld *Grafik einfügen* eingeblendet, in dem Sie die gewünschte Grafikdatei auswählen können. Im folgenden Dialogfeld wurde unter *Ansicht ändern* die Option *Kacheln* ausgewählt.

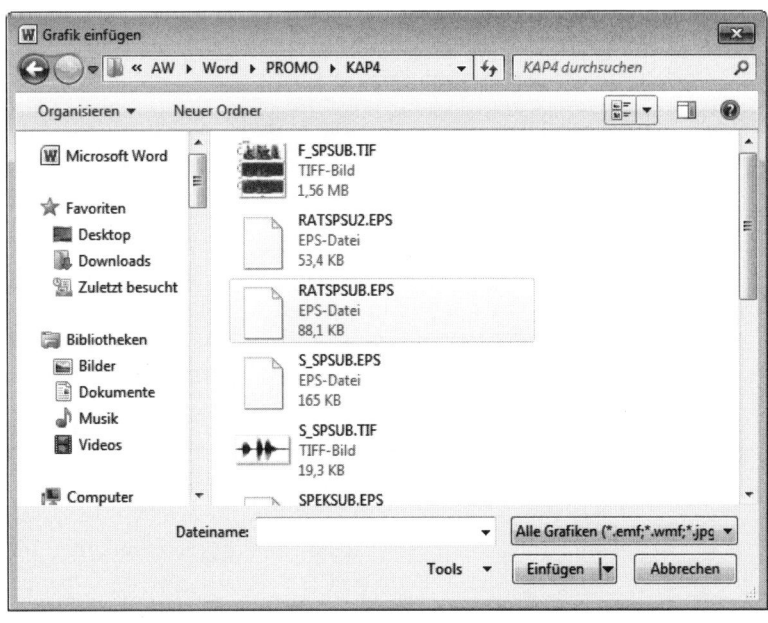

Bild 5.2: Dialogfeld zum Einfügen von Bildern

Wie Bilder in Ihr Dokument aufgenommen werden, ist von der Art des Einfügens abhängig. Es stehen Ihnen drei Möglichkeiten zur Verfügung. Sie wählen sie über das Dreieck neben der Schaltfläche *Einfügen* aus.

Mit der Standardeinstellung *Einfügen* wird eine selektierte Grafikdatei als Kopie in den Text aufgenommen. Ihr Text vergrößert sich damit um die Größe der Grafik, d. h., der Platzbedarf beim Abspeichern des Textes nimmt deutlich zu. Ihre Grafik liegt somit zweimal auf Ihrer Festplatte vor: als Original und als Kopie im Text. Ändert sich Ihr Original, hat dies keine Auswirkungen auf die Kopie im Text, d. h., die Grafik im Text wird nicht aktualisiert.

Wählen Sie die Option *Mit Datei verknüpfen* wird keine Kopie der Grafik im Text abgelegt, Sie nehmen nur eine Verknüpfung zur gewählten Grafikdatei im Text auf. Damit werden Ihre Texte kleiner und Sie können sie schneller speichern, aber beim Blättern durch den Text muss Word bei jedem Bild die Grafik neu importieren, was bei großen Bildern eine Zeit lang dauern kann. Nehmen Sie Änderungen am Original vor, können Sie durch Aktualisieren der Feldfunktion (⬚-Taste) die neue Version der Grafik anzeigen lassen.

Mithilfe der Option *Einfügen u. Verknüpfen* im Dialogfeld *Grafik einfügen* können Sie Word anweisen, eine Verknüpfung zur gewählten Grafikdatei in den Text aufzunehmen. Word speichert eine Kopie der Grafik mit dem Text ab, aber es merkt sich, wo das Original der Grafik auf der Festplatte zu finden ist, so dass das Bild aktualisiert werden kann, wenn sich das Original geändert hat.

Grafiken verknüpfen Wir empfehlen Ihnen, Fremdgrafiken und -bilder mithilfe der Option *Mit Datei verknüpfen* einzubinden. Sie erhalten so die Sicherheit, dass nach einer Aktualisierung der Feldfunktionen die aktuelle Version einer Grafik in Ihrem Text dargestellt ist.

Normalerweise werden alle in den Text eingefügten Feldfunktionen in einem Zug aktualisiert, indem mit dem Befehl ⬚+⬚ der gesamte Text markiert und mit der ⬚-Taste die Aktualisierung ausgelöst wird.

Rotes Kreuz statt Bild Bisweilen erscheint anstelle eines Bildes in der Zeichnungsebene nur der Umriss und ein Kästchen mit einem roten Kreuz, das anzeigt, dass das Bild von Word nicht dargestellt werden kann. Meistens lässt sich das Problem beheben, indem Sie das Bild aktualisieren. Sollte das nicht helfen, löschen Sie das Bild und fügen Sie es dann erneut ein.

Wenn Sie Grafiken in Ihre Arbeit einbinden, empfehlen wir Ihnen, diese in der Textebene einzufügen, das geschieht auch standardmäßig. Ein Bild in die Zeichnungsebene aufzunehmen ist eigentlich nur dann interessant, wenn beispielsweise ein Text mit Grafiken für eine Werbebroschüre gestaltet werden soll. Dann könnten Text und Bilder frei zueinander angeordnet werden, um eine gute Gestaltung zu erreichen. Bei Examensarbeiten stehen Bilder in der Regel frei, d. h., es wird kein Text links oder rechts vom Bild positioniert.

Im Abschnitt 5.3.4.3, »Position des Objekts auf der Seite«, wird beschrieben, wie Sie Bilder aus der Textebene in die Zeichnungsebene und umgekehrt bringen können.

5.1.4 Grafikformate

Die Anzahl der Grafikformate, die Word erkennen und konvertieren kann, hängt von der Anzahl der auf Ihrem System installierten Grafikfilter ab. Rechts neben dem Feld *Dateiname* (siehe Bild 5.2) wird das Grafikformat der Datei eingestellt. Die meisten Formate lassen sich an den Endungen der Dateinamen erkennen.

Anzeigen von Endungen Je nach Version und Einstellung zeigt Windows keine Endungen von Dateinamen im Windows Explorer und in vielen Dialogfeldern an. Sie können die Anzeige von Endungen für alle Windows-Programme zentral im Windows Explorer einschalten. Wählen Sie dort den Befehl *Organisieren/Ordner- und Suchoptionen* und deaktivieren Sie auf dem Registerblatt *Ansicht* den Eintrag *Erweiterungen bei bekannten Dateitypen ausblenden*.

5.1.4.1 Vektorgrafikformate

Die folgenden Vektorgrafikformate werden unter anderem von Word erkannt:

Windows Metafile (*.wmf) In Grafikdateien im Windows Metafile-Format sind die Grafiken als Windows-Grafikelemente abgelegt. Eine WMF-Datei beschreibt die Zusammensetzung einer Grafik aus grafischen Grundelementen von Windows.

Windows Enhanced Metafile (*.emf) Eine Weiterentwicklung der WMF-Datei. Damit lassen sich vor allem Rundungen in komplexeren Grafiken besser darstellen. EMF-Dateien sind geeignet beim Austausch von Vektorgrafiken zwischen Grafikprogrammen und Word.

Compressed Windows Enhanced Metafile (*.emz), Compressed Windows Metafile (*.wmz) Die komprimierten Varianten der zuvor beschriebenen Meta-Dateien.

Computer Graphics Metafile (*.cgm) Das CGM-Format ist ein international definiertes Vektorgrafikformat, das von sehr vielen Programmen unterstützt wird.

5.1.4.2 Pixelgrafikformate

Die folgenden Pixelgrafikformate können von Word verarbeitet werden:

Tagged Image File Format (*.tif, *.tiff) Das Tagged Image File Format ist das am weitesten verbreitete Pixelgrafikformat. Es erlaubt schwarzweiße und farbige Grafiken, die auch komprimiert abgelegt werden können.

JPEG-Dateiformate (*.jpg; *.jpeg; *.jff; *.jpe) Das Format JPEG wird für die meisten Grafiken eingesetzt, die auf Webseiten im Internet gezeigt werden. Die Bildkomprimierung für dieses Format erfolgt nicht verlustfrei.

Grafics Interchange Format (*.gif) GIF-Dateien hatten vor allem zu Beginn des Internets große Bedeutung, da sie über eine gute Bildkomprimierung verfügten und somit klein genug waren, um sie auch über langsame Modems übertragen zu können. Sie wurden weitgehend vom JPEG-Format abgelöst und werden heute nur noch für kleine Bilder im Internet verwendet.

Portable Network Graphics (*.png) Das PNG-Format ist eine Weiterentwicklung des GIF-Dateiformats. Es verfügt über eine bessere Komprimierung und kann mehr Farben darstellen.

Windows Bitmap (*.bmp) Das Windows Bitmap-Format BMP wird in erster Linie für Grafiken innerhalb der grafischen Benutzeroberfläche Windows eingesetzt.

Word 2010 kann noch weitere Grafikformate einbinden, die Sie über *Einfügen/Grafik* ersehen können.

5.1.5 Objekte

Word ermöglicht es Ihnen, Objekte, d. h. Zahlen, Grafiken und andere Arten von Daten, in Ihre Texte zu übernehmen. Ein Objekt, das mit einem anderen Programm erstellt und bearbeitet wurde, wird als eingebettetes Objekt übernommen. Ein eingebettetes Objekt wird komplett mit allen Daten abgelegt. Zum Bearbeiten eines eingebetteten Objektes benötigen Sie wieder das Programm, mit dem das Objekt erstellt wurde.

Einer der Vorteile dieser Technik ist, dass Word über keine Kenntnisse des Objektes verfügen muss, denn zur Erstellung und Bearbeitung wird das entsprechende Programm aufgerufen. Dafür können Dateien mit Objekten sehr groß werden, denn alle Informationen eines Objektes werden komplett in Word gespeichert.

Die Grundidee der Arbeit mit Objekten ist, Programmen das Arbeiten mit einer Vielzahl von Daten zu ermöglichen. Ein Programm soll mit Texten, Grafiken, Diagrammen, Tonaufnahmen, Videobildern und vielem mehr umgehen können. Natürlich ist es nicht sinnvoll, in jedes Programm all die Funktionen einzubauen, die es für den Umgang mit den entsprechenden Daten benötigt, denn dann würden Dinosaurier-Programme entstehen.

Ein Objekt lässt sich mit einem Container vergleichen, in den die Daten gepackt sind. Der Container wird in ein Programm aufgenommen, oder, wie es in der Objekt-Terminologie heißt, eingebettet. Das Programm, welches das Objekt aufnimmt, weiß nichts über seinen Inhalt. Sollen die Daten in einem Container bearbeitet werden, wird das Programm aufgerufen, welches mit den Daten im Container, also im Objekt, umgehen kann.

Für die Bearbeitung von Objekten existieren verschiedene Techniken:

- Das Programm zur Bearbeitung des Objektes wird in einem eigenen Fenster geladen. Nach Beendigung der Bearbeitung wird das Fenster geschlossen und Sie kehren zu dem Programm zurück, in dem das Objekt eingebettet ist.

- Eine zweite Variante ist das so genannte In-Place-Editing. Hierbei wird in einem Programm die Multifunktionsleiste mit all ihren Registerkarten und Schaltflächen durch die Multifunktionsleisten des zur Bearbeitung des Objektes benötigten Programms ersetzt. Das hat zur Folge, dass der äußere Eindruck bleibt, aber die Funktionalität sich ändert. Nach dem Ende der Manipulation am Objekt werden die ursprünglichen Registerkarten wieder eingeblendet.

5.1.5.1 Vor- und Nachteile von Objekten

Objekte bieten die folgenden Vorteile:

- Sie benötigen keine zusätzlichen Informationen über ein Objekt, d. h., Sie müssen nicht wissen, wo dieses Objekt herstammt und wie die Verknüpfungen mit Word aussehen.

- Word startet für Sie die richtige Applikation zum Erstellen und Bearbeiten des Objektes.

- Ein eingebettetes Objekt wird vollständig in Ihrem Word-Text abgelegt. Sie benötigen keine weiteren Dateien.

Leider hat die Arbeit mit Objekten auch Nachteile:

- Word-Texte mit eingebetteten Objekten können sehr groß werden, denn das eingebettete Objekt wird mit allen Informationen gespeichert, d. h., Objekte benötigen sehr viel Ressourcen und Speicher Ihres Computers.

- Zum Bearbeiten eines Objektes müssen Sie über die entsprechende Applikation verfügen. Bekommen Sie z. B. einen Word-Text mit eingebetteten Objekten per Speichermedium von einem anderen Computersystem, so können Sie nur die Objekte ändern, für die Sie auf Ihrem System über die geeigneten Programme verfügen.

- Jedes Objekt in einem Text muss einzeln aktualisiert werden.

5.1.6   Platzhalter für Objekte

Die Anzeige von Grafiken und Bildern am Bildschirm, beispielsweise beim Blättern durch einen Text, dauert oft sehr lang. Je nach Größe der Bilder muss Word hier erhebliche Datenmengen bewegen. Da die Zeitspannen, die Word zum Anzeigen benötigt, bei der Arbeit mit dem Text sehr hinderlich sind, bietet Word die Option an, anstelle der Grafiken nur Platzhalter anzeigen zu lassen.

Rufen Sie das im folgenden Bild dargestellte Dialogfeld *Optionen* über die Registerkarte *Datei* auf. In der Kategorie *Erweitert* lässt sich unter der Überschrift *Dokumentinhalt anzeigen* durch Einschalten der Option *Platzhalter für Grafiken anzeigen* erreichen, dass alle Grafiken und Bilder als leere Rahmen am Bildschirm dargestellt werden.

Beim Ausdruck und in der Seitenansicht werden die Bilder normal angezeigt.

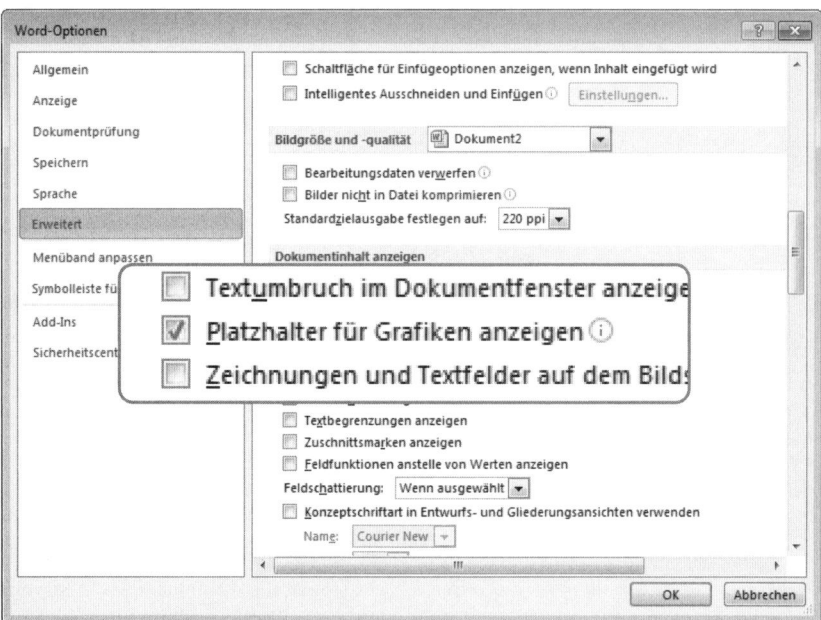

Bild 5.3: Platzhalter für Grafiken ein- und ausschalten

5.1.7   Bildunterschriften

In fast jeder wissenschaftlichen Arbeit werden Bilder, Grafiken oder Diagramme verwendet. Zu jedem Bild gehört eine Bildunterschrift mit einer eindeutigen Nummer und einer Beschreibung des Bildes. Im Gegensatz zur Tabellenüberschrift gehört die Bildunterschrift unter ein Bild. Der noch häufig in Arbeiten verwendete Begriff »Abbildung« gilt als veraltet. Auch die bereits oft zitierte DIN-Norm verwendet nur noch den Begriff »Bild«.

Neben der Kategorie und der Nummer sollte eine Bildunterschrift einen kurzen Text enthalten, der das Bild beschreibt, so dass der Leser nicht erst im restlichen Text nach einer Beschreibung suchen muss, um das Bild verstehen zu können. Am Ende einer Bildunterschrift wird kein Punkt gesetzt.

Damit Bild und Bildunterschrift auch bei einer Neu- oder Umformatierung zusammenbleiben, d. h. nicht das Bild auf der einen Seite und die Bildunterschrift auf der nächsten Seite zu finden sind, sollte im Absatzformat des Bildes die Option *Nicht vom nächsten Absatz trennen* aktiviert werden. Öffnen Sie dazu das Dialogfeld *Absatz* über die Registerkarte *Start* und das Startfeld in der Gruppe *Absatz*. Wählen Sie im Dialogfeld das Registerblatt *Zeilen- und Seitenumbruch* aus und selektieren Sie die entsprechende Option.

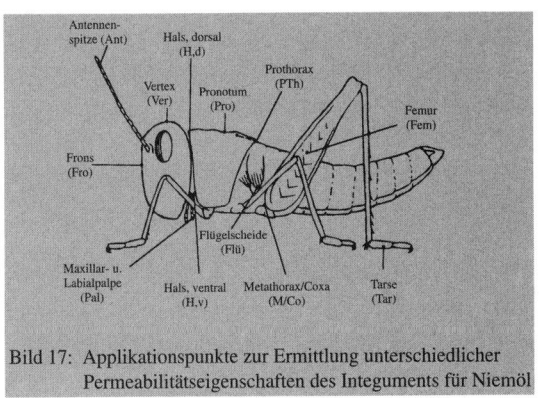

Bild 5.4: Bild mit Bildunterschrift

Nummerieren Sie Ihre Bilder niemals, indem Sie die Ziffern direkt eintippen. Zunächst scheint es natürlich einfacher, eine Zahl mit der Hand einzufügen anstatt sich den Abschnitt 3.4, »Nummerierung und Querverweise«, in Kapitel 3, »Die Gestaltung Ihrer Arbeit«, durchzulesen. Aber das täuscht! In aller Regel schafft man es nicht, Arbeiten wie Examens- oder Diplomarbeiten ohne Umstellungen oder Einfügungen zu schreiben. Fügen Sie ein neues Bild ein, heißt das, Sie müssen die Nummern aller folgenden Bilder suchen und ändern. Was oft noch schwieriger ist: Sie müssen auch alle Verweise auf die folgenden Bilder im Text finden und auch diese bearbeiten. Haben Sie Word nummerieren lassen, erfolgt die Änderung automatisch, wenn ein neues Bild eingefügt oder gelöscht wird.

Verwenden Sie entweder die Beschriftungsfunktion von Word oder verwenden Sie auf der Registerkarte *WissArbeit* die Schaltfläche *Bilder- und Tabellennummerierung*. Über die Schaltfläche aktivieren Sie einen Katalog, in dem Sie auswählen, ob Sie Ihre Bilder mit Bild, Abbildung oder Abb. beschriften.

5.2 Formatieren von Objekten

Alle Objekte lassen sich vielfältig formatieren und bearbeiten. Über die Registerkarte *Format*, die ganz rechts im Menüband erscheint, wenn das Objekt markiert ist, erhalten Sie zahlreiche Möglichkeiten, Eigenschaften des Objekts festzulegen. Ebenso können Sie über das Kontextmenü zu einem Objekt ein Dialogfeld aktivieren, das viele Einstellungsmöglichkeiten erlaubt.

Wie in den folgenden Abbildungen zu sehen ist, unterscheidet sich die Darstellung der Formatierungsdialogfelder bei den verschiedenen Objekttypen etwas. Die Funktionalität ist aber im Wesentlichen die gleiche.

5.2.1.1 Farben und Linien

Für viele Objekte lassen sich sowohl eine Füllung als auch eine Rahmenlinie festlegen. Das Dialogfeld zum Einstellen dieser Eigenschaften lässt sich durch Anklicken des Objektes mit der rechten Maustaste öffnen. Oder Sie aktivieren es über das Menüband: Klicken Sie auf die Startfeld zur Gruppe *Bildformatvorlagen* bzw. *Formenarten* auf der Registerkarte *Format*.

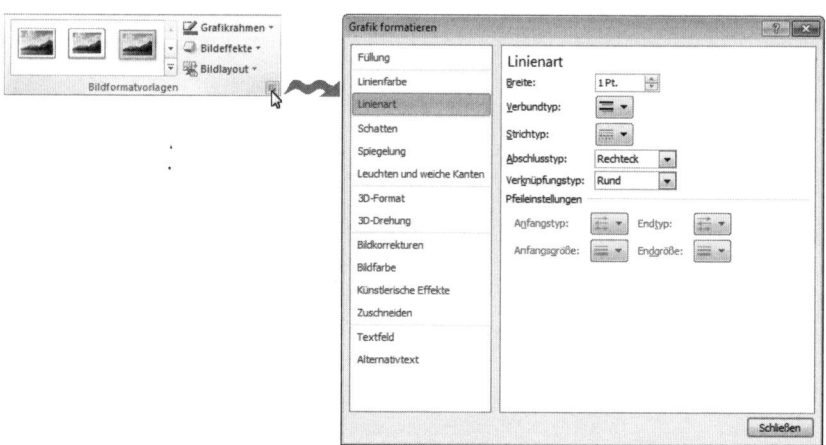

Bild 5.5: Dialogfeld zum Einstellen von Füllungen und Linien

5.2.1.2 Größe

In der Gruppe *Größe* auf der Registerkarte *Format* finden Sie ein Startfeld für folgendes Dialogfeld mit der Registerkarte *Größe*. Hier lassen sich die Abmessungen eines grafischen Objektes detailliert angeben, ebenso wie für manche Objekte ein Drehwinkel.

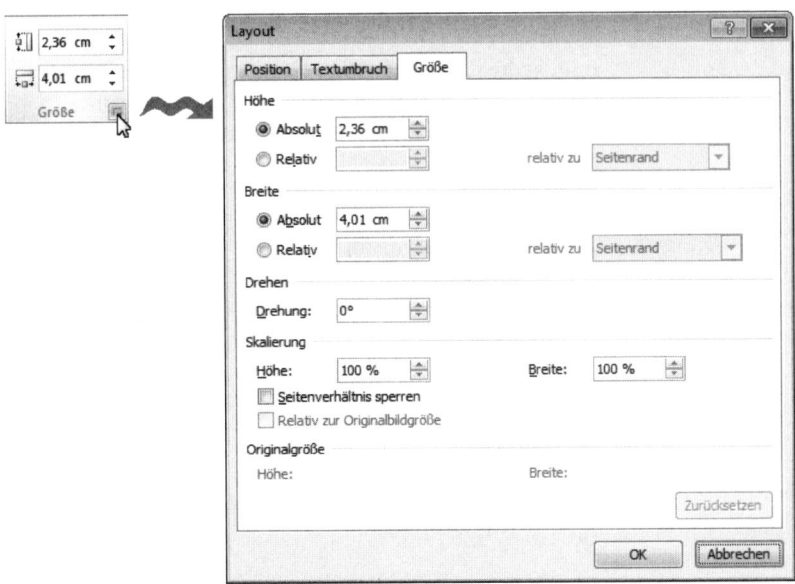

Bild 5.6: Größe eines Objektes bestimmen

In der Gruppe *Skalieren* können Sie das Objekt beliebig vergrößern und verkleinern.

Durch Einschalten der Option *Seitenverhältnis sperren* erreichen Sie, dass beim Skalieren die Höhe und Breite immer um den gleichen Prozentsatz geändert werden.

Beim Formatieren von eingefügten Grafiken steht Ihnen *Relativ zur Originalbildgröße* zur Verfügung. Damit wird eine Skalierung der Grafik nicht auf die zuletzt eingestellte Größe, sondern auf die ursprüngliche Bildgröße der Grafik bezogen.

Übrigens können Sie die Größe eines Objektes auch einfach mit der Maus ändern. Selektieren Sie ein Objekt im Text, wird es von acht Markierungszeichen umgeben. Dabei kann es sich um kleine Quadrate, Kreise oder Gruppen von Dreier-Punkten handeln. Die Markierung ist abhängig von der Art des Objektes. Bewegen Sie den Mauszeiger auf eine der vier Eckmarkierungen und verschieben sie bei gehaltener Maustaste, so verändert sich die Größe des Objektes.

Möchten Sie nur die Höhe oder nur die Breite der Grafik verändern, wählen Sie den entsprechenden Markierungspunkt in der Mitte der Umrandung oben, unten oder an der Seite und »ziehen« damit die Grafik auf die gewünschte Größe.

5.2.1.3   Textumbruch festlegen

Standardmäßig fügen Sie Grafiken, Diagramme, ClipArt-, SmartArt- und WordArt-Objekte an der Stelle der Eingabemarke in einer Zeile ein, Formen und Textfelder werden hingegen frei in der Zeichnungsebene positioniert.

Über die Schaltfläche *Zeilenumbruch* im Dialogfeld, das sich durch Anklicken des Objektes mit der rechten Maustaste öffnet (und sich auch in der Gruppe *Anordnen* in der Registerkarte *Format* befindet, die im Menüband erscheint, wenn das Objekt markiert ist), können Sie eine Auswahlliste aktivieren, mit deren Hilfe sich der Umbruch für das ausgewählte Objekt ändern lässt.

Bild 5.7: Textumbruch für ein Objekt ändern

Mit der obersten Zeile der Auswahlliste legen Sie fest, dass das Objekt in der Textebene liegt, mit den darunter aufgeführten Möglichkeiten wird das Objekt automatisch in der Zeichnungsebene platziert.

Für wissenschaftliche Arbeiten wird wahrscheinlich fast immer die Option *Mit Text in Zeile* selektiert werden, damit das Objekt frei im Text steht und sich beispielsweise auch automatisch mit dem Text verschiebt.

5.3   Vektorgrafiken

In diesem Abschnitt wird die Arbeit mit Vektorgrafiken beschrieben. Word verfügt über einen eigenen Grafikeditor, der Ihnen die Erstellung und Bearbeitung von Vektorgrafiken ermöglicht. Kleine, einfache Zeichnungen lassen sich mithilfe des Grafikeditors schnell erstellen und in den Text aufnehmen.

Zur Ergänzung, Verbesserung und Ausgestaltung Ihrer Texte und Diagramme können Sie grafische Zeichnungselemente einsetzen. Es stehen Ihnen beispielsweise Rechtecke, Ellipsen, Linien, Bögen und andere Objekte zur Verfügung.

5.3.1 Erstellen eines Objektes

Grafische Objekte – in Word als Formen bezeichnet – können an beliebigen Stellen in Ihrem Text positioniert werden. Sie liegen, bildlich gesprochen, auf dem Text. Zuerst möchten wir Ihnen beschreiben, wie Sie ein einfaches Objekt, ein Rechteck, in Ihren Text platzieren können.

5.3.1.1 Zeichnen eines Objektes

Aktivieren Sie die Registerkarte *Einfügen* und wählen Sie die Schaltfläche *Formen* aus. Sie aktivieren so einen Katalog mit vielen verschiedenen Objekten (siehe Bild 5.8).

Um beispielsweise ein Rechteck zu erzeugen, wählen Sie das gewünschte Objekt im Katalog aus, positionieren Sie dann den Cursor, der die Form eines kleinen Kreuzes angenommen hat, auf dem Text und ziehen Sie bei gedrückter Maustaste ein Rechteck auf. Erst wenn das Rechteck die von Ihnen gewünschte Größe hat, lassen Sie die Maustaste los. Nach dem Vorgang nimmt der Cursor wieder seine normale Form an.

Alternativ können Sie ein Objekt mit einem einfachen Mausklick in einer Standardgröße auf Ihrem Text ablegen.

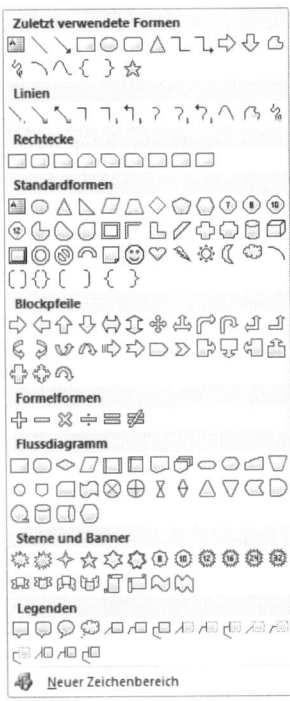

Bild 5.8: Katalog der Formen

Ein markiertes Objekt erkennen Sie an den im folgenden Bild dargestellten Kreisen an den Ecken des Objekts und Quadraten dazwischen. Zudem erscheint ein grüner Kreis, der als Drehpunkt bezeichnet wird.

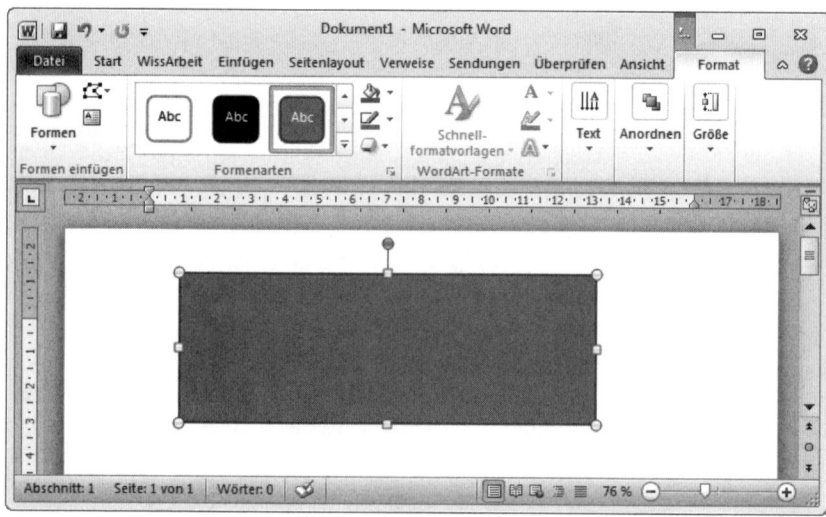

Bild 5.9: Markiertes Rechteck

5.3.1.2 Verschieben und Kopieren

Klicken Sie auf das Objekt, um es zu markieren. Sie können selektierte Objekte einfach mithilfe Ihrer Maus verschieben. Zeigen Sie mit dem Cursor auf die Umrandung des Objektes, so verwandelt er sich in einen gekreuzten Doppelpfeil, der Ihnen den Verschiebungsmodus anzeigt. Klicken Sie mit diesem Pfeil das Objekt an und ziehen Sie daran bei betätigter Maustaste.

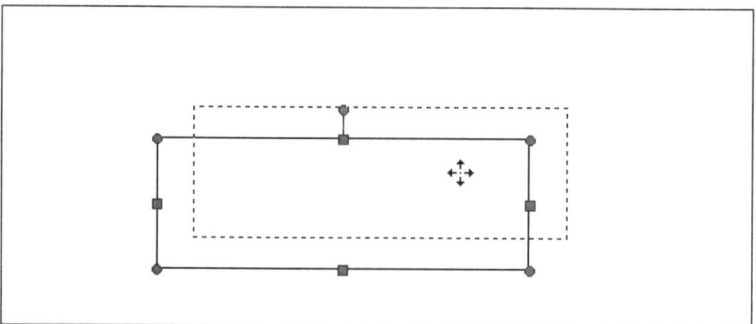

Bild 5.10: Das Rechteck wird verschoben

Halten Sie während des Verschiebens die ⟨⟩-Taste gedrückt, so können Sie das Objekt nur waagrecht oder senkrecht zu seiner bisherigen Lage verschieben. Betätigen Sie beim Verschieben die ⟨Strg⟩-Taste, so wird das angeklickte Objekt verdoppelt. Sie können selbstverständlich auch beide Tasten gleichzeitig betätigen, um Objekte auf der gleichen Ebene zu kopieren.

5.3.1.3 Verkleinern und vergrößern

Schieben Sie den Cursor auf eines der Markierungssymbole, verwandelt er sich in einen Doppelpfeil. Der Doppelpfeil zeigt die Richtung an, in die Sie zum Verkleinern oder Vergrößern ziehen müssen. Stellen Sie den Cursor auf eines der Quadrate, um waagrecht oder senkrecht, auf einen der Kreise, um diagonal zu ziehen.

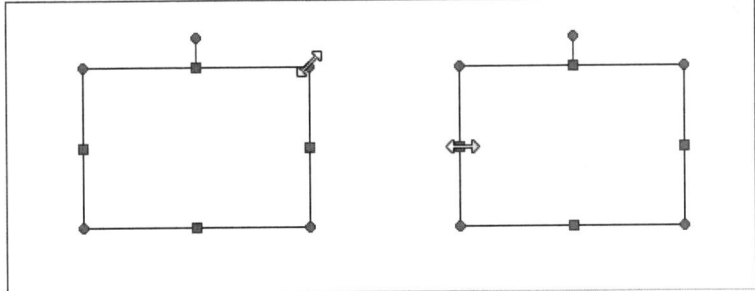

Bild 5.11: Markierungssymbole zum Vergrößern oder Verkleinern

Eine weitere Möglichkeit, die Größe eines Objekts festzulegen, bietet die Registerkarte *Format* in der Gruppe *Größe*. Sie können die Höhe und Breite millimetergenau in einem der beiden Listenfelder ändern, wobei der jeweils andere Wert automatisch proportional angepasst wird. Oder Sie aktivieren über die Startfeld das Dialogfeld, das bereits in Bild 5.6 dargestellt ist.

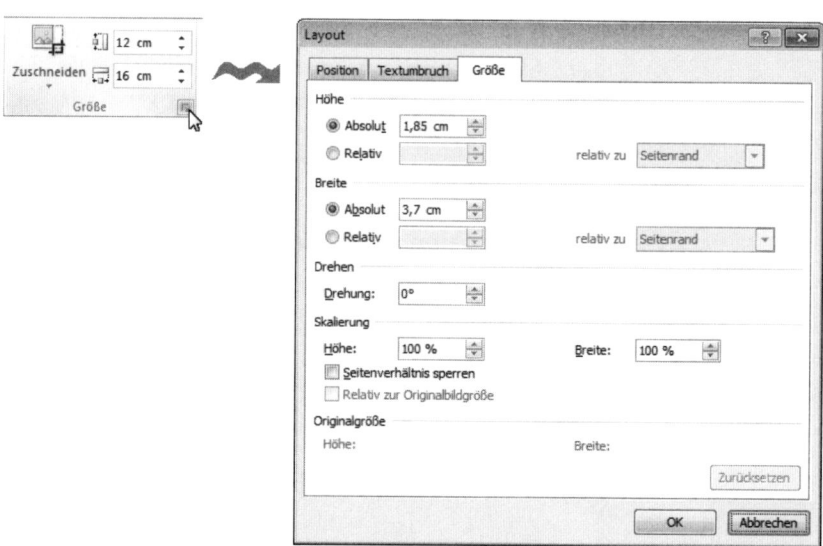

Bild 5.12: Hier lässt sich die Größe eines Objekts definieren

5.3.1.4 Drehen

Der kleine grüne Kreis funktioniert wie ein Hebel, an dem sich das Objekt drehen lässt. Wenn Sie den Cursor darauf setzen, verwandelt er sich in einen Drehpfeil. Ziehen Sie mit gedrückter Maustaste in die gewünschte Drehrichtung.

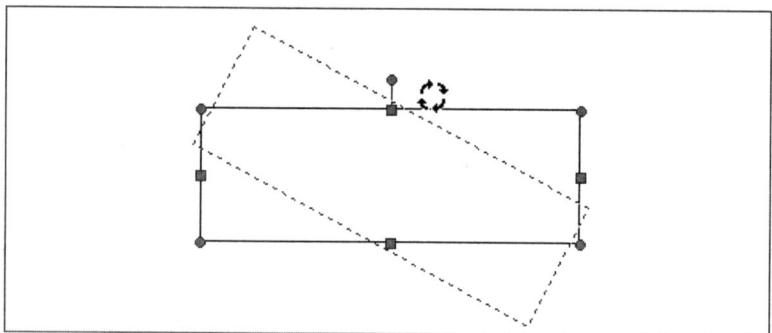

Bild 5.13: Markiertes Rechteck wird gedreht

Den exakten Winkel können Sie in dem oben abgebildeten Dialogfeld (siehe auch Bild 5.6) als Gradzahl hinter *Drehung* eingeben.

5.3.1.5 Löschen von Objekten

Sie löschen markierte Objekte mit der ⌊Entf⌋-Taste.

5.3.2 Verschiedene Kategorien von Formen

Mit dem Begriff »Formen« werden in Word eine Vielzahl grafischer Objekte bezeichnet, die über die Schaltfläche *Formen* erreicht werden können. Im Katalog wurden die Objekte in verschiedene Kategorien eingeteilt (s. Bild 5.8).

5.3.2.1 Linien

In der Rubrik Linien stehen Ihnen die verschiedensten Linien, Pfeilen, Verbindungslinien, Kurven sowie Freihandformen zur Verfügung.

Halten Sie beim Erstellen von Linien und Pfeilen die ⇧-Taste gedrückt, können Sie die Linien nur in Winkeln von 45° und mehrfachen zeichnen.

Word zeichnet stetige Kurven, d. h., wenn Sie beim Zeichnen einer Kurve durch einen Mausklick absetzen, wird das nächste Kurvenstück nahtlos angesetzt. Ein Doppelklick beendet den Zeichenvorgang.

Eine Freihandform kann aus geraden Linien oder Freihandlinien bestehen. Für gerade Linien klicken Sie nur jeweils auf den Endpunkt, bei Freihandlinien zeichnen Sie bei gedrückter Maustaste. Ein Doppelklick oder ein Klick auf den Startpunkt beenden die Freihandform.

Mit der Auswahl *Skizze* können Sie bei gedrückter Maustaste jede Art von Linie zeichnen, allerdings wird dabei eine ruhige Hand benötigt.

5.3.2.2 Rechtecke und Standardformen

Alle Objekte der Formen-Kataloge *Rechtecke* und *Standardformen* werden durch Aufziehen eines Rechtecks bei gedrückter Maustaste gezeichnet. Bei einigen Objekten wird, wenn sie markiert sind, zusätzlich zu den acht Markierungssymbolen eine kleine gelbe Raute angezeigt. Durch Verschieben der Raute mit der Maus ändern Sie je nach Objekt das Verhältnis der Kantenlängen, die Breite des Rahmens oder andere Eigenschaften. Allgemein gilt:

- Wenn Sie die ⇧-Taste gedrückt halten, während Sie das gestrichelte Umrissfenster aufziehen, wird das gewählte Objekt so hoch wie breit.

- Halten Sie während des Zeichnens die [Strg]-Taste gedrückt, wird eine Standardform um ihren Mittelpunkt herum aufgezogen.

In einige Standardformen kann Text eingetragen werden. Wählen Sie dazu im Kontextmenü zur Form *Text hinzufügen*. Im Objekt blinkt eine Einfügemarke und wartet auf eine Eingabe. Diesen Text können Sie anschließend wie gewohnt formatieren, beispielsweise über die Minisymbolleiste.

 Sie können aber auch mit der Schaltfläche *Textfeld erstellen* (in der Kategorie *Standardformen*) ein so genanntes *Textfeld* aufziehen. Das Textfeld ist ein eigenständiges Objekt und sie können es nun beliebig innerhalb und außerhalb der Form positionieren.

Für beide Arten gibt es auf der Registerkarte *Format* die Gruppe *Text*, mit deren Schaltflächen Sie die *Textrichtung*, aber auch die Textausrichtung innerhalb des Objekts ändern können. In der Gruppe *Text* besteht zudem die Möglichkeit, zwischen Textfeldern eine Verknüpfung zu erstellen. Dadurch können Sie erreichen, dass Text, der nicht mehr in das erste Textfeld passt, weiter in das zweite Textfeld fließt.

5.3.2.3 Blockpfeile

Blockpfeile werden wie die oben beschriebenen Standardformen gezeichnet und verändert. Sie verfügen teilweise über mehrere gelbe Rauten zur Veränderung des Aussehens eines Blockpfeils. Mithilfe der gelben Rauten kann die Stärke des Pfeils sowie die Form der Pfeilspitze nach Ihren Vorstellungen angepasst werden.

5.3.2.4 Flussdiagramme

Flussdiagrammsymbole werden wie die oben beschriebenen Standardformen gezeichnet und verändert. Sie verfügen teilweise über mehrere gelbe Rauten zur Veränderung des Aussehens eines Flussdiagrammsymbols.

5.3.2.5 Sterne und Banner

Auch Sterne- und Banner-Formen werden wie Standardformen behandelt. Alle Sterne und Banner können mithilfe von gelben Rauten in der Form verändert werden.

5.3.2.6 Legenden

Mithilfe von Legenden können Sie beliebige Kommentare und Texte auf Ihrem Arbeitsblatt positionieren, ohne an das Raster einer Tabelle oder Bildbegrenzung gebunden zu sein. Nach dem Aufziehen einer Legende erscheint ein blinkender Eingabestrich, der Sie zum Eintippen von Text auffordert. Die ⌨-Taste hat hierbei dieselbe Wirkungsweise wie beim Aufziehen einer Standardform.

Bild 5.14: Grafik mit Legendentext

Text in Legenden lässt sich mithilfe verschiedener Optionen aus dem *Format*-Menü bearbeiten. Mithilfe der rechten Maustaste öffnen Sie das Registerdialogfeld *Form formatieren*. Den Text in Legenden können Sie bearbeiten, ebenso lässt sich eine Legende nachträglich vergrößern oder verschieben.

5.3.3   Markieren von Objekten

Sie markieren ein grafisches Objekt, indem Sie es mit der Maus anklicken. An den Seiten des Objektes sollten Sie dann acht kleine Markierungssymbole sehen.

Mehrere Formen können Sie gleichzeitig selektieren, wenn Sie die einzelnen Formen bei gedrückter 🔲-Taste anwählen. Dadurch lassen sich mehrere Formen zur gleichen Zeit verschieben und bearbeiten.

Eine zweite Methode zur Markierung mehrerer Formen verbirgt sich hinter der Schaltfläche *Markieren* auf der Registerkarte *Start*. Wählen Sie im aufgeklappten Menü *Objekte markieren* aus. Betätigen Sie die Maustaste, so können Sie bei gehaltener Taste ein gestricheltes Fenster aufziehen. Lassen Sie die Maustaste los, so werden alle Formen innerhalb des Fensters selektiert.

5.3.4   Bearbeiten von Objekten

Auf der Registerkarte *Format* finden Sie eine große Zahl von Befehlen zum Bearbeiten Ihrer Objekte. Die wichtigsten Befehle möchten wir Ihnen in den folgenden Abschnitten vorstellen.

5.3.4.1   Farben, Linien und Pfeilformen

Auf der Registerkarte *Format* gibt es bereits vorgefertigte *Formenarten* bzw. bei Bildern und ClipArts *Bildformatvorlagen*, die Sie Ihren Objekten zuweisen können. Haben Sie das Objekt markiert, schieben Sie den Maus-Cursor über eine der Formenarten und warten einen Moment, so wird das Objekt so dargestellt, wie es bei einer Zuweisung aussehen würde.

Bild 5.15: Formenarten zuweisen

Über die Schaltfläche *Fülleffekt* können Sie nicht nur Farben, sondern auch Bilder, Farbverläufe, Strukturen oder Muster auf ein Objekt übertragen. Dabei kann die zuletzt verwendete Füllung mithilfe der Schaltfläche erneut übertragen werden. Möchten Sie eine andere Füllung wählen, klicken Sie das Dreieck rechts an der Schaltfläche an, um die Auswahl erneut zu aktivieren.

Über die Schaltfläche *Formkontur* können Sie die Farbe für Umriss oder andere Linien festlegen. Neben der Farbe lassen sich hier die Stärke und Linienart bzw. gegebenenfalls auch Pfeilspitzen und -enden definieren.

5.3.4.2   Formeffekte

Mithilfe der Schaltfläche *Formeffekte* gibt es die Möglichkeit, Ihr Objekt mit einem Schatten zu versehen, es zu spiegeln, die Kanten zu ändern und mehr.

Bild 5.16: Eine Vielzahl von Effekten für Formen

Zu allen Katalogen gibt es ganz unten die Möglichkeit, weitere Einstellungen über ein Dialogfeld zu erzielen.

5.3.4.3   Position des Objekts auf der Seite

Über die Schaltfläche *Position* können Sie festlegen, ob Ihr Objekt auf einer Seite oben, in der Mitte oder unten links, mittig oder rechts platziert werden soll bzw. im Dialogfeld *Weitere Layoutoptionen* millimetergenau die Bildposition festlegen.

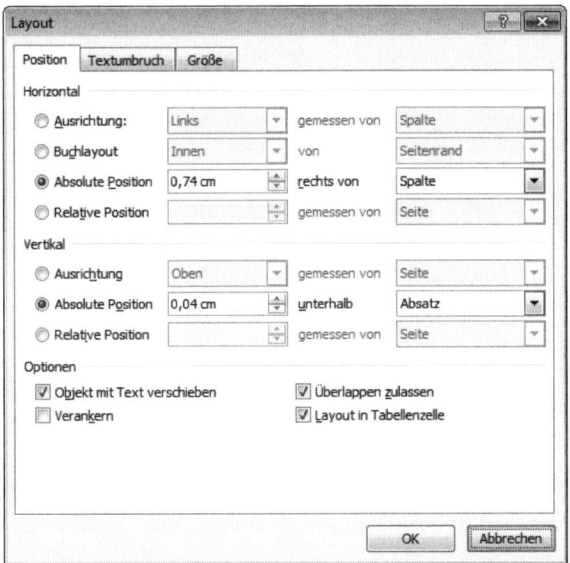

Bild 5.17: Positionieren Sie Ihr Bild

Dies ist nur mit Objekten möglich, die auf der Zeichnungsebene liegen. Sie können Objekte leicht in die Zeichnungsebene überführen, indem Sie auf der Registerkarte *Format* der *Bildtools* oder *Zeichentools* im Menü der Schaltfläche *Position* eine der Optionen *Mit Textumbruch* wählen. Umgekehrt überführen Sie ein Bild aus der Zeichnungsebene in die Textebene durch Auswahl der obersten Option *Mit Zeile in Text*.

Wie Grafiken standardmäßig eingefügt werden sollen, legen Sie in den *Word-Optionen* in der Kategorie *Erweitert* fest, indem Sie im Bereich *Ausschneiden, Kopieren und Einfügen* hinter *Bilder einfügen als* im Kombinationsfeld eine der angebotenen Möglichkeiten wählen.

Ist ein Bild auf der Zeichnungsebene positioniert, so legen Sie über die Schaltfläche *Zeilenumbruch* fest, wie der Text um das Bild herum »fließen« soll.

5.3.4.4 Ändern der Darstellungsreihenfolge

Grafische Objekte, die übereinander auf dem Arbeitsblatt liegen, werden in der Reihenfolge angeordnet, in der sie gezeichnet wurden: das zuerst gezeichnete als unterstes, das zuletzt erstellte zuoberst. Diese Reihenfolge können Sie bei Bedarf ändern.

Über die Schaltflächen *Ebene nach vorn* bzw. *Ebene nach hinten* erhalten Sie eine Auswahl von Möglichkeiten, die Reihenfolge der Objekte zu verändern. Markieren Sie das Objekt, dessen Position verändert werden soll, und wählen Sie dann eine der Optionen. Liegen mehrere Objekte übereinander, so können Sie das Objekt *In der Hintergrund* bzw. *In den Vordergrund* oder nur eine *Ebene nach vorne/hinten* schieben. Zudem lässt sich über das Menü regeln, ob das Objekt vor oder hinter dem Text positioniert werden soll.

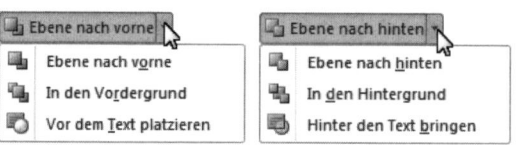

Bild 5.18: Menüs zum Anordnen der Objekte

Mithilfe der beiden untersten Optionen können Sie ein Objekt vor oder hinter Ihren Text platzieren. Alle Befehle können Sie auch mithilfe des Kontextmenüs zu einem Objekt zuweisen.

5.3.4.5   Ausrichten von Objekten

Mehrere markierte Objekte können horizontal oder vertikal ausgerichtet werden. Nutzen Sie dazu die entsprechenden Einträge im Menü zur Schaltfläche *Ausrichten*.

Die beiden Optionen *Horizontal verteilen* bzw. *Vertikal verteilen* dienen dazu, die markierten Objekte gleichmäßig horizontal oder vertikal zwischen den äußersten markierten Objekten anzuordnen.

Ist *Ausgewählte Objekte ausrichten* aktiviert, so werden die Objekte aneinander ausgerichtet. Es ist zudem möglich, sie an der Seite oder am Seitenrand auszurichten. Stellen Sie also zunächst ein, ob die Objekte aneinander, an der Seite oder am Seitenrand ausgerichtet werden sollen. Wählen Sie dann im oberen Teil des Menüs aus, wie sie ausgerichtet werden sollen.

Bild 5.19: Menü zur Schaltfläche *Ausrichten*

5.3.4.6 Mit Raster arbeiten

Objekte lassen sich an einem Hilfsgitter ausrichten, dessen Rasterhöhe und -breite Sie definieren können. Mithilfe dieses Rasters sind Objekte schnell und genau positionierbar. Wenn Sie beispielsweise mehrere Rechtecke Kante an Kante aneinander legen wollen, können Sie dies durch eine geeignete Rasterweite unterstützen.

Sie können im Menü zur Schaltfläche *Ausrichten* (siehe Bild 5.19) zum einen sich die *Gitternetzlinien anzeigen* lassen, zum anderen können Sie dort Einstellungen bezüglich des Rasters vornehmen.

5.3.4.7 Objekte gruppieren

Mehrere selektierte Objekte können Sie zu einer Gruppe zusammenfassen. Markieren Sie zunächst die Objekte, die in eine Gruppe zusammengefasst werden sollen und wählen Sie dann in der Gruppe *Anordnen* den Befehl *Gruppieren*. Eine Gruppe lässt sich nur als Ganzes bearbeiten. Alle Attribute, die Sie der Gruppe geben, werden auf alle Einzelteile der Gruppe angewandt.

Mit *Gruppierung aufheben* können Sie eine Gruppe wieder in ihre einzelnen Bestandteile auflösen. Dieser Befehl wird im Menü nur freigegeben, wenn Sie eine Gruppe markiert haben.

Auch diese Befehle zum Erstellen und Auflösen einer Gruppe von Objekten finden Sie ebenso im Kontextmenü.

5.3.4.8 Drehen oder Kippen von Objekten

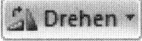

Objekte lassen sich beliebig drehen und kippen. Verwenden Sie dazu die Schaltfläche *Drehen* in der Gruppe *Anordnen*. Sie aktivieren damit ein Menü, das ein Drehen um 90° vorgibt bzw. ein horizontales oder vertikales Kippen.

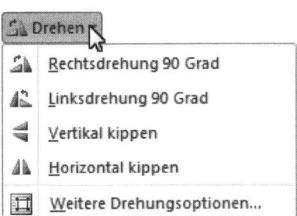

Bild 5.20: Menü zum Drehen oder Kippen eines Objekts

Für weitere Einstellungen wählen Sie *Weitere Drehungsoptionen* aus. Dadurch öffnen Sie ein Dialogfeld, wie es bereits in Bild 5.6 dargestellt wurde. Hier können Sie jeden beliebigen Drehwinkel einstellen.

5.4 Erstellen eines SmartArt-Objektes

SmartArt-Objekte sind vorgefertigte Anordnungen von Formen zu sieben Themenbereichen: Liste, Prozess, Zyklus, Hierarchie, Beziehung, Matrix und Pyramide. Sie ersparen sich damit das genaue Ausrichten von Elementen, sollten sich aber vorher genau überlegen, welche Form für Ihr Problem sinnvoll ist. In der Regel sind SmartArt-Objekte für Präsentationen gedacht, können aber auch in wissenschaftlichen Arbeiten gelegentlich zum Einsatz kommen.

Sie fügen ein SmartArt-Objekt ein mit dem Befehl *SmartArt* auf der Registerkarte *Einfügen*. Es erscheint folgendes Dialogfeld, in dem Sie ein geeignetes Objekt aussuchen können. In der obersten Kategorie, *Alle*, sind alle Objekte aufgeführt.

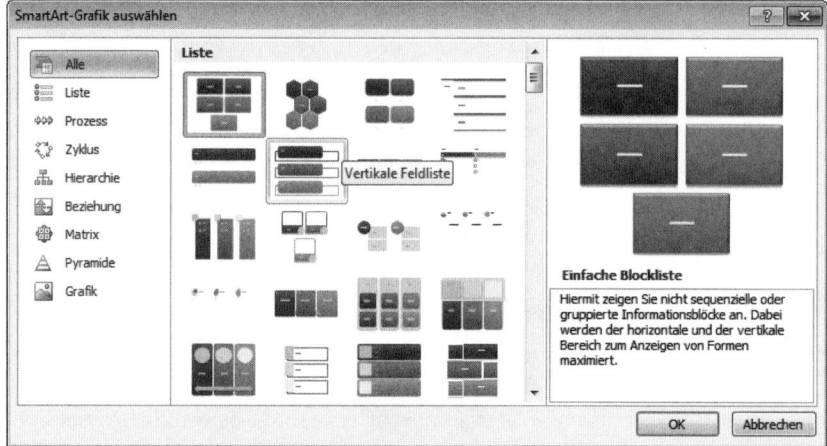

Bild 5.21: Eine SmartArt-Grafik auswählen

Im rechten Bildbereich finden Sie eine kurze Beschreibung des markierten SmartArt-Typs.

Für das folgende Beispiel wurde aus der Kategorie *Zyklus* ein *Kreis mit mehreren Richtungen* gewählt.

SmartArt ist nur teilweise sichtbar Ist von Ihrer SmartArt nur der untere Teil sichtbar, so aktivieren Sie das Dialogfeld *Absatz* auf der Registerkarte *Start* und stellen Sie für *Zeilenabstand* beispielsweise *Einfach* anstelle von *Genau* ein.

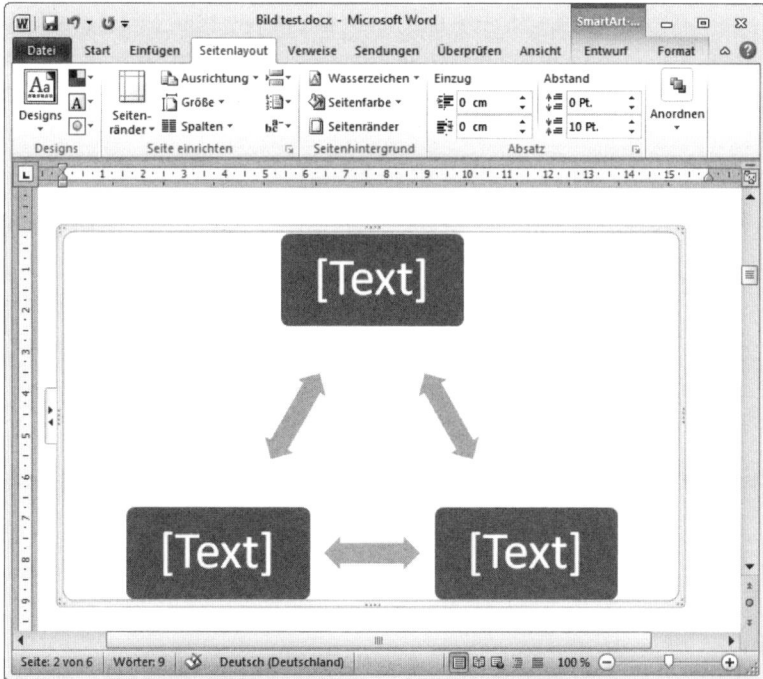

Bild 5.22: Der eingefügte Zyklus

Für den Text erscheinen Platzhalter, die nach dem Anklicken der Form direkt überschrieben werden. Zudem sehen Sie das folgende Feld, das Ihren Text ebenfalls aufnimmt. Da die Schriftgröße automatisch an den längsten Eintrag angepasst wird, können Sie, um den Platz optimal auszunutzen, gleich mit Bindestrichen als Trennzeichen arbeiten.

Bild 5.23: Text eingeben

Das Ergebnis sehen Sie in folgendem Bild. Links wurde das Wort »Situations-
wahrnehmung« ohne Trennzeichen eingefügt. Die Schriftgröße wurde ziemlich klein gewählt. Rechts wurde ein Trennzeichen verwendet und es ergibt
sich eine entsprechend viel besser lesbare Schriftgröße.

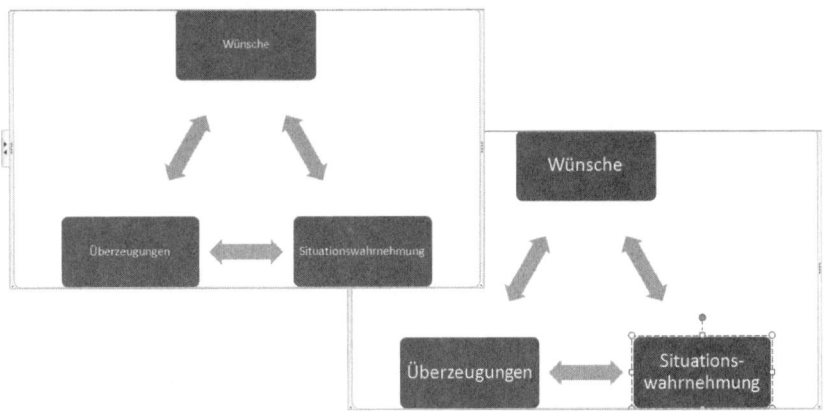

Bild 5.24: Links Schriftgröße ohne Umbruch, rechts mit Umbruch

Sie können Formen nachträglich in mehrerlei Hinsicht verändern:

Sie formatieren die Form mit den Schaltflächen auf der Registerkarte *Format*
oder im Dialogfeld *Form formatieren* (Startfeld der Gruppe *Formenarten*
bzw. gleichnamiger Befehl im Kontextmenü).

Verschiedene vorbereitete Farbschemata enthält der Katalog zur Schaltfläche
Farben ändern der Registerkarte *Entwurf*. Sie sehen sofort die Auswirkungen
bei Ihrer Grafik, wenn Sie die Maus über eines der Beispiele führen.

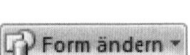

Sie können jedem Element eine andere Form zuweisen, indem Sie das oder
die Elemente markieren und auf der Registerkarte *Format* im Bereich *Formen*
mit der Schaltfläche *Form ändern* aus dem Katalog ein anderes auswählen.

Weitere Elemente addieren Sie mithilfe der Schaltfläche *Form hinzufügen*.
Die Auswahlmöglichkeiten im Menü hängen davon ab, welchen SmartArt-
Typ Sie gewählt haben.

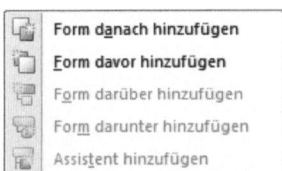

Bild 5.25: Eine Form hinzufügen

Schließlich können Sie jederzeit weitere Formen hinzufügen, beispielsweise weitere Textelemente. Allerdings müssen diese dann »per Hand« angepasst werden.

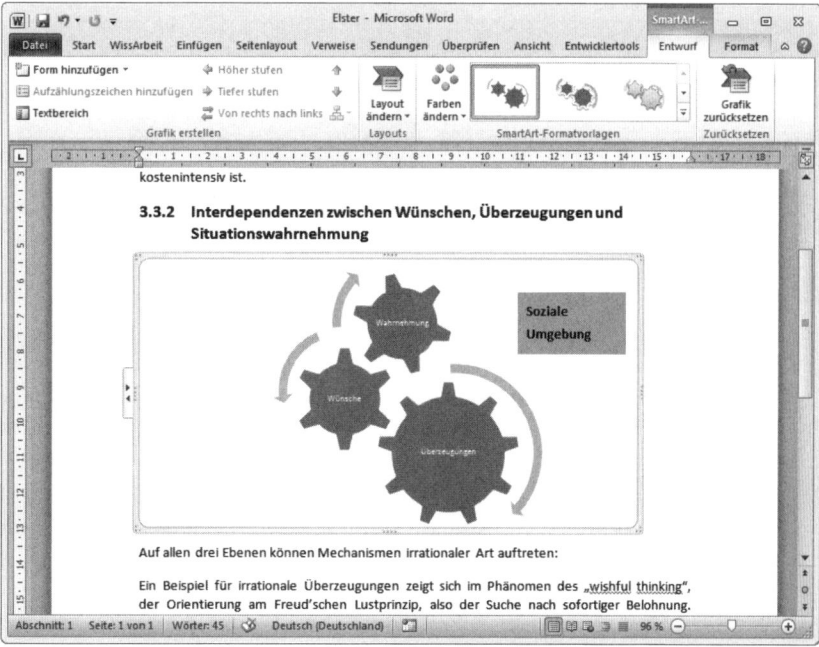

Bild 5.26: Ein anderer SmartArt-Typ mit zusätzlichem Textfeld

Zu der Ursprungsform kommen Sie jederzeit mit der Schaltfläche *Grafik zurücksetzen* zurück, wenn Ihre Formatierungsanstrengungen nicht Ihren Vorstellungen entsprechen.

5.5 Erstellen von Diagrammen mit Excel

Wählen Sie die Schaltfläche *Diagramm*, so wird Excel gestartet, falls es auf Ihrem PC ebenfalls installiert wurde, ansonsten wird das zum Lieferumfang von Word gehörende Programm MS Graph genutzt. Sowohl Excel als auch Graph bieten Ihnen die Möglichkeit, Diagramme als Objekte in Ihre Texte einzubinden.

Als Beispiel für die grafischen Möglichkeiten von Excel haben wir das folgende Bild aufgenommen. Hierfür wurden einige Tausend Messwerte aufbereitet und als dreidimensionale Netzgrafik ausgegeben.

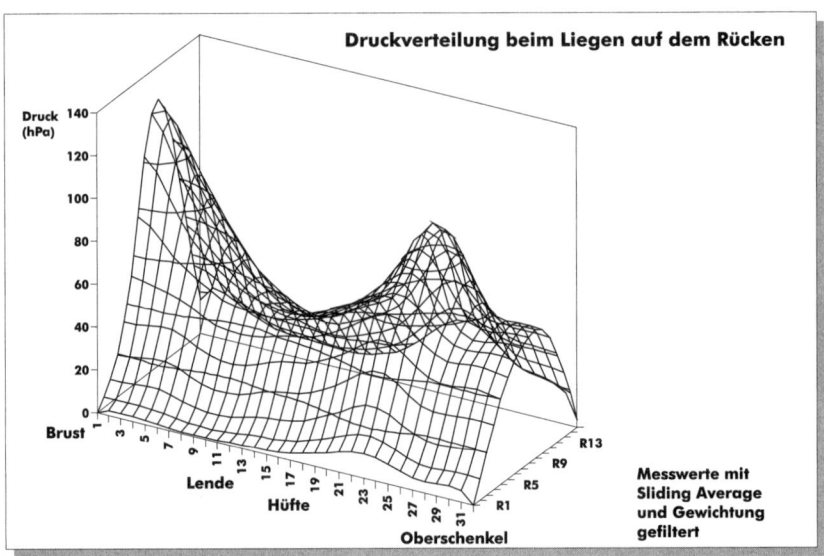

Bild 5.27: Druckverteilungsdiagramm

Je nach Lehrstuhl arbeiten Sie vielleicht mit andern Rechen- und Statistikpro-
grammen. Alle Programme verfügen über Möglichkeiten, die erstellten Diagramme in Word aufzunehmen.

5.5.1 Ein Diagramm anlegen

Wir möchten Ihnen im Folgenden die Schritte zur Erstellung eines neuen
Diagramms beschreiben. Klicken Sie auf die Schaltfläche *Diagramm* auf der
Registerkarte *Einfügen*, so erhalten Sie die folgende Auswahlabfrage.

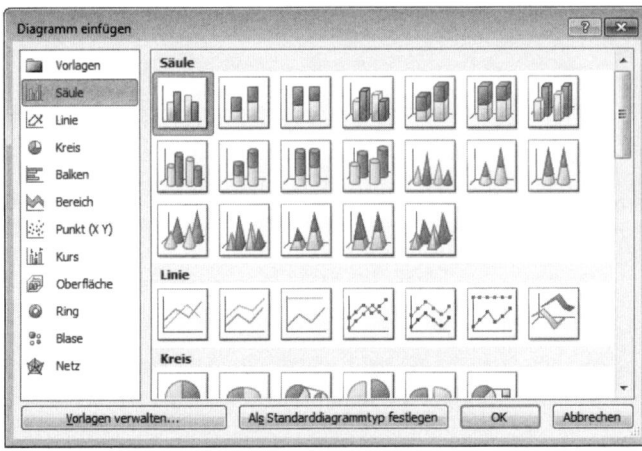

Bild 5.28: Auswahl des Diagrammtyps

Links wählen Sie eine Kategorie, die für Ihre Daten passt, und rechts eine der möglichen Darstellungsformen.

Bestätigen Sie das gewünschte Diagramm mit *OK*, wird Excel gestartet und neben dem Word-Bildschirm angeordnet. Im Diagramm und auf dem Excel-Bildschirm sehen Sie Beispieldaten, die im nächsten Schritt durch Ihre eigenen ersetzt werden.

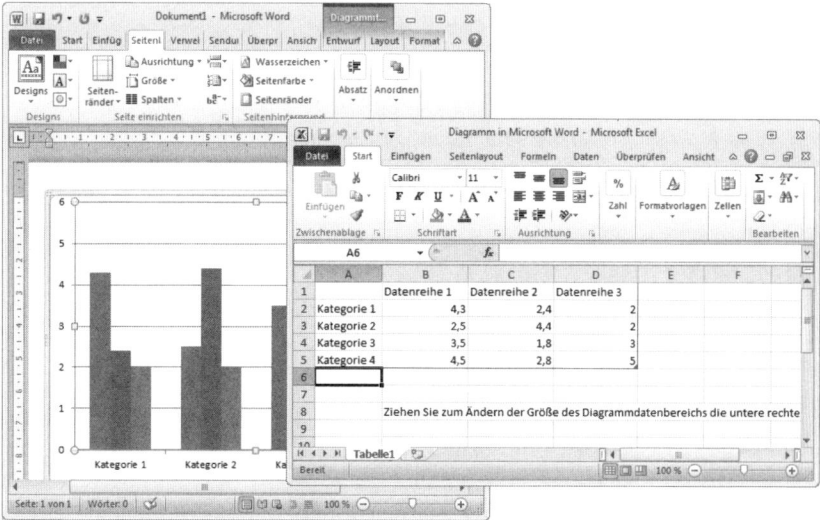

Bild 5.29: Beispieldaten mit Diagramm

In Word erscheinen mit dem Diagramm drei neue Registerkarten: *Entwurf*, *Layout* und *Format*.

Bild 5.30: Die Registerkarten zu *Diagrammtools*

 **Diagramm ist nur teilweise sichtbar** Ist von Ihrem Diagramm nur der untere Teil sichtbar – wie in folgendem Bild – so aktivieren Sie das Dialogfeld *Absatz* auf der Registerkarte *Start* und stellen Sie für *Zeilenabstand* beispielsweise *Einfach* anstelle von *Genau* ein.

Bild 5.31: Nur teilweise sichtbares Diagramm

5.5.2 Daten bearbeiten

Geben Sie nun Ihre Daten in die Excel-Tabelle ein oder kopieren Sie sie aus Word.

Ist Ihre Tabelle größer als die Beispieltabelle, so können Sie den dargestellten Bereich vergrößern, indem Sie an der rechten unteren Ecke der blauen Begrenzung ziehen. Haben Sie eine vorhandene Tabelle in die Excel-Tabelle kopiert, dann sollte der Datenbereich automatisch angepasst werden. Wenn nicht, können Sie den Rahmen durch Ziehen an dem blauen Eckpunkt manuell anpassen.

Klappt das nicht, weil beispielsweise die Tabelle zu groß ist, verwenden Sie in Word die Schaltfläche *Daten auswählen* auf der Registerkarte *Entwurf*, um den gewünschten Datenbereich einzustellen. Im Dialogfeld *Datenquelle auswählen* wird gleich oben hinter *Diagrammdatenbereich* angegeben, welche Daten im Diagramm dargestellt werden sollen. Tragen Sie hinter dem Doppelpunkt die rechte unterste Zelle des Datenbereichs ein (und gegebenenfalls davor die linke oberste Zelle).

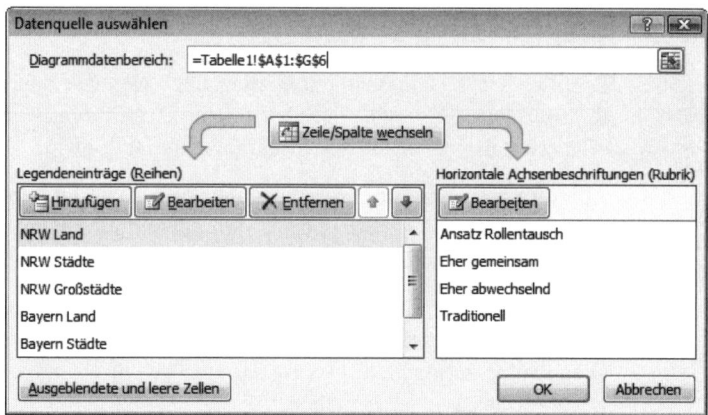

Bild 5.32: Ausgewählter Datenbereich

Bei Bedarf können Sie in diesem Dialogfeld mithilfe der Schaltfläche *Zeile/Spalte wechseln* die Darstellungsrichtung ändern. Dazu finden Sie aber auch in Word auf der Registerkarte *Entwurf* eine gleichnamige Schaltfläche.

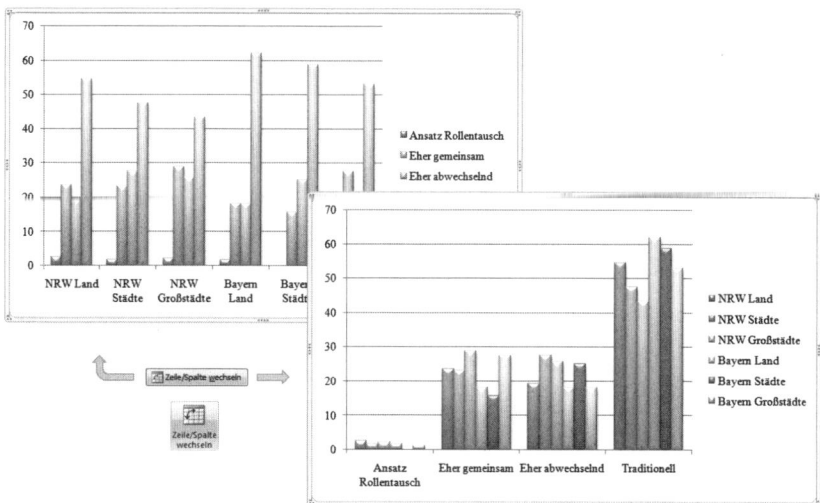

Bild 5.33: Diagramm mit gewechselter Zeile/Spalte

Über die Schaltfläche *Daten bearbeiten* gelangen Sie jederzeit wieder zu Ihrer Excel-Datei, auch wenn Sie Excel zwischenzeitlich geschlossen haben sollten. Jede Änderung der Daten in der Excel-Datei wird automatisch sofort in Ihr Diagramm in Word übernommen.

5.5.3 Diagrammtyp ändern

Diagrammtyp
ändern

Der Typ Ihres Diagramms lässt sich nachträglich ändern, indem Sie auf der Registerkarte *Entwurf* die Schaltfläche *Diagrammtyp ändern* anklicken. Sie erhalten dann das in Bild 5.28 dargestellte Dialogfeld.

Allerdings müssen Sie dabei beachten, dass die Daten, die Ihrem Diagramm zugrunde liegen, ausreichend für den gewählten Diagrammtyp sind. Mit nur einer Datenreihe lässt sich kein 3D-Oberflächendiagramm erstellen.

Die Schaltfläche *Als Standarddiagrammtyp festlegen* können Sie verwenden, um den von Ihnen gewählten Diagrammtyp zur Vorgabe für alle weiteren Diagramme zu machen. Das ist dann hilfreich, wenn Sie mehrere gleichartige Diagramme zu erstellen haben.

5.5.4 Layout eines Diagramms ändern

Auf der Registerkarte *Entwurf* finden Sie die Möglichkeit, den Aufbau des Diagramms zu variieren. Über die Gruppe *Diagrammlayouts* können Sie ein Diagramm mit den gewünschten Bestandteilen auswählen. Soll das Diagramm beispielsweise einen Titel, eine Legende am rechten Rand oder unten oder Gitternetzlinien im Hintergrund haben?

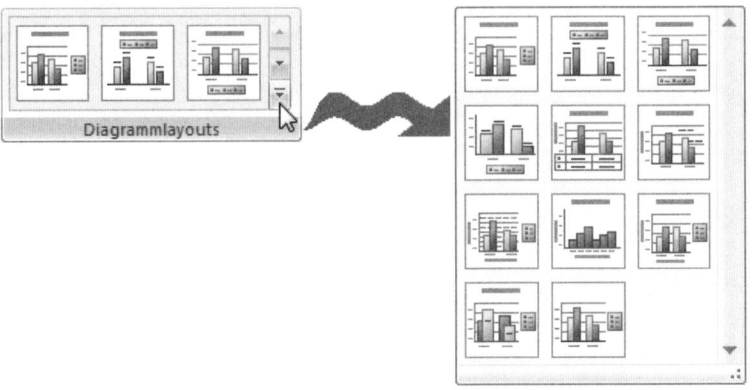

Bild 5.34: Den Aufbau eines Diagramms über *Diagrammlayouts* ändern

Daneben können Sie einen Katalog mit unterschiedlichen Vorlagen für die Darstellung des Diagramms öffnen und eine der vielen Varianten auswählen.

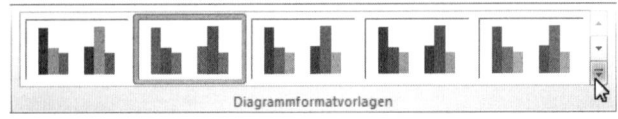

Bild 5.35: Die Formatierung des Diagramms ändern

5.5.5 Diagramm-Komponenten

Die Formatierung des Standarddiagramms lässt sich in vielfacher Weise verändern und an Ihre Bedürfnisse anpassen. Sie können einzelne Komponenten durch Anklicken oder mit den Tasten ⟮↑⟯ und ⟮↓⟯ bei zur Bearbeitung markiertem Diagramm selektieren.

Die Bezeichnung des markierten Diagrammteils wird im Kombinationsfeld *Diagrammelemente* des Bereichs *Aktuelle Auswahl* links auf der Registerkarte *Layout* der *Diagrammtools* angezeigt. Sie können durch Öffnen der Liste mit dem kleinen Dreieck rechts auch hier schnell zu allen Bestandteilen des Diagramms wechseln.

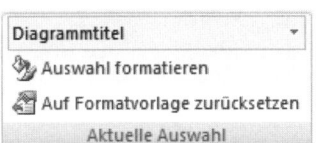

Bild 5.36: Aktuelle Auswahl

Der **Diagrammbereich** beinhaltet das ganze Diagramm. Liegt ein Diagramm eingebettet auf Ihrem Arbeitsblatt, so ist das Diagramm auf einer Objektfläche definiert, die getrennt formatiert werden kann.

Die **Zeichnungsfläche** beinhaltet die Darstellung der eigentlichen Daten. Sie lässt sich innerhalb des Diagrammbereichs verschieben und getrennt von diesem formatieren, d. h., Sie können beispielsweise bei selektierter Zeichnungsfläche die Größe und die Position ändern oder die Hintergrundfarbe.

Der **Diagrammtitel** dient als Überschrift für Ihre Grafik. Er kann beliebig positioniert werden.

Als **Datenreihe** werden im dargestellten Säulendiagramm alle Balken gleicher Farbe bezeichnet. Im Beispiel sind das alle Daten, die in einer Zeile in Excel dargestellt sind.

Die **Legende** beschreibt die dargestellten Datenreihen. Sie lässt sich vielfach formatieren und beliebig auf der Diagrammfläche anordnen.

Die **Kategorienachse** bildet die unabhängigen Werte ab, sie wird auch als Horizontalachse bezeichnet. Die Skalierung und Einteilung kann von Ihnen bestimmt werden. Der Text für die Beschreibung der Werte der Kategorienachse wird standardmäßig unter das Diagramm auf den Diagrammbereich gesetzt.

Die **Wertachse**, auch als Vertikalachse bezeichnet, zeigt die abhängigen Werte an. Die Bezeichnungen für diese Werte stehen im Normalfall links neben der Achse. Sowohl diese Texte als auch die Skalierung der Werte dieser Achse lassen sich verschieden definieren und formatieren.

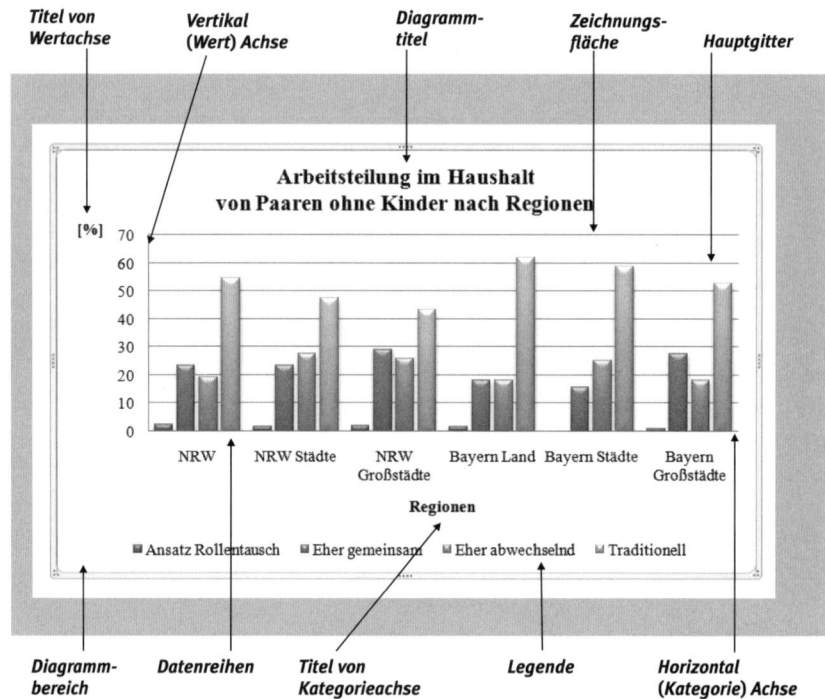

Bild 5.37: Bestandteile eines Diagramms

Sie können horizontale und vertikale **Gitternetzlinien** in Ihr Diagramm einzeichnen lassen. Sie dienen im Wesentlichen als Lesehilfe. Dabei besteht die Möglichkeit, ein *Haupt-* und/oder *Hilfsgitternetz* einzufügen.

Bei dreidimensionalen Darstellungen kann eine Wand für jede Achse eingeblendet werden. Die **Wände**, also *Boden*, *Rück-* und *Seitenwand*, können sowohl gemeinsam als auch einzeln mit Farben, Farbverläufen oder mit Mustern formatiert werden.

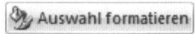 Haben Sie ein Element markiert, klicken Sie auf die Schaltfläche *Auswahl formatieren*, um ein Dialogfeld zu aktivieren, das in Abhängigkeit vom ausgewählten Element unterschiedliche Möglichkeiten zur Formatierung bietet.

5.5.6 Beschriftungen

Diagramme lassen sich mit beliebigen Texten ergänzen, die frei formatiert und angeordnet werden können. Darüber hinaus sind Beschriftungen für die Achsen und ein Diagrammtitel möglich. Zu den Beschriftungen zählen auch die Legende oder die Beschriftung einzelner Datenpunkte. Sie finden die Schaltflächen auf der Registerkarte *Layout* in der Gruppe *Beschriftungen*.

5.5.6.1 Diagrammtitel

Diagrammtitel

Das Standarddiagramm beinhaltet keinen Diagrammtitel, dieser lässt sich sehr leicht auch nachträglich noch einfügen. Klicken Sie dazu einfach auf die Schaltfläche *Diagrammtitel*. Im so geöffneten Menü können Sie die Lage des Diagrammtitels auswählen.

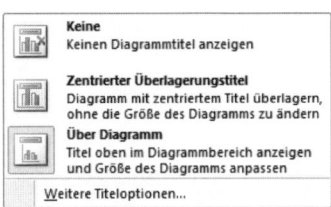

Bild 5.38: Einen Titel nachträglich einfügen

Für das Beispiel in folgendem Bild wurde *Über Diagramm* gewählt. Danach wurde der vorgegebene Text *Diagrammtitel* markiert und mit dem gewünschten Titel überschrieben. Soll der Titel zweizeilig sein, können Sie eine zweite Zeile mithilfe der ⏎-Taste einfügen. Die Größe des Diagramms wird automatisch angepasst. Bei Bedarf lässt sich die zweite Zeile über die Einstellungen auf der Registerkarte *Start* oder die Minisymbolleiste beliebig anders formatieren.

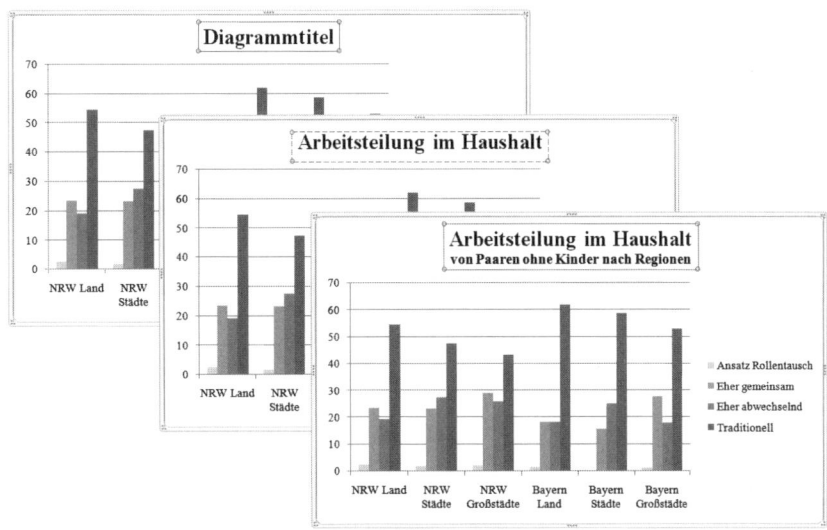

Bild 5.39: Das Diagramm erhält einen Diagrammtitel

Über den Eintrag *Weitere Titeloptionen*, über das Kontextmenü oder bei markiertem Titelfeld mithilfe der Tastenkombination Strg+1 aktivieren Sie das Dialogfeld *Diagrammtitel formatieren*. Hier können Sie Einstellungen zum Hintergrund des Diagrammtitels, zur Rahmenfarbe und -art sowie zur Ausrichtung des Textes im Rahmen vornehmen.

Die meisten dieser Formatierungsmöglichkeiten finden Sie auch auf der Registerkarte *Format* der *Diagrammtools*.

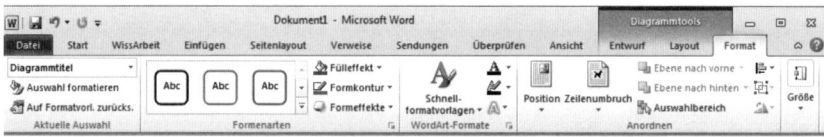

Bild 5.40: Die Registerkarte *Format* der *Diagrammtools*

Weniger ist mehr So beeindruckend die Gestaltungsmöglichkeiten auch sein mögen, es gilt auch hier der Satz der professionellen Layouter: „Weniger ist mehr". Aus einer missglückten Formatierung kommen Sie jederzeit schnell mit der Schaltfläche *Auf Formatvorlage zurücksetzen* zu der Standardvorgabe zurück.

Während sich die *Formenarten* und *WordArt-Formate* (bei ausgewählter Beschriftung, im Beispiel der *Diagrammtitel*) auf das jeweils ausgewählte Element beziehen, ändern Sie mit der Schaltfläche *Größe* immer die Maße des gesamten Diagramms.

5.5.6.2   Legende

Mithilfe der Schaltfläche *Legende* lässt sich die Legende ein- und ausblenden sowie ihre Position festlegen.

Bild 5.41: Die Legende platzieren

Möchten Sie eine Legende löschen, wählen Sie im Menü *Keine* oder Sie klicken sie an und löschen sie mit der Taste (Entf) oder mit dem Befehl *Löschen* im Kontextmenü. In beiden Fällen lässt sie sich bei Bedarf später wieder einblenden.

Um die Legende weiter zu bearbeiten, markieren Sie sie und verwenden das Kontextmenü, die Tastenkombination (Strg)+(1) oder den Aufruf *Weitere Legendenoptionen* im Menü zum Formatieren der Legende.

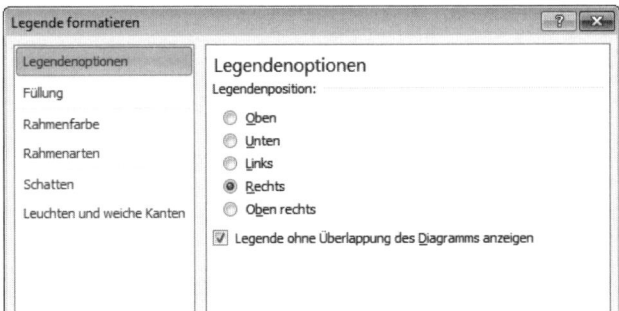

Bild 5.42: Einstellungen für eine Legende festlegen

Unter der Rubrik *Legendenoptionen* können Sie die Position der Legende genauer bestimmen. Zusätzlich zu den fünf festen Positionen – mit und ohne Überlappung – lässt sich die Legende frei auf der Zeichnungsfläche mithilfe der Maus verschieben wie in folgendem Bild.

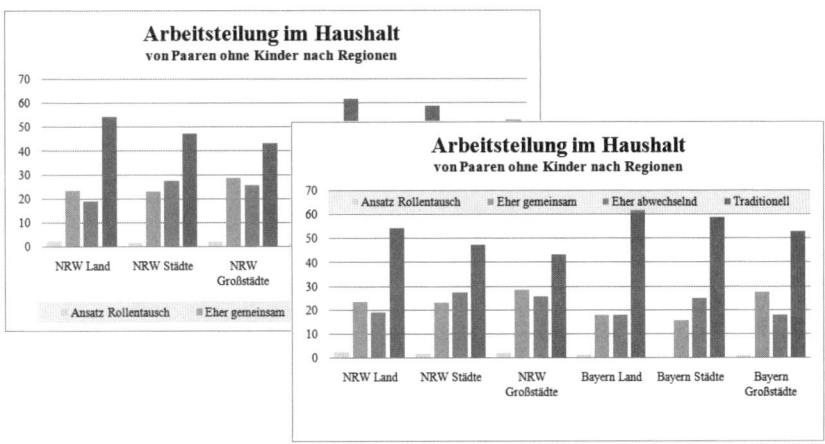

Bild 5.43: Die unten platzierte Legende wurde mit der Maus verschoben

In der Kategorie *Füllung* wurde für die Legende eine einfarbige transparente Füllung festgelegt, was man im rechten Teilbild von Bild 5.43 an der vierten Säule von *Bayern Land* gut erkennen kann.

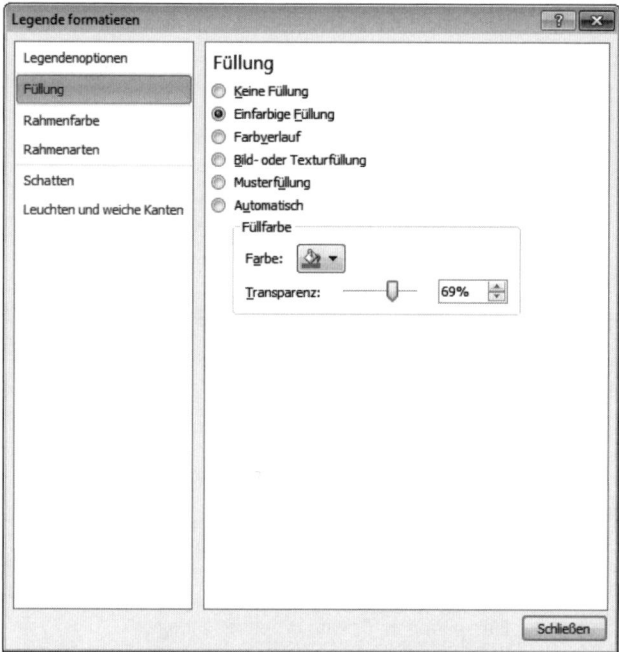

Bild 5.44: Einstellungen für die Füllung der Legende

Sie können die Legende insgesamt, aber auch einzelne Legendentexte mit der Maus selektieren und mit den Einstellungen auf der Registerkarte *Start* oder über das Kontextmenü mit dem Befehl *Schriftart* nach Wunsch formatieren.

5.5.6.3 Die Achsentitel

Die Kategorien- und Werteachsen lassen sich unabhängig voneinander konfigurieren und natürlich auch beschriften. Zum Beschriften verwenden Sie die Schaltfläche *Achsentitel*.

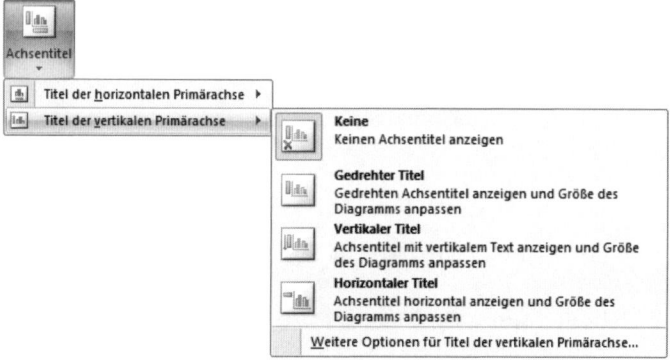

Bild 5.45: Titel für die Vertikalachse

Für die horizontale Achse legen Sie zunächst nur fest, ob eine Beschriftung angezeigt werden soll, für die vertikale Primärachse zusätzlich, wie der Text erscheinen soll. Über den Eintrag *Weitere Optionen für Titel der horizontalen / vertikalen Primärachse* können Sie genauere Einstellungen vornehmen.

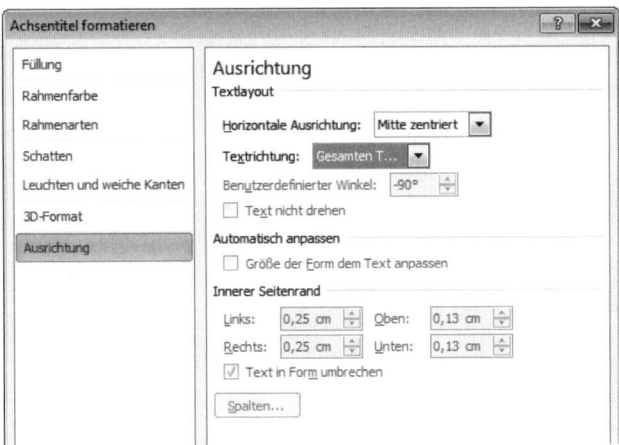

Bild 5.46: Den Achsentitel formatieren

Für die *Textrichtung* ist im ausgeklappten Kombinationsfeld eine Drehung um 90° oder 270° oder die gestapelte Anordnung wählbar. Darunter können Sie auch einen anderen Winkel eintragen.

Die Formatierung des Textes nehmen Sie vor wie in Abschnitt 5.5.6.1, »Achsentitel«, bereits für den Diagrammtitel beschrieben. Möchten Sie den Text selbst bearbeiten, so können Sie dies direkt auf der Diagrammfläche tun.

In das Diagramm eingefügte Titel und Achsenbeschriftungen lassen sich beliebig verschieben. Markieren Sie dazu die Beschriftung und ziehen Sie die Markierung bei gehaltener Maustaste auf die neue Position.

5.5.6.4 Textfelder

Sie können in einem Diagramm beliebig Textfelder und andere Formen oder gegebenenfalls auch Grafiken einfügen. Sie finden die dazu notwendigen Schaltflächen auf der Registerkarte *Layout* der *Diagrammtools* in der Gruppe *Einfügen*.

Klicken Sie auf *Textfeld erstellen*, wird der Mauszeiger zum Kreuz und Sie können an beliebiger Stelle ein Textfeld aufziehen, in dem ein blinkender Cursor auf Eingaben wartet. Sie sollten auch als Erstes zumindest etwas Text eingeben, da ansonsten das Textfeld zwar erstellt bleibt (was Sie bei weiteren Textfeldern an der hochgezählten Nummerierung feststellen können), aber nicht mehr sichtbar ist.

Sie können das Textfeld beliebig verschieben, in der Größe ändern über die Markierungspunkte und den Text nachträglich ändern und formatieren. Allerdings wird das Textfeld nicht als Diagrammteil behandelt, sondern als eigenständiges Objekt. Sie merken das daran, dass die *Diagrammtools* verschwinden, wenn Sie es anklicken, und die *Bildtools* erscheinen.

Oftmals benötigt man, wie in folgendem Bild, eine weitere Beschriftungsebene, die nicht standardmäßig vorgesehen ist. Hierbei empfiehlt es sich, nicht mehrere einzelne Textfelder, sondern ein gemeinsames Textfeld zu erstellen, um sicherzugehen, dass die Höhe der Beschriftung nicht variiert.

🔲 Ziehen Sie ein Textfeld unterhalb der horizontalen Achse auf.

🔲 Schreiben Sie beide Angaben in das Feld und trennen Sie die Eingabe mit einem Tabstopp.

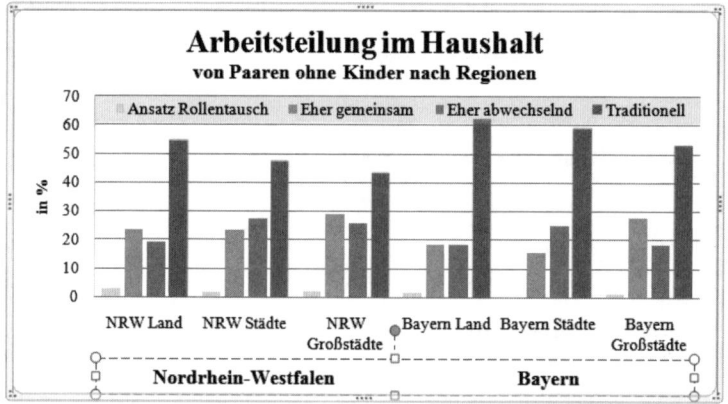

Bild 5.47: Ein Textfeld einfügen

🔲 Markieren Sie nun das Textfeld, wählen Sie die Registerkarte *Format* (Bereich *Bildtools*) und öffnen Sie dann mit dem Startfeld zur Gruppe *Formenarten* das Dialogfeld *Form formatieren*.

🔲 Wählen Sie die Kategorie *Textfeld*.

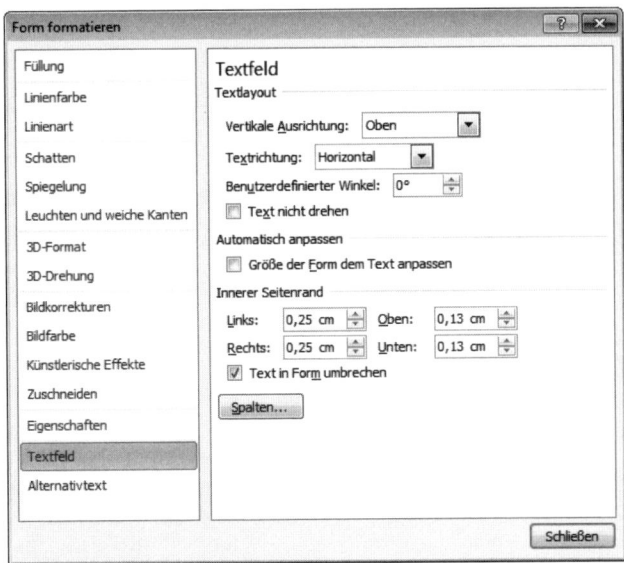

Bild 5.48: Das Textfeld formatieren

Neben verschiedenen Optionen zur Platzierung des Textes innerhalb des Feldes und zur Anpassung bei Platzproblemen finden Sie hier die Schaltfläche *Spalten*.

■ Klicken Sie auf diese Schaltfläche und öffnen Sie folgendes Dialogfenster.

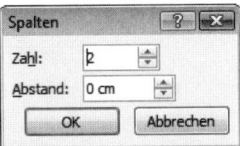

Bild 5.49: Ein Textfeld in Spalten aufteilen

■ Wählen Sie für das Beispiel 2 Spalten und bestätigen Sie mit *OK*.

Dialogfeld geöffnet lassen Die Dialogfelder zum exakten Formatieren der Diagrammbereiche können Sie geöffnet lassen. Sie ändern sich automatisch, sobald sie ein anderes Element anklicken, mit den für dieses Element spezifischen Optionen.

5.5.6.5 Datenbeschriftungen

Die Daten in einem Diagramm lassen sich beschriften, d. h., Sie können beispielsweise in einem Säulendiagramm zu jeder oder einer ausgewählten Säule den Wert dazu schreiben lassen. Dies ist im nächsten Bild illustriert, in dem wir für eine einzelne vorher markierte Säule den Wert hinzugefügt haben.

Sie markieren eine Datenreihe, indem Sie eine Säule (dieser Datenreihe) anklicken. Eine einzelne Säule (einer Datenreihe) wiederum wählen Sie aus, wenn Sie eine Säule einer markierten Datenreihe anklicken.

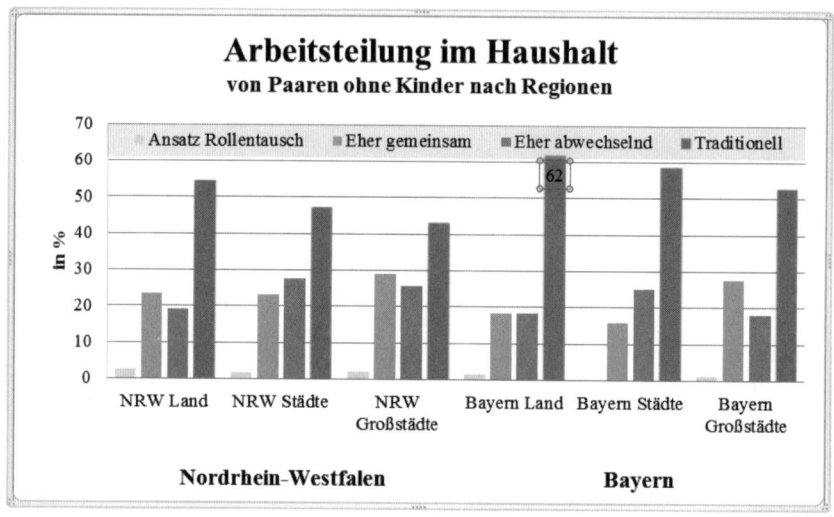

Bild 5.50: Eine Datenbeschriftung eingefügt

Sie finden die Schaltfläche *Datenbeschriftungen* auf der Registerkarte *Layout* in der Gruppe *Beschriftungen*.

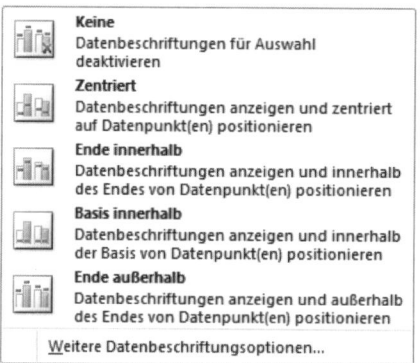

Bild 5.51: Die Datenbeschriftung platzieren

Genauere Einstellungsmöglichkeiten haben Sie auch hier mit dem untersten Eintrag, *Weitere Datenbeschriftungsoptionen*.

Bild 5.52: Den Beschriftungswert formatieren

In der obersten Kategorie, *Beschriftungsoptionen*, legen Sie fest, was die Beschriftung enthalten soll: nur den *Wert*, den *Datenreihennamen* – das ist im Beispiel: Traditionell – oder den *Kategoriennamen*, hier: Bayern Land.

Gefallen Ihnen eventuell vorgenommene Textänderungen nicht mehr, können Sie diese jederzeit rückgängig machen mit der Schaltfläche *Beschriftungstext zurücksetzen*.

Im unteren Teil geben Sie an, ob das Legendensymbol in die Beschriftung mit aufgenommen und wie die einzelnen Angaben voneinander getrennt werden sollen: durch *Komma*, *Semikolon*, *Punkt*, *Neue Zeile* oder *Leerzeichen*.

Ebenfalls wichtig ist die Kategorie *Zahl*, mit der Sie den anzugebenden Wert formatieren. Die Möglichkeiten entsprechen den in Kapitel 4, Abschnitt 4.7.4, »Zahlenformatierung«, besprochenen Möglichkeiten zur Formatierung von Zahlen in Word.

Prozentsatz problematisch Auch wenn die dargestellten Zahlen Prozentwerte sind, wählen Sie besser nicht die Darstellungsform *Prozentsatz*, da diese mit 100 multipliziert werden. Aus dem Wert 62 wird so die Darstellung 6200,00%. Sie können sich dadurch behelfen, dass Sie die Ausgangswerte durch 100 dividieren.

Bild 5.53: Die Zahlenformatierung

Auch Datenbeschriftungen lassen sich direkt verändern und formatieren oder mit der [Entf]-Taste wieder löschen.

5.5.7 Diagrammachsen

Auf dem Registerblatt *Layout* der *Diagrammtools* können Sie in der Gruppe *Achsen* mit der gleichnamigen Schaltfläche einstellen, ob Sie eine horizontale bzw. vertikale Achse in der Grafik wünschen oder nicht und wie diese gegebenenfalls ausgerichtet werden soll. Weitere Optionen für die jeweilige Achse erhalten Sie mit dem untersten Eintrag. Im Dialogfeld (siehe Bild 5.55) lässt sich beispielsweise einstellen, welche Art, Farbe und Stärke sie besitzen sollen. Weiterhin können Sie dort die Teilungsstriche der Achsen, deren Lage und die der Beschriftung festlegen.

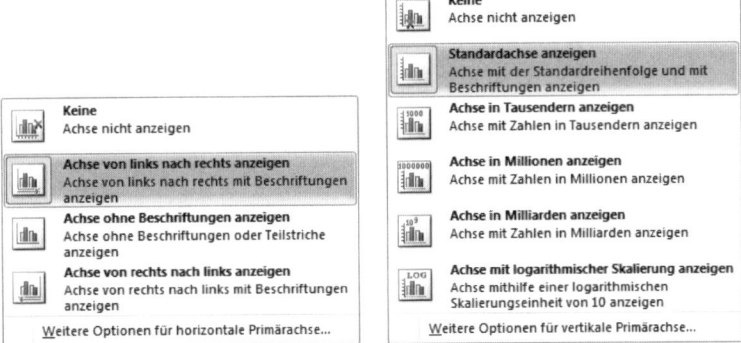

Bild 5.54: Voreingestellte Formatierungen für horizontale (links) und vertikale (rechts) Achsen

Die Achsenoptionen für die vertikale Achse beinhalten das Festlegen von Minimal- und Maximalwerten, Haupt- und Hilfsintervallen (für die Anzeige von Gitternetzlinien) und gegebenenfalls eine *Logarithmische Skalierung*. Sie können in diesem Dialogfeld bei Bedarf die Darstellungsreihenfolge umkehren und Anzeigeeinheiten von Hundert bis Billionen wählen, die daraufhin als Achsentitel automatisch erscheinen, wenn Sie das entsprechende Kontrollkästchen darunter aktivieren. Ebenso bestimmen Sie hier eventuell abweichende Schnittpunkte von vertikaler und horizontaler Achse. Bestimmen Sie den Schnittpunkt bei *Maximaler Achsenwert*, »hängt« die Achse oben.

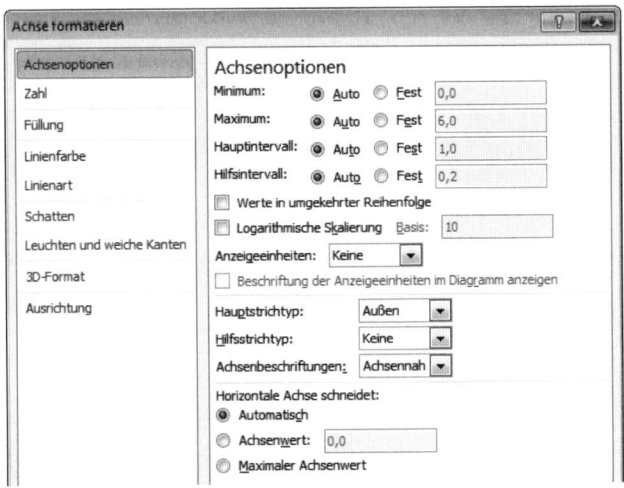

Bild 5.55: Die Achsenoptionen der vertikalen Primärachse

Für die horizontale Achse stehen die in folgendem Bild zu sehenden Einstellungsmöglichkeiten zur Verfügung. Im Wesentlichen können Sie die Anzeigeintervalle bestimmen, bei sehr vielen gleichartigen Rubriken wie

Einkommensangaben oder Datumswerten kann die Intervalleinheit reduziert und nur z. B. jede zweite, dritte oder noch seltenere Kategorie angezeigt werden.

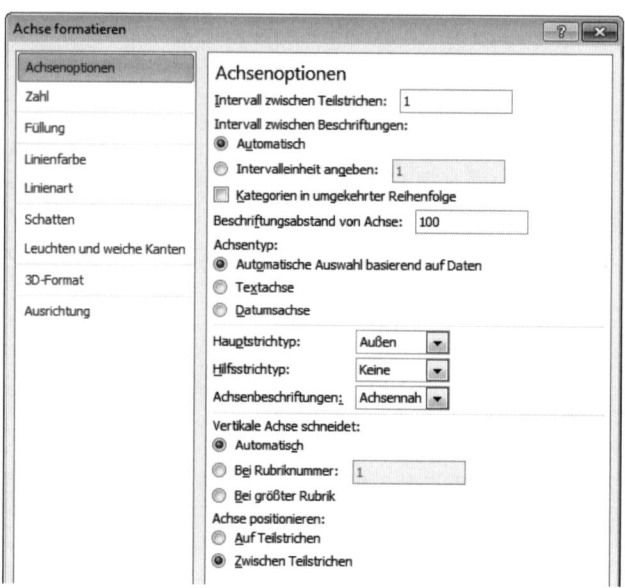

Bild 5.56: Die Achsenoptionen der horizontalen Primärachse

Haupt- und Hilfsstriche können jeweils innen oder außen oder aber als Kreuz dargestellt werden. Die *Achsenbeschriftungen* können *Hoch*, d. h. über dem Diagramm, *Niedrig*, d. h. darunter, oder *Achsennah* erfolgen. Letzteres ist von der Festlegung des Schnittpunkts mit der horizontalen Achse in den Optionen für die vertikale Achse abhängig. Die Option *Keine* blendet die Achsenbeschriftung aus.

Für beide Achsen legen Sie die *Ausrichtung* des Beschriftungstextes mit der untersten Kategorie fest. Die Möglichkeiten, beispielsweise Schrägstellung der Beschriftung durch Eingabe eines Drehungswinkels, entsprechen denen in Bild 5.46.

5.5.8 Gitternetzlinien

Sie können ein Diagramm mit dem Hilfsmittel Gitternetzlinien übersichtlicher gestalten. Anhand der Linien lassen sich Werte im Diagramm leichter abschätzen.

Zum Ein- und Ausschalten der Gitternetzlinien für das Haupt- und/oder Hilfsgitter der horizontalen bzw. vertikalen Achse wählen Sie die Schaltfläche *Gitternetzlinien*, die ebenfalls in der Gruppe *Achsen* auf der Registerkarte *Layout* zu finden ist.

Die Gitternetzlinien lassen sich mit den *Weiteren Optionen* ... hinsichtlich Linienfarbe und -art sowie Schatten formatieren.

Die Skalierung legen Sie in den jeweiligen Achsenoptionen fest: die horizontalen Gitternetzlinien als *Haupt-* und *Hilfsintervall* (siehe Bild 5.55) und die vertikalen als *Intervall zwischen Teilstrichen* (Bild 5.56).

5.5.9 Statistikfunktionen

Sie können statistische Analysen direkt in das Diagramm einfügen, ohne extra Berechnungen durchführen zu müssen. Sie finden die entsprechenden Schaltflächen im letzten Bereich, *Analyse*, auf der Registerkarte *Layout*. Je nach Diagrammtyp können Sie Trendlinien, Linien, positive oder negative Abweichungen und Fehlerindikatoren einfügen.

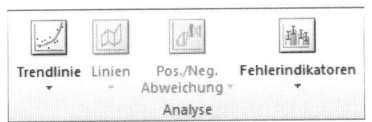

Bild 5.57: Die Möglichkeiten der *Analyse*

Eine Vorauswahl bezüglich der Abweichungsmaßzahl können Sie im aufgeklappten Menü zur Schaltfläche *Fehlerindikatoren* treffen. Für *Weitere Fehlerindikatorenoptionen* müssen Sie eine Datenreihe auswählen, für die dann die Einstellungen gelten, was unseres Erachtens wenig Sinn macht.

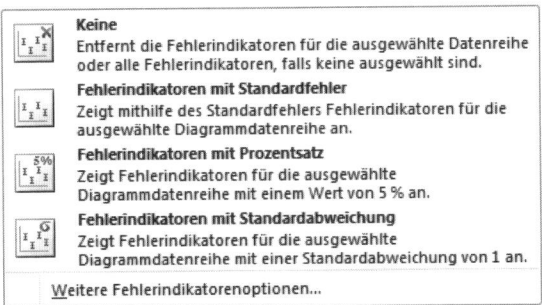

Bild 5.58: Fehlerindikatoren für ein Balkendiagramm einfügen

5.6 Bilder und Fotos

Bilder und Fotos lassen sich in digitalisierter Form in Word-Texte einbinden. Sie werden, wie wir am Anfang des Kapitels schon erwähnten, aus einzelnen Bildpunkten zusammengesetzt. Bei diesen so genannten Pixelgrafiken werden die Bildpunkte, die verschiedene Farben aufweisen können, abgespeichert.

Die Zeiten, in denen Fotos und Diagramme in Examensarbeiten eingeklebt wurden, sind bis auf Ausnahmen schon lange vorbei. Digitalkameras sind zum Standard geworden und Scannen zum Digitalisieren von Vorlagen ist für jeden erschwinglich.

Auch sind an vielen Instituten farbige Fotos und Diagramme Standard, nachdem jeder einfache Tintenstrahldrucker farbig drucken kann.

5.6.1 Fotos sind Pixelgrafiken

Für jedes Foto werden die einzelnen Bildpunkte und die entsprechende Information über Farbe oder Graustufe gespeichert. Dabei spielt die Auflösung der Pixelgrafik eine entscheidende Rolle, d. h. wie viele Bildpunkte auf einer bestimmten Fläche dargestellt werden.

Die normalerweise für die Auflösung verwendeten Maßeinheiten sind »dpi«, »ppi« oder »lpi«. Auf dem PC ist das Arbeiten in »dots per inch« (dpi) und »pixel per inch« (ppi) üblich, während die Maßeinheit »lines per inch« (lpi) mehr im professionellen Druckbereich eingesetzt wird.

Die Unterscheidung in dpi und ppi kommt daher, das z. B. ein farbiger Pixel am Bildschirm auf einem Drucker in mehrere farbige Druckpunkte (dots) aufgeteilt werden kann.

1 Inch bzw. 1 Zoll entspricht 2,54 cm. Eine Auflösung von 300 dpi bedeutet, dass 300 Punkte auf einer Strecke von 2,54 cm untergebracht werden.

Möchten Sie eine Pixelgrafik mit den Maßen 10 x 10 cm erstellen, benötigen Sie bei einer Auflösung von 300 dpi insgesamt ca. 1.395.000 Bildpunkte. Jeder Bildpunkt einer schwarzweißen Pixelgrafik kann mit einem Bit dargestellt werden, dabei steht »0« für weiß und »1« für schwarz. Da ein Byte mit 8 Bit codiert ist, benötigen Sie für die Pixelgrafik 174.376 Bytes.

Soll das gleiche Bild mit einer Qualität von 16 Farben oder Graustufen abgelegt werden, benötigen Sie schon 697.500 Bytes, denn 16 Farben können mit 4 Bit codiert werden. Bei 256 Farben, d. h. bei einer Farbtiefe von 16 Bit, wäre Ihre Grafik 2.790.000 Bytes groß. In der so genannten Echtfarbendarstellung mit 24 Bit wächst die Dateigröße für das Bild auf 4.185.000 Bytes an.

Aus dieser kurzen Darstellung des Zusammenhangs von Auflösung, Farben und Bildgröße können Sie ersehen, dass die Bearbeitung solcher Bilder viel Rechenleistung und Plattenplatz voraussetzt.

Die gängigsten Dateiformate für Pixelgrafiken sind JPG, TIFF, PCX und BMP (siehe 5.1.4.2, »Pixelgrafikformate«).

Wie stark ein Bild komprimiert werden kann, hängt von den auf dem Bild dargestellten Inhalten ab. Es ist durchaus möglich, dass sich ein Bild auf sieben oder acht Prozent der unkomprimierten Größe zusammenschrumpfen lässt, ohne dass die Bildqualität leidet.

Detaillierte Informationen zu diesem Thema finden Sie unter der folgenden Internet-Adresse: http://de.wikipedia.org/wiki/Punktdichte.

5.6.2 Bildbearbeitung

Wie Sie Fotos in Ihren Text einfügen können, haben wir Ihnen am Anfang dieses Kapitels beschrieben. In Word können Sie die eingefügten Fotos mit einer Reihe von Bildbearbeitungswerkzeugen nachbearbeiten. Die folgenden Abschnitte beschreiben dabei nicht alle Bearbeitungsmöglichkeiten, denn dass Sie Ihre Fotos mit künstlerischen Effekten oder Bilderrahmen verschönern wollen, ist bei Examensarbeiten doch eher die Ausnahme.

Beachten Sie bei allen Bildbearbeitungsoptionen, dass sich die Farben auf Bildschirm und Ausdruck unterscheiden. Wenn Sie Ihre Fotos mit den Word-Bildbearbeitungsfunktionen überarbeiten, sollten Sie es auf jeden Fall gedruckt kontrollieren.

5.6.2.1 Korrekturen für Fotos

Wenn Sie ein in Ihren Text eingefügtes Foto selektieren, so wird im Menüband die Registerkarte *Bildtools* eingeblendet und aktiviert.

Die Schaltfläche *Korrekturen* öffnet die folgende Auswahl, die Ihnen die Manipulation von Schärfe, Helligkeit und Kontrast ermöglicht. Wenn Sie die gelbe Markierung mit Maus oder Tastatur bewegen, wird die jeweilige Einstellung probeweise auf Ihr Foto übertragen, so dass Sie sofort die Veränderung sehen können.

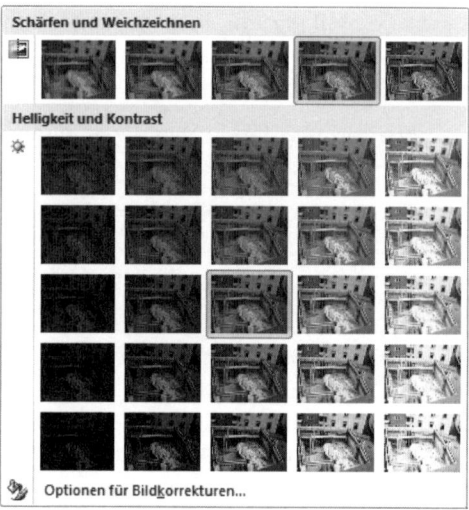

Bild 5.59: Korrekturmöglichkeiten für Fotos

5.6.2.2   Farbkorrektur

Neben Helligkeit, Kontrast und Schärfe können Sie auch die Farbe verändern (Schaltfläche *Farbe*). Auch hier werden die Änderungen an Farbsättigung und Farbton sofort für Ihr Foto gezeigt.

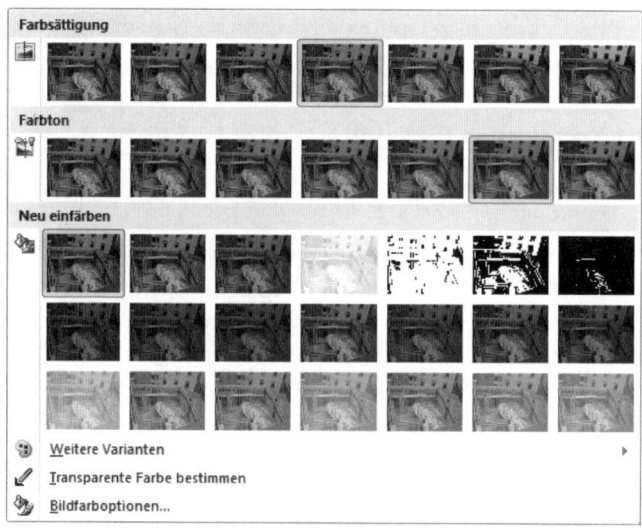

Bild 5.60: Farbkorrekturmöglichkeiten für Fotos

5.6.2.3 Zuschneiden von Fotos

Die Zuschneidefunktion von Word ermöglicht es Ihnen, die Fotos so zurecht-zuschneiden, dass nur der gewünschte Ausschnitt zu sehen ist. Zusätzlich bietet Ihnen Word an, Ihr Foto nach vordefinierten Schablonen zu schneiden (*Auf Form zuschneiden*).

Wählen Sie *Zuschneiden* für ein selektiertes Foto aus, werden acht »Anfas-ser« rund um das Foto gezeigt, mit deren Hilfe Sie das Foto zuschneiden können. Das Originalbild bleibt übrigens dabei erhalten; es ändert sich nur die Anzeige.

5.6.2.4 Komprimierung von Bildern

Word ermöglicht es Ihnen, die Fotos komprimiert und zugeschnitten zu spei-chern. Damit erreichen Sie kleinere Word-Dateien. Durch Angabe einer *Ziel-ausgabe* können Sie zudem die Qualität der Fotos in der Word-Datei steuern.

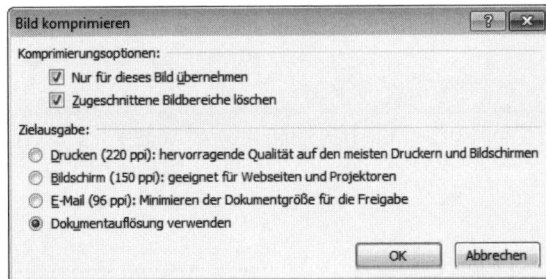

Bild 5.61: Komprimierung

Wenn als *Zielausgabe* die Auswahl *Dokumentauflösung verwenden* selektiert ist, so wird als ppi-Angabe der unter *Datei/Optionen/Erweitert* Abschnitt *Bildgröße und -qualität* eingetragene Wert eingesetzt.

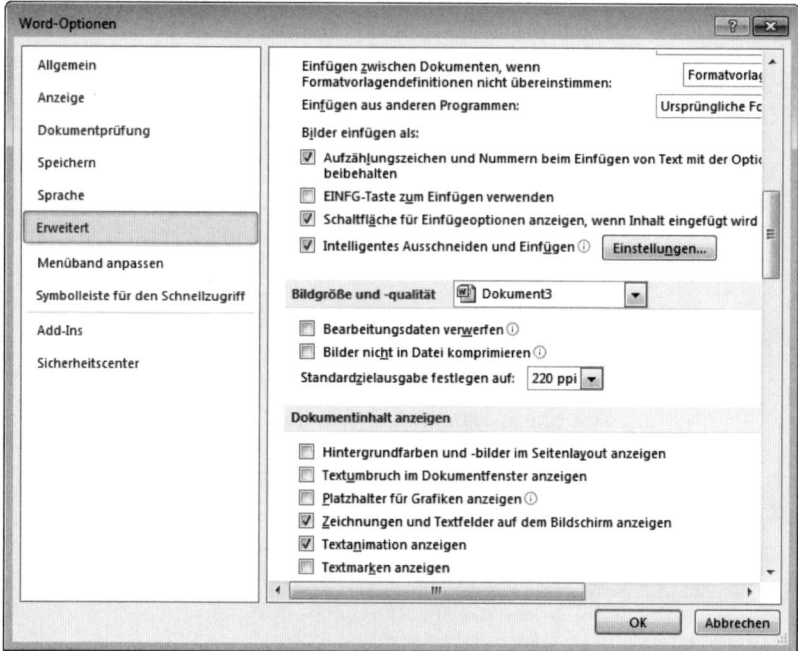

Bild 5.62: Einstellungen in *Datei/Optionen/Erweitert*

Kapitel 6

Quellen zitieren und nachweisen

6.1 Quellen zitieren

Für Zitate oder Textstellen muss in einer wissenschaftlichen Arbeit die Herkunft nachgewiesen werden. Dies kann auf unterschiedliche Weise im Dokument selbst geschehen. Zudem gehört zu jeder Arbeit ein Literaturverzeichnis, das die bibliografischen Daten aller Bücher, Zeitschriften, Artikel usw. aufführt, die zum Erstellen der Arbeit verwendet wurden.

Mit Word wird eine Bibliografie-Datenbank ausgeliefert, in der Sie Ihre Literaturhinweise verwalten können. Mithilfe der in die Datenbank eingegebenen Quellen können Sie Kurzbelege in Ihrem Text erstellen lassen sowie ausführliche Quellenangaben für das Literaturverzeichnis. Ihnen steht zur Verwaltung der Quellen in der Datenbank ein so genannter Quellen-Manager zur Verfügung, der Ihnen die nachträgliche Bearbeitung von bereits erfassten Quellen ermöglicht, Sie beim Abgleich der in Ihrem Text verwendeten Kurzbelege mit den Quellen im Literaturverzeichnis unterstützt und Ihnen zusätzlich verschiedene Formate zur Darstellung der Kurzbelege und des Literaturverzeichnisses bereitstellt.

6.1.1 Wie kennzeichnet man ein Zitat?

Eine wissenschaftliche Arbeit greift in der Regel zum Veranschaulichen, Belegen oder Widerlegen von Theorien auf Arbeiten und Gedanken anderer zurück. Dafür gilt die sehr einfache Regel: Alles, was aus anderen Quellen als den eigenen Gedanken stammt, ist als solches zu kennzeichnen.

»Zitieren ist wie in einem Prozeß etwas unter Beweis stellen. Ihr müßt Zeugen immer beibringen und den Nachweis erbringen können, daß sie glaubwürdig sind.« So bildlich beschreibt Umberto Eco in seinem Buch »Wie man eine wissenschaftliche Abschlußarbeit schreibt«[1] das Zitieren.

Wird eine Quelle im Wortlaut wiedergegeben, so muss mit dem ursprünglichen Text jede Kleinigkeit einschließlich der Satzzeichen übereinstimmen. Auslassungen sind zwar erlaubt, müssen aber durch das Einfügen von drei Punkten an der Stelle der Auslassung gekennzeichnet werden. Fügen Sie eine eigene Stellungnahme, Verdeutlichung oder Anmerkung ein, so ist sie durch das Einfügen von eckigen Klammern zu kennzeichnen.

---

[1] Umberto Eco: *Wie man eine wissenschaftliche Abschlußarbeit schreibt : Doktor-, Diplom- und Magisterarbeiten in den Geistes- und Sozialwissenschaften.* 10., unveränderte deutsche Auflage, Heidelberg : C.F. Müller, 2003, S. 204

Eckige Klammern Sie finden eckige Klammern auf Ihrer Tastatur auf denselben Tasten wie die »8« bzw. »9«. Allerdings stehen diese Zeichen rechts auf den Tasten und sind nur mithilfe der <kbd>Alt Gr</kbd>-Taste zusammen mit den genannten Zahlen zu erstellen.

Zitate werden durch Anführungszeichen eingeschlossen. In deutschen Texten verwendet man die Zeichen „..."‚ also am Anfang eines Zitates Anführungsstriche unten, am Ende Anführungsstriche oben, so wie es in der Schule gelehrt wird. Solche Anführungszeichen werden in Word als »typographisch« bezeichnet. Mittlerweile werden diese Zeichen auch von Computern und Textverarbeitungssystemen beherrscht, doch noch vor nicht allzu langer Zeit konnte man am Computer nur Anführungszeichen oben setzen.

Anführungszeichen Erhalten Sie keine so genannten typographischen Anführungszeichen, möchten sie aber verwenden, dann klicken Sie in den *Word-Optionen* in der "Kategorie *Dokumentprüfung* auf die Schaltfläche *Auto-Korrektur-Optionen* und aktivieren auf dem Registerblatt *Autoformat während der Eingabe* die Option "*Gerade Anführungszeichen*" durch „*typographische*". Dadurch wird sofort das erste Anführungszeichen, das Sie mit der Tastenkombination <kbd>⇧</kbd>+<kbd>2</kbd> eintippen, nach unten gesetzt, das zweite hingegen bleibt oben stehen.

Steht innerhalb eines Zitates wörtliche Rede, wird laut Duden ein einfaches Anführungszeichen innerhalb von doppelten verwendet. Also in der Reihenfolge „... ‚...' ...". Sie können diese Zeichen mithilfe der Tabelle der Sonderzeichen einfügen, die Sie mit der Schaltfläche *Symbole* auf der Registerkarte *Einfügen* und dann *Weitere Symbole*, Registerkarte *Sonderzeichen* erreichen.

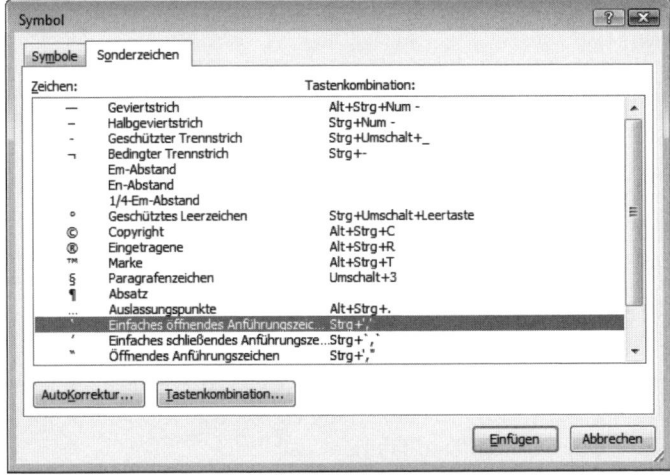

Bild 6.1: Dialogfeld zum Einfügen von Sonderzeichen

Erlaubt ist ebenfalls das Verwenden von so genannten französischen einfachen ›...‹ und doppelten Anführungszeichen »...«. Nach deutscher Konvention zeigen hierbei die Spitzen nach innen, während in Frankreich und der Schweiz die Spitzen nach außen zeigen. Diese Zeichen finden Sie auf der Registerkarte *Symbole* für normalen Text, müssen dafür aber etwas auf die Suche gehen.

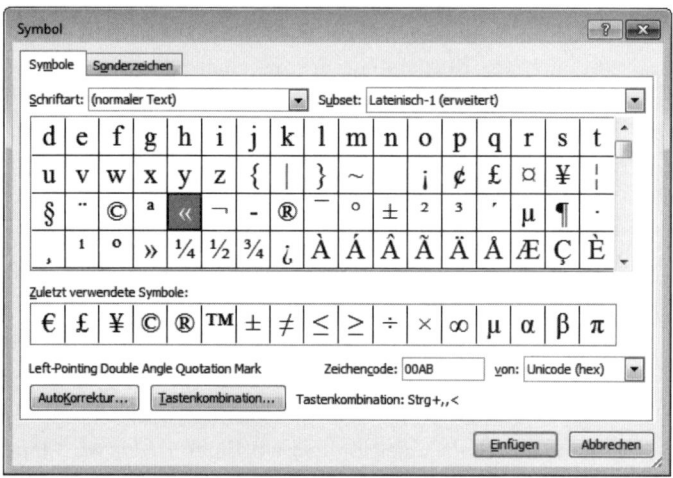

Bild 6.2: »Französische« Anführungszeichen einfügen

Verwenden Sie oft Anführungszeichen, so ist es sinnvoll, sich die Tastenkombinationen zu merken, mit denen die Zeichen eingefügt werden können (bei aktivierter 🔢-Taste).

Tabelle 6.1: Tastenkombinationen für verschiedene Anführungszeichen

Zeichen	Tastenkombination	
„ "	[alt]+0132	[alt]+0147
, ‘	[alt]+0130	[alt]+0145
» «	[alt]+175	[alt]+174
› ‹	[alt]+0155	[alt]+0139

Ist ein Zitat länger als drei Zeilen, wird es in der Regel nicht in Anführungszeichen im Absatz integriert, sondern erhält einen eigenen eingerückten Absatz, wie das folgende, aus einer Promotion über Spinnen stammende Zitat einer Tonbandaufnahme.

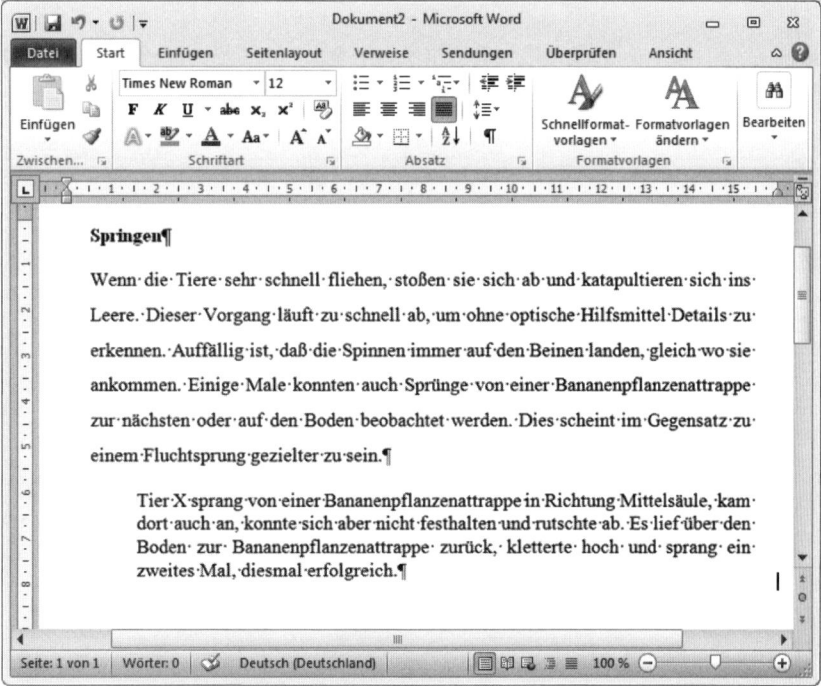

Bild 6.3: Langes Zitat, eingerückt und eng gesetzt

Sollten Sie solche Zitate öfter verwenden, erstellen Sie sich, wie in Kapitel 3 ausführlich beschrieben, mit der Schaltfläche *Neue Formatvorlage* im Arbeitsbereich *Formatvorlagen* (Registerkarte *Start*, Startfeld zur Gruppe *Formatvorlagen*) eine Formatvorlage *Zitat*, beispielsweise mit eingezogenem Absatz und einzeiligem Zeilenabstand.

6.1.2 Quellennachweis

Für den Nachweis von Quellen, sei es für Zitate oder für Verweise auf weiterführende Literatur, werden verschiedene Methoden eingesetzt. Wir möchten Ihnen einige Varianten im Folgenden vorstellen.

Da eine wissenschaftliche Arbeit in der Regel ein Literaturverzeichnis enthält, reicht in einigen Wissenschaftsdisziplinen eine einfache Nummer im Text als Kurzbeleg und Verknüpfung mit der ausführlichen Literaturangabe mit derselben Nummer im Literaturverzeichnis aus. Dieses System wird oft von Naturwissenschaftlern, Mathematikern und Technikern verwendet, die das Literaturverzeichnis in erster Linie zum Nachschlagen von Hintergrundinformationen benutzen.

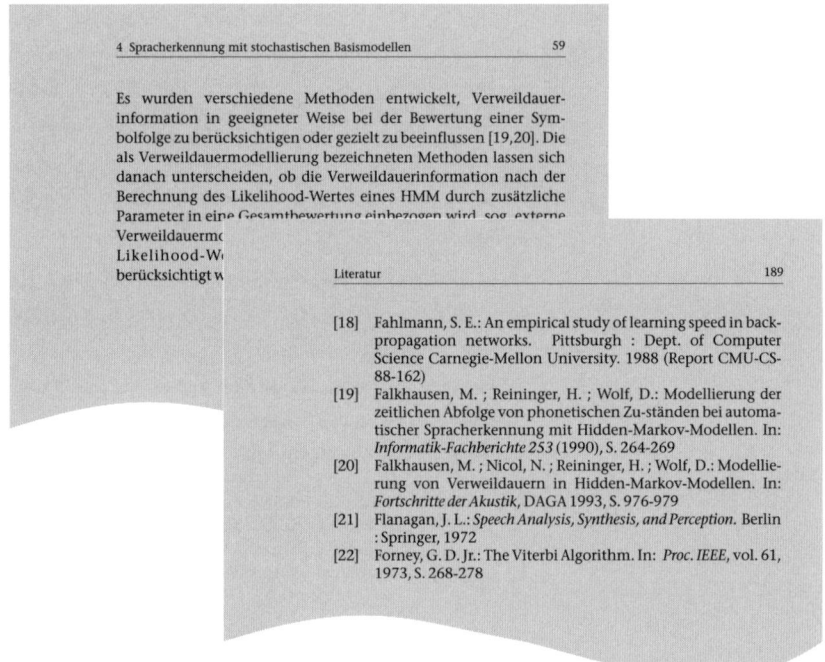

Bild 6.4: Literaturverweis mit Nummer der Literaturangabe

Sehr oft werden im Text als Kurzbeleg der Nachname des Autors, das Er-
scheinungsjahr der zitierten Quelle und gegebenenfalls die Seitenzahl der
zitierten Textstelle in runden Klammern eingesetzt, wie Sie es im folgenden
Bild sehen können. Diese Form des Kurzbelegs wird auch oft als »Harvard-
System« bezeichnet. Man findet diesen Kurzbeleg sowohl mit als auch ohne
Komma vor der Jahreszahl.

Stammt ein Artikel oder Buch von zwei oder drei Autoren, werden sie alle
genannt, bei mehr als drei Autoren ist es oft ausreichend, den ersten mit dem
Zusatz »u. a.« aufzuführen.

Sind von einem Autor mehrere Quellen zitiert, die alle aus demselben Jahr
stammen, müssen sie durch Hinzufügen einer Nummerierung mit kleinen
Buchstaben unterschieden werden, wie beispielsweise (Stark, 1978a, S. 42)
und (Stark, 1978b, S. 111). Eine ausführliche Beschreibung dazu finden Sie
im Abschnitt 6.2.6 ab Seite 293.

Der verwendete Kurzbeleg ohne Angabe der Seiten wird in der Norm DIN
1505 Teil 3 als Einordnungsformel bezeichnet. Die Einordnungsformel verknüpft den Kurzbeleg mit den Quellenangaben des Literaturverzeichnisses.
Die Norm verlangt, dass jede Quelle des Literaturverzeichnisses mit der Einordnungsformel beginnt und dass das Literaturverzeichnis nach der Einordnungsformel sortiert dargestellt wird. Allerdings kann in kurzen und

übersichtlichen Literaturverzeichnissen auf die Wiederholung der Einordnungsformel im Literaturverzeichnis verzichtet werden, wie es im Beispiel geschehen ist, das in folgendem Bild dargestellt wurde.

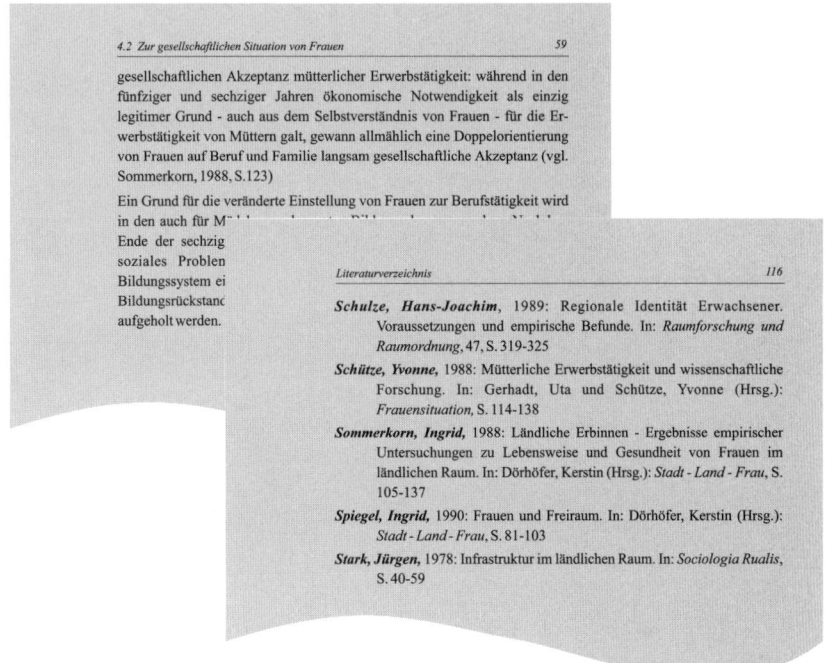

Bild 6.5: Literaturverweise nach dem so genannten »Harvard-System«

Bei Juristen wird zum Nachweisen von Literaturstellen oft ein System verwendet, das mit Fußnoten arbeitet. Darin wird ein Autor inklusive der entsprechenden Seitenzahlen angegeben. Im Literaturverzeichnis, das in der Arbeit vorne platziert wird, findet man dann die ausführliche Literaturangabe.

Möchten Sie wie in folgendem Bild Fußnotenzeichen mit Klammern versehen, tippen Sie sie sowohl im eigentlichen Dokument als auch in der Fußnote ein und formatieren Sie sie mit der Formatvorlage *Fußnotenzeichen*.

Wahl des Quellennachweises Welchen Weg Sie zum Nachweis von Quellen wählen, sollten Sie von den Regeln Ihres Lehrstuhls abhängig machen. Während die eine Methode in einem Fachbereich als die einzig richtige gilt, ist sie in einem anderen Fachbereich oder auch nur bei einem anderen Professor völlig unzureichend!

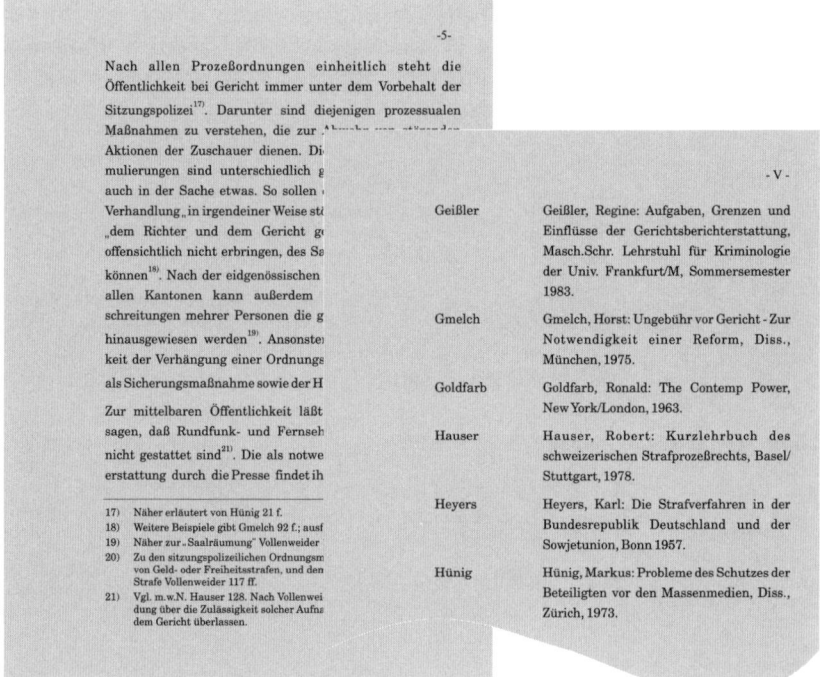

Bild 6.6: Literaturverweise in der Fußnote

6.2 Aufbau von Quellenangaben

Literaturangaben in einem Literaturverzeichnis sollen einen doppelten Zweck erfüllen. Zum einen nennen sie Quellen, die der Verfasser zum Schreiben seiner Arbeit verwendet hat, zum anderen geben sie Hinweise für diejenigen Leser, die sich im Weiteren näher mit einzelnen Problemen befassen möchten.

In den meisten Arbeiten befindet sich das Literaturverzeichnis am Ende der Arbeit. Bei den Juristen ist es dagegen üblich, das Literaturverzeichnis zu Beginn direkt hinter das Inhaltsverzeichnis zu stellen.

Grundsätzlich sollte ein Literaturverzeichnis alphabetisch nach Autoren bzw. – wird eine Einordnungsformel (siehe Abschnitt 6.2.6) verwendet – alphabetisch nach der Einordnungsformel sortiert sein, um Literaturangaben möglichst schnell zu finden. Für sehr lange Werke und Bücher besteht zudem die Möglichkeit, Literaturangaben kapitelweise zusammenzufassen. Auch diese Zusammenfassungen werden alphabetisch sortiert.

Eine Literaturangabe in einem Literaturverzeichnis sollte nach einem bestimmten Schema angeordnet sein, um das Lesen zu erleichtern. Dazu finden Sie Hinweise in DIN 1505 Teil 2. Grundsätzlich wird dabei die Reihenfolge Autor, Titel, Verlagsort, Verlag, Erscheinungsjahr und – bei Bedarf – eine Seitenangabe eingehalten. Die einzelnen Bestandteile einer Quelle werden mit bestimmten Deskriptionszeichen voneinander getrennt.

Grob werden Literaturangaben in fünf Gruppen unterteilt, die im Weiteren getrennt besprochen werden sollen.

- Selbstständig erschienene Werke: Bücher, Nachschlagewerke, mehrbändige Werke,

- unselbstständig erschienene Werke: Zeitschriftenartikel, Beiträge zu Sammelbänden,

- Zitate ohne Bezug auf eine bestimmte Ausgabe: Gesetzestexte etc., die eine eigene standardisierte Gliederung haben,

- besondere Schrifttumsarten: Tagungsschriften, Hochschulschriften, Forschungsberichte, aber auch audiovisuelle Medien sowie

- immer häufiger zitierwürdige Internetadressen.

6.2.1 Selbstständig erschienene Werke

Für selbstständig erschienene Werke sollte eine Quelle nach dem folgenden Schema im Literaturverzeichnis aufgeführt werden:

Nachname des ersten Verfassers, Vorname des ersten Verfassers ; Nachname des zweiten Verfassers, Vorname des zweiten Verfassers etc.: *Titel des Werkes : Untertitel des Werkes* / Name des Herausgebers oder Übersetzers. Nummer des Bandes. Auflage. Erscheinungsort : Verlag, Erscheinungsjahr (Gesamttitelangabe). – ISBN-Nummer

Die Teile, die nicht zu einer Literaturangabe zur Verfügung stehen, werden in obigem Schema weggelassen.

6.2.1.1 Autoren

Wir wollen im Folgenden zur Verdeutlichung einige Beispiele aufführen, die einen bis drei Autoren aufweisen. Die Formatierung der Autorennamen ist freigestellt, sie können beispielsweise normal oder fett formatiert sein. Wir persönlich raten vom Gebrauch von Großbuchstaben ab, da dies sehr klobig aussieht. Verwenden Sie lieber Kapitälchen.

MORITZ, Andreas: *Orale Lasertherapie*. Berlin : Quintessenz, 2005.

MARSH, Philip ; MARTIN, Michael V.: Orale Mikrobiologie. Stuttgart :
   Thieme, 2003.

Bei manchen Namen fällt die alphabetische Einordnung schwer. Vor allem,
wenn der Nachname Zusätze wie Artikel oder Präpositionen enthält. Die
DIN-Norm 1505 Teil 2 hat dazu eine sehr einfache Regelung: Der Familien-
name des Verfassers wird mit allen zu ihm gehörenden Bestandteilen aufgeführt. Der Vorname wird dann durch Komma getrennt in der Form, dass der
erste Vorname ausgeschrieben, alle weiteren als Initiale mit Punkt geschrieben werden. Das bedeutet streng genommen, dass Johann Wolfgang von
Goethe als

   von Goethe, Johann W.

zitiert werden sollte. Andere Autoren haben wesentlich differenziertere Regeln, sie unterscheiden beispielsweise die Herkunftsländer der Autoren und
die dort verwendeten Zitierregeln. Maßgeblich für die alphabetische Ord-
nung in einem Literaturverzeichnis ist der erste Band der *Regeln für die alphabetische Katalogisierung RAK, Regeln für wissenschaftliche Bibliotheken
RAK-WB*.

Erklärungen, die wir neben der DIN-Norm lasen, lassen sich unserer Meinung nach mit der folgenden Vereinfachung auf den Punkt bringen: Werden
Präfixe großgeschrieben, wird unter ihnen eingeordnet, werden sie klein-
geschrieben, wird unter dem großgeschriebenen Teil einsortiert.

So wird der Präfix für

   Below, Susanne von
   Braun, Christa von
   Goethe, Johann Wolfgang von

nachgestellt, hingegen für

   De Clerck-Sachße, Rotraut
   DeSalvo, Louise

zum Namen gehörend unter »D« einsortiert. Deutlich wird unsere »Regel«
auch bei

   La Fontaine, Jean de

Der kleingeschriebene Teil steht hinter dem Vornamen, während der Name
unter dem großgeschriebenen Teil eingereiht wird.

Ist kein Verfasser eines Titels genannt, so tritt der Herausgeber mit »(Hrsg.)«
gekennzeichnet an seine Stelle.

   Luque, Antonio ; Andreev, Viacheslav (Hrsg.): *Concentrator
   Photovoltaics*. Berlin : Springer, 2007

Wird eine Schrift nicht von einem bestimmten Autor, sondern von einer Institution herausgegeben, übernimmt diese die Stelle des Autors.

> Der Bundesminister für Bildung und Wissenschaft (Hrsg.): *Das soziale Bild der Studentenschaft in der Bundesrepublik Deutschland.* Bonn, 1986

6.2.1.2 Titel und zusätzliche Titelangaben

Der Titel wird unabhängig von seiner grafischen Gestaltung auf der Titelseite in normaler Groß-/Kleinschreibung wörtlich übernommen. Der Titel eines selbstständigen Werkes wird kursiv gesetzt und endet mit einem Punkt.

> WÜRFEL, Peter: *Physik der Solarzellen.* Heidelberg : Spektrum Akademischer Verlag, 2000.

Es sei denn, im Titel selbst ist ein anderes Satzzeichen enthalten, dann wird der Punkt ausgespart.

> CHESLER, PHYLLIS: *Frauen – das verrückte Geschlecht?* Reinbek b. Hamburg : Rowohlt, 1974

Wird für das Buch ein Untertitel angegeben, so wird dieser durch » : « (also durch Leerzeichen Doppelpunkt Leerzeichen) vom Titel getrennt.

> Dittmar-Ilgen, Hannelore: *Warum platzen Seifenblasen? : Physik für Neugierige.* Stuttgart : Hirzel, 2003

Englische Titel werden mit der Groß-/Kleinschreibung wie englische Überschriften verwendet, d. h., alle Wörter werden großgeschrieben, bis auf beispielsweise Artikel wie »the« oder »a«, Präpositionen wie »to«, »at«, »from«, »by«, »with« oder Konjunktionen wie »and« und »or«.

> Levinson, A. E.: *An Introduction to the Application of the Theory of Probabilistic Functions of a Markov Process to Automatic Speech Recognition.* New York : Marcel Dekker Inc., 1992

Ungewöhnlich lange Titel wie in folgender Quelle können gekürzt werden.

> Krämer, Walter: *Wie schreibe ich eine Seminar-, Examens- und Diplomarbeit : Eine Anleitung zum wissenschaftlichen Arbeiten für Studierende aller Fächer an Universitäten, Fachhochschulen und Berufsakademien.* 3., durchges. Aufl. Stuttgart : G. Fischer, 1994

Die Auslassungen sind bei Kürzen mit drei Punkten zu markieren. Als Regel gilt dabei, dass mindestens die ersten drei Wörter vollständig übernommen werden müssen.

> Krämer, Walter: *Wie schreibe ich eine Seminar-, Examens- und Diplomarbeit : Eine Anleitung zum wissenschaftlichen Arbeiten ...* 3., durchges. Aufl. Stuttgart : G. Fischer, 1994

6.2.1.3 Herausgeber, Übersetzer, Bearbeiter, ...

Bei Bedarf können an den Titel weniger wichtige beteiligte Personen oder
Körperschaften durch einen Schrägstrich getrennt angehängt werden.

> BRONSTEIN, I. N. ; SEMENDJAJEW, K. A.: *Taschenbuch der Mathematik /*
> GROSCHE, G. ; ZIEGLER, V. (Hrsg.). 20. Aufl. Frankfurt : Verlag Harri
> Deutsch, 1981

Als weitere häufig erwähnte Bezeichnungen von Funktionen werden Bear-
beiter (Bearb.), Mitarbeiter (Mitarb.), Redaktion (Red.), Übersetzer (Übers.),
Illustrator (Ill.), Fotograf (Fot.), Nachwort und Vorwort (Nachw. bzw.
Vorw.), Interviewer und Interviewter (Interv. bzw. Intervt.) oder Veranstalter
(Veranst.) verwendet.

6.2.1.4 Band und Reihe

Erscheinen manche Schriften in einer Reihe, dann sollte die Nummer des
Bandes angegeben werden.

> Hüfner, Klaus ; Naumann, Jens: *Konjunkturen der Bildungspolitik in der*
> *Bundesrepublik Deutschland : Der Aufschwung (1960-1967).* Bd. 1.
> Stuttgart : Klett Cotta, 1977

6.2.1.5 Auflage

Die Angaben von Auflagen, falls es sich nicht um die erste handelt, gehören
ebenfalls zur Dokumentation. Vor allem bei überarbeiteten Auflagen ist diese
Angabe wichtig, da sich Seitenzahlen gegenüber vorherigen Auflagen unter
Umständen erheblich verändert haben. Wenn möglich, sollte immer die letzte
überarbeitete Auflage zitiert werden.

> *Mayer-Kuckuk, Theo*: *Kernphysik : Eine Einführung.* 7., überarb. Aufl.
> Stuttgart : Teubner, 2002

6.2.1.6 Verlagsangaben

Zu den Verlagsangaben gehören sowohl der Sitz als auch der Name eines
Verlags. Beide Angaben werden in der Regel durch einen Doppelpunkt getrennt. Oft sieht man hier, dass sowohl vor als auch nach dem Doppelpunkt
ein Leerzeichen eingefügt wurde, dies fordert auch DIN 1505 Teil 2. Werden
für einen Verlag mehrere Verlagsstandorte genannt, muss in der Literouran-
gabe nur der erste genannt werden.

6.2.1.7 Erscheinungsjahr

Das Publikationsjahr ist zumeist die letzte Angabe. Ist das genaue Datum
nicht bekannt, so kann geschätzt werden. Dies ist allerdings mit »ca.«

kenntlich zu machen oder das Datum ist mit einem Fragezeichen wie »[1923?]« zu kennzeichnen.

6.2.1.8 Gesamttitelangabe

Laut DIN Norm 1505 Teil 2 wird die Gesamttitelangabe der Reihe oder des mehrbändigen Werkes in Klammern nach dem Erscheinungsdatum angegeben.

> POENICKE, KLAUS: *Wie verfaßt man wissenschaftliche Arbeiten?* 2., neu bearb. Aufl. Mannheim : Dudenverlag, 1988 (Duden-Taschenbücher 21)

Andere Autoren, wie Poenicke (Poenicke, 1988), verwenden die Gesamttitelangabe nach Nennung des Bandes oder der Auflage. Damit lautet das oben verwendete Zitat:

> POENICKE, KLAUS: *Wie verfaßt man wissenschaftliche Arbeiten?* 2., neu bearb. Aufl. Duden-Taschenbücher 21. Mannheim : Dudenverlag, 1988

6.2.1.9 ISBN-Nummer

Wird eine ISBN-Nummer mit angegeben, so ist diese von den vorangegangenen Angaben durch einen Punkt, ein Leerzeichen sowie einen Gedankenstrich mit einem weiteren Leerzeichen zu trennen.

> HENSS, RITA: *Der Dichter, das Geld und die grüne Soße : Frankfurter Verlockungen.* Wien : Picus, 2006. – ISBN 3-8545-2918-X

6.2.2 Unselbstständig erschienene Werke

Für unselbstständig erschienene Werke, bei denen es sich um wissenschaftliche Aufsätze in Fachzeitschriften oder Sammelbänden, aber auch um Zeitungsartikel handeln kann, gibt es ähnliche Schemata des Beleges wie zuvor für selbstständig erschienene Quellen. Der Titel einer unselbstständigen Quelle kann im Unterschied zu den selbstständig erschienenen Werken generell in Anführungszeichen gesetzt werden, um ihn von einem selbstständig erschienenen Werk zu unterscheiden. Hierbei ist die Zeitschrift oder der Sammelband das selbstständige Werk und daher kursiv zu setzen.

6.2.2.1 Fachzeitschrift

Das Schema für eine Fachzeitschrift kann nach DIN 1505 Teil 2

> Nachname des Verfassers, Vorname des Verfassers: Titel der unselbstständigen Veröffentlichung. In: *Titel der Zeitschrift* Serie, Band (Jahr), Nr. Heftnummer, S. erste und letzte Seite der Quelle

lauten. Hierbei wird für die Titelangabe auf Anführungszeichen verzichtet, dafür wird durch das »In:« angezeigt, dass der Artikel in einer Zeitschrift erschienen ist. In manchen anderen Schriften zu diesem Thema wird die Form

> Nachname des Verfassers, Vorname des Verfassers: »Titel der unselbstständigen Veröffentlichung«. *Titel der Zeitschrift* Serie, Band (Jahr), Nr. Heftnummer, S. erste und letzte Seite der Quelle

bevorzugt. Dadurch, dass der Titel in Anführungszeichen gesetzt ist, kann die Einleitung der Quelle, nämlich das »In:«, gespart werden.

> Baker, J. K.: The Dragon System: An Overview. In: *IEEE Trans. on Acoustics, Speech and Signal Processing* ASSP-23 (1975), Nr. 1, S. 24-29

> Hoppe, Birgit: Profis und freiwillig Engagierte – ein Kompetenzteam? : Visionen, Anspruch und Wirklichkeit. In: *Pflege und Gesellschaft, Zeitschrift für Pflegewissenschaft* (2006), Nr. 1, S. 51-60

> Braun, Werner: »Eheschließungen, Geburten und Sterbefälle 1987«. *Wirtschaft und Statistik* (1988), Heft 10, S. 677-688

Zeitschriften können abgekürzt verwendet werden, allerdings sollte in einem Abkürzungsverzeichnis die Abkürzung beschrieben sein.

> **Volk, Klaus:** »Strafrecht und Wirtschaftskriminalität: Kriminalpolitische Probleme und dogmatische Schwierigkeiten«. *JZ 37* (1982), S. 85-92

Im Abkürzungsverzeichnis sollte sich dann der Eintrag

> JZ Juristenzeitung

finden, damit der Leser die Möglichkeit hat, den Namen der Zeitschrift herauszufinden.

6.2.2.2 Sammelband und Tagungsberichte

Ein Aufsatz in einem Band von Werken kann folgendermaßen belegt werden:

> Nachname des Verfassers, Vorname des Verfassers: Titel der unselbstständigen Veröffentlichung. In: Verfasser oder Herausgeber des Sammelbandes: *Titel*. Serie. Band- oder Jahrgangsnummer. Erscheinungsort : Verlag, Erscheinungsjahr (Gesamttitel), S. erste und letzte Seite der Quelle

> RABINER, LAWRENCE R.: Mathematical Foundation of Hidden Markov Models. In: NIEMAN, H. ; LANG, M. ; SAGERER, G. (Hrsg.): *Recent*

Advances in Speech Understanding and Dialog Systems. Vol. 46, Berlin : Springer, 1988 (NATO ASI Series, Series F: Computer and Systems Sciences), S. 183-205

MÜNCHMEIER, R: »Ethik«. In: KREFT, DIETER (Hrsg.) ; MIELENZ, INGRID (Hrsg.): *Wörterbuch Soziale Arbeit : Aufgaben, Praxisfelder und Methoden der Sozialarbeit und Sozialpädagogik*. Weinheim : Juventa, 2005, S. 258-260

ANDEL, NORBERT: »Einkommenssteuer«. NEUMARK, FRITZ (Hrsg., unter Mitarb. von ANDEL, NORBERT ; HALLER, HEINZ): *Handbuch der Finanzwissenschaft*, Bd. II, 3., gänzl. neubearb. Aufl. Tübingen : Mohr, 1992, S. 331-401

Auf die gleiche Weise werden Berichte in einem Tagungsband zitiert. Hier werden nur im oder nach dem Titel des Bandes Tagungsort und Tagungsdatum ergänzt.

Kasper, K. ; Nicol, N. ; Reininger, H. ; Wolf, H.: »Zur Robustheit stochastischer und neuronaler Spracherkennungssysteme«. In: Fellbaum, K. (Hrsg): *Tagungsband der Konferenz: Elektronische Sprachsignalverarbeitung*, Berlin, 1994, S. 126-133

6.2.2.3 Presse

Für Artikel aus Zeitungen oder Zeitschriften gilt folgendes Schema:

Nachname des Verfassers, Vorname des Verfassers: Titel der unselbstständigen Veröffentlichung. In: *Titel der Zeitschrift* (Erscheinungsdatum) Nummer der Ausgabe, erste und letzte Seite der Quelle

Kruse, Uta: »Im Mutterleib ertrunken«. In: *DIE ZEIT* (19. August 1994), Nr. 34, S. 53

Caudrey, A.: Rejecting Boys for the Sake of Science. In: *The Independent* (2. April 1997), London, S. 34

6.2.3 Zitate ohne Bezug auf eine bestimmte Ausgabe

Manche Werke besitzen eine eigene standardisierte Gliederung und sind daher von Auflagen unabhängig. Beispiele hierzu sind Zitate aus der Bibel oder aus verschiedenen Gesetzestexten. Gesetze werden folgendermaßen zitiert:

Benennung des Gesetzes evtl. Kurzbezeichnung des Bundeslandes (v. / idF v. Veröffentlichungsdatum oder in Kraft getr. am Datum des Inkrafttretens) § (Nummer des Paragrafs) Art. (Nummer des Artikels) Ziff (Nummer der Ziffer)

BGB (idF v. 16.7.1977) § 554 Abs. II Satz 2

Für die Bezeichnung der Gesetze wird grundsätzlich die offizielle Abkürzung verwendet. Auch wenn viele der Abkürzungen, wie z. B. BGB allgemein bekannt sind, sollte auf keinen Fall ein Abkürzungsverzeichnis in Ihrer Arbeit fehlen. Die Kennzeichnung der Gliederungspunkte (Paragrafen, Absätze usw.) hängt von der Gliederung des Gesetzes ab. In Gesetzeszitaten werden keine Kommas verwendet. Ein Semikolon wird zur Trennung zweier Gesetzesstellen, die in einem Zitat aufgeführt werden, benutzt.

6.2.4 Besondere Schrifttumsarten

Für unveröffentlichte Werke wie Dissertationen oder Diplomarbeiten gibt es in der Regel keinen Verlag. An seine Stelle treten Angaben über die Universität, an der die Arbeit erstellt wurde.

> BRINK, BIRGIT: *Einsatz von verschiedenen Lasersystemen in der Parodontologie : Eine klinische und mikrobiologische Untersuchung aus der freien Praxis.* Frankfurt, Universität, Fachbereich Medizin, Diss., 2007

Wurden Dissertationen hingegen als Buch gedruckt, werden sie wie selbstständige Werke behandelt.

> NICOL, CORNELIA M. Y.: *Zur Wirkung von Samenkernprodukten des Niembaumes Azadirachta indica (A. Juss.) auf die Wüstenheuschrecke Schistocerca gregaria (Forsk.) (Caelifera: Acrididae) unter Laborbedingungen.* (Diss. Gießen) Niederkleen : Wissenschaftlicher Fachverlag, 1994

6.2.5 Internetquellen und elektronische Dokumente

Das Internet erhält immer größere Bedeutung als Informationsquelle und muss dann auch entsprechend zitiert werden. Regeln für das korrekte Zitieren von elektronischen Quellen sind in der ISO 690-2. *Information and documentation – Bibliographic references – Part 2: Electronic documents or parts thereof* aufgeführt. Unter elektronischen Dokumenten werden neben Online-Dokumenten unter anderem auch Programme oder Datenbanken auf verschiedenen Datenträgern verstanden.

Noch vor drei Jahren konnte man die ISO-Norm von einem kanadischen Server herunterladen. Dies wurde mittlerweile unterbunden, da die Organisation ihre Normen verkauft, um damit ihre Arbeit zu finanzieren. Zurzeit sind nur Auszüge der Norm im Internet zu finden, wie beispielsweise an der Uni Linz (siehe unten).

Grundsätzlich gelten die gleichen Zitierregeln wie für selbstständig oder unselbstständig erschienene Werke. Bei elektronischen Dokumenten sollen jedoch zusätzlich der Typ des Mediums in eckigen Klammern (z. B. CD-ROM, Online, E-Mail ...), das Dateiformat (z. B. *.doc, *.pdf, ...) und die Herkunft bzw. die Bezugsmöglichkeiten angegeben werden.

Im Falle einer Internetquelle muss der vollständige Pfad angegeben werden und – soweit möglich – das Datum der letzten Aktualisierung. Falls kein Datum herausgefunden werden kann, geben Sie in eckigen Klammern das Datum an, an dem Sie das Dokument im Internet gefunden haben.

> Excerpts from International Standard ISO 690-2. *Information and documentation – Bibliographic references – Part 2: Electronic documents or parts thereof* [online]. Letzte Aktualisierung: 18.3.2002, erhältlich im Internet unter: http://paedpsych.jk.uni-linz.ac.at/internet/ arbeitsblaetterord/literaturord/ZitationISO690.html [Stand: 24.8.10]

6.2.6 Literaturverzeichnis mit Einordnungsformel

Die DIN Norm 1505 Teil 3 legt fest, wie ein Literaturverzeichnis aussehen soll. Dafür wird zunächst eine so genannte Einordnungsformel definiert, die im Hauptteil und im Literaturverzeichnis gleichermaßen verwendet wird. Sie besteht aus zwei Teilen, nämlich dem Namen des oder der Verfasser sowie dem Erscheinungsdatum. Für den oder die Namen der Verfasser ist es dem Zitierenden freigestellt, ob er/sie den Namen mit oder ohne Vornamen oder mit Initial verwendet. Bei Bedarf kann auch der Zusatz »(Hrsg.)« oder Ähnliches verwendet werden.

> **Schwan** oder **Schwan, M.** oder **Schwan, Marianne**

> **Schulman / Maxey / Matt** oder **Schulman, A. / Maxey, D. / Matt, P.** oder **Schulman, Andrew / Maxey, David / Matt, Pietrek**

> **Pusch** oder **Pusch, L. F.** oder **Pusch (Hrsg.)** oder **Pusch Luise F. (Hrsg.)**

Existiert für das zu zitierende Werk kein Verfasser, so wird für die Einordnungsformel einfach ein kennzeichnendes Wort des Titels verwendet.

Werden verschiedene Verfasser mit demselben Nachnamen zitiert, so verwendet man zur Unterscheidung zusätzlich ihren Vornamen:

> **Müller, Sabine 2009**
> **Müller, Birgit 2007**

Ist das nicht ausreichend, da auch die Vornamen gleich sind, können Sie sich mit römischen Ziffern behelfen:

> **Müller, Susanne I 2009**
> **Müller, Susanne II 2007**

Als zweiter Teil der Einordnungsformel wird das Erscheinungsdatum verwendet. Werden zwei Werke desselben Verfassers aus demselben Jahr zitiert, wird dem Erscheinungsdatum ein kleiner Buchstabe angehängt. Die Buchstaben werden nach der Reihenfolge des Auftretens im Haupttext vergeben.

> **Luque 2008a**
>
> **Luque 2008b**

Ist das Datum geschätzt, wird das auch in der Einordnungsformel beispielsweise mit »ca. 1913« ausgedrückt.

Im Literaturverzeichnis beginnt jede Quellenangabe mit der Einordnungsformel. Danach wird die vollständige Quellenangabe aufgeführt. Das Literaturverzeichnis wird nach der Einordnungsformel sortiert dargestellt.

Bild 6.7: Literaturverzeichnis mit Einordnungsformel

Ist ein Verfasser mehrfach vertreten, so werden zunächst alle seine Werke zitiert, in denen er als Autor aufgetreten ist. Dann die Werke, für die er als Beteiligter aufgetreten ist.

> **Müller 2006**   Müller, Susanne:...., 2006
>
> **Müller 2008a**   Müller, Susanne:...., 2008
>
> **Müller / Mayer 2010**   Müller, Susanne ; Mayer, Birgit:..., 2010
>
> **Müller 2004**   Müller, Susanne (Hrsg.):..., 2004
>
> **Müller 2008b**   Müller, Susanne (Übers.):..., 2008

Für ein Literaturverzeichnis mit Einordnungsformel muss zunächst die Einordnungsformel erstellt werden. Allerdings kann in übersichtlichen Literaturverzeichnissen auf die Einordnungsformel verzichtet werden, da sie in erster Linie das Auffinden von Quellenangaben im Literaturverzeichnis erleichtern soll.

6.3 Literaturverweise in Word verwalten

Mit Word wird eine Bibliografie-Datenbank mitgeliefert, in der Sie alle verwendeten Quellen sammeln, die Sie durchsuchen und mit deren Hilfe Sie die Kurzbelege im Text sowie Ihr Literaturverzeichnis erstellen können. Die Darstellung der Quellen in den Kurzbelegen sowie im Literaturverzeichnis regelt ein so genanntes XSL-Stylesheet. Zehn verschiedene Bibliografie-Formatvorlagen zur Gestaltung von Quellen im Literaturverzeichnis und von Kurzbelegen im Text stellt Word standardmäßig zur Verfügung. Sie können aber auch eigene XSL-Stylesheets verwenden, wie in Abschnitt 6.4.3 beschrieben wird.

Es empfiehlt sich, die Bibliografie-Datenbank von Beginn an zu nutzen und Ihre Quellen dort konsequent einzutragen. Sie finden alle Funktionen zu diesem Thema auf der Registerkarte *Verweise* in der Gruppe *Zitate und Literaturverzeichnis*.

Bild 6.8: Gruppe *Zitate und Literaturverzeichnis* auf der Registerkarte *Verweise*

6.3.1 Literaturquellen erfassen

Es gibt zwei Wege, Literaturquellen in der Bibliografie-Datenbank zu erfassen: Geben Sie Ihre Quellen in einem Rutsch ein und verwenden Sie dazu den Quellen-Manager (siehe Abschnitt 6.3.3). Oder geben Sie die Quellen dann ein, wenn Sie in Ihrem Text ein Zitat oder eine Textstelle belegen möchten.

Haben Sie alle Informationen zu einer Quelle eingegeben, formatiert Word daraus einen Kurzbeleg und fügt diesen im Text ein. Wie der aussieht, das hängt von Ihrer Auswahl der Bibliografie-Formatvorlage ab. Diese wählen Sie in der Gruppe *Zitate und Literaturverzeichnis* hinter *Formatvorlage* aus (siehe Bild 6.8). Ist beispielsweise *ISO 690 – Erstes Element und Datum* ausgewählt, so wird der Autorenname sowie das Jahr der Quelle als Kurzbeleg eingefügt. Ist hingegen z. B. *ISO 690 –Numerische Referenz* eingestellt, so erscheinen Nummern in den Klammern der Kurzbelege. Einen Überblick über die von Word zur Verfügung gestellten Bibliografie-Formatvorlagen gibt Tabelle 6.2 auf Seite 307.

Möchten Sie jetzt einen Kurzbeleg einfügen und die Quelle dazu erfassen, verfahren Sie folgendermaßen:

- Platzieren Sie Ihre Eingabemarke im Text an der Stelle, an der Sie eine Textstelle belegen möchten.

- Klicken Sie auf die Schaltfläche *Zitat einfügen*, um das folgende Menü zu öffnen.

Bild 6.9: Einen Literaturhinweis im Text einfügen

- Wählen Sie *Neue Quelle hinzufügen*, so können Sie in folgendem Dialogfeld die bibliografischen Angaben eintragen.

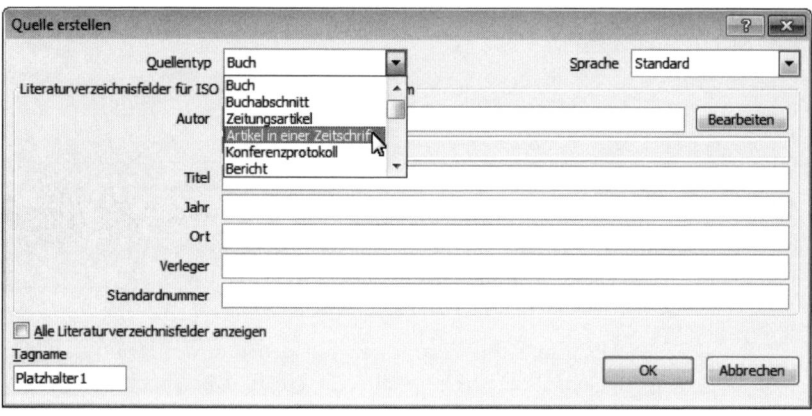

Bild 6.10: Eine Quelle eintragen

- Beginnen Sie damit, den *Quellentyp* festzulegen. Im Beispiel wird *Artikel in einer Zeitschrift* selektiert.

Entsprechend der ausgewählten Bibliografie-Formatvorlage werden eventuell unterschiedliche Felder angezeigt. Den oder die Autorennamen geben Sie entweder direkt in der Zeile hinter *Autor* ein. Oder Sie verwenden die

Schaltfläche *Bearbeiten* hinter der Eingabezeile und tippen die Namen im Dialogfeld in den entsprechenden Feldern ein.

Als *Tagname* (unten links) wird automatisch ein Kürzel eingetragen, das aus den ersten drei Buchstaben des Nachnamens und den letzten beiden Ziffern der Jahreszahl besteht. Der Tagname wird von Word intern verwendet, um eine Quelle eindeutig zu beschreiben.

Benötigen Sie mehr Angaben als sichtbar, können Sie sich im Dialogfeld *Alle Literaturverzeichnisfelder anzeigen* lassen. So sollten für den Artikel in der Zeitschrift die Seitenzahlen angegeben werden; das entsprechende Feld erscheint erst, wenn auch die restlichen Felder angezeigt werden (siehe Bild 6.11).

Einige der Feldbezeichnungen sind unserer Meinung nach etwas unklar übersetzt. So ist mit *Verleger* Verlag gemeint, mit *Edition* wird die Auflage bezeichnet. Die *Standardnummer* ist die ISBN- bzw. ISSN-Nummer. Die Zeile *Ausgabe* (wird für einen *Artikel in einer Zeitschrift* oder für die Kategorie *Zeitungsartikel* verwendet) kann für die Heftnummer bzw. die Nummer der Ausgabe verwendet werden.

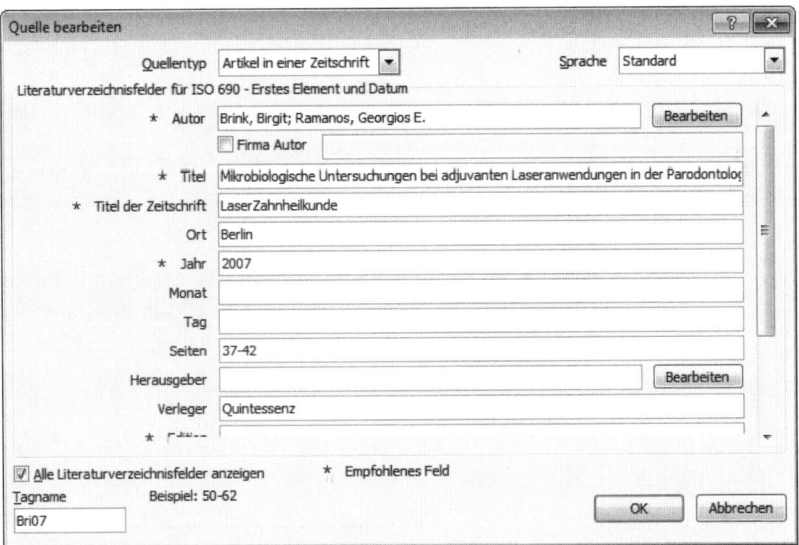

Bild 6.11: Die benötigten Felder sind gefüllt

Zum Abschluss bestätigen Sie Ihre Quellenangaben mit *OK*. Sie können sie jederzeit im Quellen-Manager (siehe Abschnitt 6.3.3) bearbeiten, falls nötig.

6.3.2   Kurzbelege in den Text einfügen

Durch das Bestätigen des Dialogfelds *Quelle bearbeiten* schließen Sie es und fügen an der aktuellen Position der Eingabemarke einen von Microsoft als Zitat bezeichneten Kurzbeleg ein. Dieser wird entsprechend der von Ihnen ausgewählten Bibliografie-Formatvorlage formatiert. Außer den von Microsoft mitgelieferten Bibliografie-Formatvorlagen gibt es die Möglichkeit, Dateien mit anderen Bibliografie-Formatvorlagen einzubinden (lesen Sie dazu Abschnitt 6.4.3.1).

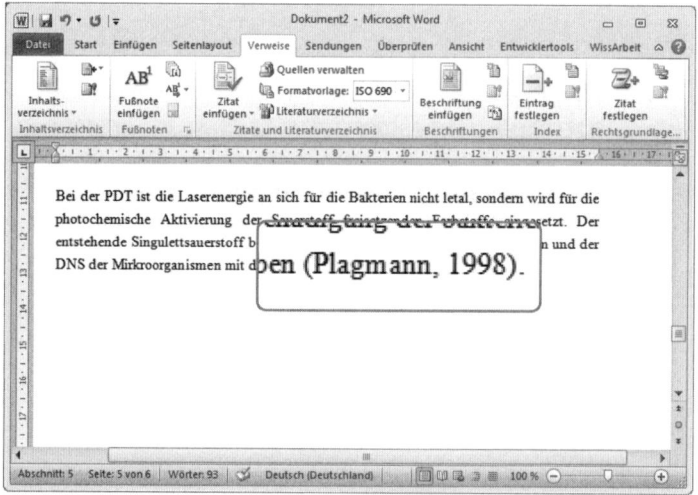

Bild 6.12: Der Kurzbeleg im Text

Klicken Sie auf den Kurzbeleg wird er in einem blauen Container dargestellt, über dessen Dreieck am rechten Rand Sie ein weiteres Menü aktivieren, in dem Sie wieder zur Bearbeitung der Quelle zurückkehren, das *Zitat in statischen Text konvertieren* und gegebenenfalls bei Änderungen *Zitate und Literaturverzeichnis* aktualisieren können.

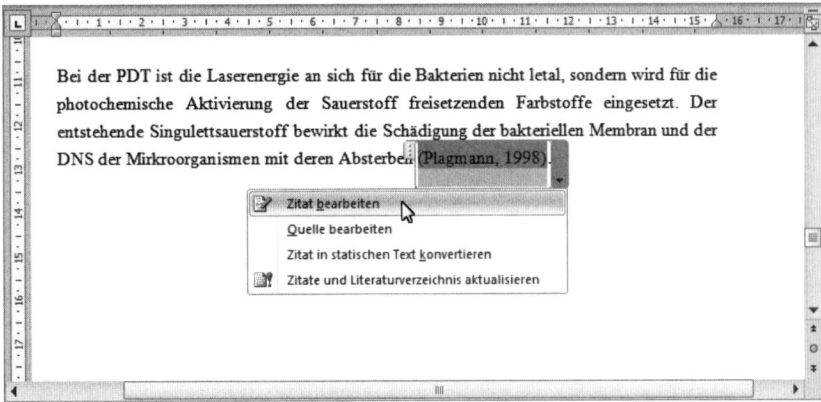

Bild 6.13: Der Kurzbeleg im Container

Den Eintrag selbst können Sie nicht editieren. Möchten Sie aber beispielsweise eine Seitenzahl hinzufügen, öffnen Sie mit Klick auf den Pfeil rechts das
Menü und wählen den ersten Eintrag, *Zitat bearbeiten*. Sie öffnen ein
Dialogfeld, in dem Sie Ergänzungen vornehmen können, wie z. B. Seitenzahlen hinzufügen, oder auch nicht benötigte Angaben wie den Autor unterdrücken, wenn dieser beispielsweise bereits im Fließtext auftaucht.

Bild 6.14: Den Kurzbeleg ergänzen

Um den Kurzbeleg selbst zu entfernen, müssen Sie ihn markieren. Hierzu
klicken Sie auf die drei Punkte links am Container. Die Farbe wird dunkler
und Sie können ihn mit der (Entf)-Taste löschen.

6.3.2.1 Weitere Kurzbelege und Platzhalter einfügen

Alle Quellen, die Sie eingefügt haben, finden Sie beim Erstellen eines neuen
Kurzbelegs im Menü zur Schaltfläche *Zitat einfügen*. Benötigen Sie also eine
Quelle ein zweites Mal (beispielsweise mit einer anderen Seitenangabe), so
wählen Sie sie einfach in der Liste aus.

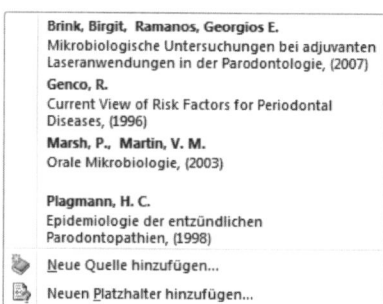

Bild 6.15: Alle eingefügten Quellen

Sind Sie gerade im Schreibfluss und möchten diesen nicht unterbrechen für eine schnöde Quelleneingabe, können Sie auch im Text nur einen Platzhalter einfügen und diesen dann später bearbeiten.

Hierzu wählen Sie im Menü zur Schaltfläche *Zitat einfügen* den Eintrag *Neuen Platzhalter hinzufügen*. Damit öffnen Sie das folgende Dialogfeld.

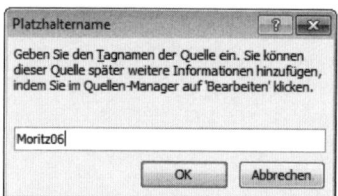

Bild 6.16: Einen Platzhalter einfügen

Mit der Option *Quelle bearbeiten* (siehe Bild 6.12) können Sie die vollständige Quellenangabe später nachtragen und den *Tagnamen* entsprechend anpassen.

6.3.2.2 Kurzbelege bearbeiten

Bild 6.14 zeigt, dass Sie für den Kurzbeleg Seitenzahlen angeben können sowie einige Angaben, wie Autoren, Jahreszahl und den Titel unterdrücken können.

Je nachdem, was Sie im Dialogfeld angeklickt haben, erscheint ein entsprechender Schalter in der Feldfunktion des Kurzbelegs. Schalten Sie mithilfe des Befehls *Feldfunktionen ein/aus* im Kontextmenü zu einem Kurzbeleg in die Ansicht der Feldfunktionen um.

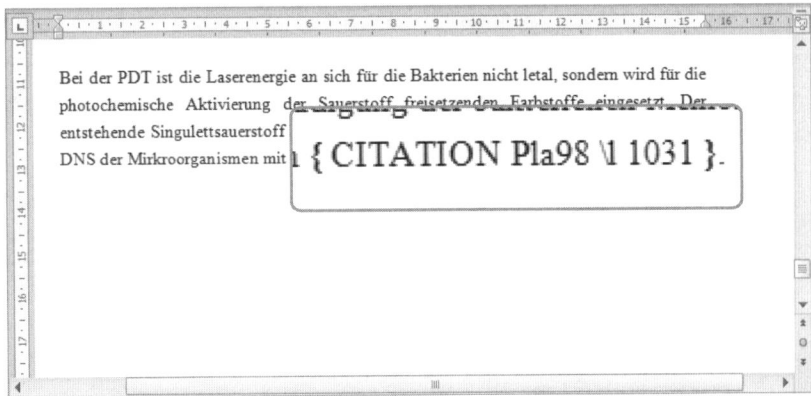

Bild 6.17: Die Feldfunktion für den Kurzbeleg

Der Name der Feldfunktion, die für einen Kurzbeleg sorgt, ist CITATION. Die Feldfunktion besteht zudem mindestens aus dem *Tagnamen*, der im Dialogfeld *Quelle bearbeiten* links unten angegeben wird, und dem Schalter zur Auswahl der Sprache, hier sorgt \l *1031* für deutsche Begriffe. Der ebenfalls in Bild 6.17 dargestellte Schalter \p *40* erzeugt die Anzeige der Seitenzahl. Da mit dem Schalter \l die deutsche Sprache eingeschaltet wird, zeigt der Text entsprechend *S. 40* an. Die Schalter \n, \y und \t unterdrücken den Namen des Autors, das Jahr und den Titel der Quellenangabe. Dies geschieht mithilfe des Dialogfelds *Zitat bearbeiten* (siehe Bild 6.14).

Möchten Sie mehrere Autoren zusammen in einem Kurzbeleg aufführen, verfahren Sie so:

- Klicken Sie in den Kurzbeleg.

- Wählen Sie über die Schaltfläche *Zitat einfügen* eine weitere Quelle aus.

Das Ergebnis sehen Sie in folgendem Bild. Links sehen Sie jeweils den Kurzbeleg im Text, auf der rechten Seite ist die dazugehörige Feldfunktion dargestellt. Wie man sieht, ist der Schalter \m dafür zuständig, zwei Autoren in einem Beleg zusammenzufügen. Bei Bedarf können Sie weitere Quellen in einem Kurzbeleg verwenden. Gehen Sie auch dabei wie oben beschrieben vor.

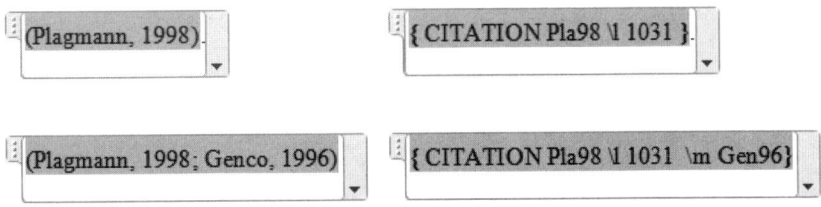

Bild 6.18: Kurzbelege in normaler Ansicht und als Feldfunktion

Achtung beim Markieren des Kurzbelegs Möchten Sie einen weiteren Autor einfügen, achten Sie darauf, dass sich die Eingabemarke im Beleg befindet. Haben Sie den Container selbst markiert, ersetzen Sie die Quelle, die sich im Container befindet.

Sie entfernen einen Autor leicht wieder aus dem Kurzbeleg, indem Sie das Dreieck am rechten Rand des Containers verwenden. Über die Option *Zitat entfernen* erhalten Sie alle Quellen des Kurzbelegs angeboten.

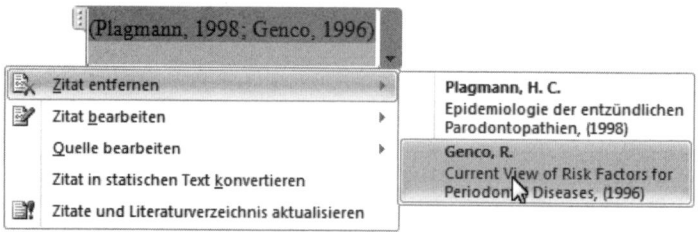

Bild 6.19: Quelle aus Kurzbeleg löschen

Möchten Sie die Angaben zu einer Quelle des Kurzbelegs bearbeiten, also beispielsweise die Seitenzahl angeben, auf der sich ein Zitat befindet, so verwenden Sie dazu ebenfalls das Menü, das Sie über das Dreieck am rechten Rand des Containers aktivieren. Klicken Sie auf den Befehl *Zitat bearbeiten* und wählen Sie dann eine der Quellen aus, so aktivieren Sie das in Bild 6.14 dargestellte Dialogfeld.

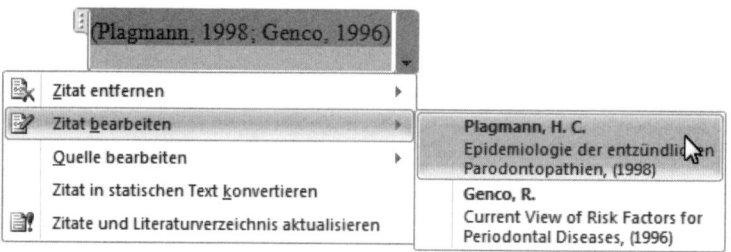

Bild 6.20: Eine bestimmte Quelle des Kurzbelegs bearbeiten

Auf diese Art lassen sich für jede Quelle eines zusammengeführten Kurzbelegs Seitenzahlen erfassen. In folgendem Bild sehen Sie einen solchen Kurzbeleg mit zwei Seitenzahlen sowie die dazugehörende Feldfunktion.

Bild 6.21: Kurzbeleg mit zwei Quellen und Seitenangaben für beide Quellen

Mit den beiden Schaltern \f sowie \s lässt sich Text am Anfang und am Ende eines Kurzbelegs einfügen. Bearbeiten lässt sich die Feldfunktion selbst allerdings nur im Dialogfeld *Feld*.

● Klicken Sie mit der rechten Maustaste auf den Kurzbeleg und wählen Sie im Kontextmenü *Feld bearbeiten* aus.

● Geben Sie in der Eingabezeile auf der rechten Seite den gewünschten Schalter zusammen mit dem Text in Anführungszeichen ein und bestätigen Sie das Dialogfeld. Vergessen Sie gegebenenfalls notwendige Leerzeichen nicht.

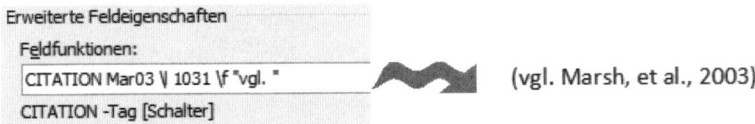

Bild 6.22: Text zu Beginn des Kurzbelegs eingefügt

6.3.3 Der Quellen-Manager

Im Quellen-Manager (siehe Bild 6.23) können Sie sich eingegebene Quellen ansehen, sie neu erfassen und verwalten. Den Quellen-Manager öffnen Sie auf der Registerkarte *Verweise* mit dem Befehl *Quellen verwalten*.

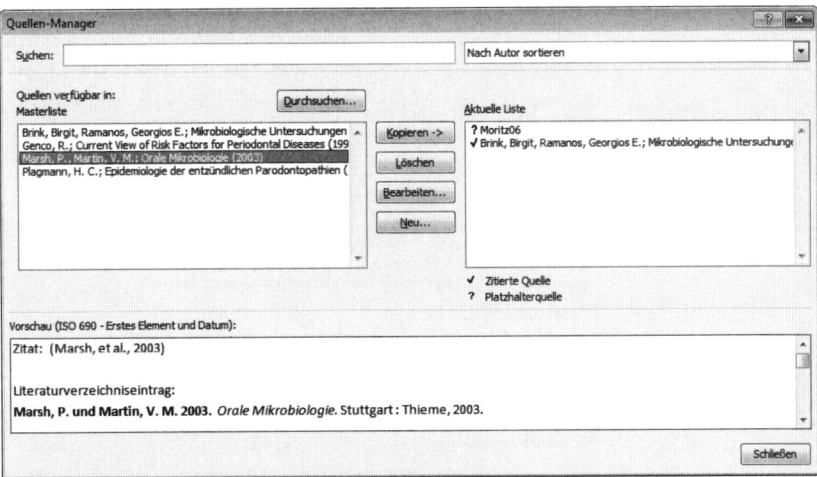

Bild 6.23: Literaturangabe im Quellen-Manager

In der Vorschau unten im Dialogfeld sehen Sie, wie der Eintrag als Kurzbeleg im Text und als vollständige Quellenangabe im Literaturverzeichnis aussehen wird in Abhängigkeit von der gewählten Bibliografie-Formatvorlage, die direkt über der Vorschau angegeben wird. Mit der Schaltfläche *Bearbeiten* öffnen Sie zum markierten Eintrag das Dialogfeld *Quelle bearbeiten*; über die Schaltfläche *Neu* können Sie neue Quellen erfassen.

In der linken Liste des Quellen-Managers befinden sich alle eingegebenen Quellen, die Word aus der Datei Sources.xml im Ordner *Bibliography* findet. Wo Sie diesen Ordner genau finden, können Sie im Anhang A.1 nachlesen. Über die Schaltfläche *Durchsuchen* können Sie auch andere XML-Dateien mit Quellenangaben einlesen. Der Name der XML-Datei wird direkt über der linken Liste angezeigt.

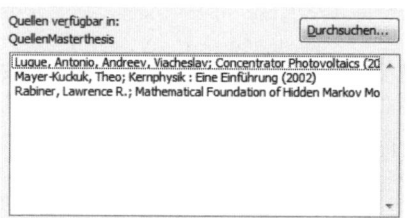

Bild 6.24: Andere Bibliografie-XML-Datei ausgewählt

Haben Sie Zitate (also Kurzbelege) in Ihren Text aufgenommen, so erscheinen die Quellen dieser Zitate automatisch in der rechten Liste, die als *Aktuelle Liste* bezeichnet wird. In diese Liste können Sie auch Quellenangaben von der linken Liste *Kopieren*. Alle Quellenangaben, die sich in *Aktuelle Liste* befinden, werden beim Erstellen des Literaturverzeichnisses verwendet. Zudem erscheinen in *Aktuelle Liste* auch alle eingefügten Platzhalter; sie sind durch ein Fragezeichen gekennzeichnet. Quellenangaben, für die sich im Text ein Kurzbeleg befindet, erhalten einen Haken.

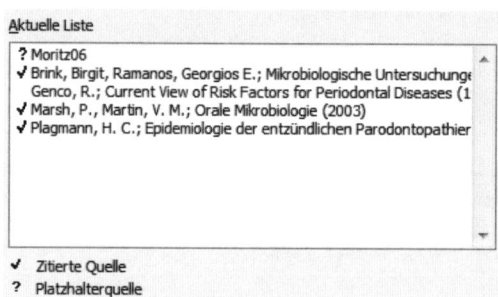

Bild 6.25: *Aktuelle Liste* mit zitierten und kopierten Quellen sowie einem Platzhalter

6.4   Das Literaturverzeichnis

Das Literaturverzeichnis erstellen Sie in der Regel am Ende Ihres Dokuments. Sie erstellen es entweder über die Registerkarte *Verweise* oder Sie haben die Literaturquellen gesammelt und eingetippt und möchten diese nur noch formatieren. Verwirrenderweise verwendet Microsoft im Umgang mit Literaturverzeichnissen den Begriff Formatvorlagen sowohl für Typografie-Formatvorlagen – also für Formatierungsanweisungen im Text – als auch für Bibliografie-Formatvorlagen, d. h. für Formatierungsanweisungen zum Aufbau von Kurzbelegen und Literaturverzeichnissen. So gibt es zum einen eine Formatvorlage *Literaturverzeichnis*, die die Zeichen- und Absatzformate im Literaturverzeichnis definiert und über die Gruppe *Formatvorlagen* auf der Registerkarte *Start* zugewiesen und geändert werden kann. Zum anderen gibt es XSL-Dateien, die die Reihenfolge und Darstellungsart der Einträge eines Kurzbelegs im Text oder der Einträge im Literaturverzeichnis festlegen und die über das Kombinationsfeld *Formatvorlagen* in der Gruppe *Zitate und Literaturverzeichnis* ausgewählt werden. Nachdem Sie die typografischen Formatvorlagen bereits in den ersten Kapiteln kennen gelernt haben, wurde in diesem Kapitel zur Unterscheidung immer von Bibliografie-Formatvorlagen gesprochen, auch wenn in Word oft einfach nur der Begriff Formatvorlage verwendet wird.

In diesem Abschnitt werden wir zunächst beschreiben, wie Sie das Literaturverzeichnis Ihrer im Quellen-Manager erfassten bibliografischen Angaben erzeugen. Zudem zeigen wir, wie Sie andere XSL-Dateien einbinden bzw. die XSL-Dateien selbst bearbeiten können. Im letzten Abschnitt werden wir besprechen, wie Sie ein statisches Literaturverzeichnis erzeugen. Hatten Sie Ihre Quellenangaben bereits in ein Dokument eingetippt, haben Sie also auf diese Weise ebenfalls ein statisches Literaturverzeichnis erzeugt, erfahren Sie, wie Sie unterschiedliche Arten von Literaturverzeichnissen anlegen können und wie Einträge sortiert werden.

6.4.1   Das Literaturverzeichnis erstellen

Haben Sie Ihre Quellenangaben im Quellen-Manager bereitgestellt, erstellen Sie nun sehr einfach ein Literaturverzeichnis:

- Positionieren Sie den Mauszeiger an der Stelle, an der das Verzeichnis beginnen soll, und

- wählen Sie den Eintrag *Literaturverzeichnis*.

Verwenden Sie die Dokumentvorlage WissArbeit, so fügen Sie über die gleichnamige Registerkarte mithilfe der Schaltfläche *Verzeichnisse* den Baustein *Literaturverzeichnis* ein. Damit wird ein neuer Abschnitt mit der Feldfunktion für ein Literaturverzeichnis eingefügt. Dabei wurde die Option *Literaturverzeichnis einfügen* verwendet. Wenn Sie lieber mit dem Literaturverzeichnis im Container arbeiten, können Sie die Feldfunktion einfach ersetzen.

Im Menü zu *Literaturverzeichnis* auf der Registerkarte *Verweise* haben Sie zwei integrierte Versionen zur Auswahl, die sich nur durch die Titelzeile unterscheiden (*Literaturverzeichnis* und *Literaturverzeichnis 2*), sowie die Option *Literaturverzeichnis einfügen*. Die integrierten Literaturverzeichnisse werden als Container eingefügt, der es ermöglicht, das Verzeichnis zu aktualisieren oder in statischen Text zu überführen.

Den Einträgen des Literaturverzeichnisses (siehe Bild 6.26) wird automatisch die Formatvorlage *Literaturverzeichnis* zugewiesen, die Sie beispielsweise über den Aufgabenbereich *Formatvorlagen* anpassen können (lesen Sie dazu weiter in Abschnitt 6.4.4).

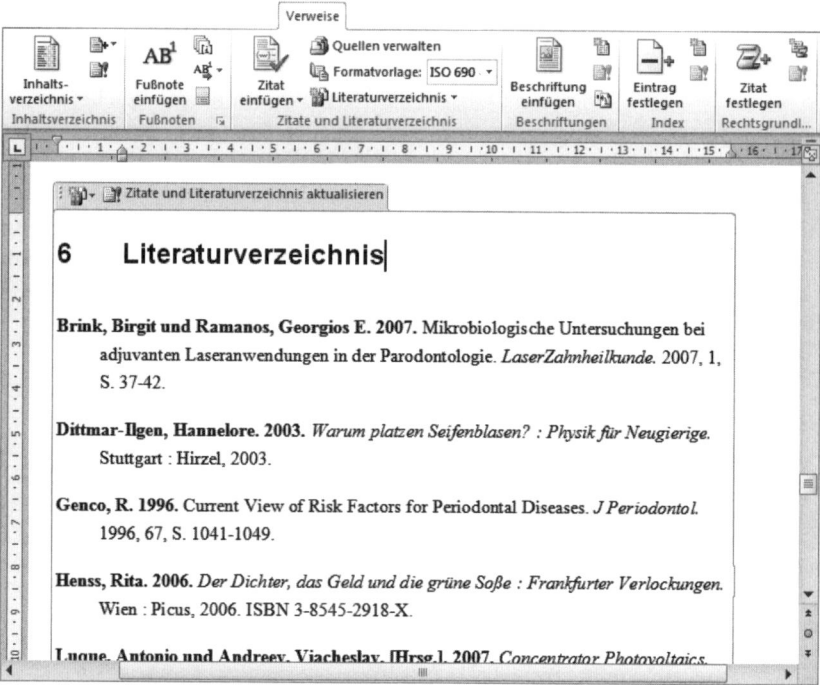

Bild 6.26: Das neu erstellte Literaturverzeichnis

6.4.2 Die Bibliografie-Formatvorlagen

Die DIN-Norm DIN 1505-2 bietet ein bibliografisches Beschreibungsmuster für Publikationen, das in Deutschland als Grundlage zur Erstellung von Literaturverzeichnissen dient. In anderen Ländern haben sich andere Bibliografieregeln durchgesetzt, wie der APA-Style, der in Amerika oft zur Gestaltung wissenschaftlicher Texte verwendet wird, der GOST-Standard, der die russischen Normen bezeichnet, etc.

Microsoft hat für die Umsetzung der international unterschiedlichen Bibliografieregeln eine Technik auf Basis von XML eingesetzt, die eine Erweiterung und Anpassung dieser Regeln auch durch den Anwender ermöglicht. XML (Extended Markup Language) ist eine zurzeit in der Datenverarbeitung weit verbreitete Notation zur Beschreibung strukturierter Daten. Microsoft verwendet zusätzlich XSL Transformation (Extensible Stylesheet Language) als Programmiersprache, um XML-Daten nach definierten Regeln umformen zu können. So werden in XML vorliegende Einträge aus der Quellendatenbank mit XSL in die gewünschte Darstellung gebracht.

Folgende Tabelle listet die von Microsoft mitgelieferten Bibliografie-Formatvorlagen und die dazugehörigen XSL-Dateien auf.

Tabelle 6.2: Bibliografie-Formatvorlagen

Formatvorlage	Stylesheet	Beschreibung
APA	APA.xsl	American Psychological Association
Chicago	CHICAGO.xsl	The Chicago Manual of Style
GB7714	GB.xsl	Standardization Administration of China
GOST Namenssortierung	GostName.xsl	The Federal Agency of the Russian Federation on Technical Regulating and Metrology
GOST Titelsortierung	GostTitle.xsl	The Federal Agency of the Russian Federation on Technical Regulating and Metrology
ISO 690 – Erstes Element und Datum	ISO690.xsl	International Organization for Standardization
ISO 690 – Numerische Referenz	ISO690Numerical.xsl	International Organization for Standardization
MLA	MLA.xsl	Modern Language Association
SIST02	SIST02.xsl	Standards for Information of Science and Technology by the Japan Science and Technology Agency
Turabian	TURABIAN.xsl	amerikanische Zitierweise; benannt nach Kate Turabian

Alle Bibliografie-Formatvorlagen werden von Word im Ordner *C:\Programme\Microsoft Office\Office14\Bibliography\Style* abgelegt. Beachten Sie, dass Sie zum Zugriff auf diesen Ordner Administratorrechte benötigen.

Sie können die XSL-Bibliografie-Formatvorlagen ändern oder neue hinzufügen, um die von Ihnen benötigte Formatierung von Kurzbelegen und Literaturverzeichnissen zu erreichen. Dabei ist anzumerken, dass die XSL-Bibliografie-Konvertierungsdateien von Microsoft technisch ausgefeilt, aber für den Laien kaum verständlich sind.

6.4.3 Eigene Bibliografievorlagen

Falls Sie keine der vorhandenen Bibliografie-Formatvorlagen verwenden können, besteht die Möglichkeit, eigene Bibliografie-Formatvorlagen zu erstellen oder angepasste Vorlagen zu verwenden, die im Internet von Universitäten usw. oder Privatpersonen angeboten werden. Suchen Sie dazu nach den Begriffen »bibliography word«.

Auf *CodePlex*, der OpenSource-Plattform von Microsoft, werden unter *http://bibword.codeplex.com/* eine Vielzahl vorbereiteter Bibliografie-Formatvorlagen angeboten. Die auf BibWord basierenden Vorlagen haben den Vorteil, dass sie einfach strukturiert sind und sich deshalb auch von XSL-Laien modifizieren lassen.

Wir haben einige der bei CodePlex erhältlichen Bibliografie-Formatvorlagen auf die deutschen Erfordernisse angepasst und uns im Wesentlichen an der DIN-Norm 1505 ausgerichtet. Sie finden sie auf der CD zum Buch.

Kopieren Sie die Dateien einfach in den Ordner *C:\Programme\Microsoft Office\Office14\Bibliography\Style*, damit sie nach einem Neustart von Word als Bibliografie-Formatvorlage in der Gruppe *Zitate und Literaturverzeichnis* zur Verfügung stehen.

Wechseln Sie nicht wieder auf eine der Standard-Word-Bibliografievorlagen, falls Sie sich dazu entschieden haben, eine der XSL-Vorlagen auf Basis von BibWord zu verwenden, die diesem Buch beiliegen oder die Sie von der angegebenen Web-Seite heruntergeladen haben. Ein Wechsel kann zum Verlust von Formatierungsangaben führen.

Tabelle 6.3: Bibliografie-Formatvorlagen zum Buch

Formatvorlage	Stylesheet	Beschreibung
Einordnungsformel	EOF.xsl	Kurzbeleg in der Form: (Autor Jahr)
		Literaturverzeichnis: (Autor Jahr) wird als Einordnungsformel vor den Quellenangaben verwendet
Harvard	Harvard.xsl	Kurzbeleg: (Autor Jahr)
		Literaturverzeichnis verwendet keine Einordnungsformel
Zweispaltig EOF	ZSEOF.xsl	Kurzbeleg: (Autor Jahr)
		Literaturverzeichnis ist zweispaltig 1. Spalte: Einordnungsformel 2. Spalte: Quellenangaben
Zweispaltig Name	ZSName.xsl	Kurzbeleg: (Autor Jahr)
		Literaturverzeichnis ist zweispaltig 1. Spalte: Nachname des Autors 2. Spalte: Quellenangaben
Referenz	Referenz.xsl	Kurzbeleg: eckige Klammern mit Zahl
		Literaturverzeichnis ist zweispaltig 1. Spalte: eckige Klammer mit Zahl 2. Spalte: Quellenangaben sortiert nach der Reihenfolge des Auftretens der Kurzbelege

Wie Sie in der Tabelle sehen, verwenden alle Bibliografie-Formatvorlagen – außer der Formatvorlage *Referenz* – den Autor und das Jahr als Kurzbeleg. Die Bibliografie-Formatvorlage *Referenz* fügt eine Nummer in eckigen Klammern als Kurzbeleg ein.

Möchten Sie mit der Einordnungsformel arbeiten, können Sie diese im Literaturverzeichnis direkt vor der Quellenangaben einfügen (siehe Bild 6.27), wie es die DIN-Norm DIN 1505 Teil 3 vorschreibt, oder Sie verwenden mit der Formatvorlage *Zweispaltig EOF* ein zweispaltiges Literaturverzeichnis mit der Einordnungsformel in der linken Spalte und der Quellenangabe in der rechten. Ähnlich ist die Formatvorlage *Zweispaltig Name* aufgebaut; sie verwendet allerdings in der linken Spalte nur den Namen des Autors ohne Jahreszahl (siehe Bild 6.28).

Die als *Harvard* bezeichnete Formatvorlage verwendet ein Literaturverzeichnis ohne eine spezielle Kennzeichnung der einzelnen Quellenangaben.

Die Formatvorlage *Referenz* unterscheidet sich von den anderen nicht nur durch den Kurzbeleg, sondern auch durch die Sortierung der Quellenangaben, die nicht nach dem Alphabet, sondern nach dem Auftreten des Kurzbelegs im Text vorgenommen wird.

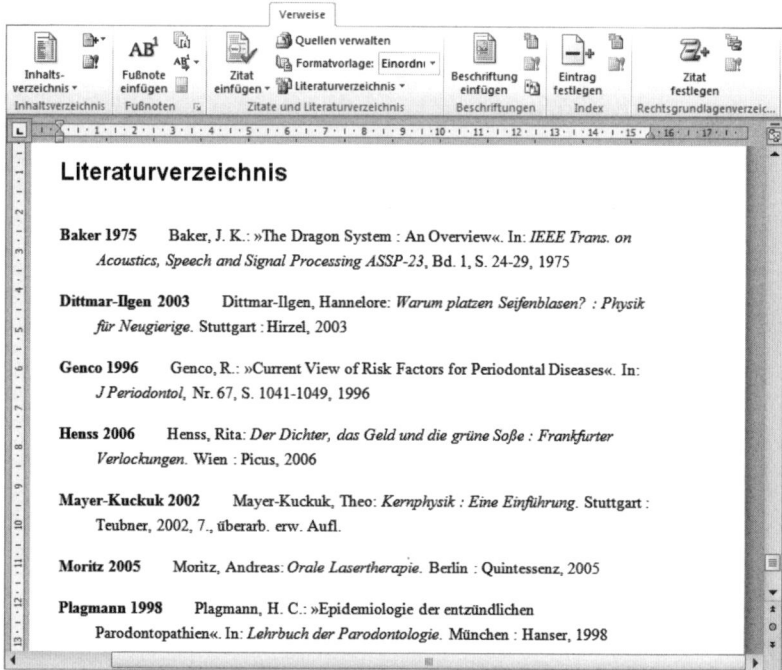

Bild 6.27: Literaturverzeichnis mit Einordnungsformel

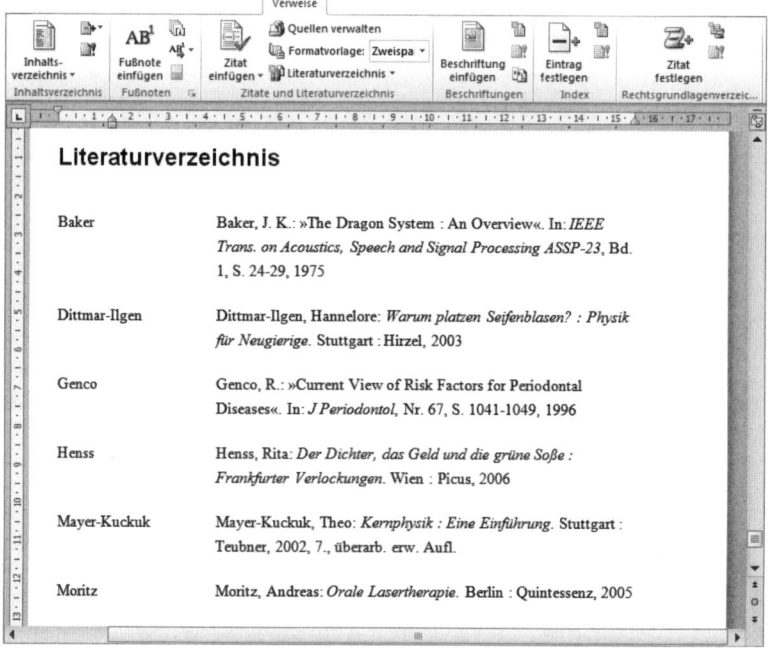

Bild 6.28: Zweispaltiges Literaturverzeichnis mit Namen in der linken Spalte

6.4.3.1 Anpassung der Bibliografie-Formatvorlagen

Wir beschreiben im Weiteren nicht die Anpassung der komplexen Original-XSL-Dateien für eigene Definitionen für die Darstellung von Kurzbelegen und Literaturverzeichnissen, sondern verwenden als Basis die frei verfügbare XSL-Umsetzung von BibWord, die verständlicher und einfacher zu ändern ist.

Für die Bearbeitung der XSL-Dateien sollten Sie ein geeignetes Zusatzprogramm einsetzen, denn die Darstellung im Windows-Editor ist unstrukturiert und erschwert so unnötig die Bearbeitung. Wir empfehlen Ihnen das kostenlose Editix (*http://free.editix.com*), das mit einer strukturierten und farbigen Darstellung die Modifikation der XSL-Dateien vereinfacht.

Sie finden auf der CD zum Buch die Datei *BibWord_Guide.docx*, die eine vollständige englische Beschreibung aller Optionen und Möglichkeiten enthält.

Im Folgenden geben wir Ihnen einen Überblick über den generellen Aufbau einer XSL-Datei.

Eine XSL-Datei wird in XML-Schreibweise notiert, d. h., es werden mit Kleiner- und Größer-Zeichen Elemente definiert, die immer ein öffnendes und ein schließendes (mit /) Element (häufig englisch als »tag« bezeichnet) enthalten. Es ist übrigens der häufigste Fehler bei XML: unvollständige Tag-Pärchen!

Änderungen an Original-XSL-Dateien im Ordner Style lassen sich nicht speichern. Legen Sie daher eine Kopie an, die sich nicht im Ordner *C:\Programme\Microsoft Office\Office14\Bibliography\Style* befindet, nehmen Sie die Änderungen darin vor und kopieren Sie sie dann zurück in den Ordner *Style*.

Die Zeile

```
<stylename>IEEE - Alphabetical Order*</stylename>
```

ist die erste Zeile, die geändert werden muss, wenn man eine neue Bibliografie-Formatvorlage definieren möchte. Als `stylename` wird der Text bezeichnet, der im Kombinationsfeld *Formatvorlage* in der Gruppe *Zitate und Literaturverzeichnis* angezeigt wird.

Mit `<!--` und `-->` werden Kommentare gekennzeichnet.

Die auf BibWord basierenden Bibliografie-Formatvorlagen weisen immer die folgende XML-Grundstruktur auf:

```
<!-- Variable containing all necessary data for a certain style
of bibliography. -->
  <xsl:variable name="data">
```

```
    <general>
        <!-- Allgemeine Informationen -->
    </general>
    <importantfields>
        <!-- Wichtige Felder je nach Quelle -->
    </importantfields>
    <citation>
        <!-- Darstellungsregeln für Kurzbelege -->
    </citation>
    <bibliography>
        <!-- Darstellungsregeln für das Literaturverzeichnis-->
    </bibliography>
    <namelists>
        <!-- Darstellungsregeln für Autorennamen -->
    </namelists>
    <strings>
        <!-- Formatierungsregeln für bestimmte Texte -->
    </strings>
</xsl:variable>
```

In `<general>` … `</general>` finden Sie allgemeine Angaben, beispielsweise den Namen der Bibliografie-Formatvorlage, den Namen des Autors, die Version etc.

Der nächste Abschnitt `<importantfields>` … `</importantfields>` definiert je nach angegebenem Typ der Quelle (Buch, Artikel usw.) die Felder, die im Dialogfeld *Quelle erstellen* oder *Quelle bearbeiten* als empfohlene Felder erscheinen.

Im darauf folgenden Abschnitt `<citation>` … `</citation>` werden die Kurzbelege für die unterschiedlichen Typen (`source type`) festgelegt. Zunächst werden für den Kurzbeleg die Klammern (`openbracket` sowie `closebracket`) und das Trennzeichen (`separator`) zwischen mehreren Quellen in einem Kurzbeleg definiert. Auf Seite 301 wird beschrieben, wie Sie mithilfe des Schaltern \m mehrere Quellen in einem Kurzbeleg zusammenfassen können. Danach werden für jeden einzelnen Quellentyp die Angaben des Kurzbelegs bestimmt. Mit dem Tag `CitationPrefix` und `CitationSuffix` werden die auf Seite 303 beschriebenen Schalter \f und \s erlaubt. Löschen Sie beispielsweise den Tag `CitationPrefix`, so werden Eintragungen für den Schalter \f im Kurzbeleg nicht mehr angezeigt.

Der eigentliche Kurzbeleg kann beispielsweise mit

```
{%Autor:4|Editor:2%}{ Year%}{, %CitationPages:S. :S. %}
```

festgelegt werden. Jede geschweifte Klammer steht für einen Eintrag. Gibt es keines der Felder innerhalb einer Klammer, entfällt der Eintrag. Im Beispiel soll zunächst der Autor angezeigt werden. Gibt es keinen, wird der Herausgeber angezeigt. Die Bedingung wird durch den senkrechten Strich dargestellt. Sowohl hinter `Author` als auch hinter `Editor` finden Sie einen Doppelpunkt mit einer Zahl, wie `Author:4`. Der Doppelpunkt trennt ein

Attribut ab, durch das Bedingungen für die Darstellung des Autors bzw. des Herausgebers weiter unten in den `namelists` definiert werden.

In der Definition des Kurzbelegs finden Sie nach den Festlegungen für den Autor den Eintrag für die Jahreszahl mit einem Leerzeichen davor, damit die Jahreszahl nicht direkt am Autor klebt. Soll eine Seitenzahl angezeigt werden, so sorgt `CitationPages:S. :S.` für die Darstellung eventueller Seitenzahlen, der oder denen ein S. vorausgeht. Obwohl das im Deutschen irrelevant ist, wird unterschieden zwischen einer Seitenzahl oder mehreren Seitenzahlen, da im Englischen p. für eine Seite und pp. für mehrere Seiten geschrieben wird.

Der nächste Abschnitt `<bibliography>` … `</ bibliography>` der XSL-Datei definiert die Einträge im Literaturverzeichnis. Auch hierbei wird für jeden Quellentyp ein Eintrag definiert. Hinzu kommt hier noch die Zeichenformatierung `&lt;b&gt;` für fett (bold) und `&lt;i&gt;` für kursiv (italic).

Der Abschnitt `<namelists>` … `</namelists>` bestimmt, wie Autoren (Personen oder Firmen) oder Herausgeber dargestellt werden sollen. Dort finden Sie verschiedene Varianten z. B. in der Form

```
list name="author" id="4"
```

Dahinter wird festgelegt, wie die Anzeige der Autoren vorgenommen werden soll. Beispielsweise wie viele Autoren (`max_numer_of_persons_to_display`) angezeigt werden sollen, wie der Name des ersten Autors (`first_person`), der anderen Autoren (`other_persons`) dargestellt werden soll, welche Trennzeichen (`separator_between_if_two`) verwendet werden sollen, wenn es sich um zwei Autoren handelt, oder welche, wenn es mehr als zwei sind (`separator_between_if_more_than_two`), und was angezeigt werden soll, wenn die maximale Anzahl der anzuzeigenden Autoren überschritten wird (`overflow`).

Im Bereich `<strings>` … `</strings>` ist zurzeit standardmäßig nur die Darstellung für eventuelle Monatsangaben definiert.

Soweit der Überblick. Für weitere Vertiefungen nehmen Sie das Handbuch zu BibWord von der CD-ROM zum Buch oder aber die aktuellste Version aus dem Internet (*www.codeplex.com/bibliography*) zur Hand.

6.4.4 Formatieren eines Literaturverzeichnisses

Verwenden Sie die von Word zur Verfügung gestellten Schnellbausteine für das Literaturverzeichnis, so wird der eingefügten Überschrift standardmäßig die Formatvorlage *Überschrift 1* zugewiesen. Möchten Sie, dass diese Überschrift keine Nummerierung erhält, so weisen Sie eine andere Formatvorlage zu. Im Buch wurde die Formatvorlage *Überschrift 6* verwendet, die genauso formatiert ist wie die erste Überschrift, aber keine Nummerierung verwendet.

Legen Sie dann die Einstellungen der Formatvorlage *Literaturverzeichnis* fest. Sinnvoll ist es hier, über eine linksbündige Formatierung nachzudenken, da im Blocksatz häufig im Verzeichnis große Lücken entstehen und eingefügte Trennungen bei jeder Aktualisierung des Literaturverzeichnisses gelöscht werden.

Möchten Sie hängende Einzüge in Ihrem Literaturverzeichnis verwenden, dann definieren Sie das Absatzformat wie Sie es in folgendem Bild sehen können.

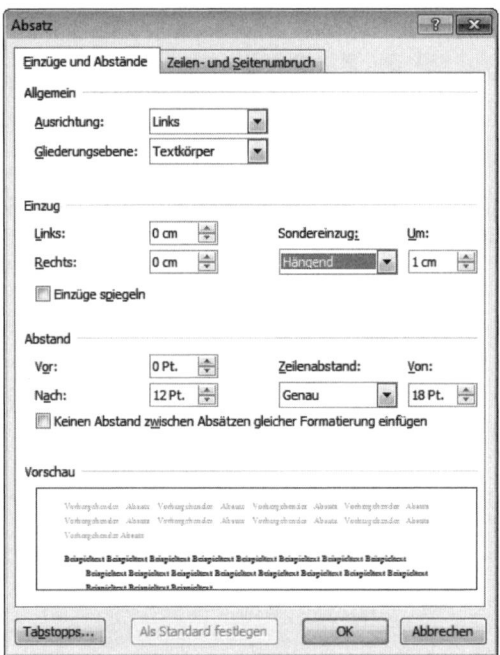

Bild 6.29: Definition des hängenden Einzugs

6.4.4.1   Literaturverzeichnis in statischen Text umwandeln

Sollten Sie mit der Darstellung des Literaturverzeichnisses der Literatur-Datenbank von Word gar nicht zurechtkommen oder müssen Sie Ergänzungen vornehmen oder Formatierungen, die keine Bibliografie-Formatvorlage erlaubt, so können Sie – am besten erst kurz vor der Abgabe, wenn alles so gut wie fertig ist – das Literaturverzeichnis in statischen Text konvertieren. Achtung: Das bedeutet, dass Sie das Verzeichnis nicht mehr aktualisieren lassen können.

Vielleicht hatten Sie aber Ihre Literaturquellen auch bereits erfasst und möchten sie nicht mehr in die Datenbank umtragen, so liegt Ihr Literaturverzeichnis automatisch als statischer Text vor.

Wir möchten in diesem Abschnitt beschreiben, wie Sie Ihr statisches Verzeichnis am einfachsten formatieren und gegebenenfalls sortieren können.

6.4.4.2 Ein statisches Literaturverzeichnis sortieren

Möchten Sie ein Literaturverzeichnis alphabetisch sortieren und haben Quellenangaben, die als statischer Text vorliegen, verfahren Sie so:

■ Markieren Sie zunächst alle Literaturangaben und rufen Sie dann über die Schaltfläche *Sortieren* (auf dem Registerblatt *Start* in der Gruppe *Absatz*) folgendes Dialogfeld auf.

Bild 6.30: Dialogfeld zum Sortieren von Text

Im Dialogfeld kann die Standardeinstellung übernommen werden, nämlich die *Absätze* als ersten Sortierschlüssel für den Typ *Text* zu verwenden und diese Absätze *Aufsteigend* zu sortieren.

Aktivieren Sie die Option *Liste enthält Überschrift*, wenn Sie eine solche bereits erstellt haben, so wird diese nicht mitsortiert.

Autor oder Einordnungsformel in eigener Zeile Möchten Sie in Ihrem Literaturverzeichnis den Autor oder die Autoren in eine eigene Zeile schreiben

MÜNCHMEIER, R:
»Ethik«. In: KREFT, DIETER (Hrsg.) ; MIELENZ, INGRID (Hrsg.): *Wörterbuch Soziale Arbeit : Aufgaben, Praxisfelder und Methoden der Sozialarbeit und Sozialpädagogik.* Weinheim : Juventa, 2005, S. 258-260

oder die Einordnungsformel

Hoppe 2006
Hoppe, Birgit: Profis und freiwillig Engagierte – ein Kompetenzteam? : Visionen, Anspruch und Wirklichkeit. In: *Pflege und Gesellschaft, Zeitschrift für Pflegewissenschaft* (2006), Nr. 1, S. 51-60

und darunter den Rest der Literaturangabe folgen lassen, so verwenden Sie, um auch weiterhin nach Absätzen sortieren zu können, anstelle der ⏎-Taste nach dem Autorennamen die Tastenkombination ⇧+⏎. Haben Sie Ihr Literaturverzeichnis im Blocksatz formatiert, müssen Sie nach dem Autorennamen die ⏎-Taste verwenden, sonst zieht Word den Autorennamen so weit auseinander, bis er über die ganze Zeile passt. Mit einem richtigen Return entstehen zwei Absätze. Zum einen der eine mit dem Namen, zum anderen einer, der die restlichen Angaben enthält. Sortieren Sie nun alle Absätze, reißt Word die Autoren (oder Einordnungsformeln) und dazugehörenden Absätze auseinander und sortiert sie jeweils nach dem Alphabet ein. Außerdem würden nach unten definierte Abstände sowohl der ersten Zeile (mit Autor(en) oder Einordnungsformel) als auch dem zweiten Absatz mit Quellenangaben zugeordnet, was man nicht möchte, da die erste Zeile ohne Abstand über den Quellenangaben angeordnet sein soll.

6.4.4.3 Ein statisches Literaturverzeichnis mit Nummern

Sie können ein statisches Literaturverzeichnis mit nummerierten Literaturangaben (siehe Bild 6.4) erstellen, bei dem die Autoren nach dem Alphabet angeordnet sind. Problematisch ist allerdings dabei, dass die Nummern keinerlei Verbindung zu den Kurzbelegen mehr haben. Das bedeutet, dass Sie diese per Hand suchen und zuordnen müssen.

Möchten Sie ein statisches Literaturverzeichnis mit Nummern erzeugen, so verfahren Sie so:

- Erstellen Sie für ein Literaturverzeichnis mit nummerierten Literaturangaben eine zweispaltige Tabelle ohne Rahmen. Tragen Sie alle Literaturangaben in die zweite Spalte ein.

Bild 6.31: Literaturverzeichnis mit zwei Spalten

Text in Tabelle umwandeln Haben Sie bereits Belege gesammelt und möchten diese nun in eine Tabelle umwandeln, so markieren Sie alle Belege und verwenden dann auf dem Registerblatt *Einfügen* im Menü zur Schaltfläche *Tabelle* den Befehl *Text in Tabelle umwandeln*. Belassen Sie es im Dialogfeld bei einer Spalte und bestätigen Sie. Eine weitere Spalte erzeugen Sie mithilfe der Schaltfläche *Links einfügen* auf der Registerkarte *Layout* der *Tabellentools* im Bereich *Zeilen und Spalten* oder über das Kontextmenü und den Befehl *Einfügen*. Verkleinern Sie zum Schluss noch die linke Spalte auf die benötigte Breite.

Als Nächstes möchten wir eine automatische Nummerierung erzeugen, die in eckige Klammern eingeschlossen sein soll.

■ Positionieren Sie die Einfügemarke vor oder unter die Tabelle und klicken Sie auf die Schaltfläche *Beschriftung einfügen* auf der Registerkarte *Verweise*.

Wir wollen zunächst die Kategorie »[« erstellen.

■ Öffnen Sie mithilfe der Schaltfläche *Neue Bezeichnung* das folgende Dialogfeld, in dem Sie als neue Kategorie »[« eingeben, wie es das Bild zeigt.

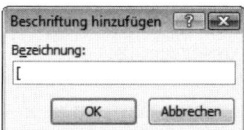

Bild 6.32: Neue Kategorie für Beschriftung definieren

Durch Bestätigung dieser Eingabe wird im Dialogfeld *Beschriftung* eine eckige Klammer mit einer »1« dargestellt.

■ Fügen Sie eine zweite, schließende eckige Klammer hinzu und bestätigen Sie diese Beschriftung.

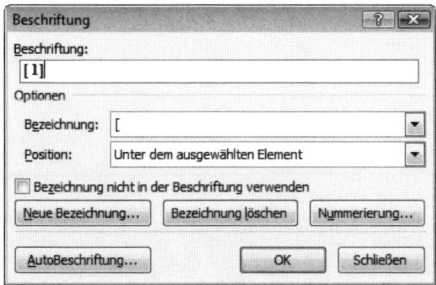

Bild 6.33: Neue Beschriftung definiert

In Ihrem Dokument erscheint die erste Zahl der Nummerierung. Sie können nun das Leerzeichen vor der »1« löschen, das von Word eingefügt wurde. Die eingefügte Nummer wird entsprechend der in Ihrer Dokumentvorlage vereinbarten Formatvorlage *Beschriftung* eingestellt. Markieren Sie die Zeile mit der eingefügten Nummer und weisen Sie ihr die Formatvorlage *Standard* zu.

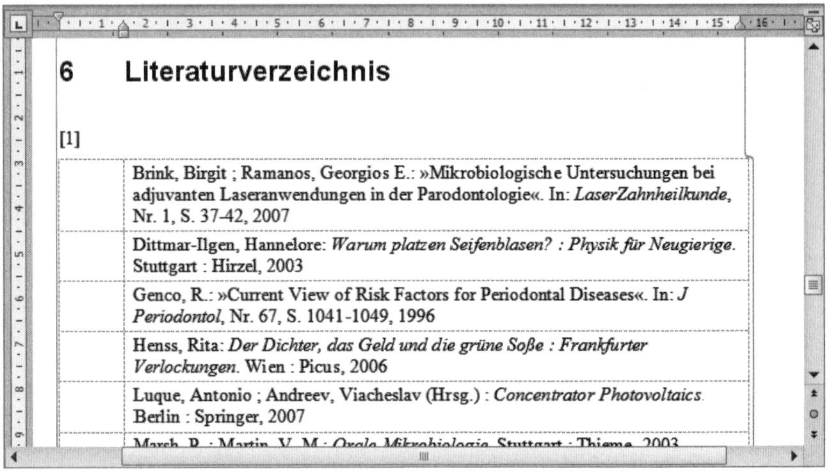

Bild 6.34: Vor der Tabelle eingefügte Beschriftung

◼ Markieren Sie dann die Nummerierung, schneiden Sie sie mit (Strg)+(X) aus, positionieren Sie die Einfügemarke in der ersten Zelle und fügen Sie die Klammern mit der Zahl durch (Strg)+(V) wieder ein. Laufen Sie mit der Pfeiltaste eine Zelle weiter nach unten und tippen Sie wieder (Strg)+(V) usw.

◼ Sortieren Sie die Tabelleneinträge, indem Sie die Tabelle markieren, auf der Registerkarte *Layout* im Bereich *Daten* den Befehl *Sortieren* wählen und nach *Spalte 2* sortieren lassen. Unten im Dialogfeld muss dabei die Option *Keine Überschrift* aktiviert sein.

◼ Markieren Sie die erste Spalte und aktualisieren Sie danach die Beschriftung mit der Funktionstaste (F9).

[1] Brink, Birgit ; Ramanos, Georgios E.: »Mikrobiologische Untersuchungen bei adjuvanten Laseranwendungen in der Parodontologie«. In: *LaserZahnheilkunde*, Nr. 1, S. 37-42, 2007

[2] Dittmar-Ilgen, Hannelore: *Warum platzen Seifenblasen? : Physik für Neugierige*. Stuttgart : Hirzel, 2003

[3] Genco, R.: »Current View of Risk Factors for Periodontal Diseases«. In: *J Periodontol*, Nr. 67, S. 1041-1049, 1996

[4] Henss, Rita: *Der Dichter, das Geld und die grüne Soße : Frankfurter Verlockungen*. Wien : Picus, 2006

[5] Luque, Antonio ; Andreev, Viacheslav (Hrsg.) : *Concentrator Photovoltaics* / Luque, Antonio ; Andreev, Viacheslav (Hrsg.). Berlin : Springer, 2007

[6] Marsh, P. ; Martin, V. M.: *Orale Mikrobiologie*. Stuttgart : Thieme, 2003

[7] Moritz, Andreas: *Orale Lasertherapie*. Berlin : Quintessenz, 2005

[8] Plagmann, H. C.: »Epidemiologie der entzündlichen Parodontopathien«. In: *Lehrbuch der Parodontologie*. München : Hanser, 1998

Bild 6.35: Literaturverzeichnis mit nummerierten Literaturangaben

6.4.4.4 Zweispaltiges Literaturverzeichnis mit Namen

Im Folgenden beschreiben wir, was Sie tun müssen, wenn Sie das in Bild 6.6 dargestellte zweispaltige Literaturverzeichnis erstellen möchten.

- Erzeugen Sie zunächst eine zweispaltige Tabelle wie in Abschnitt 6.4.4.3 beschrieben.

- In die linke Spalte tragen Sie die Namen ein, in die rechte Spalte die ausführliche Literaturangabe, wie Sie es in folgendem Bild sehen.

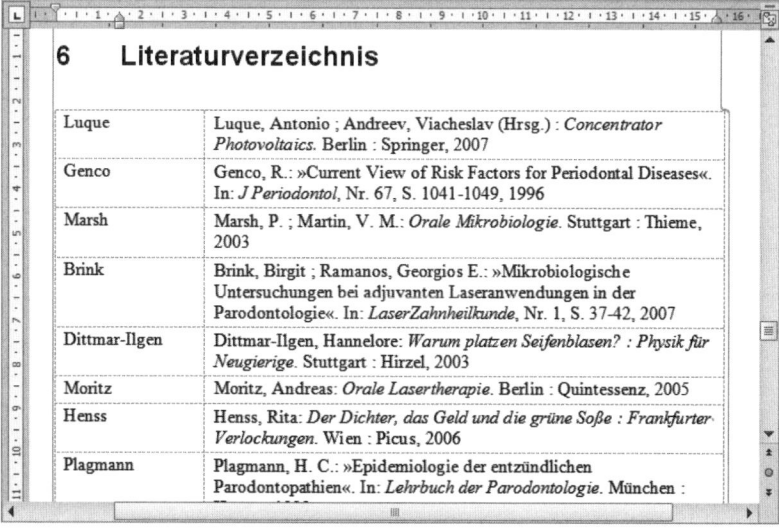

Bild 6.36: Zweispaltiges Literaturverzeichnis

■ Markieren Sie die Tabelle und wählen Sie auf der Registerkarte *Layout* in *Daten* den Befehl *Sortieren*. Lassen Sie nach *Spalte 1* sortieren. Unten im Dialogfeld muss dabei die Option *Keine Überschrift* aktiviert sein.

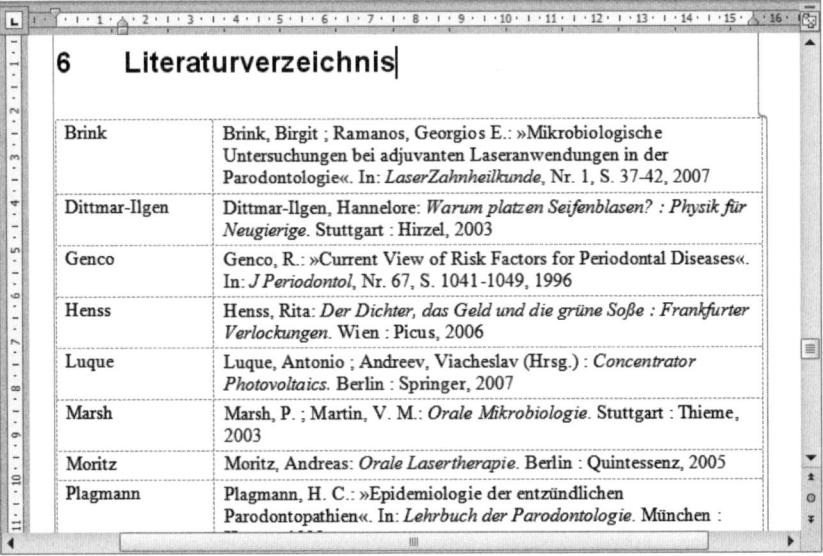

Bild 6.37: Zweispaltiges, alphabetisch sortiertes Literaturverzeichnis

Kapitel 7

Mathematische Formeln

7.1 Symbole und einfache Formeln

Nicht immer sollen komplizierte Formeln in einen Text eingefügt werden, manchmal benötigt man auch nur einen griechischen Buchstaben, einen Pfeil und/oder einen bestimmten Operator. Dazu gibt es unterschiedliche Möglichkeiten: Zum einen können Sie verschiedene Zeichen über die Schaltfläche *Symbol* einfügen, zum anderen können Sie die mathematische AutoKorrektur verwenden.

7.1.1 Symbole

Viele Schriften unter Windows enthalten Sonderzeichen, die Sie über die Schaltfläche *Symbole* ganz rechts auf der Registerkarte *Einfügen* in Ihre Texte aufnehmen können. Finden Sie das gewünschte Zeichen nicht in dem aufgeklappten Menü, so aktivieren Sie über den Eintrag *Weitere Symbole* folgendes Dialogfeld.

Bild 7.1: Symbole zum Einfügen

Um eine einfache Formel oder beispielsweise nur einen griechischen Buchstaben einzufügen, ist es sinnvoll, die gleiche Schriftart zu verwenden, die für die anderen Formeln verwendet wird. Wählen Sie also im Kombinationsfeld zu *Schriftart* die in den Formeln verwendete Schrift aus. Standardmäßig ist das Cambria Math.

7.1.2 Die AutoKorrektur der Mathematik

Seit Word 2007 lassen sich mathematische Zeichen und Symbole mithilfe der AutoKorrektur einfügen. Damit das funktioniert, muss allerdings die mathematische AutoKorrektur für alle Bereiche eingeschaltet werden:

- Aktivieren Sie das Dialogfeld der AutoKorrektur. Dazu klicken Sie entweder im Dialogfeld *Symbol* (siehe Bild 7.1) auf die Schaltfläche *AutoKorrektur* oder Sie wählen im Dialogfeld *Word-Optionen* links die Kategorie *Dokumentprüfung* aus und klicken dann rechts auf die Schaltfläche *AutoKorrektur-Optionen*.

- Wechseln Sie auf die Registerkarte *AutoKorrektur von Mathematik* und aktivieren Sie das erste Kontrollkästchen *AutoKorrekturregeln von Mathematik in anderen als mathematischen Bereichen verwenden*.

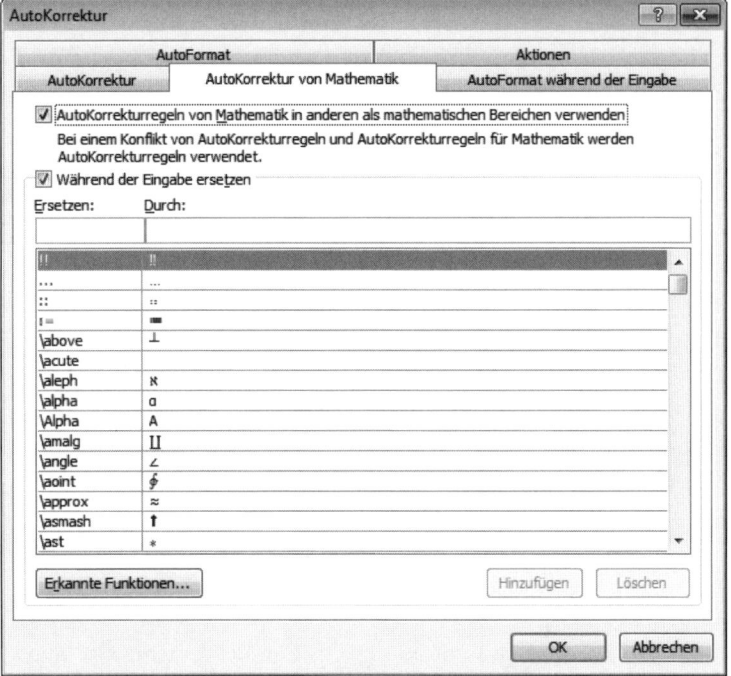

Bild 7.2: Die *AutoKorrektur von Mathematik*

Geben Sie später eines der in der AutoKorrektur aufgeführten Kürzel ein und drücken die Leertaste, so wandelt Word das eingegebene Kürzel in das entsprechende Zeichen um. In der mathematischen AutoKorrektur ist auf die Großschreibung zu achten. So ergibt ein \delta ein δ, \Delta hingegen Δ.

Auch hierbei ist es sinnvoll, den Zeichen die im Formel-Editor verwendete Schriftart – in der Regel Cambria Math – zuzuweisen.

7.2 Der Umgang mit Formeln

Für komplexere Formeln wird die MathML-Technologie verwendet, ein auf XML basierendes Dokumentenformat. Dabei werden die Formeln nicht direkt in den Text eingegeben, sondern in so genannte mathematische Bereiche.

7.2.1 Formeln einfügen

Möchten Sie in Ihrem Text eine Formel einfügen, aktivieren Sie die Register-karte *Start* und klicken ganz rechts in der Gruppe *Symbole* auf die Schalt-fläche *Formel*. Alternativ können Sie eine Formel auch mithilfe der Tasten-kombination [alt]+[⇧]+[0] einfügen. Dabei die Null auf der Tastatur, nicht den Buchstaben O verwenden.

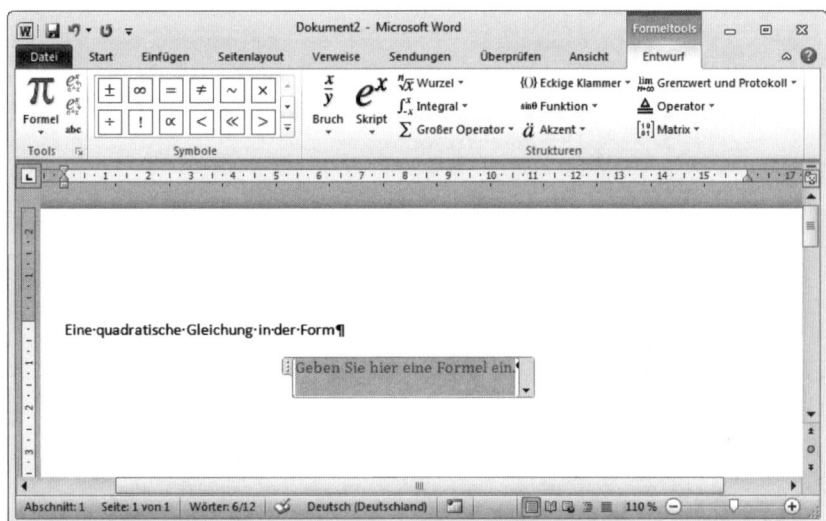

Bild 7.3: Eine Formel einfügen

Daraufhin wird an der Position des Cursors ein blauer Container angezeigt, der mathematische Bereich, der die Formel aufnehmen soll. Zudem wird automatisch die Registerkarte *Entwurf* für die *Formeltools* eingeblendet.

Um nun den Formeltext einzugeben, können Sie sowohl die Tastatur als auch die eingeblendete Registerkarte *Entwurf* der *Formeltools* verwenden.

Wir möchten als einfaches Beispiel die quadratische Formel

$$x^2 + px + q = 0$$

eingeben. Dazu benötigen Sie gleich ein Strukturelement der Registerkarte *Entwurf*. Wählen Sie auf der Registerkarte die Schaltfläche *Skript* aus. In dem so geöffneten Katalog wählen Sie das erste Feld *Hochgestellt* an. In Ihrem Formel-Container werden so zwei Platzhalter eingetragen, einer für die eigentliche Zahl und einer für die Hochzahl.

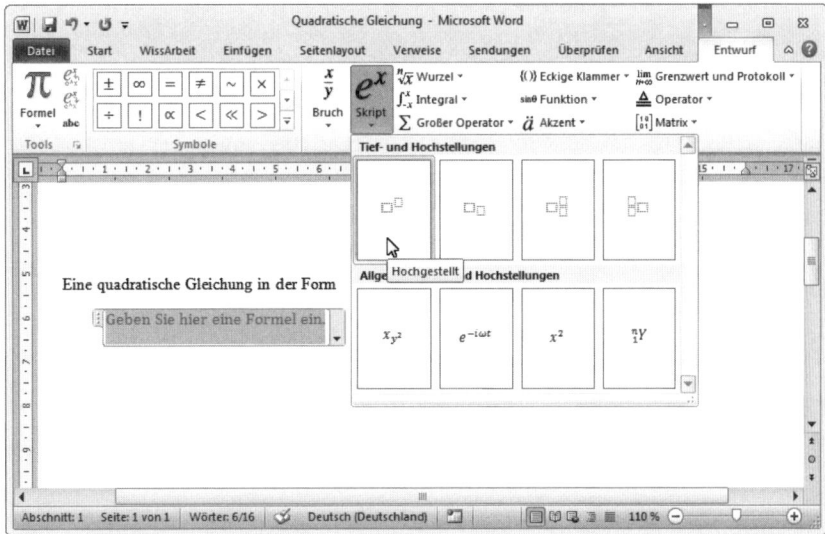

Bild 7.4: Beginn einer Gleichung

$x^{2|}$

Klicken Sie nun nacheinander die Platzhalter an und tragen ein »x« bzw. eine »2« ein. Wie Sie links sehen können, ist die Einfügemarke hinter der »2« sehr klein. Geben Sie weiteren Text ein, wird auch der als Hochzahl formatiert. Möchten Sie aber nun mit der quadratischen Formel fortfahren und das Pluszeichen eintippen, betätigen Sie einmal die Pfeiltaste nach rechts auf Ihrer

$x^2|$

Tastatur. Dadurch wird die Eingabemarke vergrößert und zeigt Ihnen an, dass Sie wieder normal große Zeichen auf der Grundlinie eingeben können. Das Vervollständigen der quadratischen Formel wird Ihnen nun keine Probleme mehr bereiten.

Eingabeerleichterung Potenzen oder Indizes kommen in mathematischen Formeln ziemlich häufig vor. Irgendwann wird es lästig, die Platzhalter über den Katalog *Skript* einzufügen. Dann verwenden Sie schneller für eine Potenz das Zeichen »^« und für einen Index das Zeichen »_«. Also für x^2 geben Sie x^2 ein und für x_2 einfach x_2.

Als zweites Beispiel soll die Lösung der quadratischen Gleichung

$$x_{1/2} = -\frac{p}{2} \pm \sqrt{\left(\frac{p}{2}\right)^2 - q} \; ,$$

die so genannte pq-Formel eingefügt werden. Beginnen Sie hier wieder damit, den mathematischen Bereich mithilfe der Schaltfläche *Formel* einzufügen. Wählen Sie erneut die Schaltfläche *Skript* aus und fügen Sie diesmal mit *Tiefgestellt* erneut zwei Platzhalter ein. Nach dem Gleichheits- und dem Minuszeichen soll nun ein Bruch entstehen. Aktivieren Sie dazu den Katalog zur Schaltfläche *Bruch*. Hier können Sie beispielsweise die *Kleine Bruchzahl* am Ende der ersten Zeile auswählen.

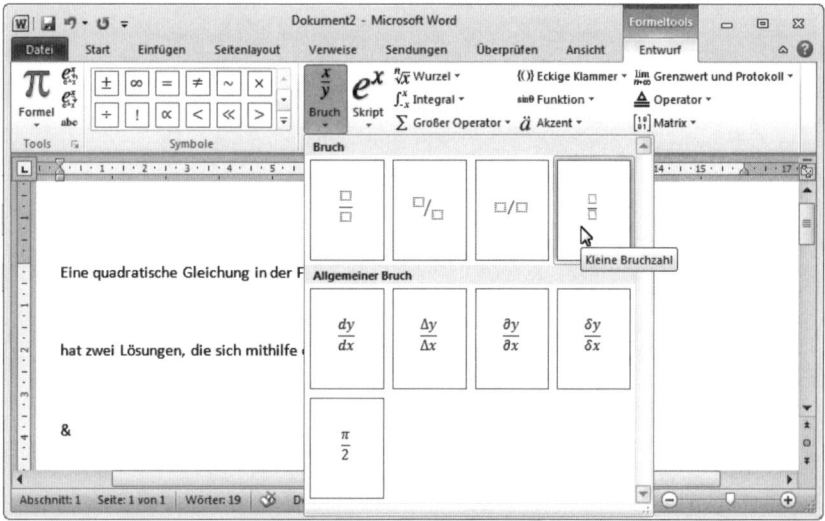

Bild 7.5: Hier wird ein Bruch eingefügt

Haben Sie die Platzhalter ersetzt, wird mit der Pfeiltaste nach rechts die Einfügemarke wieder auf die Grundlinie angepasst. Um ein Pluszeichen über dem Minuszeichen einzufügen, verwenden Sie die Palette *Grundlegende Mathematik* der Gruppe *Symbole*.

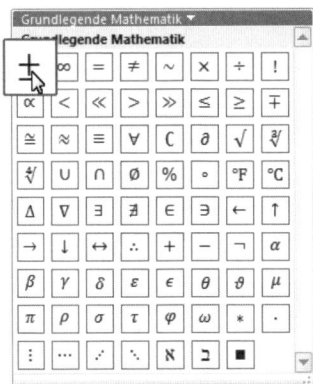

Bild 7.6: Das Plus-Minus-Zeichen befindet sich
auf der Palette *Grundlegende Mathematik*

Das Plus-Minus-Zeichen ist das erste Zeichen in der Gruppe *Grundlegende Mathematik*. Sollte die bei Ihnen angezeigte Palette andere Symbole aufweisen, wechseln Sie mithilfe eines Klicks auf das Dreieck in der Titelleiste der Palette. Sie aktivieren so ein Kontextmenü, in dem Sie die Kategorie *Grundlegende Mathematik* gleich an erster Stelle finden.

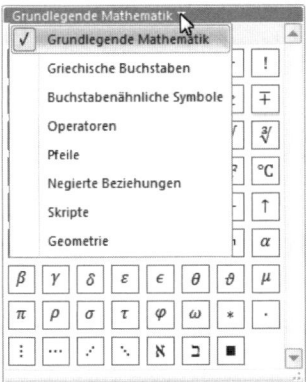

Bild 7.7: Wechsel der Kategorie der Palette in der Gruppe *Symbole*

Fügen Sie nun die Wurzel über den Katalog der gleichnamigen Schaltfläche ein (siehe Bild 7.8).

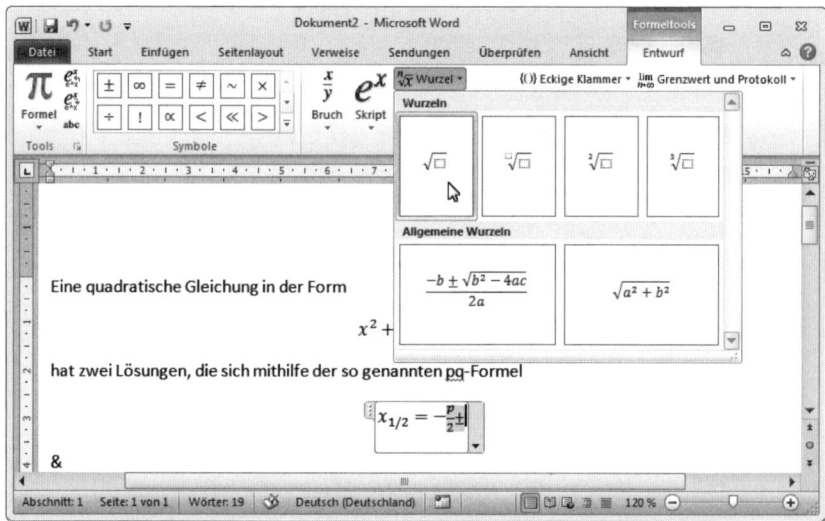

Bild 7.8: Einfügen einer Quadratwurzel

Um Ausdrücke wie den unter der Wurzel einzufügen, achten Sie darauf, einen solchen Ausdruck »von außen nach innen« aufzubauen. Das heißt im Beispiel, beginnen Sie damit, die Platzhalter für eine Hochzahl einzufügen. Als Basis für die Hochzahl fügen Sie dann das benötigte Klammern-Element ein und in den Mittelteil der Klammern endlich das Strukturelement für einen Bruch.

Bild 7.9 zeigt Schritt für Schritt den Aufbau der Wurzel. Im oberen Teil sind die verwendeten Schaltflächen dargestellt, darunter kann man erkennen, was sie bewirken.

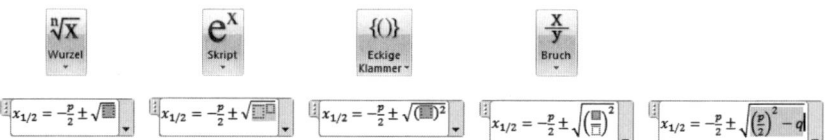

Bild 7.9: Die Wurzel wird erstellt

Formeln in Sätze einbinden Ihr Text klingt wesentlich flüssiger, wenn es Ihnen gelingt, Formeln in Sätze einzubauen. Man ist zwar zunächst geneigt, vor jeder Formel einen Doppelpunkt zu setzen, aber nach einer kurzen Gewöhnungsphase gelingt es ziemlich leicht, Formeln in die Satzstruktur einzubinden.

7.2.2 Formeln bearbeiten

Haben Sie zwischenzeitlich an Ihrem Text weitergearbeitet und möchten Sie nun eine Formel verbessern oder ergänzen, klicken Sie sie einfach an. Damit wird automatisch die Registerkarte *Entwurf* zu den Formeltools aktiviert und Sie können Ihre Änderungen vornehmen.

Erscheint Ihre Formel abgeschnitten wie in Bild 7.10 links, so aktivieren Sie das Dialogfeld *Absatz* über das Startfeld der Gruppe *Absatz* (Registerkarte *Start*) und stellen im Mittelteil unter *Zeilenabstand* beispielsweise *Einfach* ein.

Bild 7.10: Zeilenabstand für Formeln richtig einstellen

Zum Bearbeiten von Formeln gibt es einen so genannten linearen Modus, den Sie mit der nebenstehenden Schaltfläche einschalten können. Gedacht ist dieser Modus zum einfacheren Bearbeiten von Formeln. Allerdings ist die Umsetzung in die dabei verwendeten Zeichen gewöhnungsbedürftig (siehe Bild 7.11). Mit der Schaltfläche *Professionell* schalten Sie zurück in die gewohnte Ansicht.

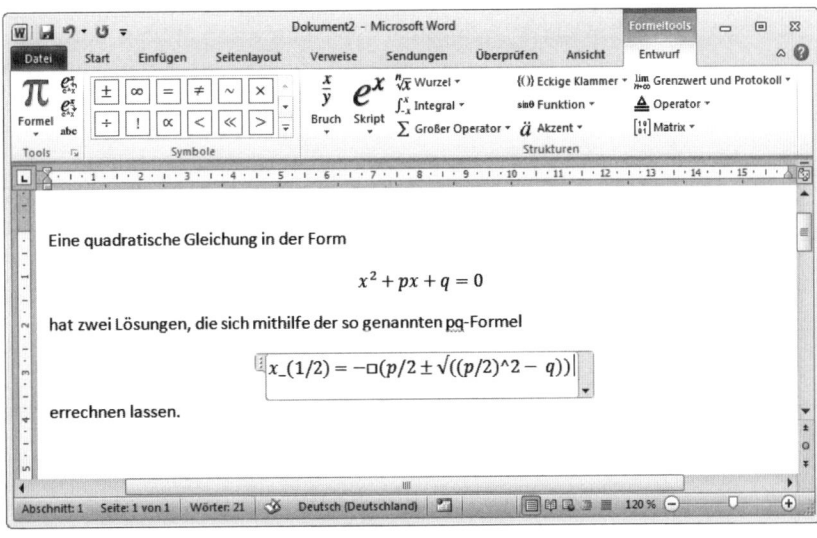

Bild 7.11: Die pq-Formel in der linearen Ansicht

7.2.3 Ansichten von Formeln

Word verwendet zwei so genannte Ansichten für Word: die eine heißt *Inline*, die andere *Anzeige*. Fügen Sie eine Formel in Ihren Text ein, so wird diese automatisch in der Ansicht *Anzeige* eingefügt. Einstellungsmöglichkeiten dazu finden Sie im Dialogfeld *Formeloptionen*, das Sie über das Startfeld in der Gruppe *Tools* auf der Registerkarte *Entwurf* zu den *Formeltools* (siehe Bild 7.32) erreichen.

Über den Pfeil rechts am mathematischen Bereich lässt sich eine Inline-Formel als eine Formel *In 'Anzeige' ändern* und umgekehrt.

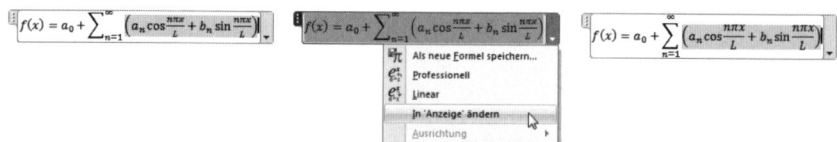

Bild 7.12: Formel in der Ansicht 'Inline' bzw. 'Anzeige'

Ist eine Formel als *Anzeige* formatiert, so werden wie in obigem Bild (rechts) die Grenzen beispielsweise der Summenfunktionen oder Integrale oben und unten an den Operatoren angezeigt. Ist dieselbe Formel *Inline* (links) formatiert, so werden die Grenzen neben den Operatoren angezeigt und nicht darüber und darunter, um so die Höhe der Formel zu verringern. In anderen Formeln wird u. U. die Schrift verkleinert.

In einer wissenschaftlichen Arbeit wünscht man sich in der Regel, dass Formeln aussehen wie in der Ansicht *Anzeige*. So weit, so schön. Diese Ansicht macht allerdings bei der Nummerierung von Formeln Schwierigkeiten, weil sich hinter einer solchen Formel nichts einfügen lässt. Setzen Sie nur einfach ein Leerzeichen hinter die Formel, so ändert Word die Formel automatisch in eine *Inline*-Formel um. Das heißt aber auch, dass Sie entsprechend keine Nummerierung hinter der Formel einfügen können. (Lesen Sie dazu weiter im folgenden Abschnitt 7.3 ab Seite 332.)

7.2.4 Formeln im Text

Möchten Sie eine Formel direkt in den Text einbauen, fügen Sie sie über die Schaltfläche *Formel* auf der Registerkarte *Einfügen* einfach an einer beliebigen Stelle im Text ein. Ändern Sie die Formel in eine *Inline*-Formel um.

Es ist davon abzuraten, große Formeln in den Text aufzunehmen. Word versucht zwar die Formel so wenig hoch wie möglich zu gestalten, indem beispielsweise die Grenzen von Operatoren nicht über und unter, sondern neben dem entsprechenden Operator eingefügt werden. Trotzdem kann es passieren, dass die Zeilen, die die Formel enthalten, von Word auseinander gezogen werden, so dass der Zeilenabstand in einem Absatz unterschiedlich ist.

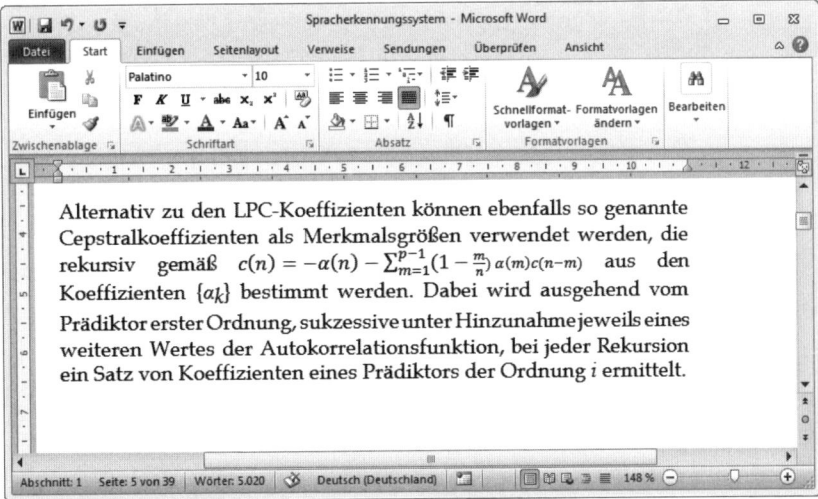

Bild 7.13: Formel im Text

Wird ein fester Zeilenabstand eingestellt, kann es vorkommen, dass Teile der Formel abgeschnitten werden wie in folgendem Bild.

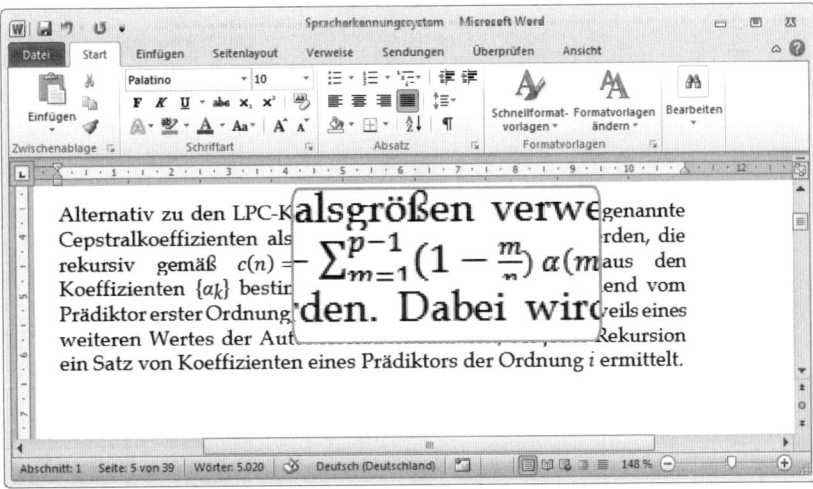

Bild 7.14: Fester Zeilenabstand

7.3 Formeln nummerieren und auf sie verweisen

Lassen Sie Formeln von Word nummerieren. Geben Sie auf keinen Fall Nummern per Hand ein! In diesem Abschnitt möchten wir Ihnen zeigen, wie Sie das Problem der Nummerierung von Formeln in der Ansicht *Anzeige* lösen können und wie Sie später eine Formelnummer verwenden können.

7.3.1 Nummerierung einfügen

Formeln lassen sich – wenn sie in der *Anzeige*-Ansicht sind – nur dann vernünftig nummerieren, wenn Sie sie in eine mindestens zweispaltige Tabelle einfügen. In der linken Zelle steht dann die Formel, rechts die Nummerierung, wie Sie es in Bild 7.15 sehen können.

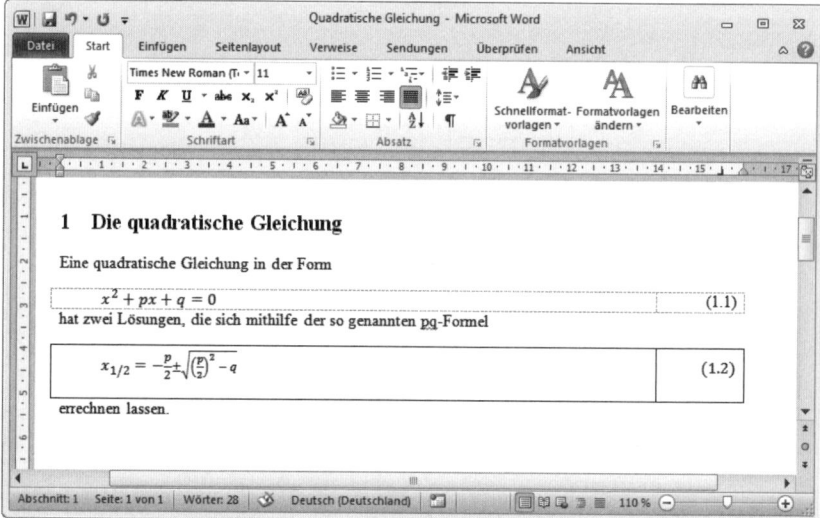

Bild 7.15: Zwei Gleichungen in Tabellen mit Nummerierung

Die Nummerierung selbst lässt sich am einfachsten auf der Registerkarte *Verweise* über die Schaltfläche *Beschriftung* einfügen (wie das geht, finden Sie in Kapitel 3 im Abschnitt 3.4).

Stellen Sie für die Tabelle *Kein Rahmen* ein und formatieren Sie die rechte Zelle rechtsbündig und vertikal mittig.

Zum gleichzeitigen Einfügen von Tabellen mit Formeln und Formelnummerierung verwenden Sie einen der Bausteine der Registerkarte *WissArbeit* oder definieren Sie sich einen eigenen Schnellbaustein.

7.3.1.1 Nummerieren mit einem Baustein der Registerkarte WissArbeit

In Abschnitt 1.3 haben wir beschrieben, wie Sie die Registerkarte *WissArbeit* über die gleichnamige Dokumentvorlage zur Verfügung stellen. Über die Registerkarte können Sie einen Katalog aktivieren, der Ihnen das Einfügen von Formeln in einer Tabelle zusammen mit einer Formelnummerierung per Klick ermöglicht.

Sie aktivieren den Katalog über die Schaltfläche *Formeln mit Nummerierung*. Wählen Sie im Katalog zur Schaltfläche aus, ob die Formel zentriert, linksbündig oder mit Einzug dargestellt werden soll.

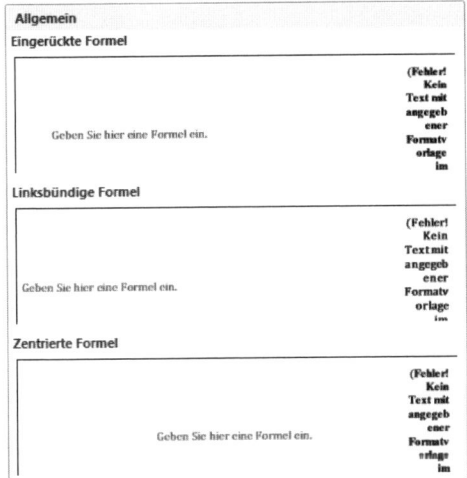

Bild 7.16: Katalog zum Einfügen einer Formel mit Formelnummer

Stören Sie sich nicht an den Fehlermeldungen, die im Katalog angezeigt werden. Verwenden Sie eine Kapitelnummerierung in Ihrem Text, werden die Feldfunktionen durch die entsprechenden Zahlen ersetzt und zeigen eine korrekte Nummerierung der Formeln an.

Die Formelnummer wird automatisch vertikal zentriert eingefügt, d. h., egal wie hoch die Formel selbst ist, Formel und Nummer sind immer zentriert zueinander ausgerichtet. Auch dazu ist es notwendig, für jede Formel eine Tabelle anzulegen.

Haben Sie im Katalog ausgewählt, dass die Formel linksbündig eingefügt werden soll, besteht die Tabelle aus zwei Zellen, für zentrierte und eingerückte Formeln enthält sie drei. In der letzten Zelle werden rechtsbündig zwei Feldfunktionen für die Nummerierung eingefügt, in der Zelle davor wird automatisch ein Formel-Container angelegt. Die Konstruktion mit einer Tabelle ist auch notwendig, wenn später auf die Nummer der Formel verwiesen werden soll.

Zudem wurde in der Dokumentvorlage eine Formatvorlage *Formel* definiert, die der Tabelle automatisch zugewiesen wird. Eine Formatvorlage *Formel* ist nur notwendig, wenn für die Formel andere Abstände zu den Absätzen oben und unten als für normalen Text definiert werden sollen.

7.3.1.2 Schnellbausteine für Formeln erstellen

Möchten Sie nicht mit der dem Buch beigelegten Dokumentvorlage *WissArbeit* arbeiten, erstellen Sie eine Tabelle mit Formel, Nummerierung und gewünschter Formatierung und legen damit einen Schnellbaustein an:

◼ Markieren Sie die gesamte Tabelle.

◼ Aktivieren Sie die Registerkarte *Einfügen*, klicken Sie auf die Schaltfläche *Schnellbausteine* und wählen Sie dann *Auswahl im Schnellbaustein-Katalog speichern* aus.

Bild 7.17: Tabelle wird als Schnellbaustein gespeichert

◼ Nennen Sie den Schnellbaustein beispielsweise *Formel*.

◼ Wählen Sie als Katalog *Formeln* aus. Damit wird Ihre Formel dem Formel-Katalog zugeordnet.

◼ Bei Bedarf können Sie auch eine eigene Kategorie vergeben. Wenn Sie beim Benennen der Kategorie erst ein Leerzeichen und dann den Namen einfügen, wird Ihre Formel an erster Stelle des Katalogs aufgeführt.

◼ Bestätigen Sie den Namen.

Um später eine neue Formel einzufügen, gehen Sie danach so vor:

◼ Positionieren Sie den Cursor in einer neuen Zeile.

◼ Wählen Sie dann auf der Registerkarte *Einfügen* die Schaltfläche *Formel* aus.

◼ Im Katalog finden Sie an erster Stelle Ihren neu erstellten Formel-Schnellbaustein.

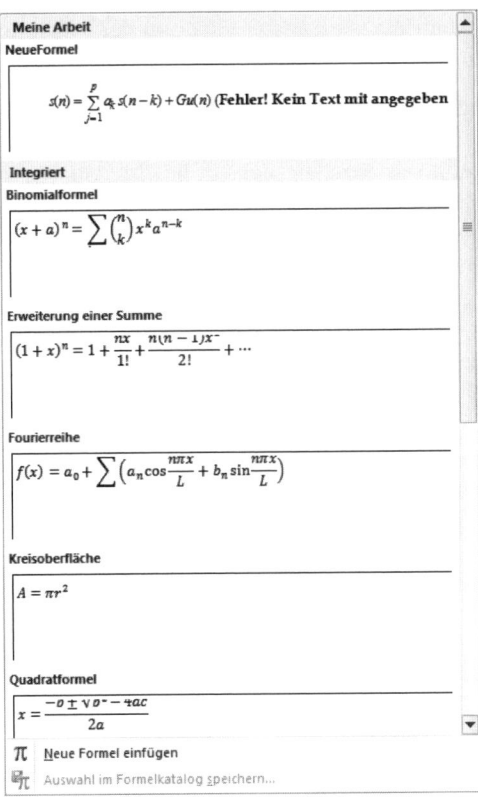

Bild 7.18: Der neue Schnellbaustein an erster Stelle

Die Fehlermeldung, die der Schnellbaustein anzeigt, verschwindet, wenn die Tabelle in den Text eingesetzt wird, vorausgesetzt, das Dokument verwendet eine Kapitelnummerierung. Dann wird die Feldfunktion ausgeführt und durch die Kapitelnummer ersetzt.

7.3.2 Verweise auf Formelnummern

Möchten Sie auf eine der Formelnummern verweisen, verfahren Sie nach dem folgenden Schema:

- Positionieren Sie die Einfügemarke an die Stelle, an der der Verweis eingefügt werden soll.

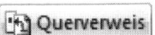

- Aktivieren Sie die Registerkarte *Verweise* und klicken Sie in der Gruppe *Beschriftungen* auf die Schaltfläche *Querverweis*.

- Wählen Sie als *Verweistyp* den Eintrag *Formel*.

- Unter *Verweisen auf* selektieren Sie *Gesamte Beschriftung*.

● Wählen Sie im Auswahlfenster die Nummer der Formel, auf die verwiesen werden soll.

Haben Sie bereits zuvor mit Querverweisen auf Tabellen oder Bilder gearbeitet, werden Sie jetzt feststellen, dass Querverweise auf Formeln insofern schwieriger sind, als kein die Formel beschreibender Text angegeben wird. Sie müssen also, um auf eine Formel verweisen zu können, wissen, welche Formelnummer ihr aktuell zugewiesen ist. Dies ist vor allem dann schwierig, wenn auf eine Formel verwiesen werden soll, die ein ganzes Stück weiter vorne in der Arbeit steht.

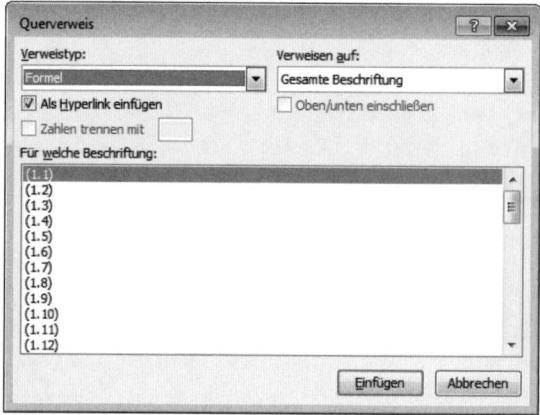

Bild 7.19: Querverweis auf Formel einfügen

7.3.2.1 Setzen einer Textmarke

Man kann sich in diesem Fall mit so genannten Textmarken behelfen. Sie können an beliebiger Stelle in Ihrem Text Textmarken definieren, auf die Sie dann später verweisen können. Jede Formel bekommt eine Textmarke mit einem Inhalt (z. B. die Formelnummer) und einen Namen.

● Markieren Sie die Formelnummer zusammen mit den beiden Klammern.

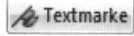   ● Setzen Sie mit dem Befehl *Textmarke* auf der Registerkarte *Einfügen* eine Textmarke für die Markierung. Verwenden Sie dabei einen Namen, der die Formel beschreibt, wie »formel_Sprachsignal«.

● Bestätigen Sie den Namen mit der Schaltfläche *Hinzufügen*.

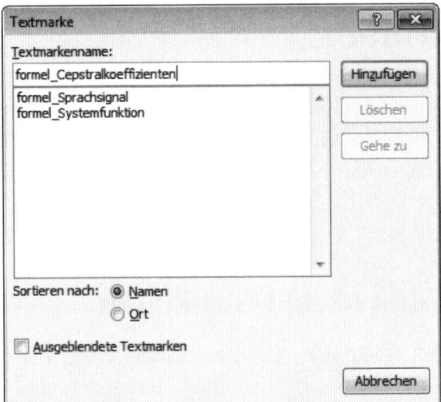

Bild 7.20: Querverweis auf Textmarke

 **Achtung beim Markieren** Achten Sie beim Markieren der Formelnummer mit den Klammern darauf, dass Sie nicht versehentlich die gesamte Zelle markieren. Sie fügen sonst später auch eine Zelle in Ihren Text ein.

7.3.2.2 Verweis auf eine Textmarke

Möchten Sie nun auf eine Formel verweisen, für deren Nummer eine Textmarke definiert wurde, wählen Sie wieder den Befehl *Querverweis* auf der Registerkarte *Einfügen* und selektieren als *Verweistyp* den Eintrag *Textmarke*. Verweisen Sie auf den *Textmarkeninhalt*, um die Formelnummer in den Text einzutragen.

Bild 7.21: Querverweis auf Textmarke

7.4 Beispielformeln

In diesem Abschnitt möchten wir Ihnen an einigen Beispielen die Arbeit mit Formeln weiter veranschaulichen. Wir haben dazu Beispiele gesucht, die nicht ganz einfach sind, an denen wir Ihnen so verschiedene Tricks zeigen können.

7.4.1 Beispiele zu den Akzent-Strukturen

Variablen werden oft durch Akzente ergänzt, um beispielsweise zu zeigen, dass sie Vektoren sind, dass sie abgeleitet wurden oder dass sie eine Schätzung darstellen.

Um die beiden folgenden Zeilen zu erstellen, fügen Sie zwei übereinander liegende Formeln ein.

$$p = m\dot{x}$$
$$K = m\ddot{x}$$

Denken Sie daran, erst den Platzhalter mit dem Punkt über die Schaltfläche *Akzent* einzufügen und dann den Platzhalter mit einem x auszufüllen. Sollen die beiden Formeln am Gleichheitszeichen ausgerichtet werden, so markieren Sie die beiden Zeilen, klicken mit der rechten Maustaste auf die Markierung und wählen im Kontextmenü *Ausrichten an* = aus.

Bild 7.22: Zwei Formeln am Gleichheitszeichen ausrichten

Es besteht auch die Möglichkeit, zwei Akzente übereinander zu vergeben, wie im folgenden Beispiel einen Vektorpfeil und einen Ableitungspunkt. Auch hierbei muss zuerst das äußerste Element angelegt werden, also die Ableitungen. In diesem Platzhalter wird dann der nächste Akzent aufgenommen, also der Pfeil mit Platzhalter.

$$\dot{\vec{r}} = \frac{1}{m}\vec{p} \qquad m\ddot{\vec{r}} = \vec{K}$$

Beim Arbeiten mit Formeln mit mehreren Akzentzeichen kann es passieren, dass man versehentlich Zeichen innerhalb des Platzhalters unter einem Akzent einfügt, wie Sie in folgendem Bild links sehen können. Dann versucht Word die Akzente anzupassen. So wurden in der oberen der beiden linken Formeln hinter dem x einige Leerzeichen eingefügt. Entsprechend vergrößert Word den Pfeil und zentriert die beiden Punkte über dem vergrößerten Pfeil. In der unteren Formel wurden ebenfalls Leerzeichen eingefügt, aber so, dass nur die beiden Punkte verschoben wurden. Generell ist es schwierig festzustellen, ob man sich noch innerhalb des Platzhalters befindet oder schon dahinter. Am einfachsten bewegen Sie den Cursor mit den Pfeiltasten, bis kein graues Kästchen mehr angezeigt wird. Im mittleren Teilbild befindet sich der Cursor noch innerhalb eines Platzhalters, im rechten Teilbild wurde der Cursor durch ein weiteres Betätigen der Pfeiltaste hinter der Formel platziert.

$$K = m\overset{\cdot\cdot}{\vec{x}}$$

$$K = m\vec{x}^{\cdot\cdot}$$

$K = m\ddot{\vec{x}}|$

$K = m\ddot{\vec{x}}|$

Bild 7.23: Auswirkungen von Leerzeichen innerhalb eines Platzhalters

7.4.2 Beispiele zu Integralen und großen Operatoren

Für das Skalarprodukt

$$\langle f, g \rangle := \frac{1}{2\pi} \int_0^{2\pi} \overline{f(x)} g(x) dx$$

beginnen Sie mit den Klammern, die Sie im Katalog zur Schaltfläche *Eckige Klammer* finden. Den Doppelpunkt mit dem Gleichheitszeichen geben Sie einfach über Ihre Tastatur ein. Danach folgt der Bruch. Das π geben Sie entweder mithilfe der Symbole (*Griechische Buchstaben*) ein oder schneller, indem Sie \pi und ein Leerzeichen eintippen. Dann wird Ihre Eingabe durch den griechischen Buchstaben ersetzt (siehe Abschnitt 7.1.2 ab Seite 323).

Um ein Integral in Ihrer Formel zu verwenden, erlaubt Ihnen Word im Katalog zur Schaltfläche *Integral* drei Möglichkeiten, Grenzen zu positionieren: Entweder Sie verwenden keine Grenzen, Sie verwenden Grenzen neben dem Integral oder Sie verwenden die Grenzen über und unter dem Integralzeichen.

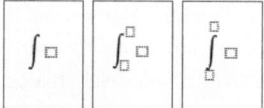

Bild 7.24: Grenzen für Integrale

Die Überstreichung der Funktion f(x) erreichen Sie im Katalog zur Schalt-fläche *Akzent*.

Um den folgenden Teil des Beweises der Substitutionsregel zu erstellen, benötigt man einige Tricks. Der erste Teil vor dem Gleichheitszeichen ist kein Problem, auch der Teil nach dem Gleichheitszeichen erst einmal nicht. (Um den kleinen Kreis einzufügen, verwenden Sie die Kategorie *Operatoren* in der Gruppe *Symbole*. Möchten Sie φ mithilfe der mathematischen AutoKorrektur einfügen, verwenden Sie \varphi.)

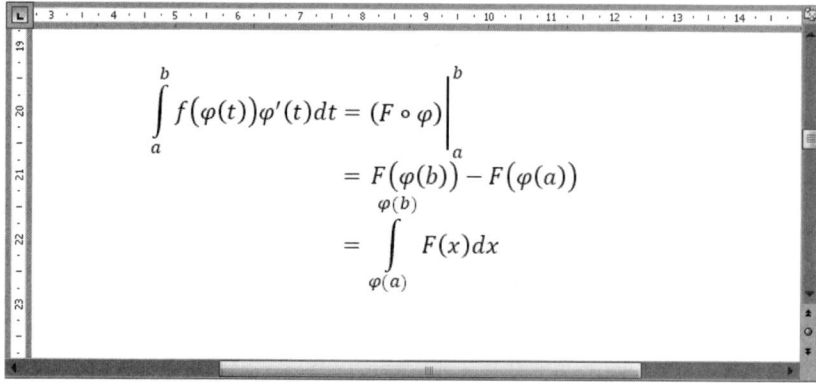

Bild 7.25: Eine komplexe Formel

Allerdings ist der Strich am Ende der ersten Zeile, wenn man ihn über die Schaltfläche *Eckige Klammer* einfügt, ein wenig sehr klein (siehe folgendes Bild in der ersten Zeile).

$$\int_a^b f\big(\varphi(t)\big)\varphi'(t)dt = (F \circ \varphi)|_a^b$$

$$\int_a^b f\big(\varphi(t)\big)\varphi'(t)dt = (F \circ \varphi)\begin{matrix}\square\\\square\\\square\end{matrix}\Bigg|_a^b$$

$$\int_a^b f\big(\varphi(t)\big)\varphi'(t)dt = (F \circ \varphi)\begin{matrix}\square\\\square\end{matrix}\Bigg|_a^b$$

Bild 7.26: Einfügen eines dreidimensionalen Vektors zum Vergrößern des Grenzstrichs

- In diesem Fall kann man sich damit behelfen, dass man über die Schaltfläche *Matrix* einen dreidimensionalen Vektor einfügt. Ziehen Sie dann die Klammer auf den mittleren Platzhalter und lassen den oberen und den unteren Platzhalter leer.

- Im nächsten Schritt soll eine zweite Zeile begonnen und zudem sollen die Gleichheitszeichen untereinander angeordnet werden.

- Dazu fügen Sie am einfachsten am Ende der ersten Zeile ein weiteres Gleichheitszeichen ein, markieren es und wählen im Kontextmenü *Manuellen Umbruch einfügen* aus.

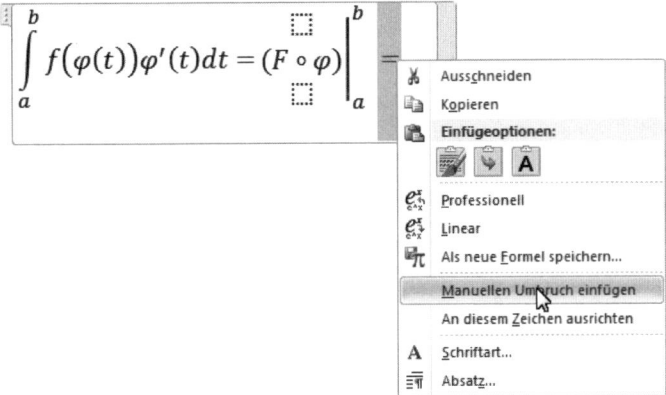

Bild 7.27: Das Gleichheitszeichen soll in die zweite Zeile verschoben werden

- Selektieren Sie danach im Kontextmenü *An diesem Zeichen ausrichten*.

- Als letzten Schritt fügen Sie vor dem Gleichheitszeichen mit Ihrer Tastatur einen Tabstopp ein.

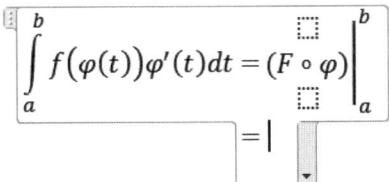

Bild 7.28: Das eingerückte Gleichheitszeichen für die zweite Zeile

Verfahren Sie mit der letzten Zeile ebenso, so dass die Gleichung am Ende aussieht wie in Bild 7.25.

7.4.3 Beispiele zu Matrizen

Matrizen einfügen ist ein Kinderspiel. Was allerdings, wenn man eine Matrix einfügen möchte, die größer ist als eine 3x3-Matrix?

- Erstellen Sie zunächst über die Schaltfläche *Matrix* eine 3x3-Matrix.

- Klicken Sie dann mit der rechten Maustaste in die Matrix.

- Wählen Sie im Kontextmenü *Einfügen* aus (siehe Bild 7.29) und geben Sie im zweiten Menü an, ob eine Zeile oder eine Spalte vor oder nach der aktuellen Zelle eingefügt werden soll.

Auch wenn Sie eine Zeile oder Spalte wieder löschen möchten, können Sie das über das Kontextmenü tun. Dort legen Sie zudem die Ausrichtung der Spalten fest, was Sie für jede Spalte unabhängig von den anderen tun können.

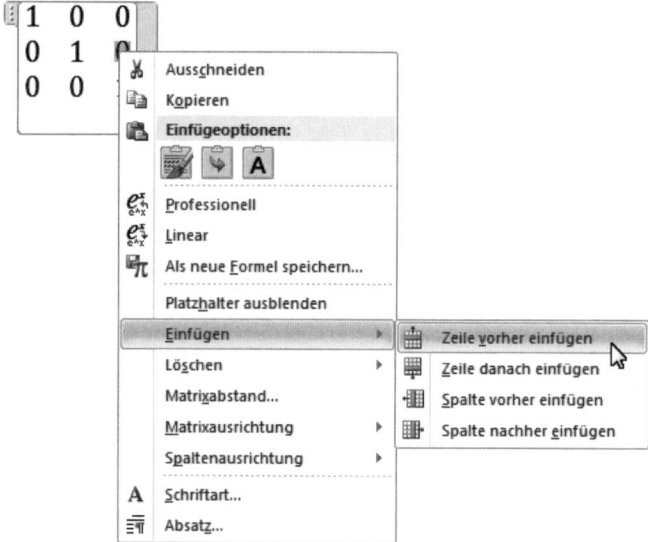

Bild 7.29: Einfügen einer neuen Zeile in einer Matrix

Zudem können Sie für Matrizen – ebenfalls über das Kontextmenü – mit dem Befehl *Matrixabstand* in einem Dialogfeld verschiedene Abstände zwischen den Zeilen und Spalten einer Matrix festlegen.

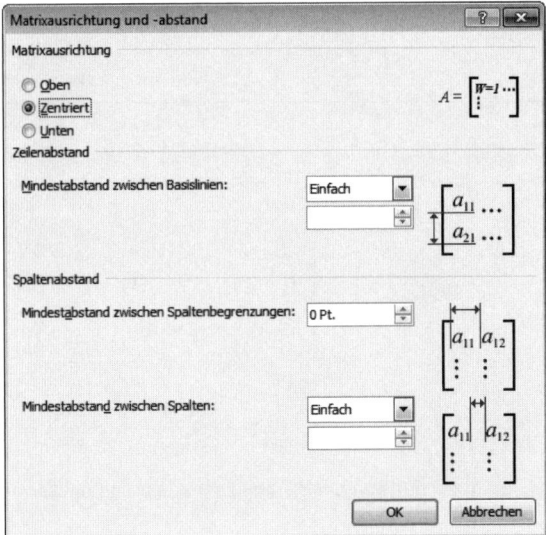

Bild 7.30: Abstände innerhalb einer Matrix definieren

Im nächsten Beispiel soll eine Wronski-Determinante dargestellt werden:

$$W(f_1,...,f_n)(t) = \begin{vmatrix} f_1(t) & f_2(t) & \cdots & f_n(t) \\ f_1^{(1)}(t) & f_2^{(1)}(t) & \cdots & f_n^{(1)}(t) \\ \vdots & \vdots & \vdots & \vdots \\ f_1^{(n-1)}(t) & f_2^{(n-1)}(t) & \cdots & f_n^{(n-1)}(t) \end{vmatrix}, \quad t \in I$$

- Beginnen Sie damit, eine 2x2-Matrix mit geraden Linien rechts und links einzufügen. Alternativ können Sie auch die Linien über die Schaltfläche *Eckige Klammer* einfügen und dahinein eine Matrix platzieren.

- Ergänzen Sie die Matrix danach um so viele Zeilen und Spalten wie benötigt.

- Die waagrechten und senkrechten Punkte finden Sie bei den Symbolen in der Kategorie *Grundlegende Mathematik*.

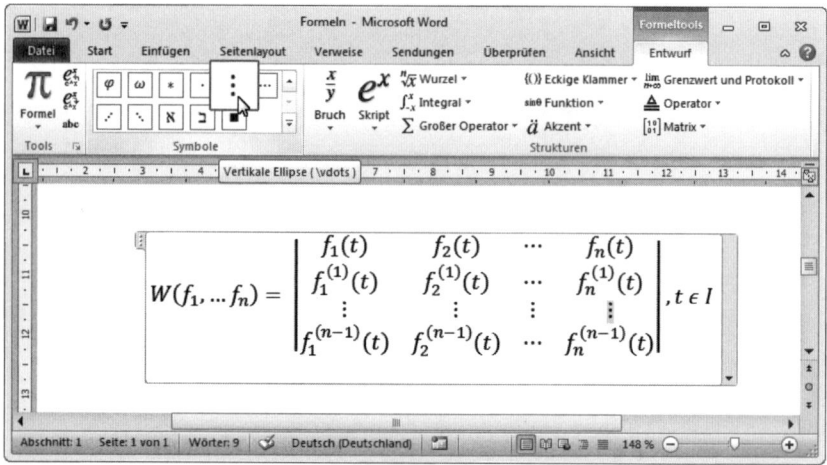

Bild 7.31: Einfügen der waagrechten und senkrechten Punkte

7.4.4   Beispiele zu Klammern

Im Folgenden soll der Aufbau einiger Beispiele mit Klammern gezeigt werden.

Um den folgenden Ausdruck mit einer liegenden geschweiften Klammer

$$x^n := \underbrace{x \cdot x \cdot \ldots \cdot x}_{n-\text{mal}}$$

zu erstellen, beginnen Sie mit dem Einfügen einer Struktur für eine Hochzahl im Katalog *Skript*. Nach dem Gleichheitszeichen fügen Sie das Strukturelement *Gruppierungszeichen unten* aus dem Katalog zur Schaltfläche *Akzent* ein. Die Malzeichen zwischen den x finden Sie in den Symbolen in der Kategorie *Grundlegende Mathematik*.

Soll der Text unterhalb der Klammer als normaler, nicht kursiver Text formatiert werden, markieren Sie ihn und verwenden Sie dann die Schaltfläche *Normaler Text* in der Gruppe *Tools*.

Für das Skalarprodukt

$$\langle e_k, e_l \rangle = \delta_{kl} = \begin{cases} 0, & \text{falls } k \neq l \\ 1, & \text{falls } k = l \end{cases}$$

können Sie aus dem Katalog *Eckige Klammer* die linke Klammer der untersten Zeile abändern.

Alternativ fügen Sie eine geschweifte Klammer ein und dahinter eine 2x2 Matrix. Dann können Sie die einzelnen Spalten nach Bedarf ausrichten.

7.5 Formatierung von Formeln

Die Norm DIN 1338 legt das Format und Aussehen von Formelsatz fest. Damit wird geregelt, welche Zeichen kursiv und welche gerade gesetzt werden und vieles mehr.

7.5.1 Formatierungsregeln

Die folgende Tabelle zeigt den üblichen Gebrauch von kursiver und senkrechter Auszeichnung. Generell werden Klammern gerade gesetzt.

Tabelle 7.1: Festlegung von kursiver und gerader Auszeichnung

Art	Darstellung	Beispiele
Zahlen und Variablen		
Zahlen	Gerade	1234, $\frac{3}{5}$, $6{,}022 \cdot 10^{23}$
Variablen	Kursiv	$y = ax + b$, $\{a_n\}$
Funktions- und Operatorzeichen		
Allgemein	Kursiv	$F(s) = \int_0^\infty e^{-st} f(t)\, dt$
Feste Bedeutung	Gerade	$\int$, $\sum$, ∂, $\vee$, $\sin$, $\cos$
Physikalische Zeichen		
	Kursiv	$E = m \cdot c^2$, $F = m \cdot \dot{v}$, $U = RI$, $Q = CU$
Physikalische Einheiten		
	Gerade	$5\,\mathrm{m}$, $1\,\mathrm{mV}$, $15\,°\mathrm{C}$, $6{,}022 \cdot 10^{23}\,\mathrm{mol}^{-1}$

Word hält sich an diese Vorschriften insofern, als generell mathematische Formeln kursiv gesetzt werden. Ausnahmen sind Funktionszeichen, wie Integrale, Summenzeichen usw. und einige Funktionen wie »sin«, »cos«, »log« u. a. Welche Funktionen Word als solche erkennt, können Sie über das Startfeld der Gruppe *Tools* (Registerkarte *Entwurf*) nachsehen und anpassen, indem Sie auf die Schaltfläche *Erkannte Funktionen* klicken.

Möchten Sie Text in einem mathematischen Bereich nicht kursiv formatieren, markieren Sie ihn und klicken Sie dann die Schaltfläche *Normaler Text* in der Gruppe *Tools*.

7.5.2   Einstellungsmöglichkeiten

Insgesamt gibt es nicht sehr viele Möglichkeiten, die automatisch angewandten Formelformatierungen zu beeinflussen. Generell können Sie für eine Formel eine andere Schriftgröße auswählen, die sich allerdings auf die gesamte Formel auswirkt.

Bei einigen Zeichen – beispielsweise Integralen und anderen großen Operatoren – lässt sich zudem über das Kontextmenü einstellen, dass der Operator gedehnt werden soll. Ebenso können häufig Ober- und Untergrenzen (ebenfalls über das Kontextmenü) vergrößert bzw. reduziert werden.

 Das Dialogfeld *Formeloptionen* (aufrufbar über das Startfeld der Gruppe *Tools*, Registerkarte *Entwurf* der *Formeltools*) ermöglicht einige Einstellungen zur Ausrichtung und zum Einzug von Formeln, aber auch bzgl. der Position von Grenzen bei Integralen, Summen etc.

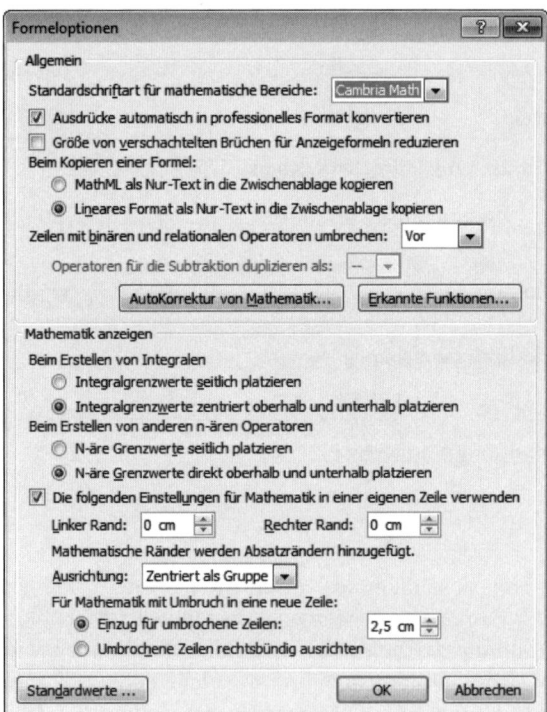

Bild 7.32: Einstellungen für Formeln

Kapitel 8

Die Arbeit beenden und veröffentlichen

8.1 Das Deckblatt und die »zweite Seite«

Jede Arbeit benötigt eine Deckblatt, dessen Aussehen zumindest in den wesentlichen Teilen festgelegt ist. Die Norm DIN 1422, Teil 4 gibt einen Rahmen vor, der allerdings von Hochschule zu Hochschule und von Institut zu Institut unterschiedlich ausgelegt wird.

Die folgenden Bilder sollen verschiedene Varianten für Deckblätter aufzeigen. Haben Sie das Deckblatt der Registerkarte *WissArbeit* eingefügt, so sieht Ihr Deckblatt aus wie die rechte Variante. Sie können auch nachträglich über die Registerkarte *WissArbeit* ein Deckblatt einfügen: Platzieren Sie Ihre Eingabemarke vor dem ersten Zeichen Ihres Dokuments und fügen Sie über die Schaltfläche *Einzelne Seite* der Registerkarte *WissArbeit* ein Deckblatt ein.

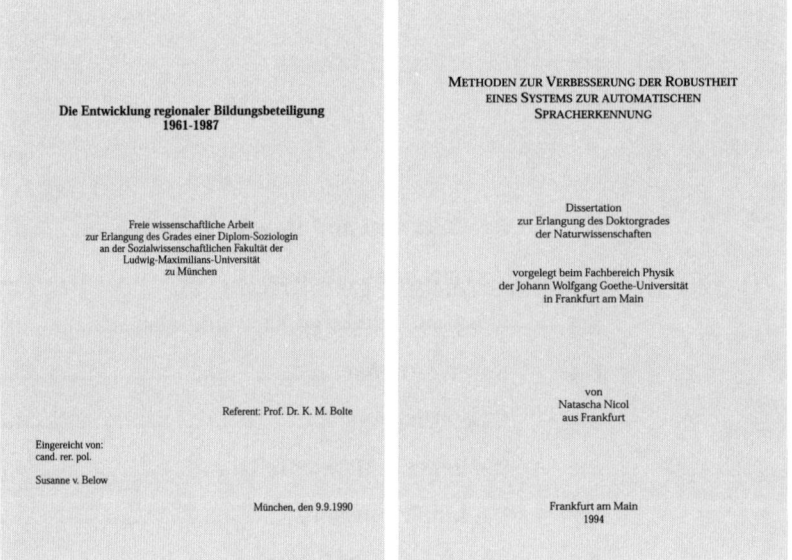

Bild 8.1: Zwei verschiedene Deckblätter

Finden Sie an Ihrem Institut das Layout eines Deckblattes heraus, das in der Regel verwendet wird. Ändern Sie das eingefügte Deckblatt nach Ihren Bedürfnissen ab. Wichtig ist nur, dass das Deckblatt mit einem Abschnittswechsel abgeschlossen wird. Dies geschieht automatisch, wenn Sie den Baustein der Dokumentvorlage *WissArbeit* verwendet haben.

Die zweite Seite enthält unten den Tag der Prüfung, Angaben zu Dekan, Referent und Korreferent. Benötigen Sie andere Angaben, ändern Sie die vorgegebenen einfach. Wichtig ist auch hier nur der Abschnittswechsel.

8.2 Verzeichnisse erstellen

Am einfachsten erstellen Sie Verzeichnisse, indem Sie den entsprechenden Baustein einer der Dokumentvorlagen zum Buch verwenden. Ein solcher Baustein kann jederzeit – also auch nachträglich – eingefügt werden.

Für alle, die das nicht möchten, beschreiben wir in diesem Abschnitt, wie Sie ein Verzeichnis erstellen, es formatieren und was zu beachten ist. Möchten Sie ein angelegtes Verzeichnis bearbeiten, also beispielsweise seine Formatierung ändern, finden Sie hier ebenfalls die notwendigen Informationen.

Zunächst werden wir uns in diesem Abschnitt mit dem Inhaltsverzeichnis befassen, anschließend werden wir den Umgang mit einem Bilder- bzw. Tabellenverzeichnis beschreiben.

8.2.1 Das Inhaltsverzeichnis

Haben Sie bereits ein Inhaltsverzeichnis eingefügt und möchten es nur bearbeiten, lesen Sie weiter in Abschnitt 8.2.1.2. Wir werden der Vollständigkeit halber zunächst kurz beschreiben, wie man ein Inhaltsverzeichnis einfügt.

8.2.1.1 Inhaltsverzeichnis erstellen

Möchten Sie selbst ein Inhaltsverzeichnis erstellen, verfahren Sie so:

- Fügen Sie vor dem ersten Kapitel einen Abschnittswechsel ein (*Seitenlayout/Umbrüche/Nächste Seite*) und platzieren Sie den Mauszeiger auf der Seite vor dem eingefügten Abschnittswechsel.

- Zum Erstellen eines Inhaltsverzeichnisses wählen Sie den Befehl *Verweise/Inhaltsverzeichnis/Inhaltsverzeichnis einfügen.*

Sie erhalten das in Bild 8.2 dargestellte Dialogfeld. Für Ihr Inhaltsverzeichnis stehen Ihnen sechs vordefinierte und ein benutzerdefiniertes Format (*Von Vorlage*) unten links im Bereich *Allgemein* zur Verfügung. Das benutzerdefinierte Format können Sie nach Ihren Vorstellungen einrichten.

Wie viele Überschriftenebenen in das Inhaltsverzeichnis aufgenommen werden, bestimmt der Eintrag im Feld *Ebenen anzeigen*. Der Standardwert für dieses Feld sind drei Ebenen.

Ist die Option *Seitenzahlen anzeigen* aktiviert, werden die ermittelten Seitenzahlen ausgegeben, wobei Sie mit *Seitenzahlen rechtsbündig* die Position festlegen können.

Den freien Raum zwischen den Texten des Inhaltsverzeichnisses und den Seitenzahlen können Sie mit verschiedenen *Füllzeichen* versehen.

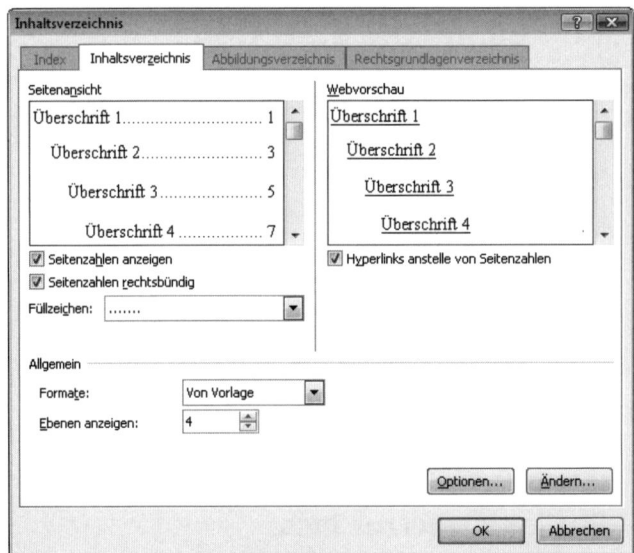

Bild 8.2: Inhaltsverzeichnis einfügen

8.2.1.2   Das eingefügte Inhaltsverzeichnis bearbeiten

Möchten Sie ein eingefügtes Inhaltsverzeichnis bearbeiten, z. B. das über die Dokumentvorlage *WissArbeit* erstellte, klicken Sie mit der rechten Maustaste auf das Verzeichnis und wählen Sie im Kontextmenü *Feld bearbeiten* aus. Sie rufen so das folgende Dialogfeld auf.

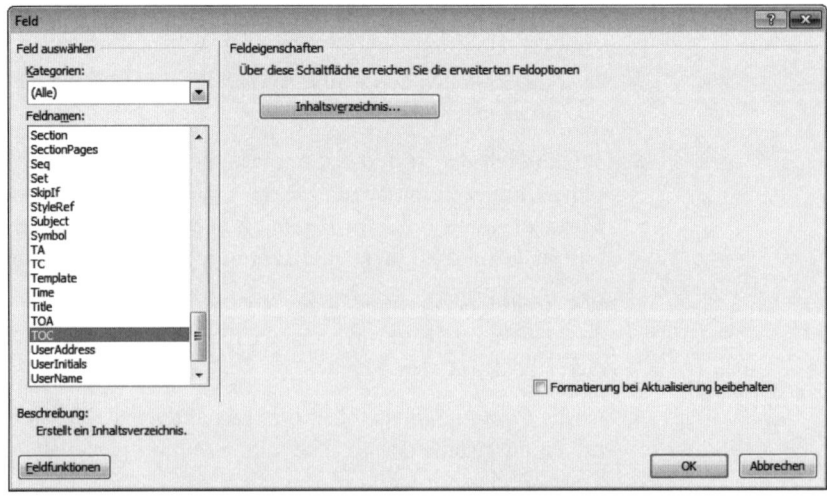

Bild 8.3: Das Inhaltsverzeichnis wird mithilfe einer Feldfunktion erstellt

Klicken Sie jetzt auf die Schaltfläche *Inhaltsverzeichnis*, so erhalten Sie das folgende Dialogfeld, das aussieht wie das in Bild 8.2. Allerdings ist die dargestellte Vorschau anders.

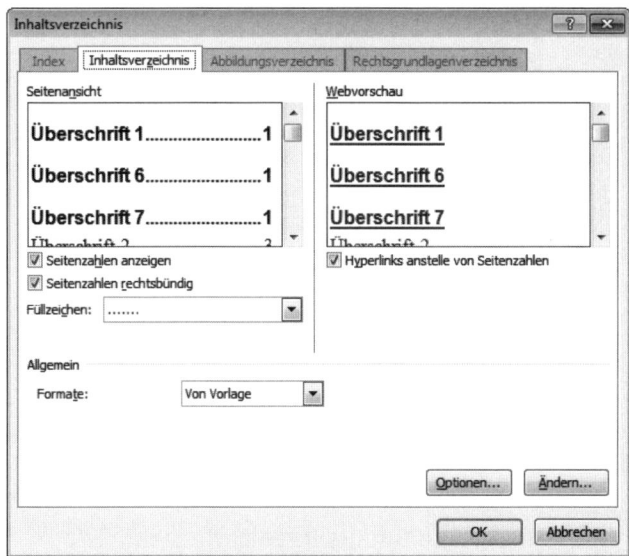

Bild 8.4: Inhaltsverzeichnis einfügen

Das liegt daran, dass im Inhaltsverzeichnis, das über einen Baustein der Dokumentvorlage *WissArbeit* eingefügt wurde, andere Einstellungen vorgenommen wurden. Dort wurden nicht nur die Überschriften eingefügt, die mit den Formatvorlagen *Überschrift 1* bis *Überschrift 4* formatiert wurden, sondern auch die Überschriften der Verzeichnisse und Anhänge, die mit den Formatvorlagen *Überschrift 6* bis *Überschrift 9* formatiert wurden.

8.2.1.3 Optionen

Mithilfe der Schaltfläche *Optionen* des Dialogfeldes *Inhaltsverzeichnis* öffnen Sie das Dialogfeld *Optionen für Inhaltsverzeichnis*, das in Bild 8.5 dargestellt ist. Sie können in diesem Dialogfeld bestimmen, welche Formatvorlagen für das Inhaltsverzeichnis berücksichtigt werden sollen. Für ein Verzeichnis, das drei Ebenen anzeigt, sind normalerweise die Formatvorlagen *Überschrift 1* bis *Überschrift 3* ausgewählt. Möchten Sie andere Formatvorlagen in Ihrem Inhaltsverzeichnis verwenden, müssen Sie hinter der entsprechenden Formatvorlage die gewünschte Inhaltsverzeichnisebene eintragen.

In folgendem Dialogfeld können Sie sehen, dass für das Inhaltsverzeichnis alle Überschriften mit den Formatvorlagen *Überschrift 1* bis *Überschrift 4* in das Inhaltsverzeichnis aufgenommen werden sollen und zwar mit den entsprechenden Ebenen im Inhaltsverzeichnis 1 bis 4.

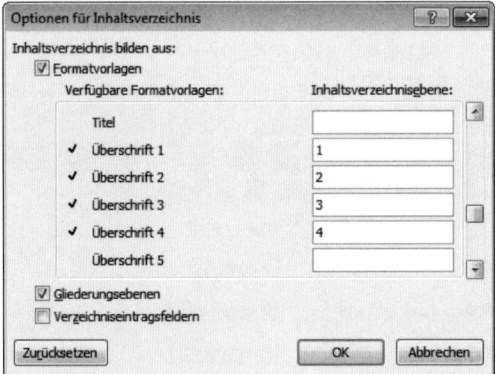

Bild 8.5: Für ein Inhaltsverzeichnis verwendete Formatvorlagen

Das Inhaltsverzeichnis der Dokumentvorlage *WissArbeit* nimmt auch die Überschriften auf, die mit den Formatvorlagen *Überschrift 6* bis *Überschrift 9* formatiert wurden. Und zwar werden die Überschriften, die mit den Formatvorlagen *Überschrift 6* und *Überschrift 7* formatiert wurden, als Hauptüberschrift für Verzeichnisse bzw. Anhänge verwendet. Sie wurden genauso formatiert wie die *Überschrift 1* bis auf die Nummerierung und sollen entsprechend im Inhaltsverzeichnis gleich behandelt werden. Die Überschriften des Anhangs, die mit der Formatvorlage *Überschrift 8* versehen wurden, sind Überschriften der zweiten Ebene, so sollen sie auch im Inhaltsverzeichnis erscheinen; *Überschrift 9* sind entsprechend Überschriften der dritten Ebene eines Anhangs.

Verfügbare Formatvorlagen:	Inhaltsverzeichnisebene:
✔ Überschrift 1	1
✔ Überschrift 2	2
✔ Überschrift 3	3
✔ Überschrift 4	4
Überschrift 5	
✔ Überschrift 6;Verzeichnis	1
✔ Überschrift 7;Anhang	1
✔ Überschrift 8;Anhang 2.Ebene	2
✔ Überschrift 9;Anhang 3.Ebene	3

Bild 8.6: Für das Inhaltsverzeichnis der Dokumentvorlage *WissArbeit*
           verwendete Formatvorlagen

8.2.1.4   Bearbeiten der Formatvorlagen für das Inhaltsverzeichnis

Wurde auf dem Registerblatt *Inhaltsverzeichnis* im Dialogfeld *Inhaltsverzeichnis* als Format *Von Vorlage* ausgewählt, so bietet Word Ihnen die Möglichkeit, die verschiedenen Ebenen des Verzeichnisses zu formatieren, indem

Sie entsprechende Formatvorlagen *Verzeichnis 1* bis *Verzeichnis 9* vereinbaren.

■ Klicken Sie, um das folgende Dialogfeld zu aktivieren, auf dem Registerblatt *Inhaltsverzeichnis* des gleichnamigen Dialogfelds auf die Schaltfläche *Ändern*.

Verzeichnis per Hand formatieren Wir raten Ihnen dringend davon ab, das Inhaltsverzeichnis per Hand, also ohne die entsprechenden Formatvorlagen zu formatieren. Dies ist zwar rein theoretisch möglich, allerdings geht die Formatierung bei der nächsten Aktualisierung sofort wieder verloren.

■ Wählen Sie hier die gewünschte Ebene des Verzeichnisses aus und klicken Sie auf *Ändern*, um im Dialogfeld *Formatvorlage ändern* wie gewohnt die gewünschten Formatierungen festzulegen.

Bild 8.7: Formatvorlagen für das Verzeichnis definieren

8.2.1.5 Welche Seitenzahlen verwendet man für das Inhaltsverzeichnis?

An dieser Stelle möchten wir uns kurz mit der Frage beschäftigen, wie ein Inhaltsverzeichnis nummeriert werden soll. In Büchern ist man mittlerweile dazu übergegangen, von der allerersten bedruckten Seite an zu zählen. In einer wissenschaftlichen Arbeit hingegen zählt man das Deckblatt in der Regel nicht als erste Seite der Arbeit.

Im Prinzip gibt es zwei Möglichkeiten, die Seiten zu zählen: Entweder man beginnt mit der ersten Seite Text nach dem Deckblatt und der zweiten Seite, das ist oft die erste Seite des Inhaltsverzeichnisses, und zählt von da an alle Seiten durch. Oder man nummeriert das Inhaltsverzeichnis mit römischen

Zahlen und beginnt dann bei der Einleitung mit arabischen Zahlen bei eins zu zählen.

Um für das Inhaltsverzeichnis festzulegen, dass dort die Zählung der Seiten beginnt, verfahren Sie so:

- Klicken Sie auf der Registerkarte *Einfügen* auf die Schaltfläche *Seitenzahl* und wählen Sie im Menü *Seitenzahlen formatieren* aus.

- Legen Sie im unteren Teil des Dialogfeldes fest, dass die Seitennummerierung bei *1* beginnen soll.

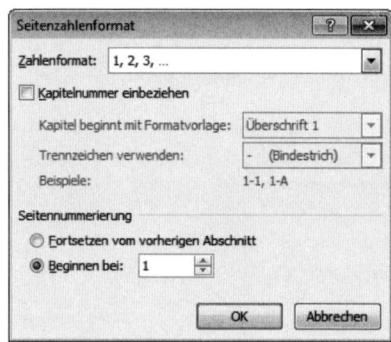

Bild 8.8: Nummerierung der Arbeit beginnt im Inhaltsverzeichnis bei der Seite 1

Möchten Sie für das Inhaltsverzeichnis römische Zahlen verwenden, die Nummerierung des folgenden Kapitels arabisch fortführen und wieder bei eins beginnen lassen, so ist zwingend ein Abschnittswechsel zwischen dem Inhaltsverzeichnis und dem ersten Kapitel erforderlich. Haben Sie mit den Bausteinen der Dokumentvorlage *WissArbeit* gearbeitet, so wurde bereits ein Abschnittswechsel eingefügt. Ansonsten fügen Sie einen ein.

- Platzieren Sie daraufhin die Einfügemarke im Abschnitt des Inhaltsverzeichnisses und

- verwenden Sie den Befehl *Einfügen/Seitenzahl/Seitenzahlen formatieren*.

- Klappen Sie das Kombinationsfeld zu *Zahlenformat* auf und selektieren Sie darin die gewünschte Nummerierungsart mit kleinen römischen Zahlen, wie Sie es in folgendem Bild sehen können.

Bild 8.9: Seitenzahlen mit römischen Zahlen

🔳 Achten Sie des Weiteren darauf, dass hinter *Beginnen bei* eine *1* bzw. ein *i* eingetragen ist, um die erste Zahl für das Inhaltsverzeichnis festzulegen.

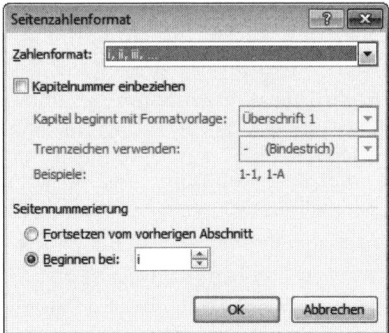

Bild 8.10: Seitenzahlen mit kleinen römischen Zahlen beginnen mit *i*

🔳 Bestätigen Sie das erste Dialogfeld mit *OK*.

🔳 Klicken Sie nun in den nächsten Abschnitt, der mit arabischen Zahlen nummeriert werden soll.

🔳 Aktivieren Sie erneut mit *Einfügen/Seitenzahl/Seitenzahlen formatieren* das Dialogfeld *Seitenzahlenformat* und

🔳 erzwingen Sie mit einer *1* hinter *Beginnen bei*, dass dieser Abschnitt ebenfalls ab eins gezählt wird.

🔳 Bestätigen Sie die Auswahl mit *OK*.

8.2.1.6 Die Überschrift des Inhaltsverzeichnisses formatieren

Die Überschrift des Inhaltsverzeichnisses sollte weder mit der Formatvorlage *Überschrift 1* noch mit *Überschrift 6* (der Formatvorlage für Verzeichnisse) formatiert werden. Es sieht nämlich seltsam aus, wenn im Inhaltsverzeichnis der Eintrag *Inhaltsverzeichnis* erscheint. Deshalb wurde in der Dokument-vorlage *WissArbeit* die Formatvorlage *Inhalt* definiert. Sie ist formatiert wie *Überschrift 1*, erscheint aber nicht im Inhaltsverzeichnis.

8.2.1.7 Kopf- bzw. Fußzeilen des Inhaltsverzeichnisses bearbeiten

Für Inhaltsverzeichnisse, die mit den Bausteinen der Dokumentvorlage *Wiss-Arbeit* erstellt wurden, ist die Kopfzeile bereits bearbeitet und sollte korrekt angezeigt werden.

Haben Sie das Inhaltsverzeichnis selbst erstellt und möchten dafür jetzt die Kopf- oder Fußzeile einrichten, so muss als Erstes sichergestellt sein, dass hinter dem Inhaltsverzeichnis ein Abschnittswechsel definiert wurde. Zudem muss die Verknüpfung zwischen der Kopf- oder Fußzeile des Abschnitts mit dem Inhaltsverzeichnis und dem folgenden Abschnitt aufgehoben werden. Denken Sie daran, dass – solange eine Verknüpfung zwischen den Kopf- oder Fußzeilen besteht – die Formatierung des letzten Abschnitts auf den vorherigen übertragen wird. Haben Sie für die Kopfzeile definiert, dass die erste Seite anders ist, müssen Sie die Verknüpfung für die *Erste Kopfzeile* nicht aufheben. Die erste Kopfzeile zeigt dann für keinen Abschnitt einen Eintrag an, sie sieht also für alle Abschnitte gleich aus. Um die Verknüpfung zwischen den restlichen Kopfzeilen zu lösen, verfahren Sie so:

- Aktivieren Sie die Kopf-/Fußzeile des Abschnitts nach dem Inhalts-verzeichnis und lösen Sie durch einen Klick auf die Schaltfläche *Mit vor-heriger verknüpfen* die Verbindung zwischen der Kopf-/Fußzeile des aktu-ellen und der des vorhergehenden Abschnitts. Haben Sie ein zweiseitiges Layout, ist also die Kopf-/Fußzeile für gerade und ungerade Seiten unterschiedlich, so müssen Sie die Verknüpfung sowohl für die geraden als auch für die ungeraden Kopf-/Fußzeilen aufheben.

- Im nächsten Schritt können Sie nun die Kopf-/Fußzeile des Inhaltsver-zeichnisses bearbeiten: Fügen Sie die Feldfunktion STYLEREF ein und lassen Sie sie auf die Formatvorlage verweisen, mit der die Überschrift des Inhaltsverzeichnisses formatiert wurde. Verwenden Sie ein zweiseitiges Layout, kopieren Sie die eingefügte Feldfunktion einfach und fügen Sie sie für die ungerade Seite in der Kopf-/Fußzeile ebenfalls ein. (Zum Nachle-sen: Kopf- und Fußzeilen werden in Abschnitt 3.5 besprochen.)

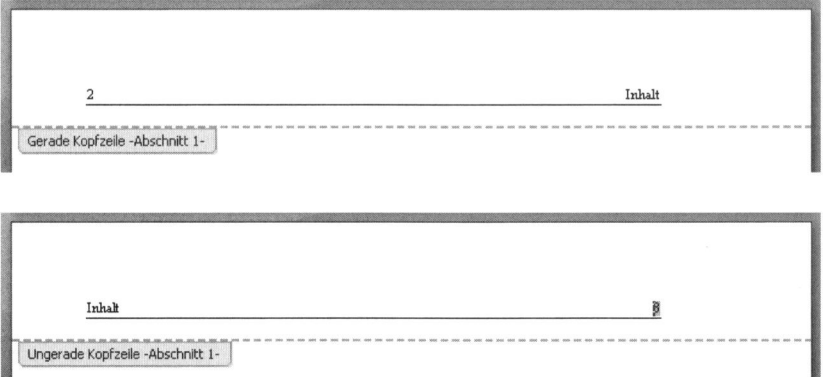

Bild 8.11: Die gerade und die ungerade Kopfzeile des Inhaltsverzeichnisses

8.2.2   Verzeichnisse der Tabellen und Bilder

Ebenso wie Inhaltsverzeichnisse lassen sich Verzeichnisse für Tabellen und Bilder in Ihr Dokument aufnehmen. Diese werden entweder nach dem

Inhaltsverzeichnis oder am Ende der Arbeit nach allen Kapiteln und Anhängen eingefügt.

Möchten Sie sie nachträglich mithilfe der Bausteine der Dokumentvorlage *WissArbeit* einfügen, so platzieren Sie die Einfügemarke nach dem Abschnittswechsel, nach dem das Verzeichnis eingefügt werden soll, bzw. vor dem ersten Zeichen der folgenden Überschrift. Wählen Sie auf der Registerkarte *WissArbeit* die Schaltfläche *Verzeichnisse* aus und klicken Sie auf das gewünschte Verzeichnis.

8.2.2.1 Das Verzeichnis erstellen

Möchten Sie das Verzeichnis nicht mithilfe der Bausteine der Registerkarte *WissArbeit* einfügen, gehen Sie so vor:

- Fügen Sie einen neuen Abschnitt direkt vor der Überschrift ein, vor der das Verzeichnis erstellt werden soll.

- Platzieren Sie die Eingabemarke zwischen die Abschnittswechsel.

- Verwenden Sie dann den Befehl *Verweise/Abbildungsverzeichnis einfügen*.

- Wählen Sie links unten die gewünschte *Beschriftungskategorie* und eines der *Formate* aus.

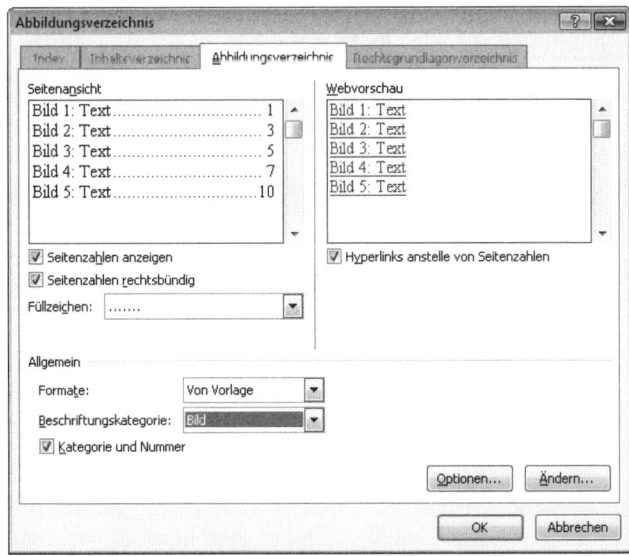

Bild 8.12: Verzeichnis für Bilder erstellen

- Stellen Sie zudem ein, ob die Seitenzahlen angezeigt werden sollen und welche Füllzeichen Sie verwenden möchten.

Deaktivieren Sie das Kontrollkästchen zu *Kategorie und Nummer*, wird nur die Tabellenüberschrift bzw. Bildunterschrift im Verzeichnis aufgenommen, ohne die Kategorie und die eingefügte Nummer.

Verwenden Sie die Schaltfläche *Ändern* im Dialogfeld *Abbildungsverzeichnis*, wenn Sie die Formatvorlage bearbeiten möchten.

Text ist zu lang   Sind die Tabellenüberschriften oder Bildunterschriften zu lang, um in einer Zeile vernünftig dargestellt zu werden, können Sie mit der Tastenkombination ⌨+⏎ Umbrüche erzwingen. Allerdings sollten Sie solche Umbrüche erst ganz am Ende der Arbeit vornehmen, da bei einer Aktualisierung des Verzeichnisses die nachträglich eingefügten Umbrüche wieder verschwinden.

8.2.2.2   Die Kopf-/Fußzeile des neuen Verzeichnisses

Haben Sie Ihr Verzeichnis mit den Bausteinen der Dokumentvorlage *Wiss-Arbeit* erstellt, ist die Kopfzeile bereits bearbeitet und sollte korrekt angezeigt werden.

Haben Sie das Verzeichnis selbst erstellt und möchten jetzt die Kopf- oder Fußzeile dafür einrichten, so muss als Erstes sichergestellt sein, dass hinter dem Verzeichnis ein Abschnittswechsel definiert wurde. Zudem muss die Verknüpfung zwischen der Kopf- oder Fußzeile des Abschnitts mit dem Verzeichnis und der des folgenden Abschnitts aufgehoben werden. Haben Sie für die Kopfzeile definiert, dass die erste Seite anders ist, müssen Sie die Verknüpfung für die *Erste Kopfzeile* nicht aufheben. Um die Verknüpfung zwischen den restlichen Kopfzeilen zu lösen, verfahren Sie so:

- Kontrollieren Sie, ob es vor und hinter dem Verzeichnis einen Abschnittswechsel gibt.

- Aktivieren Sie nun die Kopf-/Fußzeile des Abschnitts, in dem sich das Verzeichnis befindet, und lösen Sie durch einen Klick auf die Schaltfläche *Mit vorheriger verknüpfen* die Verbindung zwischen der Kopf-/Fußzeile des aktuellen und der des vorangegangenen Abschnitts. Lösen Sie ebenfalls die Verknüpfung zwischen dem Abschnitt mit dem Verzeichnis und dem folgenden Abschnitt. Haben Sie ein zweiseitiges Layout, ist also die Kopf-/Fußzeile für gerade und ungerade Seiten unterschiedlich, so müssen Sie die Verknüpfung sowohl für die geraden als auch für die ungeraden Kopf-/Fußzeilen aufheben.

- Fügen Sie die Feldfunktion STYLEREF mit einem Verweis auf die Formatvorlage Ihrer Verzeichnisüberschrift ein (siehe Abschnitt 3.5).

Verwenden Sie ein zweiseitiges Layout für Ihre Arbeit, kopieren Sie die Feldfunktionen der geraden Seiten und fügen Sie sie in der Kopf- bzw. Fußzeile der ungeraden Seite ein.

8.2.3 Aktualisieren von Verzeichnissen

Ein Verzeichnis wird als Feldfunktion in den Text eingefügt. Schalten Sie mit der Tastenkombination (Alt)+(F9) oder mithilfe der rechten Maustaste und dem Kontextmenü die Darstellung der Feldfunktionen ein, wird beispielsweise ein Inhaltsverzeichnis als {TOC \o "1-4" \h \z \u \t "Überschrift 6; 1 ;Überschrift 7; 1 ;Überschrift 8; 2 ; Überschrift 9; 3" }, ein Tabellenverzeichnis als {TOC \h \z \c "Tabelle"} im Text dargestellt (TOC steht übrigens für Table of Contents).

Dabei bedeutet der Schalter \o, dass das Verzeichnis aus den angegebenen Gliederungsebenen erstellt wird, im Beispiel oben, den Ebenen eins bis vier sowie der Ebenen, die danach innerhalb der Anführungszeichen erscheinen.

Der Schalter \h sorgt dafür, dass Überschriften des Inhaltsverzeichnisses so formatiert werden, dass sie als Hyperlinks agieren und man mithilfe der (Strg)-Taste zu der entsprechenden Kapitelüberschrift springen kann. Der Schalter \z bewirkt, dass die Seitenzahlen in der Webansicht nicht angezeigt werden. Schalter \u sorgt dafür, dass die durch die Formatvorlagen gekennzeichneten Überschriften den danach aufgeführten Ebenen des Inhaltsverzeichnisses zugewiesen werden. Der Schalter \t bewirkt, dass die im Folgenden aufgeführten Formatvorlagen mit ins Inhaltsverzeichnis einbezogen werden.

Der Schalter \c der zweiten Feldfunktion bewirkt, dass ein Verzeichnis der angegebenen Kategorie erstellt wird, in obigem Fall also ein Tabellenverzeichnis.

Verändert sich Ihr Text, kommen beispielsweise neue Überschriften, Bilder oder Tabellen hinzu oder ändern sich die Seiten, so dass die Seitenzahlen nicht mehr stimmen, müssen Sie das jeweilige Verzeichnis aktualisieren. Klicken Sie in das Verzeichnis und verwenden Sie zum Aktualisieren, egal ob in Feldergebnis- oder Feldfunktionsdarstellung, die (F9)-Taste. Alternativ können Sie im Kontextmenü die Option *Felder aktualisieren* verwenden.

Sicherer ist es, wenn Sie mit der Tastenkombination (Strg)+(A) den gesamten Text markieren und anschließend mit (F9) oder über das Kontextmenü aktualisieren. Dabei werden alle Feldfunktionen des gesamten Textes auf den neuesten Stand gebracht. Das kann allerdings, wenn Sie einen langen Text aktualisieren, auch entsprechend lange dauern.

Aktualisieren Sie das Inhaltsverzeichnis, wird ein Dialogfeld angezeigt, das Ihnen zur Auswahl stellt, nur die Seitenzahlen oder das gesamte Verzeichnis zu aktualisieren. Handelt es sich um einen langen Text, so ist es sinnvoll, eine Aktualisierung des gesamten Inhaltsverzeichnisses nur dann vorzunehmen, wenn sich die Einträge im Inhaltsverzeichnis auch wirklich geändert haben. Kamen beispielsweise nur ein paar Seiten dazu, so ist es ausreichend, wenn man die Seitenzahlen auf den neusten Stand bringt.

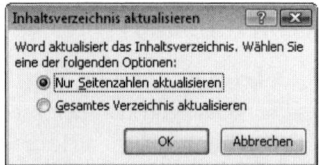

Bild 8.13: Was soll aktualisiert werden?

Beim Aktualisieren der Seitenzahlen werden im Inhaltsverzeichnis vorgenommene Formatierungen – wie manuell eingefügte Zeilenumbrüche – nicht gelöscht, so wie es beim Aktualisieren des gesamten Verzeichnisses der Fall ist.

8.3   Arbeit mit mehreren Kapiteldateien

Hatten Sie bislang Ihre Kapitel in einzelnen Dateien gespeichert, so gibt es zwei Möglichkeiten, die Arbeit zu beenden: Entweder Sie kopieren jetzt Ihre Arbeit zusammen oder Sie beenden Ihre Arbeit mit mehreren Kapiteln.

Möchten Sie alle Kapitel zusammen in ein Dokument kopieren, lesen Sie Abschnitt 8.3.1. Danach blättern Sie zurück zu Abschnitt 8.2 und folgen den Anweisungen dort. Es besteht aber auch die Möglichkeit, mit mehreren Dateien die Arbeit zu beenden. Lesen Sie dazu weiter in diesem Kapitel ab Abschnitt 8.3.2.

8.3.1   Dateien zusammenkopieren

Möchten Sie Ihre Kapitel zusammenkopieren und in eine Datei einfügen, so achten Sie darauf, dass jedes Kapitel mit einem Abschnittswechsel beendet wird, bevor Sie das nächste Kapitel einfügen.

Sollte es nach dem Zusammenkopieren Probleme mit der Seitenzahl geben, beispielsweise die Seitennummerierung nicht fortlaufend sein, sondern alle Kapitel auch weiterhin mit der Seitennummer eins beginnen, so kontrollieren Sie die Einstellung im Dialogfeld *Seitenzahlenformat*, das Sie über *Einfügen/Seitenzahl/Seitenzahlen formatieren* aktivieren. Hier muss die Option *Fortsetzen vom vorherigen Abschnitt* aktiviert sein.

Angenommen, Sie haben mehrere Kapitel hintereinander kopiert, aber die Kapitelnummerierung ist nicht fortlaufend, einige Kapitel haben immer noch die eins als Kapitelnummer, so klicken Sie mit der rechten Maustaste in eine falsche Nummer der Kapitelüberschrift und wählen im Kontextmenü *Nummerierung fortsetzen* an.

Gibt es Probleme mit den Kopfzeilen, so ist es am einfachsten, Sie lösen alle Verknüpfungen zwischen den Kopfzeilen (siehe Abschnitt 8.2.1.7) und fügen die Kopfzeilen über die Registerkarte *WissArbeit* und die Schaltfläche *Kopfzeilen* ein. Oder Sie fügen per Hand die fehlenden Feldfunktionen ein. Der Umgang mit Kopfzeilen wurde in Abschnitt 3.5 beschrieben.

8.3.2 Kapitel mit mehreren Kapiteldateien beenden

Möchten Sie Ihre Arbeit mit mehreren Kapiteldateien beenden, so haben Sie den Vorteil, nicht mit einer unhandlich großen Datei arbeiten zu müssen, die viele Abschnittswechsel aufweist. Der Nachteil besteht darin, dass Sie alle Dateien einzeln öffnen müssen, um die Kapitel- bzw. die Seitennummerierung einstellen zu können – also mehr Fleißarbeit. Zudem besteht keine Möglichkeit, automatisch aktualisierbare Querverweise zwischen Kapiteln einzufügen.

Ausgabe in PDF-Datei Möchten Sie Ihre Arbeit als PDF-Datei ausgeben und es soll nur eine einzige PDF-Datei sein, so können Sie trotzdem mit Einzeldateien weiterarbeiten. Im Abschnitt 8.8, »Erstellen von PDF-Dateien«, ist das Programm pdfsam beschrieben, mit dessen Hilfe Sie mehrere PDF-Dateien zu einer einzigen PDF-Datei zusammenfassen können.

Arbeiten Sie mit einer (oder mehreren) Datei(en) pro Kapitel, so beenden Sie Ihre Arbeit mit den im Folgenden beschriebenen Schritten: Beginnen Sie damit, die Kapitelnummern in jeder Datei festzulegen. Stellen Sie dann eine durchgängige Seitennummerierung über alle Dateien her. Im letzten Schritt erstellen Sie das Inhaltsverzeichnis sowie gegebenenfalls alle weiteren Verzeichnisse.

8.3.3 Kapitelnummern festlegen

Falls Sie die Kapitelnummern noch nicht per Hand gesetzt haben, werden wahrscheinlich alle Ihre Kapitel die Nummer eins als Kapitelnummer aufweisen. Bevor Sie ein Verzeichnis erstellen, sollten Sie die Nummerierung der einzelnen Kapitel festlegen.

- Öffnen Sie die Datei eines Kapitels.

- Klicken Sie mit der rechten Maustaste auf die Nummer der Hauptüberschrift und

- wählen Sie im Kontextmenü den Befehl *Nummerierungswert festlegen* aus.

- Legen Sie im gleichnamigen Dialogfeld (siehe Bild 8.14) fest, welche Nummer das aktuelle Kapitel haben soll.

Bild 8.14: Hier wird die Kapitelnummer für Kapitel 3 festgelegt

Eingestellte Kapitelnummer bleibt nicht Haben Sie zwar die Kapitelnummer geändert, stellt diese sich jedoch immer wieder zurück, ist wahrscheinlich für Ihren Text im Dialogfeld *Dokumentvorlagen und Add-Ins* (Aufruf über das Dialogfeld *Word-Optionen,* die Kategorie *Add-Ins*) die automatische Aktualisierung aktiviert. Wählen Sie ganz unten hinter *Verwalten Vorlagen* aus und klicken Sie auf *Gehe zu.* Deaktivieren Sie die Option *Dokument-formatvorlagen automatisch aktualisieren* und eine neu eingestellte Kapitelnummer ändert sich nicht mehr.

8.3.4 Durchgängige Seitennummerierung erstellen

Normalerweise fängt Word bei der Nummerierung der Seiten in jedem Kapitel mit eins an zu zählen. Daher sollten Sie im nächsten Schritt für eine durchgängige Seitennummerierung der einzelnen Kapitel sorgen. In Examensarbeiten zählt man in der Regel nicht ab der ersten Seite, also dem Deckblatt, sondern ab dem darauf folgenden Inhaltsverzeichnis.

Trotzdem gibt es noch zwei Möglichkeiten, die Seiten zu zählen: Sie nummerieren ab dem Inhaltsverzeichnis alles mit arabischen Zahlen durch oder Sie nummerieren das Inhaltsverzeichnis und alle Verzeichnisse vor der Einleitung mit römischen Zahlen und beginnen bei der Einleitung mit arabischen Zahlen bei eins zu zählen.

8.3.4.1 Nummerierung des Inhaltsverzeichnisses mit römischen Zahlen

Für die Festlegung der Seitennummerierung ist die Nummerierung des Inhaltsverzeichnisses mit römischen Zahlen die einfachere Variante, denn dabei ist die Zählung des Textes unabhängig von der Anzahl der Seiten des Inhaltsverzeichnisses. Lesen Sie in Abschnitt 8.2.1.5 nach, wie Sie die Seiten des Inhaltsverzeichnisses mit römischen Zahlen nummerieren.

Beginnen Sie dann mit der Nummerierung der restlichen Kapitel. Da das erste Kapitel Ihrer Arbeit auch weiterhin auf Seite eins beginnen soll, ist an der Datei des ersten Kapitels keine Änderung vorzunehmen. Allerdings müssen Sie wissen, wie lang das erste Kapitel ist, um für das folgende zweite Kapitel die korrekte Seitenzahl eintragen zu können.

- Öffnen Sie das erste Kapitel und sehen Sie auf der Statuszeile nach, wie viele Seiten das Kapitel beinhaltet.

- Öffnen Sie die Datei des zweiten Kapitels.

- Wählen Sie nun den Befehl *Einfügen/Seitenzahl/Seitenzahlen formatieren* aus.

- Tragen Sie hinter *Beginnen bei* die Seitenzahl ein, mit der das zweite Kapitel beginnen soll.

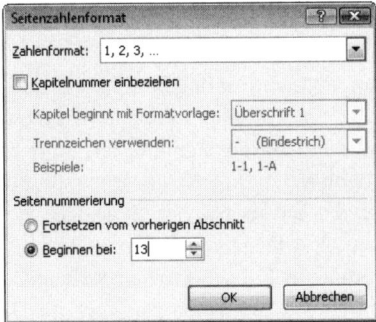

Bild 8.15: Kapitel 2 beginnt auf Seite 13

- Bestätigen Sie dieses Dialogfeld mit *OK*.

- Springen Sie mit der Tastenkombination [Strg]+[Ende] auf die letzte Seite des aktuellen Kapitels und lesen Sie in der Statuszeile ganz links die Seitenzahl der letzten Seite ab.

Steuerzeichen ausschalten Achten Sie darauf, dass die Steuerzeichen ausgeschaltet sind, wenn Sie die Seitenzahl ablesen, da zusätzlich angezeigte Steuerzeichen die Länge des Textes verfälschen.

- Öffnen Sie nun nacheinander alle Dateien, tragen Sie die Seitenzahl ein und lesen Sie die Seitenzahl der letzten Seite ab.

Zu beachten bei einem zweiseitigen Layout Verwenden Sie für Ihre Arbeit ein zweiseitiges Layout, so beginnt ein neues Kapitel in der Regel immer auf einer rechten – also ungeraden – Seite. Achten Sie dann beim Nummerieren der Seiten darauf, dass jedes Kapitel eine gerade Anzahl von Seiten haben muss. Fügen Sie gegebenenfalls mit dem Befehl *Einfügen/Seite/Leere Seite* eine leere Seite am Ende ein.

8.3.4.2 Nummerierung des Inhaltsverzeichnisses mit arabischen Zahlen

Möchten Sie die Seitennummmerierung mit dem Inhaltsverzeichnis beginnen lassen, müssen Sie zunächst wissen, wie lang das Inhaltsverzeichnis ist (und gegebenenfalls auch, wie lange die anderen Verzeichnisse sind), bevor Sie die Nummerierung der nachfolgenden Kapitel festlegen können. Daher ist es sinnvoll, erst ein Inhaltsverzeichnis (sowie andere Verzeichnisse) anzulegen und dann die endgültige Nummerierung der einzelnen Kapitel zu definieren.

- Legen Sie nach der Anleitung des folgenden Abschnitts ein Inhaltsverzeichnis für Ihre Arbeit an.

Den verschiedenen Ebenen werden beim Anlegen des Inhaltsverzeichnisses die Formatvorlagen *Verzeichnis 1*, *Verzeichnis 2* etc. zugewiesen.

- Passen Sie – bei Bedarf – die Formatvorlagen *Verzeichnis 1*, *Verzeichnis 2* bzw. *Verzeichnis 3* so an, wie sie später aussehen sollen, um die korrekte Länge des Inhaltsverzeichnisses herauszufinden zu können.

Alle Formatvorlagen anzeigen Standardmäßig werden im Aufgabenbereich *Formatvorlagen* nur die empfohlenen Formatvorlagen angezeigt. Möchten Sie alle anzeigen, um die Formatvorlagen *Verzeichnis* bearbeiten zu können, wählen Sie im Aufgabenbereich *Formatvorlagen* unten den Link *Optionen* aus. In dem Dialogfeld, das Sie so aktivieren, ändern Sie dann die Einstellung des Kombinationsfeldes zu *Anzuzeigende Formatvorlagen auswählen* in *Alle Formatvorlagen*. Jetzt müssen Sie die Formatvorlagen nur noch in der Liste finden. Alternativ können Sie die Vorlagen über das Dialogfeld *Inhaltsverzeichnis* und die Schaltfläche *Ändern* (siehe 8.2.1.4) bearbeiten.

- Kontrollieren Sie die Anzahl der Seiten des Inhaltsverzeichnisses und

- öffnen Sie das darauf folgende Kapitel.

- Verwenden Sie den Befehl *Einfügen/Seitenzahl/Seitenzahlen formatieren*.

- Geben Sie im Eingabefeld hinter *Beginnen bei* die Startseite des aktuellen Kapitels an. Bestätigen Sie das Dialogfeld mit *OK*.

- Springen Sie mit der Tastenkombination [Strg]+[Ende] auf die letzte Seite des aktuellen Kapitels und lesen Sie in der Statuszeile ganz links die Seitenzahl der letzten Seite ab.

Verzeichnis nicht per Hand formatieren Wir raten Ihnen dringend davon ab, das Inhaltsverzeichnis per Hand, also ohne die entsprechenden Formatvorlagen zu formatieren. Dies ist zwar rein theoretisch möglich, allerdings geht die Formatierung bei der nächsten Aktualisierung sofort wieder verloren. Sie können sich also viel Zeit ersparen, wenn Sie Formatvorlagen verwenden.

Steuerzeichen ausschalten Achten Sie darauf, dass die Steuerzeichen ausgeschaltet sind, wenn Sie die Seitenzahl ablesen, da zusätzlich angezeigte Steuerzeichen die Länge des Textes verfälschen.

- Öffnen Sie nun nacheinander alle Dateien, tragen Sie die Seitenzahl ein und lesen Sie die Seitenzahl der letzten Seite ab.

Zu beachten bei einem zweiseitigen Layout Verwenden Sie für Ihre Arbeit ein zweiseitiges Layout, so beginnt ein neues Kapitel in der Regel immer auf einer rechten – also ungeraden – Seite. Achten Sie dann beim Nummerieren der Seiten darauf, dass jedes Kapitel eine gerade Anzahl von Seiten haben muss. Fügen Sie gegebenenfalls mit dem Befehl *Einfügen/Seite/Leere Seite* eine leere Seite am Ende des Kapitels ein.

8.3.5   Inhaltsverzeichnis anlegen

Das Inhaltsverzeichnis legen Sie in zwei Schritten an. Zunächst bestimmen Sie die Form des Verzeichnisses, dann legen Sie fest, welche Dateien beim Erstellen einbezogen werden sollen.

8.3.5.1   Das Inhaltsverzeichnis definieren

Sie sollten für das Inhaltsverzeichnis eine neue Datei auf der Basis der Dokumentvorlage anlegen, die Sie auch für den Rest der Arbeit benutzen. Fügen Sie das Inhaltsverzeichnis dann als Baustein über die Schaltfläche *Verzeichnisse* der Registerkarte *WissArbeit* – falls Sie die Dokumentvorlage *WissArbeit* verwenden – ein oder lesen Sie im Abschnitt 8.2.1, was Sie tun müssen.

Bestätigen Sie die getroffene Auswahl im Dialogfeld *Inhaltsverzeichnis*, so erhalten Sie u. U. die Fehlermeldung *Es wurden keine Einträge für das Inhaltsverzeichnis gefunden*. Diese Fehlermeldung ist insofern nicht verwunderlich, da Sie bislang noch nicht angegeben haben, welche Dateien für das Inhaltsverzeichnis verwendet werden sollen.

8.3.5.2   Die Verweise auf die einzelnen Kapitel anlegen

Die nächste Aufgabe besteht nun darin, die Verweise auf die benötigten Dateien anzulegen. Dadurch öffnet Word nacheinander die entsprechenden Dateien, sucht in jeder Datei die gewünschten Überschriften und übernimmt sie in das Inhaltsverzeichnis.

- Es ist sinnvoll, erst einmal die Datei zu speichern, damit danach relative Pfade für die einzelnen Dateien eingefügt werden können.

- Verwenden Sie dann den Befehl *Einfügen/Schnellbausteine/Feld* und wählen Sie links oben im Dialogfeld als Kategorie *Index und Verzeichnisse* aus.

- Im Auswahlfeld darunter, das mit *Feldnamen* überschrieben ist, klicken Sie auf die Feldfunktion *RD*.

- Tragen Sie dann, wie Sie es in Bild 8.16 sehen können, den Namen und Pfad der ersten Datei im Eingabefeld unter *Dateiname oder URL* ein. Falls die Datei im gleichen Ordner wie das Inhaltsverzeichnis oder einem dazugehörigen Unterverzeichnis gespeichert ist, brauchen Sie nicht den vollständigen Pfad einzugeben. Aktivieren Sie in diesem Fall die Option *Pfad ist relativ zum aktuellen Dokument* und geben Sie nur den Dateinamen oder gegebenenfalls auch noch das Unterverzeichnis an.

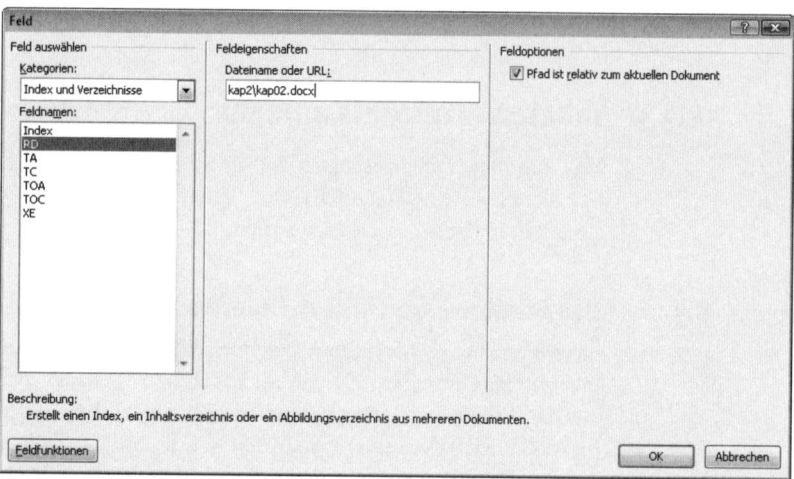

Bild 8.16: Eine relative Verknüpfung zur Datei *Kap02* im Ordner *Kap2* herstellen

Im Beispiel befindet sich das Inhaltsverzeichnis im Ordner *Meine Arbeit\ Texte*, der die Unterordner *Kap1*, *Kap2*, *Kap3* etc. enthält, in denen sich die einzelnen Kapitel sowie die dazugehörenden Bilder befinden. Entsprechend heißt der relative Pfad vom Inhaltsverzeichnis im Ordner *Texte* aus gesehen: Gehe in den Unterordner *Kap2*, dort liegt die Datei *Kap02.docx*.

Möchten oder müssen Sie den gesamten absoluten Pfad angeben, also z. B. *C:\Benutzer\Ihr Name\Dokumente\Meine Arbeit\Diplomarbeit.docx*, ist es am einfachsten, Sie öffnen den Windows Explorer, wählen den entsprechenden Ordner aus, kopieren über das Kontextmenü und den Befehl *Adresse kopieren* den Pfad aus der Zeile hinter *Adresse* und fügen ihn im Dialogfeld *Feld* ein.

Die Feldfunktion *RD*, »Referenziertes Dokument«, nimmt in einen Text einen Verweis auf eine andere Textdatei auf. Mit einem Klick auf die Schaltfläche *Feldfunktionen* wird die erstellte Funktion im Dialogfenster angezeigt. Wie Sie sehen, wurde der einfache Backslash \ in der Pfadangabe von Word in doppelte Backslashs \\ umgewandelt. Dies ist erforderlich, da der einfache Backslash bei der Auswertung einer Feldfunktion als Beginn eines Schalters für eine Option interpretiert wird.

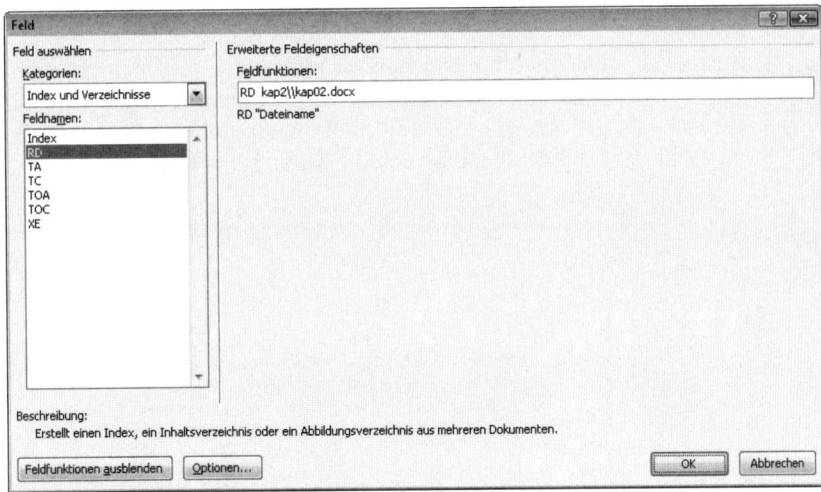

Bild 8.17: Feldfunktion mit doppelten Backslashs

● Bestätigen Sie Ihre Eingaben mit *OK*.

Der Umgang mit *RD*-Feldfunktionen ist etwas trickreich, denn diese sind in
einer speziellen Weise verborgen formatiert, d. h., sie sind am Bildschirm
nicht sichtbar.

 Vielleicht haben Sie ja bereits festgestellt, dass Sie in Ihrem Text trotz einge-
fügter Feldfunktion nichts sehen. Mit der links dargestellten Schaltfläche, die
zur Anzeige der Word-internen Sonderzeichen dient, können Sie sich die *RD*-
Funktionen einblenden lassen, wie es das folgende Bild zeigt.

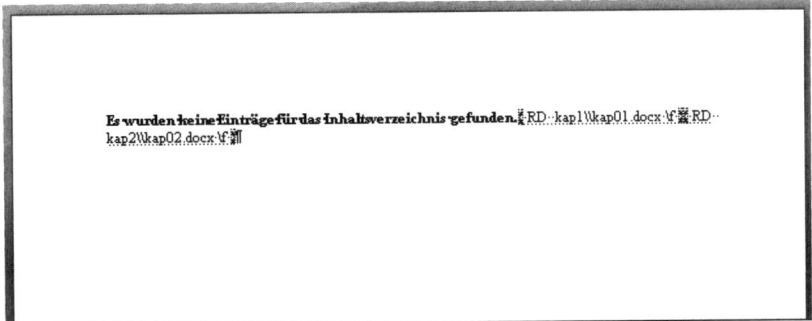

Bild 8.18:   Eingefügte Feldfunktion mit Verweisen auf Kapitel *Kap01.docx* im
             Unterordner *Kap1* sowie *Kap02.docx* im Unterordner *Kap2*

Fügen Sie für alle Dateien, die in das Inhaltsverzeichnis aufgenommen werden sollen, eine *RD*-Feldfunktion ein. Dazu können Sie die Feldfunktion
auch einfach kopieren und abändern.

8.3.5.3   Das Inhaltsverzeichnis erstellen lassen

Das Inhaltsverzeichnis ist nun fertig. Möchten Sie sich die eingefügten Feldfunktionen ansehen, schalten Sie mit ⌥+F9 oder über das Kontextmenü in die Ansicht der Feldfunktionen und verwenden Sie die links dargestellte Schaltfläche, um auch die Kapitelverweise zu sehen.

{ TOC ·\o·"1-2"·\h·\z·\u}{RD··"\\kap1\\kap01.docx".·\f}{RD··"\\kap2\\kap02.docx".·\f}{RD··
"\\kap3\\kap03.docx".·\f}{RD··"\\kap4\\kap04.docx".·\f}{RD··"\\kap5\\kap05.docx".·\f}{RD··
"\\kap6\\kap06.docx".·\f}{RD··"Zusammenfassung.docx".·\f}{RD··"Anhang.docx".·\f}{RD··
"Literat.docx".·\f}{RD··"Lebenslauf.docx".·\f}

Bild 8.19: Feldfunktion für das Inhaltsverzeichnis mit Kapitelverweisen

Aktualisieren Sie nun das Inhaltsverzeichnis. Markieren Sie dazu mit Strg+A den Inhalt der Datei und aktualisieren Sie mit F9 oder über das Kontextmenü das Verzeichnis. Daraufhin durchsucht Word alle referenzierten Dateien und stellt ein entsprechendes Inhaltsverzeichnis zusammen.

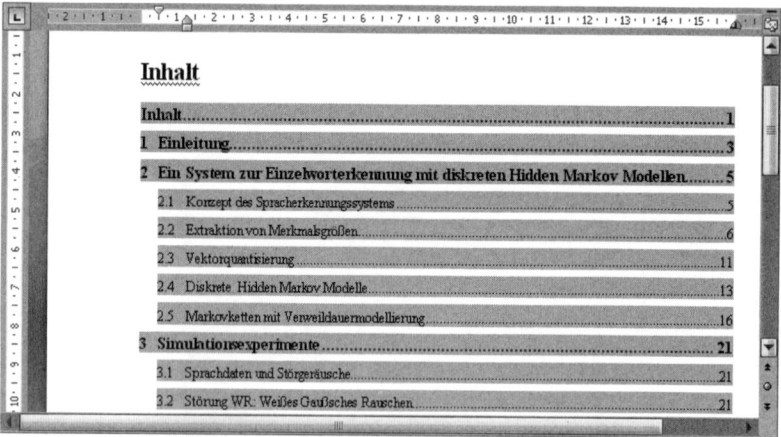

Bild 8.20: Das neu erzeugte Inhaltsverzeichnis

8.3.5.4   Überschrift des Inhaltsverzeichnisses

Die Überschrift des Inhaltsverzeichnisses sollte weder mit der Formatvorlage *Überschrift 1* noch mit *Überschrift 6* (der Formatvorlage für Verzeichnisse)

formatiert werden. Es sieht nämlich seltsam aus, wenn im Inhaltsverzeichnis der Eintrag *Inhaltsverzeichnis* erscheint. Deshalb wurde in der Dokumentvorlage *WissArbeit* die Formatvorlage *Inhalt* definiert. Sie ist formatiert wie *Überschrift 1*, erscheint aber nicht im Inhaltsverzeichnis.

8.3.5.5 Kopf- bzw. Fußzeilen des Inhaltsverzeichnisses bearbeiten

Für Inhaltsverzeichnisse, die mit den Bausteinen der Dokumentvorlage *WissArbeit* erstellt wurden, ist die Kopfzeile bereits bearbeitet und sollte korrekt angezeigt werden.

Haben Sie das Inhaltsverzeichnis selbst erstellt und möchten jetzt die Kopf- oder Fußzeile für das Inhaltsverzeichnis einrichten, so muss als Erstes sichergestellt sein, dass hinter dem Inhaltsverzeichnis ein Abschnittswechsel definiert wurde. Zudem muss die Verknüpfung zwischen der Kopf- oder Fußzeile des Abschnitts mit dem Inhaltsverzeichnis und dem folgenden Abschnitt aufgehoben werden. Denken Sie daran, dass – solange eine Verknüpfung zwischen den Kopf- oder Fußzeilen besteht – die Formatierung des letzten Abschnitts auf den vorherigen übertragen wird. Haben Sie für die Kopfzeile definiert, dass die erste Seite anders ist, müssen Sie die Verknüpfung für die *Erste Kopfzeile* nicht aufheben. Die erste Kopfzeile zeigt dann für keinen Abschnitt einen Eintrag an, sie sieht also für alle Abschnitte gleich aus. Um die Verknüpfung zwischen den restlichen Kopfzeilen zu lösen, verfahren Sie so:

- Aktivieren Sie die Kopf-/Fußzeile des Abschnitts nach dem Inhaltsverzeichnis und lösen Sie durch einen Klick auf die Schaltfläche *Mit vorheriger verknüpfen* die Verbindung zwischen der Kopf-/Fußzeile des aktuellen und des vorhergehenden Abschnitts. Haben Sie ein zweiseitiges Layout, ist also die Kopf-/Fußzeile für gerade und ungerade Seiten unterschiedlich, so müssen Sie die Verknüpfung sowohl für die geraden als auch für die ungeraden Kopf-/Fußzeilen aufheben.

- Im nächsten Schritt können Sie nun die Kopf-/Fußzeile des Inhaltsverzeichnisses bearbeiten: Fügen Sie die Feldfunktion STYLEREF ein und lassen Sie sie auf die Formatvorlage verweisen, mit der die Überschrift des Inhaltsverzeichnisses formatiert wurde. Verwenden Sie ein zweiseitiges Layout, kopieren Sie die eingefügte Feldfunktion einfach und fügen Sie sie für die ungerade Seite in der Kopf-/Fußzeile ebenfalls ein. (Zum Nachlesen: Kopf- und Fußzeilen wurden in Abschnitt 3.5 besprochen.)

8.3.6 Verzeichnisse für Bilder und Tabellen

Um ein Bilder- oder Tabellenverzeichnis einzufügen, verfahren Sie ähnlich wie für das Inhaltsverzeichnis: Fügen Sie die *RD*-Feldfunktionen ein, um

Word anzugeben, welche Dateien durchsucht werden sollen, und erstellen Sie ein Verzeichnis für die gewünschte Kategorie.

● Beginnen Sie zunächst mit einer neuen Datei, die auf der Dokumentvorlage für Ihre Arbeit basiert.

 ● Um nun ein Bilder- oder Tabellenverzeichnis einzufügen, verwenden Sie den Befehl *Abbildungsverzeichnis einfügen* (Gruppe *Beschriftungen* auf der Registerkarte *Verweise*).

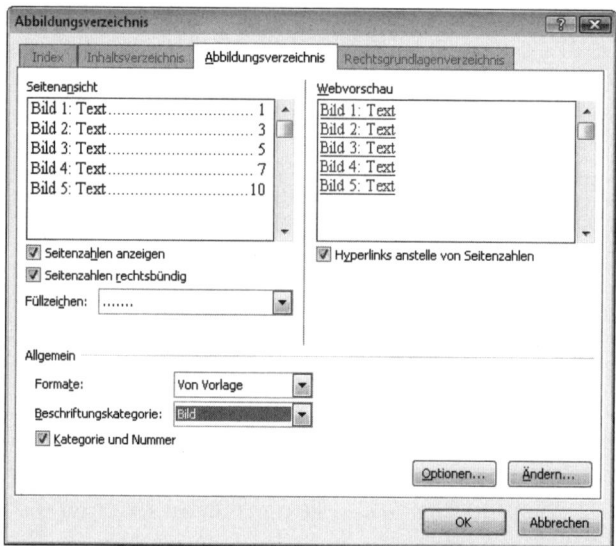

Bild 8.21: Zum Einfügen eines Bilder- oder Tabellenverzeichnisses

● Wählen Sie unten links unter *Allgemein* die gewünschte *Beschriftungskategorie* aus, also z. B. *Tabelle* oder *Bild* und selektieren Sie das gewünschte Format.

Für mehr Information lesen Sie weiter in Abschnitt 8.2.2.

8.3.7 Verzeichnisse aktualisieren

Verwenden Sie die Tastenkombination [alt]+[F9] oder das Kontextmenü und den Befehl *Feldfunktionen ein/aus*, um in die Feldfunktionendarstellung umzuschalten.

Sie aktualisieren ein Verzeichnis mit [F9] oder ebenfalls über das Kontextmenü und den Befehl *Felder aktualisieren*.

8.4 Korrekturhilfen

Sind Sie mit dem Schreiben fertig, sollten Sie es nicht versäumen, Ihre Texte auf Rechtschreibfehler untersuchen zu lassen. In den folgenden Abschnitten möchten wir Ihnen Funktionen erläutern, die Sie beim Korrigieren Ihrer Texte unterstützen können. Zudem besteht die Möglichkeit, Wörterbücher anzulegen, in die Sie beispielsweise Fachausdrücke speichern können.

8.4.1 Rechtschreibprüfung

Die Rechtschreibprüfung gehört zu den nützlichen Hilfsprogrammen von Word. Mit ihr können Sie schnell und einfach Ihren Text nach Schreibfehlern, vergessenen Zeichen und Buchstabendrehern durchsuchen.

Neue oder alte Rechtschreibung Standardmäßig korrigiert Word nach der neuen Rechtschreibung. Sie können bei Bedarf aber auch die Korrekturhilfe für die alte Rechtschreibung anwählen. Öffnen Sie dazu das Dialogfeld *Word-Optionen* und wählen Sie links die Kategorie *Dokumentprüfung* aus. Rechts finden Sie nun das Kontrollkästchen zu *Deutsch: Neue Rechtschreibung verwenden*. Deaktivieren Sie es, so überprüft Word Ihren Text nach den alten Rechtschreibregeln.

Fremdwörter und Fachausdrücke, die die Rechtschreibprüfung nicht kennt und deshalb als falsch geschriebene Wörter anzeigt, können Sie in benutzerdefinierte Wörterbücher aufnehmen. Damit erweitern Sie den Wortschatz der Rechtschreibprüfung, d. h., je häufiger Sie die Rechtschreibprüfung verwenden, desto mehr Wörter werden dazugelernt. Die benutzerdefinierten Wörterbücher lassen sich ansehen und bearbeiten (siehe Abschnitt 8.4.2), so dass Sie eine Kontrollmöglichkeit über die hinzugefügten Wörter haben.

Sie rufen die Rechtschreibprüfung auf der Registerkarte *Überprüfen* mit der Schaltfläche *Rechtschreibung und Grammatik* oder der [F7]-Taste auf. Word beginnt daraufhin mit der Überprüfung des Textes und zeigt Fehler und unbekannte Wörter in dem in Bild 8.22 dargestellten Dialogfeld an. Haben Sie vor dem Aufruf der Rechtschreibprüfung Text markiert, wird nur der Text innerhalb der Markierung überprüft.

Im Feld *Nicht im Wörterbuch* wird das reklamierte Wort rot dargestellt. Das Listenfeld *Vorschläge* zeigt die Wörter aus dem Wörterbuch der Rechtschreibprüfung, die die richtige Schreibweise aufweisen könnten.

Mit der Schaltfläche *Einmal ignorieren* übergehen Sie die Rechtschreibfehlermeldung und veranlassen Word, den Text weiter zu überprüfen und keine Änderung vorzunehmen. Mithilfe der Schaltfläche *Alle ignorieren* weisen Sie Word an, sich das reklamierte Wort zu merken und im weiteren Verlauf der Rechtschreibprüfung nicht mehr als Fehler anzuzeigen. Diese Option wird dann benötigt, wenn beispielsweise spezielle Wörter oder Abkürzungen im Text vorkommen, die richtig geschrieben sind und die Sie nicht in Ihr benutzerdefiniertes Wörterbuch aufnehmen wollen.

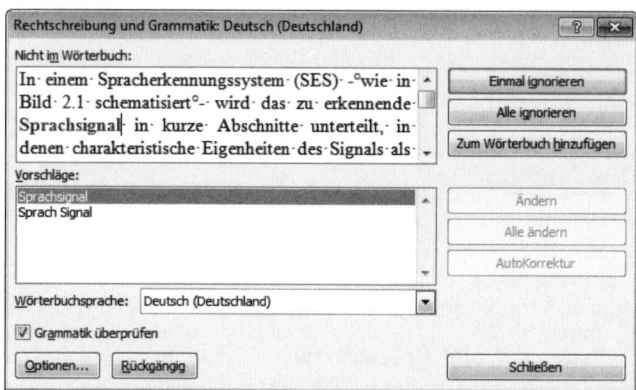

Bild 8.22: Das Wort »Sprachsignal« soll dem Wörterbuch zugefügt werden

Mit der Schaltfläche *Zum Wörterbuch hinzufügen* nehmen Sie das von der Rechtschreibprüfung reklamierte Wort in Ihr als Standard definiertes Wörterbuch auf. Word erlaubt Ihnen mehrere benutzerdefinierte Wörterbücher, so dass Sie beispielsweise ein Wörterbuch mit allgemeinen Ausdrücken und eines mit Fachbegriffen füllen können.

Die Schaltfläche *Ändern* tauscht das reklamierte Wort im Text gegen den im Feld *Vorschläge* selektierten Begriff aus.

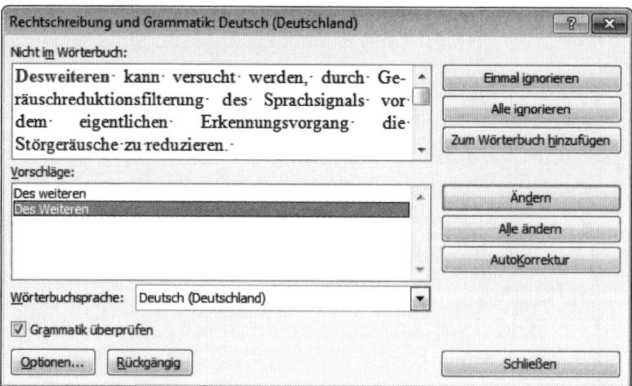

Bild 8.23: »Desweiteren« soll mit der Schaltfläche *Ändern* zu »Des Weiteren« werden

Der Text für die Änderung kann von Ihnen direkt im Dialogfeld bearbeitet werden, so dass Sie hier Korrekturen von Word korrigieren können. Übrigens können Sie den Text auch direkt im Dialogfeld per Hand ändern.

Die Schaltfläche *Alle ändern* bewirkt ein automatisches Austauschen aller weiteren Vorkommen des reklamierten Wortes durch den Änderungstext, ohne dass Sie erneut gefragt werden.

Mit *AutoKorrektur* nehmen Sie das reklamierte Wort und seine richtige Version in die AutoKorrektur-Liste auf. Lesen Sie mehr zum Thema im Abschnitt 2.4.

Haben Sie versehentlich auf *Ändern* oder *Einmal ignorieren* geklickt, können Sie dies über die Schaltfläche *Rückgängig* links unten ungeschehen machen.

Sie können im Dialogfeld *Rechtschreibung und Grammatik* bei Bedarf auch die Sprache wechseln. Aktivieren Sie dazu einfach das Kombinationsfeld zu *Wörterbuchsprache*.

Mithilfe der Schaltfläche *Optionen* können Sie Einstellungen für die Durchführung der Rechtschreibprüfung im Dialogfeld *Word-Optionen* vereinbaren.

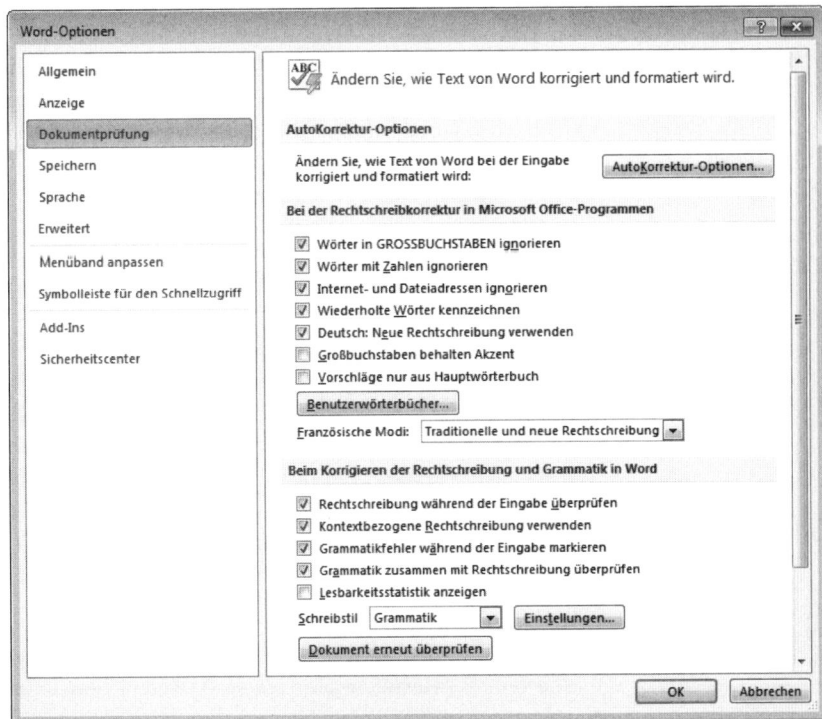

Bild 8.24: Optionen für die Rechtschreibprüfung

Mit den Optionen *Wörter in GROSSBUCHSTABEN ignorieren* und *Wörter mit Zahlen ignorieren* sowie *Internet- und Dateiadressen ignorieren* bestimmen Sie, dass entsprechende Wörter in Ihrem Text bei der Rechtschreibprüfung übergangen werden.

Selektieren Sie *Vorschläge nur aus Hauptwörterbuch*, so ignoriert Word Ihre benutzerdefinierten Wörterbücher.

8.4.2   Eigene Wörterbücher korrigieren

Was tun, wenn Sie versehentlich ein falsch geschriebenes Wort Ihrem Wörterbuch zugefügt haben? Kein Problem: Ihr benutzerdefiniertes Wörterbuch lässt sich bearbeiten und korrigieren.

Klicken Sie dazu im Dialogfeld *Rechtschreibung und Grammatik* auf *Optionen* und im Dialogfeld *Word-Optionen* auf die Schaltfläche *Benutzerwörterbücher*.

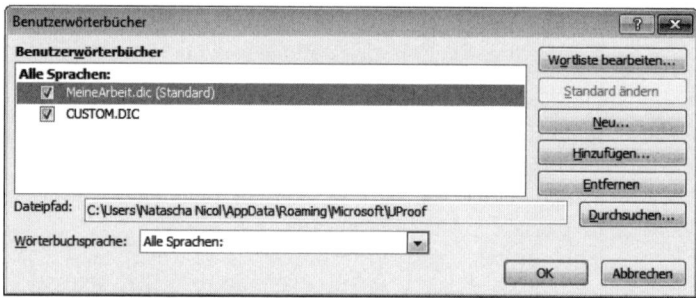

Bild 8.25: Das neu angelegte Wörterbuch wurde zum Standard-Wörterbuch

Hier finden Sie alle zurzeit verwendeten Wörterbücher. Standardmäßig steht Ihnen das Wörterbuch *CUSTOM.DIC* zur Verfügung. Sie können aber auch ein neues anlegen oder ein bereits bestehendes hinzufügen. Verwenden Sie mehrere Wörterbücher, so werden neue Wörter dem Wörterbuch hinzugefügt, das als Standard definiert ist. Haben Sie über die Schaltfläche *Neu* ein neues Wörterbuch angelegt, markieren Sie es und klicken Sie auf die Schaltfläche *Standard ändern*, um es zum Standard-Wörterbuch zu machen. Zur Rechtschreibprüfung werden alle durch das Häkchen aktivierten Wörterbücher verwendet.

Über die Schaltfläche *Wortliste bearbeiten* können Sie sich alle Wörter des markierten Wörterbuches anzeigen lassen. Hier besteht die Möglichkeit, Wörter aus dem Wörterbuch zu löschen oder neue hinzuzufügen.

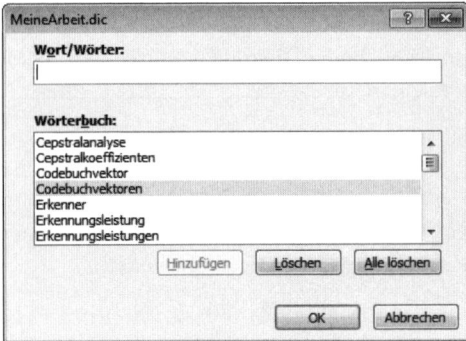

Bild 8.26: Wörter aus dem Wörterbuch löschen und neue hinzufügen

8.4.3 Grammatikprüfung

Word erlaubt eine deutsche Grammatikprüfung, d. h., Sie können Ihren Text auf grammatikalische Fehler untersuchen.

Die Grammatikprüfung wird zusätzlich zur Rechtschreibprüfung vorgenommen. Rufen Sie das entsprechende Dialogfeld wiederum über die Schaltfläche *Rechtschreibung und Grammatik* oder die Taste [F7] auf (siehe folgendes Bild). Achten Sie darauf, dass in dem Dialogfeld die Option *Grammatik überprüfen* selektiert ist.

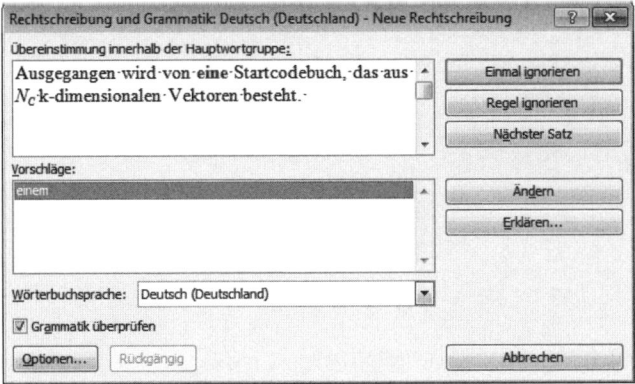

Bild 8.27: Grammatikprüfung

Während bei der Rechtschreibprüfung Fehler in rot dargestellt werden, markiert Word mögliche grammatikalische Fehler in grün. Sie können den fehlerhaften Text direkt im Dialogfeld ausbessern.

Für die Grammatikprüfung verfügt Word über einige Einstellungsmöglichkeiten. Das entsprechende Dialogfeld (siehe Bild 8.24) rufen Sie über die Schaltfläche *Optionen* auf.

Sie können beispielsweise bestimmen, ob die Grammatikprüfung Ihren Text schon während der Eingabe überprüft. Lassen Sie den Text während der Erfassung überprüfen, sollten Sie die Option *Grammatikfehler während der Eingabe markieren* selektieren, damit Grammatikprobleme durch grüne Schlangenlinien in Ihrem Text angezeigt werden.

Wir haben mit der Grammatikprüfung schon einige gute Erfahrungen gemacht; insbesondere Flüchtigkeitsfehler wie beispielsweise fehlende Pluralendungen, die die Rechtschreibprüfung nicht finden kann, können mit der Grammatikprüfung aufgespürt werden.

8.4.4   Thesaurus

»Wie könnte man es denn noch sagen?« ist ein Gedanke, der uns beim Schreiben sehr oft durch den Kopf geht. Und wenn wir dann zum siebenundzwanzigsten Mal »Prinzip« in einem Absatz geschrieben haben, weil uns kein anderes Wort dafür einfällt, hilft vielleicht der Thesaurus von Word.

Sie können in diesem Wortschatz Synonyme nachschlagen. Sie aktivieren den Thesaurus mit der Schaltfläche *Thesaurus* (Registerkarte *Überprüfen*), mit der Tastenkombination [⇧]+[F7] oder indem Sie die [alt]-Taste gedrückt halten und mit der Maus auf das entsprechende Wort klicken. Für das Wort »Prinzip« haben wir es in folgendem Aufgabenbereich ausprobiert. Über die rechte Maustaste und das Kontextmenü oder einen Klick mit der linken Maustaste auf das kleine Dreieck lässt sich das gewünschte Synonym bequem in den Text einfügen. Mit *Nachschlagen* können Sie für das markierte Synonym die Suche nach weiteren Synonymen starten.

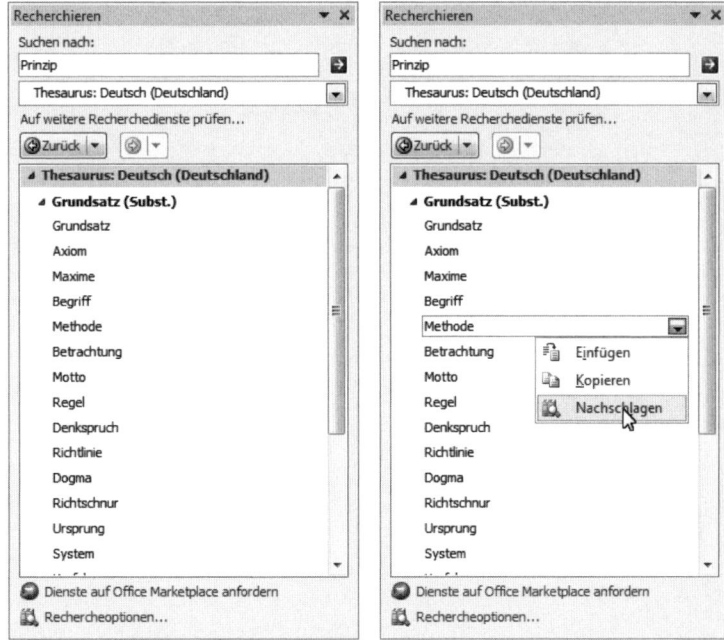

Bild 8.28: Aufgabenbereich *Recherchieren*

Sprachen Word liefert Thesauri für Deutsch, Englisch, Französisch und Italienisch mit. Weitere Sprachen kann man nachkaufen. Damit der passende
Thesaurus angewählt wird, muss für den entsprechenden Textabschnitt die
richtige Sprache ausgewählt sein, wie es im nächsten Abschnitt beschrieben
wird.

Es besteht zudem die Möglichkeit, Synonyme über das Kontextmenü zu finden. Klicken Sie mit der rechten Maustaste auf ein Wort und wählen Sie im
Kontextmenü *Synonyme* aus. Finden Sie in der vorgeschlagenen Auswahl
kein passendes Wort, so klicken Sie unten im Kontextmenü auf *Thesaurus*,
um den bereits bekannten Aufgabenbereich angezeigt zu bekommen.

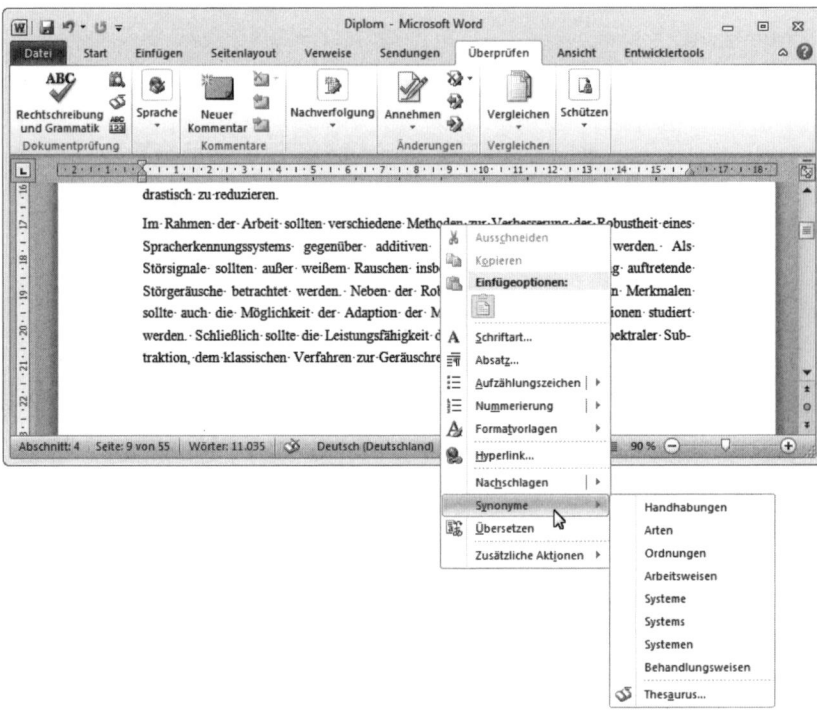

Bild 8.29: Synonym-Suche über das Kontextmenü

8.4.5 Spracheinstellung

Bei fremdsprachigen Texten sind eine Rechtschreibprüfung und ein Thesaurus oft noch hilfreicher als bei deutschen Werken.

Mit Word werden standardmäßig die Rechtschreibprüfung und der Thesaurus für Deutsch, Englisch, Französisch und Italienisch ausgeliefert. Auch eine entsprechende Silbentrennung für diese Sprachen ist vorhanden. Bei englischen Texten können Sie noch zusätzlich die Grammatik überprüfen.

Über die Schaltfläche *Sprache* auf der Registerkarte *Überprüfen* und die Auswahl *Sprache für die Korrekturhilfen festlegen* bestimmen Sie die Sprache für einen markierten Text. Bei einer Rechtschreibprüfung Ihres Textes wird je nach Sprachfestlegung das entsprechende Wörterbuch verwendet, so dass auch mehrsprachige Texte überprüft werden können.

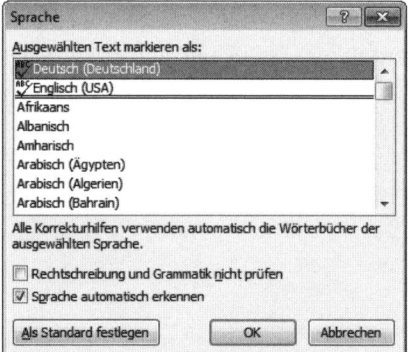

Bild 8.30: Die gewünschte Sprache einstellen

Mithilfe der Aktivierung von *Rechtschreibung und Grammatik nicht prüfen* können Sie die Rechtschreibprüfung für einen markierten Text unterdrücken. Insbesondere für Tabellen, Zitate und Listen ist diese Option hilfreich, denn damit werden diese Bereiche bei der Rechtschreib- bzw. Grammatikprüfung übergangen und Sie ersparen sich ein vielfaches Betätigen der Schaltfläche *Einmal ignorieren* bzw. *Alle ignorieren*.

Ansonsten versucht Word standardmäßig die verwendete Sprache selbst zu erkennen, es sei denn, Sie deaktivieren die entsprechende Option.

8.5 Silbentrennung

Um das Aussehen von Texten zu verbessern, sollten Sie Wörter trennen, damit keine hässlichen Lücken in den Texten entstehen. Word bietet Ihnen zwei Möglichkeiten für die Silbentrennung an. Sie können auf Word vertrauen und automatisch trennen lassen oder Sie kontrollieren die einzelnen Stellen, an denen Word trennen will, und verwenden die manuelle Trennung.

8.5.1 Trennzeichen eingeben

Sie können direkt in dem zu trennenden Wort ein unsichtbares Trennzeichen eintippen. Steht das Wort am Zeilenende und wird getrennt, wird das unsichtbare Trennzeichen in einen Bindestrich umgewandelt.

Das normalerweise unsichtbare Trennzeichen geben Sie mit [Strg]+[-] ein. Am Bildschirm und im Ausdruck sehen Sie nichts von diesem Zeichen, wenn das Wort nicht an dieser Stelle getrennt wird.

Selektieren Sie die links dargestellte Schaltfläche, werden alle unsichtbaren Sonderzeichen angezeigt, wie es im Bild unten zu sehen ist. Für das Trennzeichen wird das Zeichen »¬« eingesetzt.

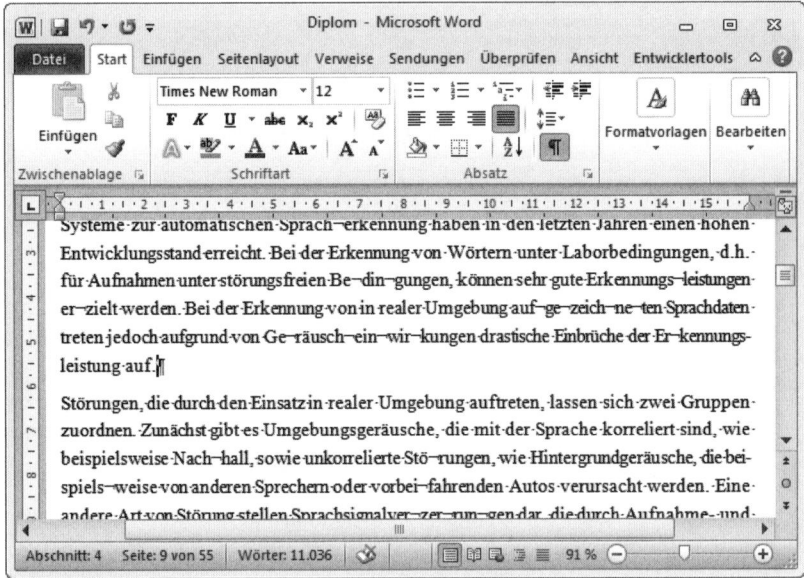

Bild 8.31: Unsichtbare Trennzeichen sichtbar gemacht

Auch normale Bindestriche wie in »C-Dur« werden von Word zur Silbentrennung verwendet. Dies ist aber nicht immer erwünscht, wie das nachfolgende Beispiel zeigen soll.

Gesetzt den Fall, in Ihrem Text kommt die folgende mathematische Formel vor:

$$y=ax+bz-sin(x).$$

Word würde das Minuszeichen in der Formel als Trennungszeichen verwenden, wenn die Formel am Zeilenende steht.

... Hier folgt eine Formel: y=ax+bz-
sin(x)........

In dieser Form ist die Formel nur noch schwer lesbar. Möchten Sie vermeiden, dass das Minuszeichen in der Formel zur Silbentrennung verwandt wird, müssen Sie einen geschützten Bindestrich eingeben. Dieser besondere, nicht trennbare Bindestrich wird mit [⇧]+[Strg]+[-] in den Text eingefügt.

8.5.2 Automatische Trennung

Um einen bestehenden Text durch Silbentrennungen besser umzubrechen, rufen Sie über die Schaltfläche *Silbentrennung* auf der Registerkarte *Seiten-layout* ein Menü auf. Selektieren Sie darin die Option *Automatisch*, trennt Word – während Sie Ihren Text schreiben – an den entsprechenden Stellen.

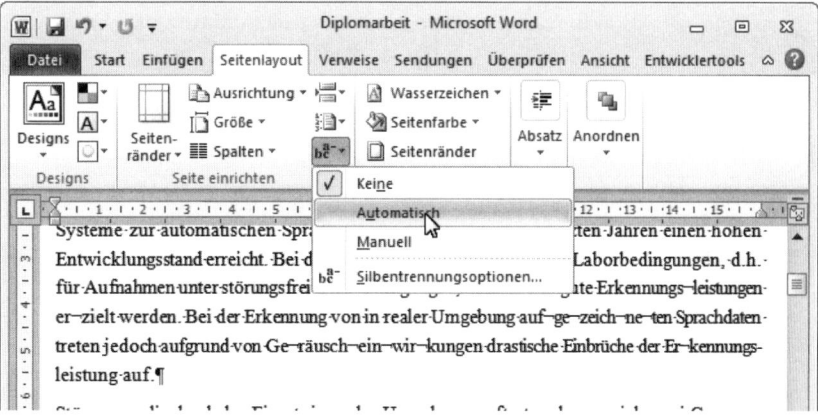

Bild 8.32: Automatische Silbentrennung

Um festzulegen, was wie getrennt werden soll, klicken Sie im Menü auf *Silbentrennungsoptionen* und aktivieren so das folgende Dialogfeld.

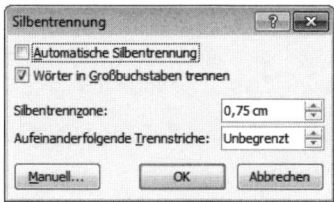

Bild 8.33: Einstellungen zur Silbentrennung

Mit *Wörter in Großbuchstaben trennen* wird die Silbentrennung auch für Wörter durchgeführt, die nur aus Großbuchstaben bestehen. Die Breite der *Silbentrennzone* bestimmt den Abstand zwischen dem Ende des letzten Wortes in einer Zeile und dem rechten Seitenrand. Diese Einstellung ist nur dann von Bedeutung, wenn Sie linksbündig schreiben und damit den Flattersatz am rechten Rand möglichst klein halten. Die Anzahl der Zeilen, die hintereinander folgend mit einem Trennstrich enden, kann durch die Angabe einer entsprechenden Zahl für die Option *Aufeinanderfolgende Trenn-striche* limitiert werden. Ein zehnzeiliger Absatz beispielsweise, in dem alle Zeilen am Ende einen Trennungsstrich aufweisen, sieht nicht gut aus und wirkt zerrissen.

8.5.3 Manuelle Trennung auf Vorschlag

Mithilfe der Schaltfläche *Manuell* oder des Eintrags *Manuell* im Menü zur Schaltfläche *Silbentrennung* (Bild 8.32) erreichen Sie, dass Word Ihren Text auf mögliche Trennungsstellen hin durchsucht und Ihnen die Trennungsvorschläge in einem Dialogfeld präsentiert.

Die möglichen Trennungsstellen sind durch ein Trennungszeichen markiert. Eine dünne graue Linie zeigt das theoretische Ende der entsprechenden Textzeile an. Bewegen Sie den Cursor auf die gewünschte Trennung und bestätigen Sie sie mit *Ja* oder weisen Sie sie mit *Nein* ab.

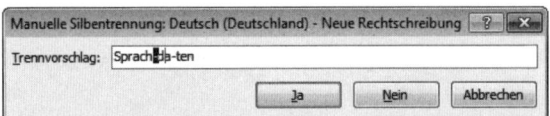

Bild 8.34: Manuelle Silbentrennung

8.6 Die letzte Fehlerkontrolle

Der folgende Abschnitt soll Sie auf einige Punkte hinweisen, die Sie kurz vor Ende Ihrer Arbeit beachten sollten. Da es bekanntlicherweise nach der Abgabe der Arbeit zu spät ist, noch etwas zu ändern, ist eine letzte Kontrolle wichtig. In der Regel hat man kurz vor der Abgabe am wenigsten Zeit und am wenigsten Lust, an der Arbeit noch herumzukorrigieren. Trotzdem lassen sich einige Fehler ohne großen Zeitaufwand beheben.

- Überprüfen Sie kurz vor Ende der Arbeit noch einmal den gesamten Text mit der Rechtschreibprüfung.

Wir haben festgestellt, dass sich viele Fehler am Schluss noch einschleichen, denn oft ändert man hier und da noch Kleinigkeiten, ohne jedoch die letzten Korrekturen richtig zu überprüfen.

- Durchsuchen Sie mithilfe der manuellen Trennhilfe und einem Duden Ihren Text nach möglichen Trennungen.

Nach unserer Erfahrung sollten Sie sich auf keinen Fall auf die automatische Trennhilfe verlassen, denn insbesondere Fach- und Fremdwörter werden oft falsch getrennt. Mit der Tastenkombination [Strg]+[-] können Sie bestimmen, an welcher Stelle im Wort getrennt werden soll (siehe Abschnitt 8.5.3).

- Achten sollten Sie auch darauf, dass eine Trennung nicht über einen Seitenumbruch geht,

d. h., dass der eine Teil des Wortes unten auf der Seite und der Rest des Wortes auf der nächsten Seite oben steht.

🔲 Suchen Sie mithilfe des Dialogfeldes *Suchen und Ersetzen* (Registerkarte *Start*, Schaltfläche *Ersetzen*) nach doppelten Leerzeichen und ersetzen Sie sie durch einfache.

🔲 Kontrollieren Sie die Seitennummerierung für zweiseitige Dokumente.

Ist Ihr Text nur einseitig bedruckt, ist die Nummerierung der Seiten unproblematisch. Aufwändiger wird es, wenn Sie zweiseitig drucken möchten. Eine solche Arbeit beginnt immer auf einer rechten Seite mit einer ungeraden Seitenzahl. Bei zweiseitig gedruckten Arbeiten möchte man zudem oft erreichen, dass jedes Kapitel auf einer rechten, also einer ungeraden, Seite beginnt.

🔲 Aktualisieren Sie Nummerierungen und Querverweise.

Sind alle Ihre Querverweise noch gültig? Markieren Sie zur Sicherheit noch einmal Ihren Text mit ⌨Strg+A und aktualisieren Sie ihn dann mit ⌨F9. Durchsuchen Sie dann mit dem Befehl *Suchen* auf der Registerkarte *Start* in der Gruppe *Bearbeiten* oder der Tastenkombination ⌨Strg+F Ihren Text nach der Zeichenfolge *Fehler!*, die dann in Ihrem Text auftaucht, wenn Querverweise nicht aktualisiert werden können.

8.7 Die Arbeit drucken

Die Ausgabe Ihrer Arbeit auf Papier soll in diesem Abschnitt beschrieben werden. Wahrscheinlich werden einige Probeausdrucke nötig sein, bis Ihr Text in Inhalt und Form Ihren Erwartungen entspricht. Alle Funktionen zum Drucken und zur Seitenansicht rufen Sie über *Datei/Drucken* auf. Alternativ steht Ihnen die Tastenkombination ⌨Strg+P (für engl. print) zur Verfügung.

In der Backstage-Ansicht wird Ihnen damit die Registerkarte zu *Drucken* angezeigt. Rechts erhalten Sie dabei die aktuelle Datei in der Seitenansicht, links davon können Sie die verschiedenen Funktionen zum Steuern Ihres Druckers auswählen.

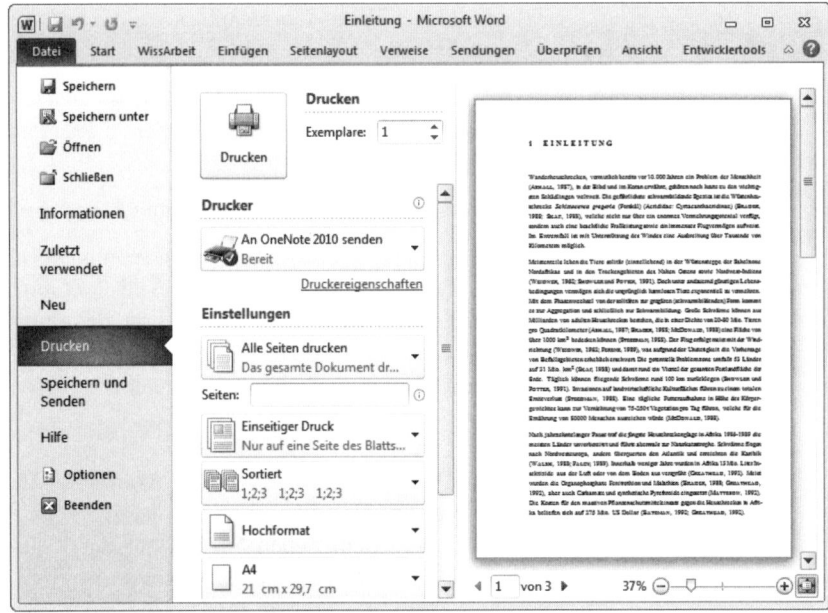

Bild 8.35: Die *Drucken*-Funktionen in der Backstage-Ansicht

8.7.1 Die Seitenansicht

Rechts wird Ihr Text in der Form am Bildschirm präsentiert, in der er ausgedruckt werden würde. Sie können daher mit der Seitenansicht das Layout
Ihrer Arbeit kontrollieren, ohne Papier zu verschwenden.

Unter der Ansicht Ihrer Seite besteht die Möglichkeit zu blättern und sich so
alle Seiten des aktuellen Dokuments anzusehen. Daneben können Sie
stufenlos Ihren Text heranzoomen. Zudem können Sie ihn mithilfe der
Bildlaufleisten verschieben, sodass die Möglichkeit besteht, Bereiche genauer
anzusehen.

 Ein Klick auf die Schaltfläche in der Ecke sorgt jederzeit dafür, dass die
Vorschau so dargestellt wird, dass Sie genau eine Seite sehen können.

8.7.2 Das Drucken

In der Regel werden Sie vermutlich gleich auf die Schaltfläche *Drucken* klicken und so Ihren Text auf den Drucker schicken.

Rechts neben der Schaltfläche *Drucken* können Sie eingeben, wie viele Exemplare des Textes ausgedruckt werden sollen, darunter ist der aktuell ausge-

wählte Drucker angezeigt. Über die Schaltfläche *Druckereigenschaften* erhalten Sie Möglichkeit, spezielle Einstellungen für Ihren Drucker vorzunehmen.

Im unteren Teil können weitere Einstellungen bezüglich des Drucks vorgenommen werden: Mit *Alle Seiten drucken* wird das gesamte Dokument ausgedruckt. Klicken Sie auf die Schaltfläche selber, aktivieren Sie ein Menü mit weiteren Auswahlmöglichkeiten.

Bild 8.36: Was soll gedruckt werden?

Möchten Sie nur einen – vorher markierten – Teil Ihres Dokuments drucken, steht Ihnen die Option *Auswahl drucken* zur Verfügung. Durch Anwahl von *Aktuelle Seite drucken* wird die Seite ausgegeben, in der Ihre Eingabemarke zurzeit steht.

Klicken Sie auf *Benutzerdefinierten Bereich drucken*, so erscheint eine Eingabezeile, die Ihnen erlaubt, die benötigten Seiten anzugeben. Hierbei versteht Word einige Varianten für die Angabe der gewünschten Seiten. Aufeinanderfolgende Seiten können mit einem Bindestrich angegeben werden; beispielsweise druckt die Angabe »4-7« die Seiten vier bis sieben. »p1s4-p5s7« druckt die Seite 1 von Abschnitt 4 bis Seite 5 von Abschnitt 7. Möchten Sie einzelne Seiten des Textes ausgeben, trennen Sie die einzelnen Seitenangaben mit einem Komma, z. B. »4, 8, 16«. Die verschiedenen Varianten lassen sich auch kombinieren, z. B. »4-7, 9, 11-25, 48«.

Es ist nicht nur möglich, Ihren eingegebenen Text zu drucken, Sie können auch Eigenschaften des Dokuments drucken. Möchten Sie nur die Informationen über die Datei zu Papier bringen, wählen Sie *Dokumenteigenschaften* an. Die Option *Markupliste* ermöglicht es Ihnen, eine Liste aller

Kommentare, Fuß- und Endnoten und deren Änderungen sowie Änderungen an Textfeldern und Kopf- und Fußzeilen auszudrucken.

Eine Liste mit den genauen Definitionen der in Ihrem Text vereinbarten Formatvorlagen wird ausgedruckt, wenn Sie *Formatvorlagen* als Option anwählen. Möchten Sie die in Ihrem Dokument definierten Textbausteine ausgeben, selektieren Sie dazu *AutoText-Einträge*. Die *Tastenbelegung* für das aktuelle Dokument wird mit der gleichnamigen Option ausgedruckt.

Wenn Sie die Option *Markup drucken* ausgewählt haben, dann werden alle Kommentare und sonstigen Markierungen in Sprechblasen wie auf dem Bildschirm neben Ihrem Text ausgedruckt. Die Arbeit mit Kommentaren und Überarbeitungen haben wir in Kapitel 2, »Grundlegendes zu Beginn«, beschrieben. Darunter können sie festlegen, ob nur gerade Seiten oder nur ungerade Seiten ausgedruckt werden sollen.

Einseitiger Druck (in der Backstage-Ansicht siehe Bild 8.35) bedeutet, Sie drucken Ihren Text jeweils auf eine Seite der eingelegten Blätter. Wenn Sie Ihr Dokument beidseitig ausdrucken wollen, Ihr Drucker aber über keine Duplex-Funktion verfügt, wählen Sie in dem aufklappbaren Menü die Option *Beidseitiger manueller Druck* aus. Word druckt daraufhin zunächst alle ungeraden Seiten aus und fordert Sie danach auf, den Stapel umzudrehen, woraufhin die Rückseiten gedruckt werden.

Haben Sie unter *Exemplare* festgelegt, dass mehrere Kopien gedruckt werden sollen, hat das Feld *Sortiert* Einfluss auf die Reihenfolge der einzelnen Seiten. Wählen Sie die Option *Sortiert* aus, werden immer alle Seiten Ihres Textes hintereinander ausgedruckt, Kopie für Kopie. Wird im dazugehörigen Menü die Option *Getrennt* ausgewählt, druckt Word in der Anzahl der gewünschten Kopien erst alle ersten Seiten, dann alle zweiten Seiten usw.

Darunter geben Sie an, ob die Seite im Hoch- oder Querformat gedruckt werden soll. Zudem haben Sie hier die Möglichkeit, die Seitenränder zu verändern. Eine weitere sehr nützliche Option ist *1 Seite pro Blatt*. Hier können Sie auswählen, wie viele Seiten eines Dokuments auf der Seite eines Blattes ausgedruckt werden sollen. Bei Test- oder Korrekturausdrucken lässt sich mit dieser Option eine Menge Papier einsparen.

8.7.2.1 Weitere Druck-Optionen

Im Dialogfeld *Word-Optionen* finden Sie einige weitere Optionen bezüglich des Druckens. Sie rufen das Dialogfeld im Menü zu *Datei* über *Optionen* auf.

Die für den Druck relevanten Einstellungen finden Sie in der Kategorie *Anzeige* auf der rechten Seite unter der Rubrik *Druckoptionen*. Beachten Sie, dass alle Änderungen, die Sie hier vornehmen, auch für alle anderen Dokumente gelten.

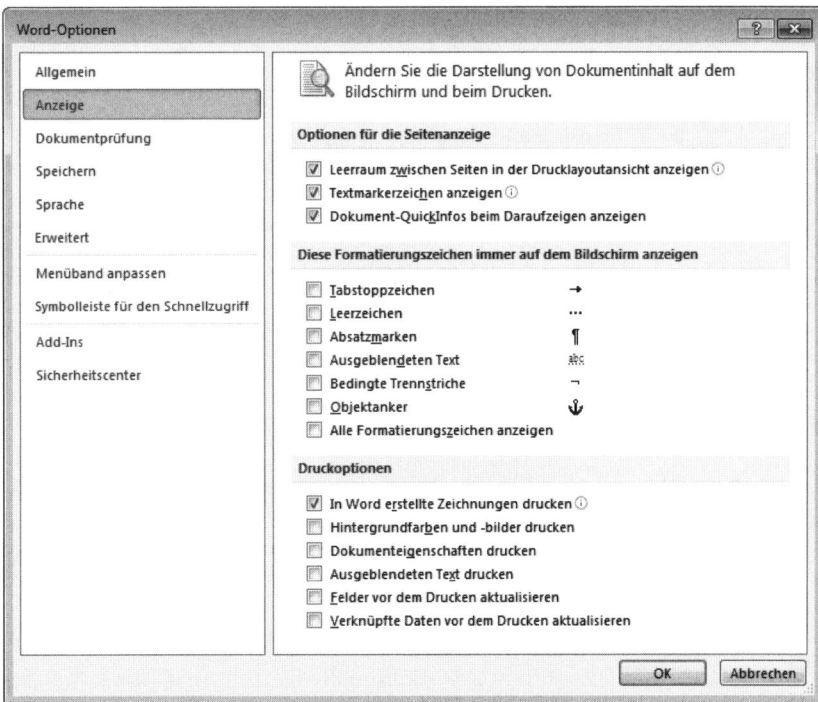

Bild 8.37: Einstellen der *Druckoptionen*

Die folgenden Optionen können Sie für Ihren Ausdruck anwählen:

Indem Sie die Option *In Word erstellte Zeichnungen drucken* deaktivieren, können Sie den Ausdruck Ihres Dokuments beschleunigen, da Zeichnungsobjekte wie Formen oder Textfelder durch leere Felder im Ausdruck ersetzt werden. Dies kann sinnvoll sein, wenn Sie den Ausdruck lediglich zum Korrekturlesen verwenden wollen.

Das Gleiche gilt für die Option *Hintergrundfarben und -bilder drucken*. Durch Deaktivieren dieser Option werden Hintergrundfarben und -bilder nicht ausgedruckt, was den Ausdruck zusätzlich beschleunigt und gegebenenfalls Tinte spart.

Aktivieren Sie die Option *Dokumenteneigenschaften drucken*, dann werden bei jedem Ausdruck die Dateiinformationen des Dokuments nach dem Dokument auf einer eigenen Seite ausgegeben.

Verwenden Sie in Ihrem Dokument ausgeblendeten Text und möchten Sie diesen Text beim Drucken ausgeben, dann aktivieren Sie die Option *Ausgeblendeten Text drucken*.

Durch *Felder vor dem Drucken aktualisieren* werden vor dem Ausdruck alle Felder, beispielsweise Querverweise, Indizes, Inhaltsverzeichnisse u. v. m., in

Ihren Texten auf den neuesten Stand gebracht. Ähnliches gilt für *Verknüpfte Daten vor dem Drucken aktualisieren.*

Weitere Druckoptionen findet man in der Kategorie *Erweitert* der *Word-Optionen* unter der Rubrik *Drucken.* Änderungen, die Sie hier vornehmen, gelten ebenfalls für alle Dokumente.

Mithilfe der Option *Entwurfsqualität verwenden* erfolgt der Ausdruck mit minimalen Formatierungen, was den Vorgang beschleunigt. Allerdings wird diese Funktion nicht von allen Druckern unterstützt.

 Drucken im Hintergrund Word benötigt für die Aufbereitung des Druckes im Hintergrund viel Speicher und einiges von der Rechenleistung Ihres Computers, daher sollten Sie diese Option ausschalten, wenn Sie nicht über ein leistungsstarkes System verfügen. Sollten in Ihrem Ausdruck Probleme auftreten, beispielsweise nicht korrekte Seitennummern und Abschnittsnummerierungen, so drucken Sie den Text versuchsweise bei ausgeschaltetem Hintergrunddruck.

 **Abbrechen des Druckes bei Drucken im Hintergrund** Drucken Sie im Hintergrund und möchten Sie den Druck abbrechen, so klicken Sie doppelt auf das kleine Druckersymbol in der Mitte der Statuszeile von Word.

Durch die Selektion von *Seiten in umgekehrter Reihenfolge drucken* drehen Sie die Reihenfolge der Seiten beim Ausdruck um. Manche Drucker legen das Papier so ab, dass bei der normalen Druckreihenfolge die Seiten in der falschen Reihenfolge gestapelt werden. Durch diese Option erhalten Sie die richtige Folge der Seiten, ohne dass Sie sie umsortieren müssen.

Ist die Option *XML-Tags drucken* aktiviert, dann werden, sofern es sich beim dem Dokument um ein XML-Dokument handelt, die XML-Tags gemeinsam mit dem Inhalt ausgedruckt.

Haben Sie in Ihrem Dokument Feldfunktionen verwendet und möchten Sie die Feldfunktionen anstelle der Feldergebnisse ausgeben, dann aktivieren Sie die Option *Feldfunktionen anstelle von Werten drucken.*

Wollen Sie Ihr Dokument beidseitig ausdrucken, aber Ihr Drucker besitzt keine Duplex-Funktion, dann sind die beiden Optionen *Blattvorderseite für Duplexdruck drucken* und *Blattrückseite für Duplexdruck drucken* hilfreich. Hiermit erreichen Sie, dass entweder alle Vorderseiten bzw. alle Rückseiten des Dokuments ausgedruckt werden. Der Ausdruck erfolgt bei beiden Optionen in umgekehrter Reihenfolge, so dass Sie beim Drucken der Rück- bzw. Vorderseiten den Stapel der ausgedruckten Seiten lediglich umdrehen müssen.

Mithilfe der Option *Inhalt an das Papierformat A4 oder 8,5 x 11 Zoll anpassen* können Sie den Ausdruck von A4-Dokumenten auf 8,5 x 11 Zoll Blättern und umgekehrt anpassen.

Unter *Standardschacht* können Sie angeben, in welchem Schacht Ihr Dokument standardmäßig ausgegeben wird. Wählen Sie hier die Option *Druckereinstellungen verwenden* aus, dann werden die Dokumente in dem Schacht ausgegeben, den der Drucker standardmäßig verwendet. Oder Sie wählen explizit einen der im Listenfeld aufgeführten Schächte aus. Welche das im Einzelnen sind, hängt von Ihrem installierten Drucker ab.

8.7.3 Druckersteuerung

Word übergibt die zu druckenden Daten in die Windows-Druckerwarteschlange. Aus der Druckerwarteschlange wird im Hintergrund der Drucker mit zu druckenden Zeichen versorgt.

Möchten Sie einen Druck abbrechen, der von Word in die Druckerwarteschlange übergeben wurde, rufen Sie in Windows über *Start/Geräte und Drucker* das folgende in Bild 8.38 dargestellte Dialogfeld auf, das alle auf Ihrem Rechner eingerichteten Drucker anzeigt.

Wählen Sie Ihren Drucker im Fenster an. Mit *Öffnen* oder einem Doppelklick auf das entsprechende Druckersymbol wird das in Bild 8.39 gezeigte Druckerstatusfenster aufgerufen.

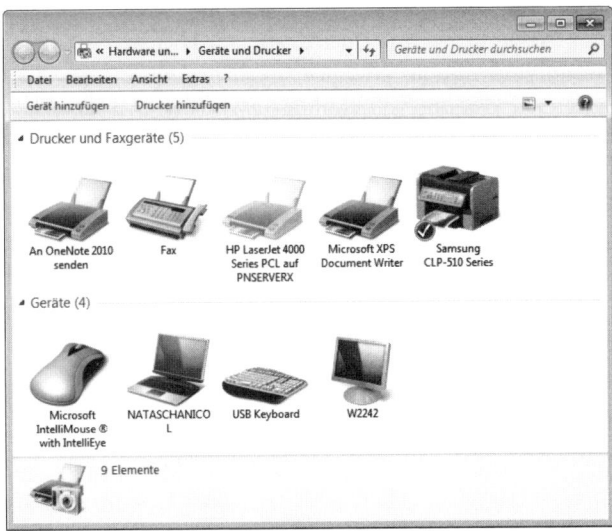

Bild 8.38: Alle eingerichteten Drucker

Während des Drucks wird rechts unten in der Taskleiste ein kleines Druckersymbol angezeigt. Ein Doppelklick auf das Symbol ruft ebenfalls das im folgenden Bild dargestellte Dialogfeld auf.

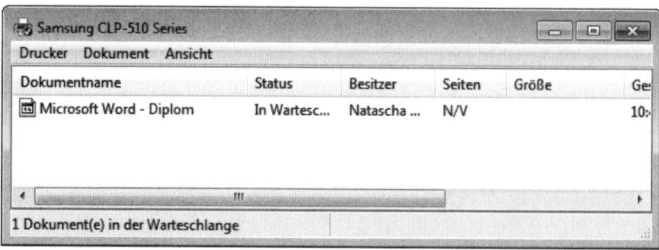

Bild 8.39: Druckmanager

Hier markieren Sie das Dokument, dessen Druck Sie abbrechen möchten, und wählen im Menü *Dokument* den Eintrag *Abbrechen*. Sollen – bei mehreren zu druckenden Texten, z. B. mehreren Kapiteln – alle gestoppt werden, erreichen Sie dies mit dem Befehl *Drucker/Alle Druckaufträge abbrechen*.

8.8 Erstellen von PDF-Dateien

Ob der Druck eines Word-Textes das gewünschte Ergebnis bringt, hängt vom eingestellten Drucker und den installierten Schriften des jeweiligen PCs ab. Möchten Sie Ihre Arbeit in der „gedruckten" Form elektronisch festhalten, so können Sie so genannte PDF-Dateien erstellen. PDF, „Portable Document Format", entwickelt von der Firma Adobe, ist inzwischen das Standardformat für den Austausch formatierter Dokumente. Übrigens versucht Microsoft sein eigenes Format XPS als Alternative zu PDF durchzusetzen.

PDF-Dateien können mithilfe des kostenlosen Hilfsprogramms Adobe Acrobat Reader gelesen und gedruckt werden, wobei Formatierungen, Seitenumbrüche usw. unabhängig vom gewählten Drucker und dem jeweiligen Computer erhalten bleiben. Den Adobe Acrobat Reader können Sie von der Internet-Seite www.adobe.de herunterladen.

8.8.1 Als PDF-Datei speichern

Um Ihren Text als PDF-Datei auszugeben,

- verwenden Sie den Befehl *Datei/Speichern und Senden*.
- Wählen Sie dann *PDF/XPS-Dokument erstellen* aus.

Alternativ können Sie auch im Dialogfeld *Speichern unter* den Dateityp *PDF* auswählen. Sie erhalten in jedem Fall das in Bild 8.41 gezeigte Dialogfeld.

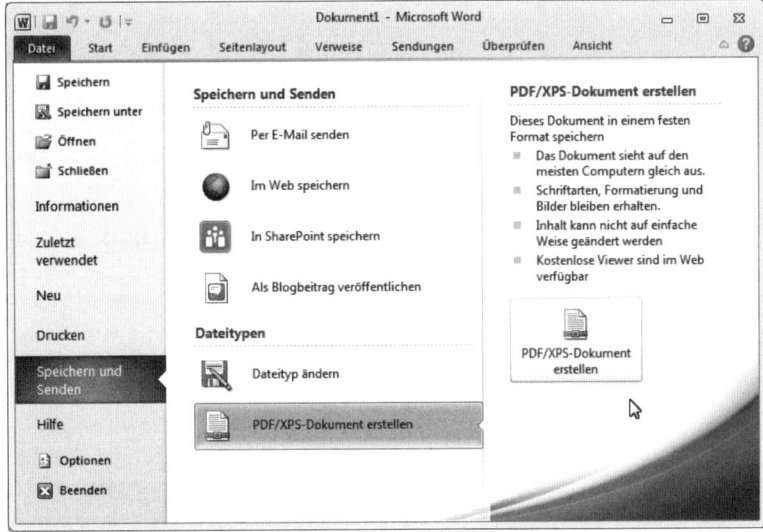

Bild 8.40: Eine PDF-Datei erstellen

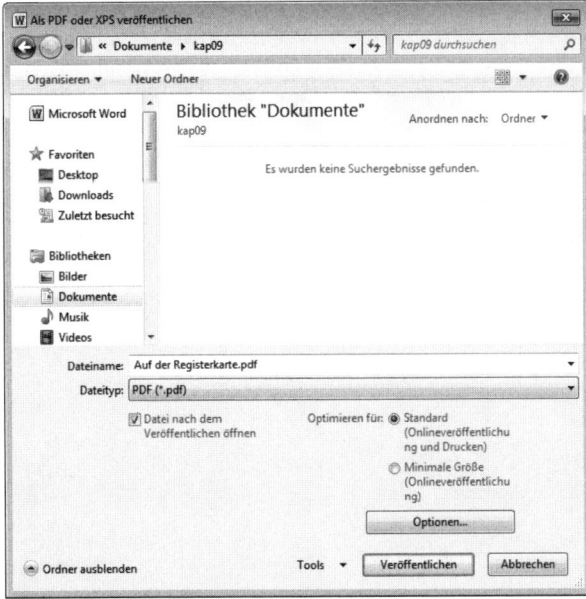

Bild 8.41: Datei als PDF speichern

Ist auf Ihrem PC ein Programm zum Anzeigen von PDF-Dateien installiert, so können Sie sich die Datei sofort nach dem Veröffentlichen anzeigen lassen. Dazu muss das Kontrollkästchen zu *Datei nach dem Veröffentlichen öffnen* aktiviert sein. Benötigen Sie eine PDF-Datei mit hoher Qualität, weil die

Datei beispielsweise gedruckt werden soll, so sollten Sie hinter *Optimieren für* die Option *Standard* aktivieren. Klicken Sie hingegen auf *Minimale Größe*, so wird – auf Kosten der Qualität – eine möglichst kleine Datei erzeugt.

Mithilfe der Schaltfläche *Optionen* können Sie bestimmen, welche Seiten und was Sie ausgeben möchten.

Sie speichern eine Kopie Ihres Textes als PDF-Datei, indem Sie auf die Schaltfläche *Veröffentlichen* klicken.

8.8.2 PDF-Dateien bearbeiten

Auf der CD-ROM zum Buch finden Sie eine hilfreiche Software zum Bearbeiten von PDF-Dateien: pdfsam. Mithilfe dieses Programms können PDF-Dateien auf verschiedene Weise manipuliert werden. Es lassen sich damit alle Seiten einer PDF-Datei in eine PDF-Datei je Seite extrahieren oder – für lange Texte sehr hilfreich – bestehende einzelne PDF-Dateien in einer neuen PDF-Datei zusammenfassen. Was Sie mit diesem Werkzeug sonst noch anstellen können, erfahren Sie auf der Webseite http://www.pdfsam.org/, auf der Sie auch die jeweils aktuellste Version der Software finden.

Um beispielsweise zwei PDF-Dateien *Kap01.pdf* und *Kap02.pdf* in einer PDF-Datei zusammenzufassen, starten Sie das Programm und führen die folgenden Schritte durch:

- Klicken Sie links in der Auswahlliste auf den Eintrag *Zusammenführen/ Extrahieren*.

- Übernehmen Sie die Dateien, die Sie aneinanderhängen wollen, mit der Schaltfläche *Hinzufügen* in die Liste in der Mitte.

- Bestimmen Sie einen Namen für die *Ausgabedatei*.

- Starten Sie die Zusammenführung mit *Ausführen*.

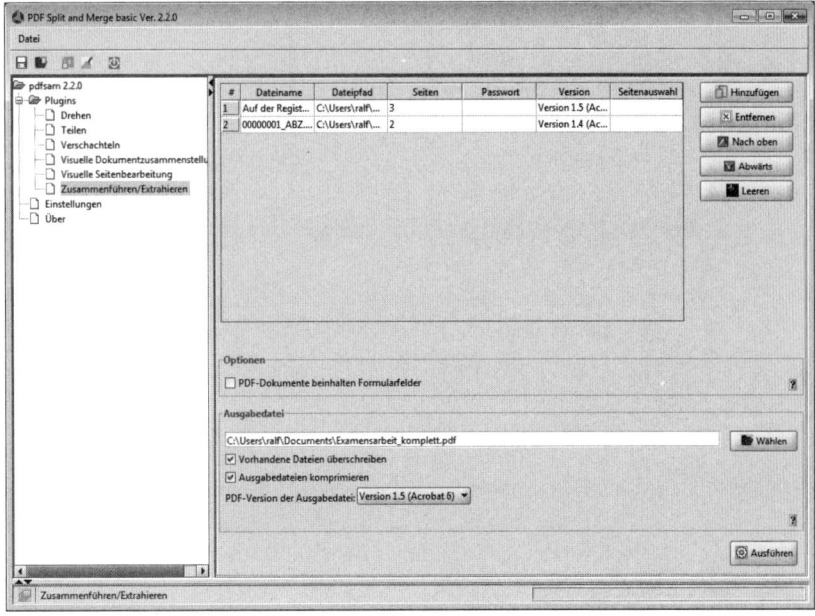

Bild 8.42: Zusammenführen mit pdfsam

Über den Menüpunkt *Visuelle Dokumentzusammenstellung* bietet Ihnen das Programm noch weitergehende Möglichkeiten an.

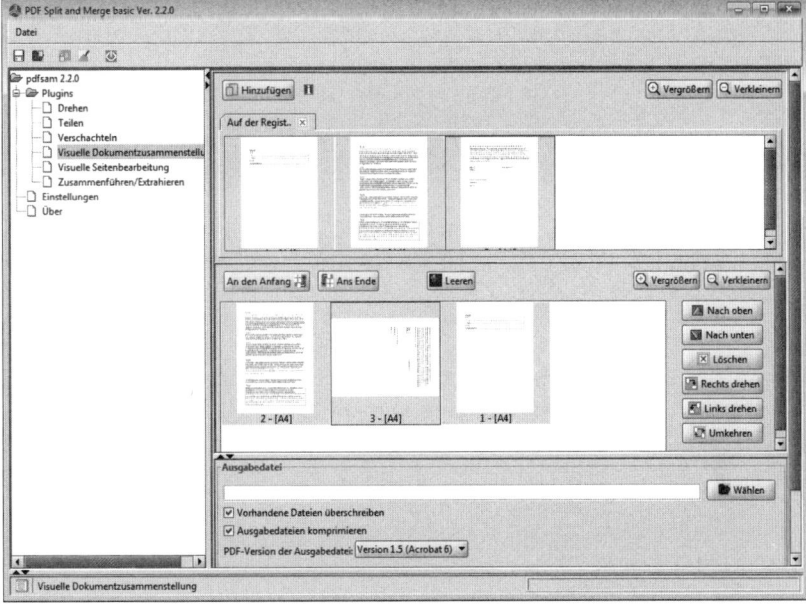

Bild 8.43: Visuelle Bearbeitung mit pdfsam

So können Sie mit diesem Programm Seiten einer PDF-Datei beliebig mit den Schaltflächen *Nach oben* und *Nach unten* verschieben, einzelne Seiten löschen oder Seiten drehen.

8.9 Veröffentlichungsformen

Um eine wissenschaftliche Arbeit, insbesondere eine Dissertation, Masterthesis oder Habilitationsschrift, zu veröffentlichen, gibt es mehrere Möglichkeiten: die Veröffentlichung durch einen Verlag, die Veröffentlichung in einem Hochschulpublikationensystem, der Eigendruck, die Online-Veröffentlichung, die Veröffentlichung über CD-Rom oder Micro-Fiche. Bis auf die Veröffentlichung in einem Verlag, und dies auch nur, wenn der Verlag das Layout übernimmt, setzen alle diese Veröffentlichungsformen voraus, dass Sie die Arbeit selbst layouten, gegebenenfalls nach den mehr oder weniger festgelegten Standards des Mediums der Veröffentlichung.

8.9.1 Verlagsveröffentlichung

Die Veröffentlichung im Verlag ist hinsichtlich des Layouts die einfachste Alternative, aber auch die teuerste. Der Text wird dem Verlag zur Verfügung gestellt, wobei in der Regel der Autor oder die Autorin das Layout selbst übernehmen muss und dem Verlag die fertige Arbeit zum Druck zur Verfügung stellt. Allerdings muss das Layout den Standards des Verlages entsprechen. Dies kann dazu führen, dass die in der Arbeit verwendeten Formatierungen wieder geändert werden müssen. Hier zeigt sich der Vorteil, wenn man mit Dokument- und Formatvorlagen gearbeitet hat. Solche Änderungswünsche sind dann problemlos umzusetzen.

8.9.2 Veröffentlichung im Hochschulpublikationssystem

Wissenschaftliche Arbeiten wie Dissertationen, aber auch andere Abschlussarbeiten, können im Hochschulpublikationssystem der Universität veröffentlicht werden. Dazu muss in der Regel die Arbeit im PDF-Format auf einer oder bei umfangreichen Arbeiten auf zwei CD-ROMs sowie in mehreren Papierexemplaren eingereicht werden. Hinzu kommen nach der in der jeweiligen Prüfungsordnung festgelegten Zahl noch die Papierexemplare für das Prüfungsamt. Aber nicht jedes Prüfungsamt akzeptiert die Veröffentlichung im Hochschulpublikationssystem der Universität.

8.9.3 Veröffentlichung als CD-ROM oder Micro-Fiche

Bei dieser Variante muss die Arbeit, insbesondere eine Dissertation, in ausreichender Exemplarzahl auf CD-ROM gebrannt oder als Micro-Fiche und in Papierform erstellt werden. Hier ist die die Erstellung des Layouts allein Sache des Autor oder der Autorin.

8.9.4 Eigendruck

Die Arbeit kann auch im Eigendruck veröffentlicht werden, d. h., sie wird in ausreichender Exemplarzahl zum Beispiel in einem Copy-Shop erstellt. Auch hier ist die Erstellung des Layouts allein Ihr Problem.

8.9.5 Online-Veröffentlichung

Eine weitere Möglichkeit ist die Online-Veröffentlichung wie über Books-on-Demand oder andere Anbieter der Online-Buchveröffentlichung. Diese Veröffentlichung ist von vielen Fachbereichen der Verlagsveröffentlichung gleichgestellt. Bei dieser Veröffentlichungsform müssen Sie die Arbeit ebenfalls selbst layouten. Eine Startauflage wird in Papierform erstellt, damit die Pflichtexemplare im Prüfungsamt eingereicht werden können. Weitere Exemplare werden dann nur aufgrund einer Bestellung über den Buchhandel oder den Online-Bookshop gedruckt.

Anhang A

A.1 Wichtige Word-Ordner unter Windows 7

Word richtet bei der Installation eine Menge Ordner auf Ihrer Festplatte ein, die Sie in der Regel gar nicht weiter beachten müssen. In manchen Fällen ist es aber sinnvoll zu wissen, wo sie sich befinden und wie man sie sich anzeigen lassen kann.

Standardmäßig werden von Windows einige Ordner ausgeblendet und zwar genau diejenigen, die wir uns hier ansehen wollen. Sollten Sie sie also nicht sehen können, verfahren Sie so:

- Beginnen Sie damit, den Windows-Explorer zu starten. Wählen Sie dazu die *Start*-Schaltfläche/*Alle Programme*/*Zubehör*/*Windows-Explorer* aus oder rufen Sie den Windows-Explorer schneller mit einem Klick der rechten Maustaste auf die *Start*-Schaltfläche der Taskleiste auf.

- Zunächst lassen Sie sich die Menüleiste anzeigen, die standardmäßig ausgeblendet wird, indem Sie auf die Schaltfläche *Organisieren* klicken und dann im Menü auf *Layout* und danach auf *Menüleiste*.

- Wählen Sie nun auf der Menüleiste *Extras* und im damit aktivierten Menü *Ordneroptionen* aus.

- Wechseln Sie in dem Dialogfeld auf die Registerkarte *Ansicht*.

- Im unteren Teil des Dialogfeldes laufen Sie im Listenfeld zu *Erweiterte Einstellungen* mithilfe des Bildlaufbalkens so weit nach unten, bis Ihnen *Versteckte Dateien und Ordner* angezeigt wird.

- Klicken Sie auf das Optionsfeld zu *Ausgeblendete Dateien und Ordner anzeigen*.

- Bestätigen Sie Ihre Auswahl mit *OK*.

Bild A.1: Versteckte Ordner und Dateien sollen angezeigt werden

Nun können Sie sich die Ordner mit dem Pfad *C:\Benutzer\Ihr Name\ AppData\Roaming\ Microsoft\ ...* anzeigen lassen.

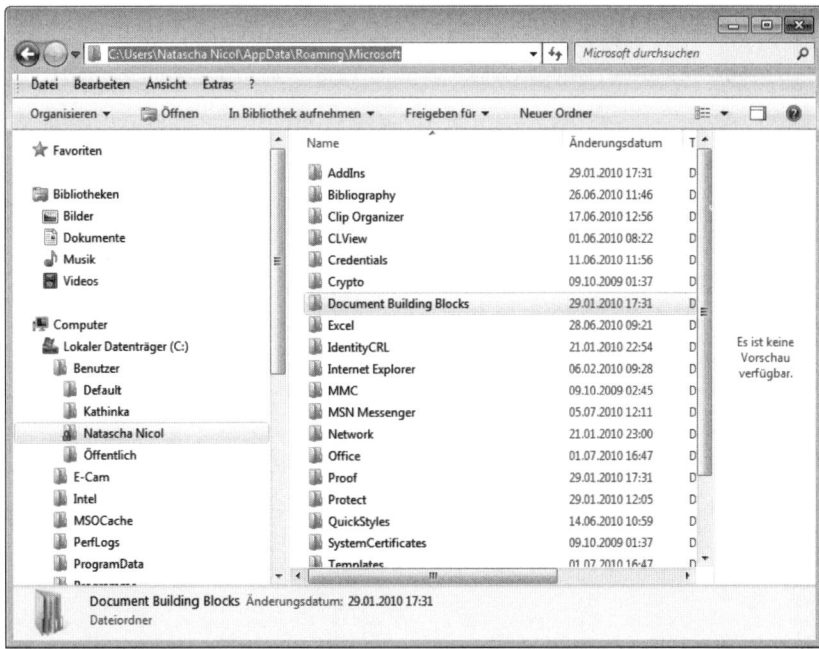

Bild A.2: Der Microsoft-Ordner

Hier eine Auswahl der wichtigsten Ordner:

AddIns	Ordner für Add-Ins
Bibliography	Ordner für Datei mit Literaturdaten; Datei wird erst erstellt, wenn Sie Literaturdaten in Word eingeben
Document Building Blocks	Ordner für Vorlagen mit Schnellbausteinen
QuickStyles	Ordner für Schnellformatvorlagen
Templates	Standardordner für Dokumentvorlagen; hier befindet sich die *Normal.dotm*
Templates\DocumentThemes\Theme Colors *Templates\DocumentThemes\Theme Effects* *Templates\DocumentThemes\Theme Fonts*	Erstellen Sie ein neues Design, so werden die Design-Farben (Theme-Colors), Effekte (Theme-Effects) und Schriftarten (Theme-Fonts) in den entsprechenden Ordnern als Dokumentvorlagen abgelegt.
UProof	Ordner für Wörterbücher zur Rechtschreibprüfung, hier finden Sie auch Ihre angelegten benutzerdefinierten Wörterbücher
Word\StartUp	Dokumentvorlagen, die beim Starten automatisch geladen werden sollen, müssen in diesen Ordner

A.2 Schnellbausteine der Dokumentvorlage

Die Dokumentvorlagen *WissArbeit* und *WissArbeit zweiseitig* enthalten einige vorbereitete Seiten und Kopfzeilen als Schnellbausteine. Wie diese zu benutzen sind, wurde Ihnen bereits im ersten Kapitel vorgestellt. Hier möchten wir Ihnen die Struktur der Bausteine beschreiben und wie Sie diese an Ihre Bedürfnisse anpassen sowie im Katalog wieder zur Verfügung stellen können.

A.2.1 Derzeitige Struktur der Seiten- und Kapitel-Bausteine

Die Anzeige in einem Katalog einer bestimmten Schaltfläche erfolgt über den Eintrag *Katalog* im Dialogfeld *Baustein ändern*. So wurden alle Bausteine, die im Katalog der Schaltfläche *Einzelne Seite* erscheinen, dem Katalog *Benutzerdefiniert 1* zugewiesen, wie Sie in Bild A.3 sehen können.

Bild A.3: Der Katalog *Benutzerdefiniert 1*

Folgende Tabelle zeigt die Zuordnung zwischen den verwendeten Katalogen und den Schaltflächen der Registerkarte *WissArbeit*, über die die Bausteine angezeigt werden.

Tabelle A.1: Zuordnung zwischen Katalog und Schaltflächen

Katalog	Schaltfläche auf Registerkarte WissArbeit
Benutzerdefiniert 1	Einzelne Seite
Benutzerdefiniert 2	Kapitel und Anhänge
Benutzerdefiniert 3	Verzeichnisse
Benutzerdefiniert 4	Bilder- und Tabellenbeschriftung
Benutzerdefiniert 5	Formel mit Nummerierung
Benutzerdefinierte Kopfzeile	Kopfzeilen

A.2.2   Seiten- und Kapitel-Bausteine ändern

Es wurde bereits mehrfach geschrieben, dass ein Seiten- oder ein Kapitel-Baustein aus mindestens einer mit der Formatvorlage *Überschrift 1*, *Überschrift 6* oder *Überschrift 7* formatierten ersten Zeile sowie einem Abschnittswechsel besteht. Sie können einen solchen Baustein nach Belieben ändern, achten Sie aber immer darauf, dass Sie wieder diese erste Zeile sowie den Abschnittswechsel markieren, wenn Sie einen neuen Baustein erstellen.

Verfahren Sie konkret so:

- Fügen Sie den zu ändernden Baustein in ein Dokument ein.

- Nehmen Sie die gewünschten Änderungen vor.

- Markieren Sie den gesamten Baustein.

- Aktivieren Sie den *Organizer für Bausteine* entweder über die gleichnamige Schaltfläche der Registerkarte *WissArbeit* oder über die Schaltfläche *Schnellbausteine* und die Auswahl *Organizer für Bausteine* der Registerkarte *Einfügen*.

- Achten Sie bei der Auswahl des Katalogs darauf, wo der Schnellbaustein angezeigt werden soll. In Tabelle A.1 haben wir beschrieben, welchen Katalog Sie verwenden müssen, um den Baustein einer der Schaltflächen der Registerkarte *WissArbeit* zuzuweisen. Möchten Sie den Baustein in einem der Standardkataloge zur Verfügung stellen, nehmen Sie hier die entsprechende Auswahl vor.

- Überlegen Sie dann, ob der Baustein weiterhin in der Dokumentvorlage *WissArbeit* gespeichert werden soll oder ob er auf Ihrem Rechner in der Standardvorlage von Word (*Building Blocks*) abgelegt werden soll.

A.3 So leeren Sie die Formatvorlage Standard

Die Formatvorlage *Standard* sollte leer bleiben, vor allem wenn Sie in Ihrer Arbeit Tabellen benutzen, die den von Ihnen definierten Tabellenformatvorlagen gehorchen sollen. Treffen Sie alle Vereinbarungen für Ihren Standardtext auf der Registerkarte *Standardwerte festlegen* des Dialogfelds *Formatvorlagen verwalten* (siehe dazu die Abschnitte 3.1.3, 3.1.4 und 3.1.7). In diesem Abschnitt möchten wie Ihnen beschreiben, wie man versehentlich festgelegte Definitionen aus der Formatvorlage *Standard* wieder entfernen kann.

Beginnen Sie unbedingt damit, eine Kopie Ihres Dokuments zu erstellen und arbeiten Sie im weiteren Verlauf mit der Kopie. Ein falsch gelöschtes Zeichen kann nämlich zur Folge haben, dass Sie Ihr Word-Dokument nicht mehr öffnen können.

- Legen Sie eine Kopie Ihres Dokuments an.

- Speichern Sie dann die Kopie als *Dateityp Word XML-Dokument*.

- Schließen Sie die Word-Datei.

- Öffnen Sie die XML-Datei mit einem Texteditor, z.B. mit dem Editor von Windows (*Alle Programme/Zubehör/Editor*).

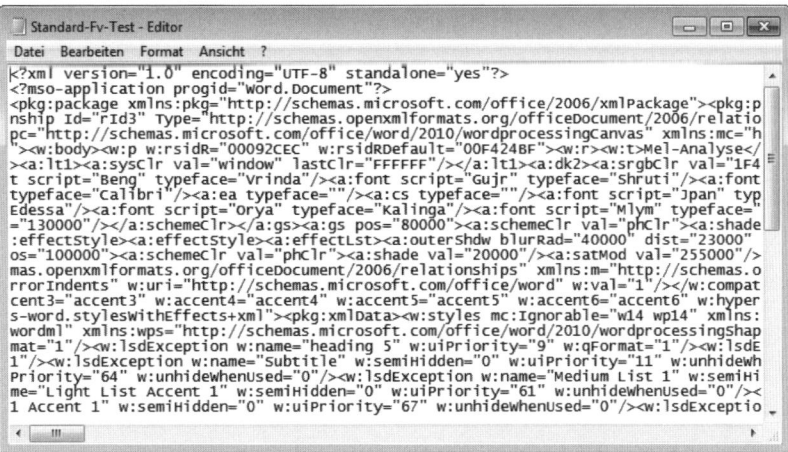

Bild A.4: XLM-Datei im Editor

Das sieht kryptisch aus, ist aber nichts anderes als Ihr Dokument in XML.

Eine bessere und sauber formatierte Darstellung erhalten Sie mit einem XML-Editor, z. B. mit dem kostenlosen Editor EditiX, den Sie von der Web-Adresse (*http://free.editix.com*) herunterladen können.

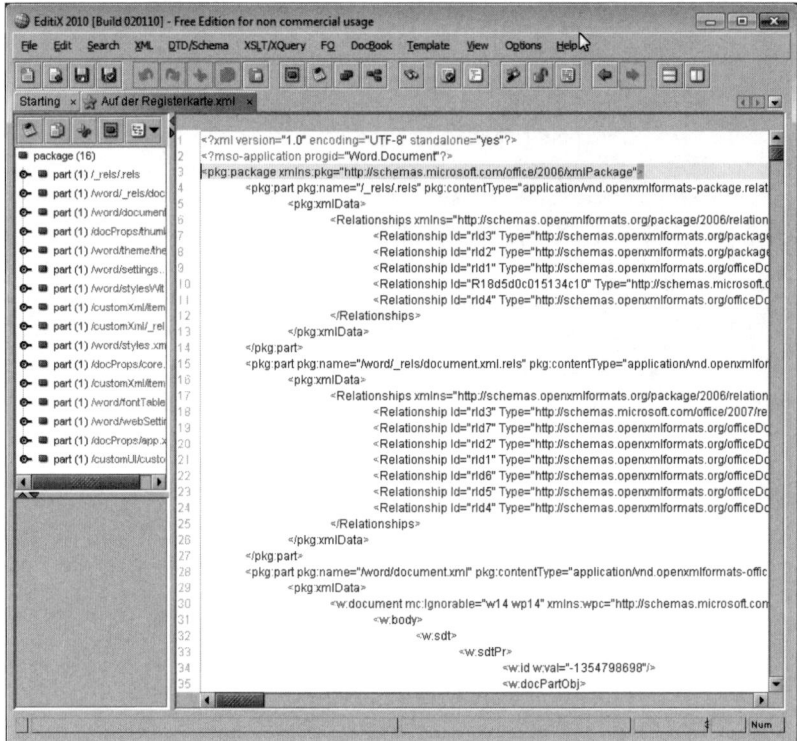

Bild A.5: Besser lesbar mit EditiX

Unabhängig davon, mit welchem Editor Sie arbeiten, fahren Sie folgendermaßen fort:

- Aktivieren Sie mithilfe der Tastenkombination [Strg]+[F] das Dialogfeld
  Suchen bzw. *Find/Replace*.

- Suchen Sie nach: *StyleID="Standard"*.

Haben Sie den Suchtext gefunden, befinden Sie sich an der Stelle im
Dokument, an der die Einstellungen der Formatvorlage *Standard* festgelegt
werden.

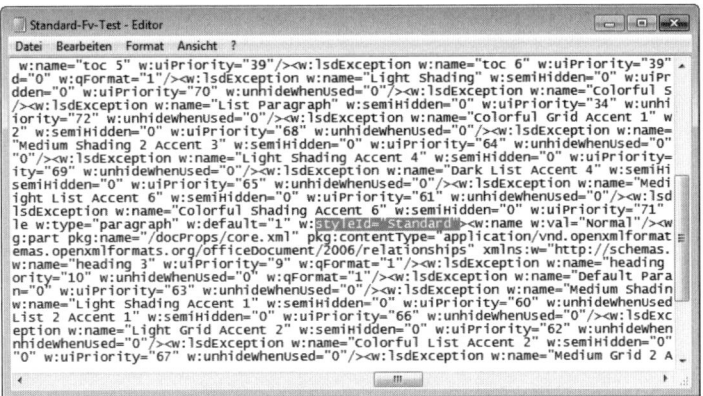

Bild A.6: Suchtext im Editor gefunden

Fügen Sie im Editor Zeilenumbrüche ein, um die XML-Datei leichter bearbeiten zu können. Die Zeilenumbrüche werden von der XML-Datei später ignoriert.

Um hier weiterzuarbeiten, muss man kein XML können, man muss nur wissen, wie die Struktur eines Befehls aussieht:

Zu jedem öffnenden Element in der Form `<element>` gehört auch ein schließendes Element: `</element>`. Möglich sind auch Leer-Elemente: `<element/>`. Sie beinhalten das öffnende und das schließende Element in einem, aber keine weiteren XML-Elemente. XML-Elemente können folgendermaßen ineinander geschachtelt werden:

```
<element1>
    <element2>
        <element3/>
    </element2>
</element1>
```

Also müssen wir zunächst einmal die linke Klammer unseres Befehls finden. Laufen Sie mit der Pfeiltaste nach links und fügen Sie vor dem Kleiner-Zeichen (<) einen Zeilenumbruch ein. Laufen Sie danach mit der Pfeiltaste soweit nach rechts, bis der Befehl zu Ende ist, und fügen Sie einen weiteren Umbruch ein. Versuchen Sie, je ein XML-Element in einer Zeile zu schreiben. Hilfreich ist es dann noch, jedes folgende XML-Element einzurücken. Nur Leerelemente werden nicht weiter eingerückt. Fahren Sie fort, bis Sie das letzte Element finden: `</w:style>`.

```
Standard-Fv-Test - Editor
Datei  Bearbeiten  Format  Ansicht  ?
riority="65" w:unhidewhenUsed="0"/><w:lsdException w:name="Medium List 2 Accent 6"
is" w:semiHidden="0" w:uiPriority="21" w:unhidewhenUsed="0" w:qFormat="1"/><w:lsdEx

<w:style w:type="paragraph" w:default="1" w:styleId="Standard">
        <w:name w:val="Normal"/>
        <w:qFormat/>
        <w:rsid w:val="008423B4"/>
        <w:pPr>
                <w:spacing w:line="360" w:lineRule="auto"/>
        </w:pPr>
        <w:rPr>
                <w:rFonts w:ascii="Tahoma" w:hAnsi="Tahoma"/>
                <w:sz w:val="22"/>
        </w:rPr>
</w:style>

<w:style w:type="character" w:default="1" w:styleId="Absatz-Standardschriftart"><w:
<w:uiPriority w:val="1"/><w:semiHidden/><w:unhidewhenUsed/></w:style><w:style w:typ
<w:name w:val="Normal Table"/><w:uiPriority w:val="99"/><w:semiHidden><w:unhidewhe
iedBy><cp:revision>1</cp:revision><dcterms:created xsi:type="dcterms:W3CDTF">2010-0
```

Bild A.7: Strukturierte Darstellung der Definition der Dokumentvorlage *Standard*

■ Löschen Sie Elemente, die die Schrift bzw. die Absatzformatierung definieren, bis nur der in Bild A.8 dargestellte Text übrig bleibt.

```
Standard-Fv-Test - Editor
Datei  Bearbeiten  Format  Ansicht  ?
ed="0"/><w:lsdException w:name="Light Grid Accent 5" w:semiHidden="0" w:uiPriority=
Priority="71" w:unhidewhenUsed="0"/><w:lsdException w:name="Colorful List Accent 5"
t 6" w:semiHidden="0" w:uiPriority="67" w:unhidewhenUsed="0"/><w:lsdException w:nam
"1"/><w:lsdException w:name="Intense Reference" w:semiHidden="0" w:uiPriority="32"

<w:style w:type="paragraph" w:default="1" w:styleId="Standard">
        <w:name w:val="Normal"/>
        <w:qFormat/>
        <w:rsid w:val="008423B4"/>
</w:style>

<w:style w:type="character" w:default="1" w:styleId="Absatz-Standardschriftart">
```

Bild A.8: Die Formatvorlage *Standard* wurde »geleert«

Gehen Sie schrittweise vor: Löschen Sie ein Element. Speichern und schließen Sie die Datei. Und versuchen Sie dann die XML-Datei mit Word zu laden. Hat es geklappt, löschen Sie das nächste Element.

■ Speichern Sie nun Ihre Datei.

■ Laden Sie die fertige XML-Datei in Word.

■ Speichern Sie die Datei als Word-Dokument.

A.4 Formatvorlagen in der Dokumentvorlage WissArbeit

Wir haben Dokumentvorlagen vorbereitet, die Sie für Ihre Arbeit verwenden können. Sie sind mit Überschriften, Kopfzeilen, Tabellenüberschriften, Bildunterschriften und weiteren Einstellungen definiert. Sie können die Vorlagen direkt nutzen oder nach Ihren Anforderungen und Wünschen anpassen.

Formatvorlage	zu benutzen für
Bild	Absatz zum Einfügen eines Bildes
Bildbeschriftung	Bildunterschrift, vergrößerten Abstand nach unten
Formel	Absatz mit Formel, vergrößerten Abstand nach oben und unten
Inhalt	Überschrift des Inhaltsverzeichnisses, formatiert wie Überschrift 1
Quelle	Quellenangabe unter Tabelle, kleinere Schrift und vergrößerter Abstand nach unten
Standard	Standard für »normalen« Text, nicht geändert; Standardeinstellungen wurden auf der Registerkarte *Standardwerte festlegen* definiert (siehe Abschnitt 3.1.7)
Tabellenbeschriftung	Tabellenüberschrift mit vergrößertem Abstand nach oben
Kein Leerraum	Standard ohne Abstand nach Absatz
Überschrift 1	Kapitelüberschriften der ersten Ebene, nummeriert mit 1, 2, 3 etc.
Überschrift 2	Kapitelüberschriften der zweiten Ebene, nummeriert mit 1.1, 1.2, ...
Überschrift 3	Kapitelüberschriften der dritten Ebene, nummeriert mit 1.1.1, 1.1.2, ...
Überschrift 4	Kapitelüberschriften der vierten Ebene, nummeriert mit 1.1.1.1, 1.1.1.2, ...

Formatvorlage	zu benutzen für
Überschrift 5	Kapitelüberschriften der fünften Ebene, nummeriert mit 1.1.1.1.1, 1.1.1.1.2, ...
Überschrift 6 Verzeichnis	Kapitelüberschriften für Verzeichnisse, formatiert wie Überschrift 1; verwendet aber keine Nummerierung
Überschrift 7 Anhang	Kapitelüberschriften für Anhänge, erste Ebene, formatiert wie Überschrift 1, nummeriert mit A, B, C, ...
Überschrift 8 Anhang 2. Ebene	Kapitelüberschriften für Anhänge, zweite Ebene, formatiert wie Überschrift 2, nummeriert mit A.1, A.2, ...
Überschrift 9 Anhang 3. Ebene	Kapitelüberschriften für Anhänge, dritte Ebene, formatiert wie Überschrift 3, nummeriert mit A.1.1, A.1.2, ...
Titel	Titel auf Deckblatt
Untertitel	Untertitel auf Deckblatt
Schwache Hervorhebung	Zeichenformatvorlage: kursiv und grau
Hervorhebung	Zeichenformatvorlage: kursiv
Intensive Hervorhebung	Zeichenformatvorlage: kursiv und fett
Fett	Zeichenformatvorlage: fett
Zitat	rechts und links eingerückt, einzeilig
Literaturverzeichnis	Formatierung für die Einträge eines Literaturverzeichnisses
Verzeichnis 1	oberste Ebene im Inhaltsverzeichnis
Verzeichnis 2	zweite Ebene im Inhaltsverzeichnis
Verzeichnis 3	dritte Ebene im Inhaltsverzeichnis
Kopfzeile	Kleinere Schrift

A.5 Feldfunktionen

Nummerierungen, Beschriftungen, Querverweise und vieles mehr werden von Word mithilfe von Feldfunktionen in den Text eingefügt. Felder sind Anweisungen, die in Ihren Text bestimmte Informationen aufnehmen.

Feldfunktionen werden von Word für die unterschiedlichsten Aufgaben eingesetzt. Wir möchten in diesem Anhang keine vollständige Beschreibung der in Word einsetzbaren Feldfunktionen geben, sondern nur die Funktionen beschreiben, die für Nummerierungen, Beschriftungen und Querverweise verwendet werden.

Sie erzeugen Feldfunktionen automatisch, ohne dass Sie es merken, wenn Sie die Befehle *Querverweis* (auf der Registerkarte *Einfügen* in der Gruppe *Hyperlinks* oder auf der Registerkarte *Verweise* in der Gruppe *Beschriftungen*) oder *Beschriftung einfügen* (auf der Registerkarte *Verweise* in der Gruppe *Beschriftungen*) nutzen.

Am Beispiel einer Beschriftung möchten wir Ihnen die Arbeitsweise von Feldfunktionen erläutern. Dazu haben wir eine

Tabelle 1

mit dem Befehl *Beschriftung einfügen* (Registerkarte *Verweise*) in unseren Text eingefügt. Für die Nummerierung der Tabelle setzt Word eine Feldfunktion ein. Man sieht es der Nummer zunächst nicht an, dass ihr eine solche Funktion zugrunde liegt, denn Sie sehen im Text normalerweise nur die Darstellung der »Feldergebnisse«.

Über die *Word-Optionen* (Kategorie *Erweitert*, Rubrik *Dokumentinhalt anzeigen* und den Eintrag *Feldfunktionen anstelle von Werten anzeigen*) oder mithilfe der Tastenkombination (Alt)+(F9) können Sie sich die Feldfunktionen anzeigen lassen, d. h., im Text werden nicht die Feldergebnisse, sondern die zugrunde liegenden Funktionen wie

Tabelle { SEQ Tabelle * ARABIC }

gezeigt. Die Feldfunktion »SEQ«, Sequenz, wird von Word zum Zählen verwendet. Für jeden Eintrag »SEQ Tabelle« im Text wird hochgezählt und das Feldergebnis entsprechend dargestellt.

Feldfunktionen werden von einer speziellen Art von Klammern eingeschlossen, die mit (Strg)+(F9) erzeugt werden. Es sind, auch wenn sie so aussehen, keine normalen geschweiften Klammern!

Mit der Tastenkombination (Alt)+(F9) schalten Sie in die Feldergebnis-Darstellung zurück. Alternativ dazu können Sie auch das Kontextmenü zur Feldfunktion verwenden.

A.5.1 Aktualisieren von Feldern

Ergeben sich in Ihrem Text Veränderungen, beispielsweise eine neue Reihenfolge von Bildern, müssen die Feldergebnisse auf den neuesten Stand gebracht, d. h. aktualisiert werden. Insbesondere bei Beschriftungen für Bilder und Tabellen oder bei Verweisen auf eine bestimmte Seitenzahl ist dies notwendig.

Sie können den gesamten Text mit der Tastenkombination ⌨Strg+⌨A markieren und mit ⌨F9 aktualisieren.

A.5.2 Eingabe von Feldern

Es stehen Ihnen verschiedene Varianten für das Einfügen von Feldfunktionen in Ihren Text zur Verfügung. Viele Befehle in Word erzeugen Feldfunktionen. Über diese Befehle können aber nur wenige ausgewählte Funktionen eingesetzt werden. Wir möchten Ihnen im Folgenden eine weitere Variante zeigen, wie Sie Feldfunktionen in Ihren Text einfügen können.

Mithilfe des Befehls *Einfügen/Schnellbausteine/Feld* rufen Sie das im folgenden Bild dargestellte Dialogfeld auf, das Ihnen alle Feldfunktionen anbietet.

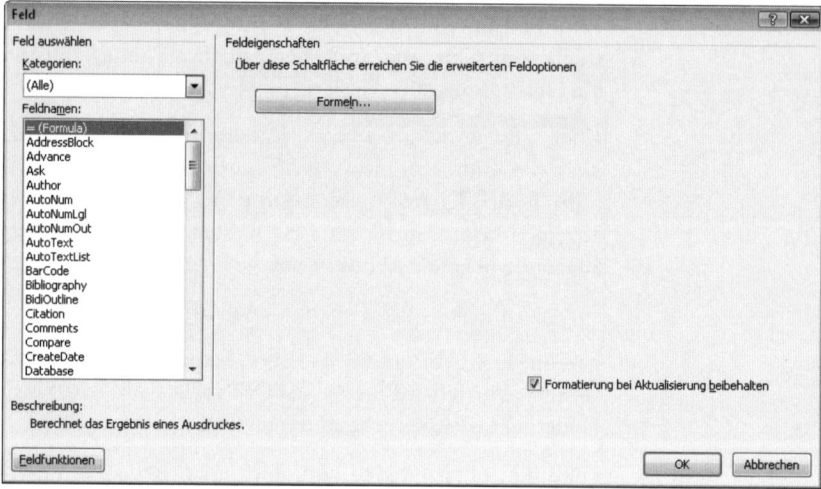

Bild A.9: Feldfunktionen einfügen

Auf der linken Seite können Sie oben die Kategorien auswählen, in die die verschiedenen Funktionen unterteilt sind. Im Listenfeld *Feldnamen* werden die einzelnen Feldfunktionen aufgeführt.

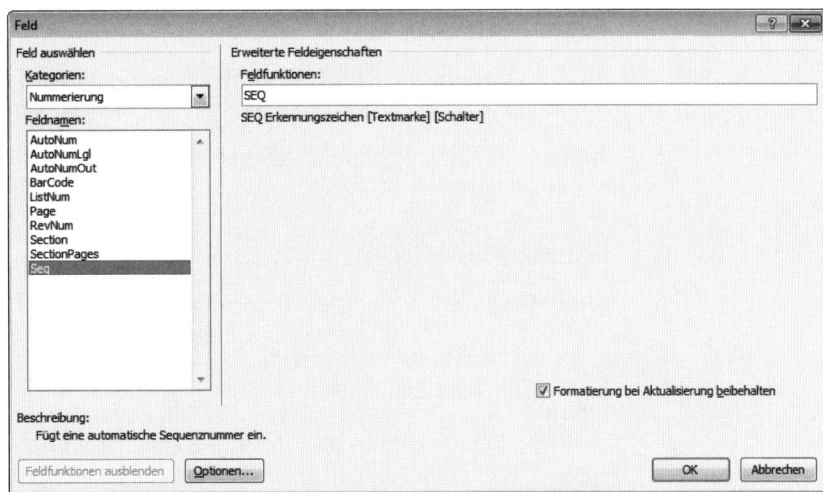

Bild A.10: Die Feldfunktion SEQ wurde zum Einfügen ausgewählt

Fast alle Funktionen lassen sich in mehreren Varianten verwenden. Mithilfe der Schaltfläche *Optionen* können Sie je nach ausgewählter Feldfunktion verschiedene *Schalter* und *Textmarken* einfügen.

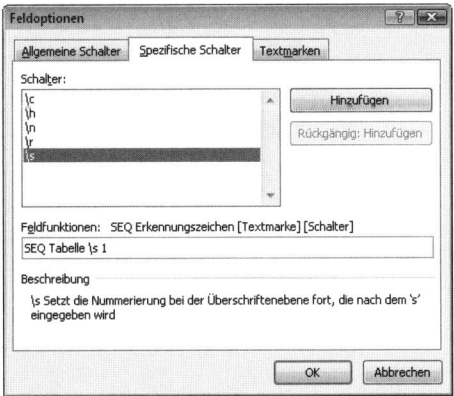

Bild A.11: Feldfunktion SEQ mit Textmarke und Schalter

Im Folgenden sind einige der Feldfunktionen aufgeführt, die wir im Verlauf des Buches verwendet, d. h. in Form von Nummerierungen, Querverweisen und Beschriftungen in den Text aufgenommen haben.

Da die Feldfunktionen im Dialogfeld *Feld* nach Anwendungsgebieten aufgeteilt sind, haben wir auch die Tabelle entsprechend unterteilt.

Datum und Uhrzeit

DATE   fügt das aktuelle Datum in den Text ein. Wird das
                               Feld aktualisiert, wird das Datum neu bestimmt.

TIME   nimmt die aktuelle Zeit in den Text auf.

Dokument-Information

NUMPAGES   ergibt die Anzahl der Seiten des Textes. Wird oft ein-
                               gesetzt, um Angaben wie »Seite 1 von 10« in den Text
                               einzufügen.

AUTHOR   gibt den in den Dokumenteigenschaften erfassten
                               Autor als Feldergebnis aus.

TEMPLATE   fügt den Namen der Dokumentvorlage ein.

FILENAME   ergibt den Namen der Datei. Man kann den Datei-
                               namen beispielsweise in die Fußzeile aufnehmen, um
                               sofort zu wissen, aus welcher Datei der Text stammt.

TITLE   platziert den in den Dokumenteigenschaften verein-
                               barten Titel.

Nummerierung

PAGE   ergibt die aktuelle Seitenzahl.

SEQ   nummeriert Elemente eines Textes der Reihe nach
                               durch. Wenn Sie ein SEQ-Feld hinzufügen, löschen
                               oder verschieben, können Sie anschließend alle SEQ-
                               Felder im Text mit der Taste (F9) aktualisieren, um die
                               neue Reihenfolge anzeigen zu lassen.

                               \c   Durch den Schalter \c wird Word ange-
                                         wiesen, das SEQ-Feld nicht hochzuzählen,
                                         sondern den letzten Wert der SEQ-Reihen-
                                         folge erneut auszugeben.
                                         Beispiel:
                                         { SEQ Bild }   Ergebnis: 1
                                         { SEQ Bild }   Ergebnis: 2
                                         { SEQ Bild \c }   Ergebnis: 2

                               \h   Das Feldergebnis wird nicht angezeigt, wenn
                                         der Schalter \h angegeben ist. So kann die
                                         Sequenz hochgezählt werden, ohne den
                                         neuen Wert im Text zu zeigen.

\r *n*	Setzt die Folgenummer auf die angegebene Nummer *n* zurück. Das Feld { SEQ Bild \r 5 } bewirkt z. B., dass die Nummerierung von Bildern bei 5 beginnt.
\s 1	Dieser Schalter bewirkt, dass bei jedem Wechsel der Formatvorlage *Überschrift 1* die Nummerierung neu beginnt, so dass die erste Tabelle oder das erste Bild in einem Kapitel auch immer die Nummer 1 erhält.

Verknüpfungen und Verweise

REF	wird für Querverweise verwendet. REF fügt den Text ein, auf den die angegebene Textmarke verweist.
PAGEREF	gibt an, auf welcher Seite sich die angegebene Textmarke befindet.
\p	Der Schalter bewirkt, dass ein Verweis auf eine Seite von der relativen Position abhängig gemacht wird. Die Zeichenfolge "Seite #" wird verwendet, wenn sich das PAGE-REF-Feld nicht auf der aktuellen Seite befindet. Befindet sich das Feld auf der aktuellen Seite, liefert es als Ergebnis nicht "Seite #", sondern lediglich »oben« oder »unten«.
STYLEREF	nimmt den Text der nächstliegenden angegebenen Formatvorlage in den Text auf. Haben Sie beispielsweise auf einer Seite eine Überschrift mit dem Format »Überschrift 1« formatiert und die Feldfunktion {STYLEREF "Überschrift 1"} in die Kopfzeile aufgenommen, wird der Text der Überschrift in die Kopfzeile eingefügt.
\n	Dieser Schalter sorgt dafür, die Nummer der Formatvorlage *Überschrift 1* zu verwenden.
\l	Mit diesem Schalter wird definiert, dass auf einer Seite immer von unten nach oben nach der entsprechenden Formatvorlage gesucht wird.
INCLUDEPICTURE	fügt eine Grafik in den Text ein. Wird die Feldfunktion aktualisiert, wird die neueste Version der Grafik aufgenommen.
\d	Der Schalter \d verhindert, dass Grafikdaten zusammen mit dem Dokument gespeichert werden, und verringert so die Dateigröße.

Index und Verzeichnisse

RD   bindet eine Datei in den aktuellen Text ein, so dass sie beim Erstellen von Inhaltsverzeichnissen berücksichtigt wird, z. B. { RD "*C:\\Diplom\\Kapitel1.docx*" }. Pfadangaben müssen mit doppelten Backslashs getrennt werden.

TOC   nimmt zusätzliche Einträge in ein Inhaltsverzeichnis auf. Normalerweise berücksichtigt Word bei der Erstellung von Inhaltsverzeichnissen nur Überschriften mit definierten Formatvorlagen. Durch die Feldfunktion lassen sich beliebige Texte in das Inhaltsverzeichnis aufnehmen.

\o   Dieser Schalter bewirkt, dass ein Inhaltsverzeichnis aus den Absätzen erstellt wird, die mit den entsprechenden Überschriftformatvorlagen formatiert sind. Dabei müssen die Bereichszahlen in Anführungszeichen eingeschlossen werden.
{ TOC \o "1-2" } listet z. B. nur diejenigen Überschriften auf, die mit den Formatvorlagen "Überschrift 1" und "Überschrift 2" formatiert sind. Wenn kein Überschriftenbereich angegeben ist, werden alle im Dokument verwendeten Überschriftenebenen aufgelistet.

\h   sorgt dafür, dass Überschriften des Inhaltsverzeichnisses so formatiert werden, dass sie als Hyperlinks agieren und man mithilfe der [Strg]-Taste zu der entsprechenden Kapitelüberschrift springen kann.

\z   bewirkt, dass die Seitenzahlen in der Webansicht nicht angezeigt werden.

\u   sorgt dafür, dass die durch die Formatvorlagen gekennzeichneten Überschriften den danach aufgeführten Ebenen des Inhaltsverzeichnisses zugewiesen werden.

\t   bewirkt, dass die im Folgenden aufgeführten Formatvorlagen mit ins Inhaltsverzeichnis einbezogen werden.

\n   Mit dem Schalter \n wird der Eintrag ohne Seitenzahl angezeigt.

\p "Zeichen"   legt die Trennzeichen zwischen einem Eintrag und der zugehörigen Seitenzahl fest.

Das Feld { TOC \p "–" } liefert einen Gedankenstrich als Ergebnis. Als Standardtrennzeichen wird ein Tabstoppzeichen mit Punkten als Füllzeichen verwendet. Sie können maximal verschiedene fünf Zeichen verwenden, die in Anführungszeichen eingeschlossen sein müssen.

\c   bewirkt, dass ein Verzeichnis der angegebenen Kategorie erstellt wird, also beispielsweise ein Tabellenverzeichnis.

A.6 Die CD-ROM zum Buch

Auf der CD-ROM finden Sie im Ordner *Buchdaten* vier Unterordner:

- Der Ordner *Vorlagen* enthält die Dokumentvorlagen *WissArbeit* und *WissArbeit zweiseitig* mit den vorbereiteten Formatvorlagen und Bausteinen.

- Im Ordner *Bibliografie* finden Sie den Unterordner *Styles* sowie den Unterordner *BibWord*. Im Ordner *Styles* befinden sich die Bibliografie-Formatvorlagen, die von uns angepasst wurden und die Sie verwenden oder Ihrerseits anpassen können. In den Ordner *BibWord* wurde das englische Handbuch kopiert und alles, was Sie sonst brauchen könnten.

- Der dritte Ordner heißt *pdfsam*. In Kapitel 8 wird das Programm *pdfsam* besprochen, mit dessen Hilfe Sie erstellte PDF-Dateien aneinander hängen können, um beispielsweise aus den Einzeldateien eine Gesamtdatei Ihrer Arbeit zu erstellen.

- Im Ordner *Java* finden Sie das Java-Laufzeitsystem, das zur Ausführung der pdfsam- und EditiX-Programme benötigt wird.

A.6.1 Installation der vorbereiteten Dokumentvorlagen

Die Dokumentvorlagen enthalten zum einen die in Abschnitt A.4 beschriebenen Formatvorlagen, zum anderen Schnellbausteine mit denen Sie die Struktur Ihrer Arbeit zusammenstellen können. Kapitel 1 beschreibt ausführlich, was zu tun ist, um die Dokumentvorlagen *WissArbeit* oder *WissArbeit zweiseitig* zu benutzen.

A.6.2   Bibliografie-Formatvorlagen

Bibliografie-Formatvorlagen definieren die äußere Form von Kurzbelegen zur
Kennzeichnung von Zitaten sowie der Quellenangaben im Literaturverzeichnis. Microsoft liefert einige Bibliografie-Formatvorlagen mit, die sich allerdings eher am amerikanischen Markt orientieren.

Auf der CD finden Sie einige Bibliografie-Formatvorlagen, die an die DIN-Norm DIN 1505 angepasst sind. Sie verwenden als Basis die frei verfügbare XSL-Umsetzung von BibWord. Sie sind verständlicher und einfacher zu ändern als die Bibliografie-Formatvorlagen von Microsoft. Zum Umgang mit den XSL-Dateien lesen Sie Abschnitt 6.4.3.

A.6.3   Das Programm pdfsam

Auf der CD-ROM zum Buch finden Sie das Programm pdfsam. Das Programm kann PDF-Dateien auf vielfältige Weise bearbeiten, z. B. Dateien zusammenführen oder trennen, einzelne Seiten löschen, einfügen oder drehen.

pdfsam ist ein Java-Programm, deshalb muss zur Ausführung die Java-Laufzeitumgebung mindestens in der Version 1.6 installiert sein. Sollte Java auf Ihrem Rechner fehlen, können Sie es mit der Datei *Java_1.6_Installation.exe* einrichten, die Sie im gleichen Ordner finden.

Unter *http://www.pdfsam.org* finden Sie die jeweils neueste Version der Software.

Index